Politische Mitarbeiter und Karrierebürokratie in der Bundesverwaltung der Vereinigten Staaten von Amerika

Europäische Hochschulschriften
Publications Universitaires Européennes
European University Studies

Reihe II
Rechtswissenschaft

Série II Series II
Droit
Law

Bd./Vol. 3356

PETER LANG
Frankfurt am Main · Berlin · Bern · Bruxelles · New York · Oxford · Wien

Anja Charlotte Diek

Politische Mitarbeiter und Karrierebürokratie in der Bundesverwaltung der Vereinigten Staaten von Amerika

PETER LANG
Europäischer Verlag der Wissenschaften

Die Deutsche Bibliothek - CIP-Einheitsaufnahme

Diek, Anja Charlotte :

Politische Mitarbeiter und Karrierebürokratie in der Bundesverwaltung der Vereinigten Staaten von Amerika / Anja Charlotte Diek. - Frankfurt am Main ; Berlin ; Bern ; Bruxelles ; New York ; Oxford ; Wien : Lang, 2002
(Europäische Hochschulschriften : Reihe 2, Rechtswissenschaft ; Bd. 3356)
Zugl.: Hamburg, Univ., Diss., 2001
ISBN 3-631-38588-9

D 18
ISSN 0531-7312
ISBN 3-631-38588-9

www.peterlang.de

Danksagung

Diese Arbeit wurde im Sommersemester 2001 vom Fachbereich Rechtswissenschaft der Universität Hamburg als Dissertation angenommen.
Bei Recherche, Interviews und Schreiben habe ich immer Freude am Thema gehabt; dies war auch der Unterstützung und freundlichen Begleitung zu verdanken, die ich von verschiedenen Menschen und Institutionen erfahren habe und für die ich mich bedanken will.

Zuerst möchte ich meinem Doktorvater, Herrn Prof. Dr. Hans Peter Bull, danken, der die Bearbeitung dieses US-amerikanischen Themas stets gefördert hat.
Die Bibliothek der Universität der Bundeswehr Hamburg, die Staats- und Universitätsbibliothek Carl von Ossietzky und die Bibliothek des Seminars für Verwaltungslehre der Universität Hamburg ermöglichten mir eine gute Einarbeitung in das Thema.
Der ausgezeichneten Ausstattung und den hervorragenden Arbeitsbedingungen der Suzzallo & Allen Library der University of Washington in Seattle/Washington (USA) verdanke ich den Durchbruch bei der Recherche und wunderbare Stunden. Mein besonderer Dank gilt hier den Mitarbeitern der Abteilung Government Publications, deren Geduld beim Abarbeiten meiner Literaturlisten mir ein Vorbild war.
Die Begegnungen und Gespräche mit politischen und Karriere-Mitarbeitern des Civil Service in den USA und die Einblicke in ihre Arbeitskultur haben mich nachhaltig geprägt. Ich möchte mich für das mir, meinem Projekt und dem deutschen öffentlichen Dienst entgegengebrachte Interesse bedanken bei Mary Alice Kline, Pat Williams, Bob Santos, Andrew Munro, Jay Pearson, Chuck Clarke, Carol Harvey und insbesondere bei Carl Berkenwald, meinem ersten Gesprächspartner.
Ohne die freundliche Unterstützung von Konsulin I. Klasse Irene M. Plank (Auswärtiges Amt), damals deutsches Generalkonsulat Seattle, hätte ich Recherche, Gespräche und Dienst nicht vereinbaren können; für ihre freundliche Unterstützung gilt ihr mein Dank.

Im Bereich Aufmunterung bei Schaffenskrisen war auf die „Mädels“ Alexandra Düring, Cornelia Max, Sabine und Martina Joswich immer Verlass.
Der letzte ist auch der größte Dank und gilt meinem Ehemann, Hermann Jessen. Er hat mich vom Entschluss zu diesem Thema bis zum Druck begleitet, unterstützt und ertragen. Auf dem Kontinuum von grob bis zart fand er zumeist die richtigen Worte.

Hamburg, im November 2001
Anja Charlotte Diek

Inhaltsverzeichnis

Abkürzungsverzeichnis

Abs.	Absatz
ACWA I/II	Administrative Careers with America I/II
Art.	Artikel/Article
ASPA	American Society for Public Administration
BOB	Bureau of the Budget
bzw.	beziehungsweise
Calif.	California
CDP	Candidate Development Programs
CFR	Code of Federal Regulations
CGPTPF	Clinton-Gore Pre-Transition Planning Foundation
CIA	Central Intelligence Agency
CPM	Certified Public Manager
CSC	Civil Service Commission
CSRA	Civil Service Reform Act (1978)
CSRS	Civil Service Retirement System
D.C.	District of Columbia
DEU	Delegated Examining Unit
d. h.	das heißt
DOJ	U. S. Department of Justice
EAS	Executive Assignment System
EEO	Equal Employment Opportunity
EEOC	Equal Employment Opportunity Commission
EGG	Diverse Ethnic, Gender and Geography
EPA	Environmental Protection Agency
EPO	Executive Office of the President
ES	Executive Schedule (SES)
et al.	et altera
EX	Executive Schedule
FBI	Federal Bureau of Investigation
FEI	Federal Executive Institute
FEPCA	Federal Employees Pay Comparability Reform Act (1990)
FERS	Federal Employees Retirement System
FSEE	Federal Service Entrance Examination
FY	Fiscal Year
GAO	General Accounting Office

GG	Grundgesetz
ggf.	gegebenenfalls
GPRA	Government Performance and Results Act (1993)
GS	General Schedule
GSA	General Services Administration
HHS	Department of Health and Human Services
H.R.	House of Representatives
Hrsg.	Herausgeber
HUD	Department of Housing and Urban Development
IG	Inspector General
IRC	Independent Regulatory Agencies
KSA	Knowledge, Skill, and Abilitiy
m. a. W.	mit anderen Worten
MPA	Master of Public Administration
MSPB	Merit Systems Protection Board
m. w. B.	mit weiteren Beispielen
NAPA	National Academy of Public Administration
NASA	National Aeronautics and Space Administration
NASPAA	National Association of Schools of Public Affairs and Administration
No.	Number
NPR	National Partnership for Reinventing Government, früher: National Performance Review
OECD	Organisation for Economic Co-Operation and Development
OGE	Office of Government Ethics
OMB	Office of Management and Budget
OPM	Office of Personnel Management
OSC	Office of Special Counsel
PA	Political appointee
PA	Public Administration
PACE	Professional and Administrative Career Examination
PAQ	Public Administration Quarterly
PAR	Public Administration Review
PAS	Political appointee with Senate confirmation
P. L.	Public Law

PMI	Presidential Management Intern
PMIP	Presidential Management Internship Program
PMRS	Performance and Management Recognition System
PPO	White House Presidential Personnel Office
RIF	Reduction in Force
S.	Seite
SEA	Senior Executives Association
Sect.	Section
SES	Senior Executive Service
TIP	Talent Inventory Program
TVA	Tennessee Valley Authority
U.S.	United States
USA	United States of America
USC	United States Code
v./vs.	versus
vgl.	vergleiche
VA	United States Department of Veterans Affairs
Vol.	Volume
VRA	Veterans Readjustment Authority

Teil 1: Nachzeichnung der historischen Entwicklung der Karrierebürokratie und der politischen Mitarbeiter in der Bundesverwaltung der Vereinigten Staaten von Amerika

„...we may say that bureaucracy is neither a system of government nor a collection of disagreeable men doing unnecessary things, but the personnel aspect of administration in all its ramifications and difficulties.“[1]

A. Einführung und Überblick über die tradierten Konfliktlinien zwischen Präsidenten, Kongress, Karrierebürokratie und politischen Mitarbeitern

Alle gewählten Präsidenten sehen sich in der Situation, Spitze der Exekutive zu sein und die Bundesverwaltung führen zu müssen; dies schreibt die Verfassung vor:

„The executive power shall be vested in a President of the United States“[2], *“...he* (the President) *shall take care that the laws be faithfully executed...”*[3]

Eine motivierte und leistungsorientierte Bundesverwaltung ist unabdingbare Voraussetzung für die sinnvolle, praxis- und zeitnahe Umsetzung der vom Präsidenten getroffenen politischen Leitentscheidungen. Die amerikanische Verfassung enthält im Gegensatz zu Art. 33 Abs. 4 und 5 Grundgesetz wenig Vorgaben für die strukturelle Gestaltung des Bundesdienstes und des Dienstrechts. Die einzigen beiden – indirekten – Hinweise auf die Organisationsstruktur der Bundesverwaltung lauten[4]:

„(the president)...may require the opinion, in writing, of the principal officer in each of the executive departments, upon any subject relating at the duties of their respective offices”

und

“the Congress may by law vest the appointment of such inferior officers, as they think proper, in the President alone, in the courts of law, or in the heads of departments”.[5]

---

[1] Friedrich, Responsible Government Service, S. 28; ohne Hinweis auf den Ursprung benutzt von Morstein Marx, Amerikanische Verwaltung, S. 15: „Verwaltung gilt auch heute noch für viele als das unproduktive Herumsitzen von unhöflichen Menschen, als die Welt der Bürokraten“.

[2] Verfassung, Art. 2, Abschnitt 1 Nr. 1

[3] Verfassung, Art. 2, Abschnitt 3

[4] Congressional Research Service, S. 3; Weber, Günter, S. 65

[5] Verfassung; Art. II, Abschnitt 2 Nr. 1 und 3; zur Bestellung der politischen Mitarbeiter nach Art. 2 Abschnitt 2 Nr. 2 vgl. Teil 2

Heute ist die amerikanische Bundesverwaltung vertikal und horizontal stark ausdifferenziert. Ein einheitliches System ist nicht erkennbar; von „der" Bundesverwaltung zu sprechen, ist in den meisten Aspekten illusorisch.[6] Militär, Postdienst, das öffentliche Gesundheitswesen, die Tennessee Valley Authority (TVA), das Federal Bureau of Investigation (FBI) und das State Department beschäftigen mehr als die Hälfte der im öffentlichen Bereich tätigen Arbeitnehmer und haben jeweils unterschiedliche Arten der Personalstruktur und -verwaltung. Neben den Ministerien (Departments) existiert eine große Zahl von „Independent Agencies" (Unabhängigen Behörden), die keinem Ministerium nachgeordnet sind und deren Leitung keinen Kabinettsrang besitzt; verfassungsrechtliche Kriterien für die Wahl der einen oder der anderen Organisationsform sind nicht erkennbar.[7]
Zu diesen gehören die National Aeronautics and Space Administration (NASA), die Environmental Protection Agency (EPA), die TVA u. v. a.. Zur Schaffung unabhängiger Behörden kann es aus ganz unterschiedlichen Gründen kommen. Starke Interessengruppen können in der Durchsetzung einer Behörde zur Betreuung ihrer Interessen erfolgreich sein, wie im Fall der Veterans' Administration, die nicht ins Verteidigungsministerium eingegliedert, sondern gesondert etabliert wurde. Teilweise hat die Gründung einer eigenen Behörde auch die symbolische Funktion, die besondere Bedeutung dieser administrativen Aufgabe zu bekräftigen, so z. B. bei EPA.[8] Daneben existiert eine Vielzahl von unabhängigen „Regulatory Agencies", die sich gegenüber dem Kongress direkt verantworten und deren relativ große Freiheit gegenüber dem Präsidenten als dem eigentlichen Leiter der Verwaltung oft kritisiert und vom Kongress verteidigt wird.[9] Modernisierungspolitik vollzieht sich hier in institutionellen Differenzierungen; mit jeder Institution wird eine spezifische Handlungseinheit geschaffen, die ihre eigene Interessenlage und Ziele ausbilden und verwirklichen will. Mit der Institutionalisierung werden bestimmte Interessen gegenüber gesamtgesellschaftlichen Konformitäten privilegiert. Durch Allokation von Kompetenzen, Ressourcen, Legitimität und Kontrolle wird Innovation gefördert, aber auch kanalisiert und beschränkt.[10]
Das President's Reorganization Project unter der Carter Administration zählte bei einer „Inventur" der existierenden Ministerien und Behörden elf Ministerien mit 335 Unterbehörden und 55 Behörden ohne Kabinettsrang mit 66 Unterbehörden, 18 staatseigene Unternehmen, 12 Unternehmen mit gemischten Eigentumsverhältnissen, neun quasi-offizielle Organisationen und 91 internationale

6 Huddleston/Boyer, S. 116
7 Steinberg, S. 109, 113 f
8 Congressional Research Service, S. 31
9 vgl. Congressional Research Service, S. 33 bis 38 m. w. N.
10 Lepsius, S. 53, 55, 57, 61

Organisationen.[11] Die Beschäftigten insgesamt gehören fast allen denkbaren zivilen Berufen an.
Schon dies erschwert dem Präsidenten als Spitze der Exekutive die Ausübung seiner Aufgaben und den Einsatz der Karrierebürokratie zur Unterstützung und Umsetzung seiner politischen Agenda.
Über den geschickten Umgang mit dem diversifizierten und kenntnisreichen Karrieredienst hinaus muss der Präsident - will er seine politische Vorstellungen weitergeben und wirksam umsetzen - auch die Übersicht über die wichtigen, von ihm politisch zu besetzenden Positionen gewinnen, geeignete Bewerber finden, die fachliche Fähigkeiten und politische Akzeptanz in ihrer Person vereinen, und diese geschickt plazieren. Dabei ist er nicht nur dem Druck seiner Partei, wichtiger Interessengruppen und den Wünschen der Bundesverwaltung ausgesetzt, sondern muß sich auch im geschickten Umgang mit der Legislative, dem Kongress mit seinen beiden Häusern Senat und Repräsentantenhaus, üben, die in Fragen der Organisation und Ausstattung der Bundesverwaltung sowie bei der Bestätigung präsidentieller politischer Ernennungen traditionell ihre Autorität einsetzt, um eigene Vorstellungen davon, wie die Bundesverwaltung organisiert, wer eingestellt werden und wer welche Zugriffsmöglichkeiten auf die Serviceleistungen der Beschäftigten haben soll, durchzusetzen.[12]
In dieser Arbeit sollen zum einen zunächst die amerikanische Bundesverwaltung als komplexes Gebilde in historischer Entwicklung, ihre gegenwärtige Organisation und Personalstruktur sowie das formelle und materielle Personalmanagement dargestellt und erläutert werden. Zum anderen werden Bedeutung und Aufgaben der - durch den Präsidenten und sein Team ausgewählten - politischen Spitzenkräfte, der „political appointees with and without Senate confirmation" (politische Mitarbeiter mit und ohne Senatsbestätigung) und der weiteren politischen Mitarbeiter – im Senior Executive Service (SES) und im Schedule C - untersucht.
Die historische Entwicklung dieser Beschäftigtengruppe bis in die Gegenwart wird dargestellt unter den Aspekten Vorbildung, Auswahlverfahren und -kriterien sowie Aufgaben, und es wird berichtet über die Erfahrungen mit und Vorurteile gegenüber dem Karrierepersonal der Bundesverwaltung. Besonderes Gewicht wird dabei auf die Rekrutierung und Bestellung politischer Mitarbeiter in hochrangige Positionen der Ministerialverwaltung und auf Konstellationen gelegt, bei denen administrative und politische Spitzenkräfte zusammentreffen - wie im SES - sowie insgesamt auf die Probleme und Möglichkeiten, die sich an den Schnittstellen von Politik und Verwaltung für die bürokratischen und politischen Spitzenkräfte ergeben.
Das Verhältnis von politischen Spitzenkräften zum Karrierepersonal kann nicht abstrakt dargestellt werden. Es war im Laufe der Zeit abhängig von der Person und Agenda des Präsidenten, dem Zeitgeist und der allgemeinen Welt- und Wirt-

---

[11] Congressional Research Service, S. 16
[12] Mackenzie, Paradox, S. 113, 140 f

schaftslage (Depression, New Deal, Kriegszeiten, Great Society). Daher wird jeweils die Entwicklung anhand der einzelnen Präsidentschaften nachvollzogen, die sich diesem Themenkomplex mit sehr unterschiedlichem Engagement und Zielrichtungen gewidmet haben, um für sich Struktur der und Zugriff auf die Bundesverwaltung zu verbessern. Der Schwerpunkt liegt hier auf der Entwicklung der modernen expandierenden amerikanischen Verwaltung, die unter Franklin D. Roosevelt und seinen Programmen des New Deal ihren Ausgang nahm. Besonderes Augenmerk wird dabei auf die Übergangs-Zeit gerichtet – jene elf Wochen zwischen der Wahl eines neuen Präsidenten im November und der Inauguration am 20. Januar, in denen – auch und vor allem durch die Auswahl künftiger politischer Mitarbeiter in wichtigen Positionen – die Grundzüge künftiger Personalpolitik festgelegt werden, insbesondere auf die Wechsel, die in neuerer Zeit mit einem Parteienwechsel verbunden waren, nämlich die Übergänge Ford – Carter, Carter – Reagan und Bush – Clinton.

I. Präsidenten und der Kongress

Die Verfassung erwähnt Verwaltungs- oder Managementfunktionen ausschließlich in der Formulierung *"...he (the President) shall take care that the laws be faithfully executed"*.[13]
Dies zeugt nicht von besonders großer Vergesslichkeit oder mangelnder Wertschätzung, sondern spiegelt die Bedeutung wider, die die Bundesverwaltung zur Gründerzeit hatte: eine - schon zahlenmäßig - sehr geringe Bedeutung. Zu jener Zeit war die Zahl der Kongressabgeordneten größer als die Personalzahl der gesamten Bundesverwaltung.[14] Bevor es in den Vereinigten Staaten eine Verfassung gab, trug der Kontinentalkongress (Continental Congress) die vollständige Verantwortung für die Funktionen der Exekutive, Legislative und Judikative der neuen Union. Als 1789 die ersten Ministerien gegründet, strukturiert und ausgestattet wurden, schuf der Kongress mit Liebe zum Detail die Regelungen für die Aufgaben, Personalausstattung und Bezahlung des Personals.[15]
Seit dieser Zeit ist allgemeine Auffassung, dass der Kongress nach dem Willen der Verfassungsväter die Kompetenz zur Schaffung und Binnenorganisation von Ministerien und Behörden hat. Der Präsident kann in seiner verfassungsrechtlich gesicherten Stellung als Leiter der Bundesverwaltung, Oberbefehlshaber der Streitkräfte oder nach entsprechender Delegation von Kompetenzen durch den Kongress Behörden schaffen oder schließen oder Funktionen delegieren, vor allem durch Executive Orders (Verordnungen).[16] Solche Handlungen waren zu

[13]Verfassung, Art. II, Abschnitt 3
[14]Garnett, S. 35, 35 f
[15]Michaels, S. 11
[16]Executive Orders sind vom Präsidenten erlassene Verordnungen, die sowohl zur Koordinierung der Exekutivbehörde als Verwaltungsvorschriften oder verwaltungsinterne Richtlinien ohne

Kriegszeiten oder in Krisenzeiten am häufigsten.[17] Der Kongress ist - stärker als in den meisten Demokratien Europas das Parlament - ein ernstzunehmender Machtfaktor. Die Legislaturperioden des Kongresses sind nicht an die des Präsidenten gebunden. Der Kongress besteht aus zwei Häusern, Senat und Repräsentantenhaus, die jeweils verschiedene Mehrheiten haben können, so dass ein mit großer Mehrheit gewählter Präsident einem Kongress gegenüberstehen kann, dessen Mitglieder mehrheitlich einer anderen Partei angehören. Die Beherrschung des Kongresses durch die Mehrheitspartei schließt die Übernahme sämtlicher Ausschussvorsitze durch die siegreiche Partei ein; es gibt keine Verteilung der Ausschussvorsitze nach Proporz.[18] Dies ist von großer Bedeutung für den Präsidenten, da die Ausschüsse den Mittelpunkt der politischen Willensbildung und des Entscheidungskreislaufes des Kongresses bilden.[19]

Beide Häuser des Kongresses sind bei Gesetzgebung und Entscheidungen über die Ausgabe und Einnahme von Haushaltsmitteln, die in Gesetzesform getroffen werden, völlig gleichberechtigt.[20]

Der Senat hat 100 Mitglieder, zwei aus jedem Staat, die auf sechs Jahre gewählt werden. Senatswahlen finden alle zwei Jahre statt, wobei jeweils ein Drittel der Sitze neu gewählt wird; eine Beschränkung der Wiederwahl gibt es nicht. Der Vizepräsident steht dem Senat vor und ist bei einem Patt stimmberechtigt[21], die einzige Durchbrechung der in der Verfassung festgeschriebenen Inkompatibilität von Regierungsamt und Kongresssitz [22].

Das Repräsentantenhaus hat 435 Mitglieder. Die Zahl der Mitglieder, die jeder Einzelstaat entsendet, ist unterschiedlich und basiert auf der Einwohnerzahl des Einzelstaates, wobei jeder Staat aber mindestens durch ein Mitglied vertreten wird (District of Columbia: nicht stimmberechtigtes Mitglied). Die Mitglieder werden für zwei Jahre gewählt, die Wiederwahl ist nicht eingeschränkt.[23]

Anders als etwa in Deutschland der Bundeskanzler, wird der Präsident nicht vom Parlament gewählt und kann sich nicht regelhaft auf seine Mehrheiten verlassen.

Als ständiger "Störfaktor" - aus der Sicht der Präsidenten - agiert der Kongress in modernen Zeiten. Die Präsidenten müssen sich auch die Befugnis zum Personalmanagement mit der Legislative teilen.

Der Kongress legt die äußere Form der Bundesverwaltung fest, bestimmt Bezahlung und andere geldwerte Vergütungsbestandteile. Er legt die Personalausstat-

---

Außenwirkung als auch zur Umsetzung der politischen Agenda – i. S. v. Rechtsverordnungen – genutzt werden. Sie können also auch die Merkmale materieller Gesetze aufweisen, Becker/Welz, S. 231, 234

[17] Congressional Research Service, S. 17 f

[18] Steffani, S. 110, 117 f

[19] Steffani, S. 110, 121

[20] Steffani, S. 110, 115

[21] Verfassung, Art. I, Abschnitt 3

[22] Verfassung, Art. I Abschnitt 6, Abs. 2.

[23] Verfassung, Art. I, Abschnitt 2

tung für einzelne Behörden fest und ein Haus des Kongresses muss vielen wichtigen politischen Stellenbesetzungen des Präsidenten zustimmen. Für den Kongress sind diese Befugnisse von erheblicher Bedeutung: Der Kongress verfügt nicht über die Befugnis des politischen Misstrauensvotums, so dass nur Gesetzgebung und Geldbewilligung für eine politische Sanktionsausübung verbleiben[24], und nicht selten werden daher Differenzen des Kongresses mit dem Präsidenten auch auf dem Feld der zustimmungsbedürftigen Personalentscheidungen ausgetragen.[25] Einerseits bezichtigt der klassische Vorwurf von Präsidenten den Kongress des Mikromanagements wegen allzu großer Detailfreude. Gewährt der Kongress andererseits finanzielle Mittel für Programme der Exekutive unter Gewährung weiter Ermessensspielräume zur Förderung der Flexibilität, besteht stets die Gefahr, dass spätere Präsidenten mit anderen politischen Schwerpunkten die Intention der Programme bis zur Unkenntlichkeit verändern.[26] Das politische System der Vereinigten Staaten war von jeher dadurch charakterisiert, dass die einzelnen Behörden häufig mit Ausschüssen und Unterausschüssen des Kongresses zusammenarbeiten. Diese oft sehr enge Zusammenarbeit kann bis hin zu Vereinbarungen führen.[27] Jarass beschreibt die Beziehungen zwischen Kongress und Verwaltung gerade bei wichtigen politischen Fragen als hochkomplexes Netz von Beziehungen zwischen den verschiedenen Untereinheiten und meint, dass die Instrumente des amerikanischen Kongresses zur Steuerung und Kontrolle der Verwaltung weit über die entsprechenden Mittel des deutschen Bundestages hinaus reichen.[28] Der Kongress ist traditionell an dem Erhalt guter Beziehungen zu den langjährigen und erfahrenen Spitzenkräften der Bundesverwaltung interessiert und nutzt diese eingespielten Informationsquellen auch zur Untermauerung der eigenen Machtbasis. Diese Machtbasis sieht er leicht gefährdet bei der Aussicht auf einen verstärkten Zugriff des Präsidenten auf und eine erhöhte Kontrolle über die Bundesverwaltung.
Bill Clinton hat seine positive Haltung zum Kongress so zusammen gefasst:

„...That's what democracy is about. Read the United States Constitution. It's about honorable compromise. And that is not weakness if you are making progress.“[29]

II. Präsidenten und die Karrierebürokratie

Theoretisch sind die Aufgaben der politischen Führung von denen der Karrierebürokraten klar abgrenzbar: die politischen Führer entscheiden und die Bürokraten führen aus und setzen um.

---

[24] Steffani, S. 110, 116
[25] Mackenzie, Paradox, S. 113, 114 f ; Deering, S. 100, 111, 113
[26] Michaels, S. 11 f; Gore, Creating Quality Leadership and Management, S. 29 f
[27] Huddleston/Boyer, S. 54
[28] Jarass, S. 94. 101, 107
[29] Clinton, S. 589, 601

Der für die Schaffung der Bundesverwaltung in ihrer jetzigen Form grundlegende Pendleton-Act von 1883 etablierte den Grundsatz von Wettbewerb und Leistung im öffentlichen Dienst und trennte den Zugriff auf den Karrieredienst aus dem Machtbereich des Präsidenten als Führer der Exekutive heraus, indem die nur für die Karrierebürokratie zuständige Civil Service Commission (CSC) eingerichtet wurde. Zugleich wurden dadurch die nach den Leistungsprinzipien (Merit-System) unter Wettbewerbsbedingungen zu besetzenden Posten der Karrierebürokratie von den nach politischen Erwägungen besetzbaren politischen Bestellungen klar abgegrenzt und politische Neutralität für die Karrierebürokratie verordnet.[30]
Administrative Spitzenkräfte der Karrierebürokratie waren für Präsidenten zu allen Zeiten besonders wichtig, ohne ihre Kenntnisse, Erfahrungen, Loyalität und positive Nutzung ihrer Verbindungen zur Legislative ist eine erfolgreiche Umsetzung der politischen Ziele des Präsidenten nicht möglich.

Die Karrierebürokratie ist mächtig: In den Grenzen der vom Präsidenten und seinen politischen Mitarbeitern gesetzten Parameter werden Vorschriften festgesetzt für das Verhalten von Individuen, Gruppen und Firmen und für die Verwendung von enormen Geldmitteln. Verletzungen dieser Regeln können den Verlust staatlicher Unterstützung und damit große Wirkung auf viele Bürger haben. Die bürokratische Verwaltung bedeutet Herrschaft durch Wissen - Fachwissen und Dienstwissen[31]. Durch ihre kontinuierliche Mitarbeit in der Verwaltung haben die Mitarbeiter ein großes Wissen in ihren jeweiligen Bereichen angesammelt, verfügen über wichtige Kontakte und bilden das institutionelle Gedächtnis der Bundesverwaltung.[32]

Fritz Scharpf hat 1970 die amerikanische Verwaltungsbehörde als im Zentrum eines politischen Sub-Systems stehend beschrieben, an dessen intensiver Interaktion in erster Linie die zuständigen Unterausschüsse im Kongress, die zuständigen Abteilungen in den Zentralämtern der Exekutive und die am Programm der Behörde interessierten Gruppen beteiligt sind.[33]

Die Bedeutung der Interessengruppen im politischen und administrativen Entscheidungsprozess ist seitdem noch stark gestiegen. Die Karrierebürokratie hat in diesem System schon allein aufgrund der Tatsache ihrer kontinuierlichen Existenz und des daraus folgenden Wissens eine wichtige Stellung inne.

Im Gegensatz zum Karrierepersonal sind der Präsident und sein Team in der Bundesverwaltung nur "Durchreisende". Präsidenten haben stets danach gestrebt, die Effektivität und Loyalität der Bundesverwaltung in ihrem Sinne zu gestalten und zu verbessern, um die Macht zu haben,

---

30 zu Entstehung und Inhalt des Pendleton Acts vgl. Teil 1 B III 1

31 Weber, Max, WuG, I. Hb, S. 165; II. Hb, S. 1085

32 Huddleston/Boyer, S. 22 f; Ingraham/Thompson/Eisenberg, S. 263; Pfiffner, Democracy-Bureaucracy Nexus, S. 57, 61

33 Scharpf, S. 62 f

- die geeigneten Personen mit den erforderlichen Fähigkeiten an den richtigen Stellen der Organisation einzusetzen
- loyale Bindung dieses Personals an die eigenen administrativen und politischen Ziele zu erreichen.

Zum Erreichen dieses "Idealzustands" trachten die Präsidenten danach, die Kompetenz zu erlangen,

- vorgefundenes Spitzenpersonal entsprechend eigenen politischen Zielen und entsprechend eigener Gewichtung zu versetzen,
- Anreize zur Erhöhung von Anstrengung und Loyalität zu schaffen,
- inkompetentes Personal oder solche Beschäftigte, deren Verhalten mit den eigenen politischen Zielen unvereinbar ist, zu entfernen.[34]

Dabei steht jede Administration im Spannungsfeld zwischen

- Leistungsprinzip und Repräsentativität
- Verfahrenseffektivität und Verfahrensgerechtigkeit
- politischer Neutralität und politischer Empfänglichkeit oder sogar offener Parteinahme
- präsidentieller Richtlinienkompetenz (direction) und demokratischer Verantwortlichkeit[35]

III. Präsidenten und ihre Politischen Spitzenkräfte

Die politischen Stellenbesetzungen sind für den Erfolg einer Administration grundlegend wichtig, da die so eingesetzten Kräfte die Verbindung des Präsidenten zum Karrierepersonal der Bundesverwaltung herstellen und sein Erfolg daher maßgeblich davon abhängt, wie schnell nach der Wahl geeignete Bewerber ausfindig gemacht, überprüft und - ggf. nach einer Bestätigung durch den Senat - eingesetzt werden können. Auf die Auswahl dieser Personen üben die Partei des Präsidenten, Interessengruppen, Legislative und andere Druck aus. Dabei besteht ständig die Gefahr, dass neue Präsidenten und ihr politisches Führungsteam durch zu lange Orientierungsphasen und langsames Erlernen notwendiger bürokratischer Mechanismen ihre Führungsrolle zu spät finden und ausfüllen. Präsidenten müssen bei den politischen Stellenbesetzungen Auswege aus dem Dilemma finden, politische Stellenbesetzungen sowohl unter administrativen als auch unter politischen Gesichtspunkten sinnvoll vorzunehmen, wenn sie nicht nur die Unterstützung ihrer Partei und wichtiger Interessengruppen, sondern auch die der Bundesverwaltung gewinnen, behalten und überhaupt eine leistungs- und führungsstarke Verwaltung haben wollen.

---

[34]Mackenzie, Paradox, S. 113, 123 f

[35]Mackenzie, Paradox, S. 113, 142

IV. Karrierebürokratie und Politische Mitarbeiter

Karrierepersonal, d.h. Beschäftigte im öffentlichen Dienst, die ihre Stellung durch Leistung erworben haben und damit der Karrierebürokratie angehören, und politische Mitarbeiter, die in den öffentlichen Sektor infolge der Auswahl durch politische gewählte Vertreter gekommen sind, deren Vertrauen sie genossen, gehören gleichermaßen dem System der öffentlichen Verwaltung an[36].
Das schließt weder die poltische Loyalität des Karrierebeamten zu der gewählten Führung noch die Fachkompetenz der durch politische Aktivitäten ausgewählten Kräfte aus[37]. Geht man dem Verhältnis der Karrierebürokratie zu den politischen Mitarbeitern nach, so trifft es den Kern, wenn Patricia W. Ingraham - Professorin an der Syracuse University und 1988/89 Mitglied der National Commission on the Public Service (Volcker Commission) - feststellt:

"From the beginning, the relationship between the civil service on the one hand and elected officials and their appointees on the other was not a partnership, but an association filled with many antagonisms."[38].

V. Verwaltung im Spannungsfeld zwischen politischer Ämterpatronage und wettbewerbsorientiertem Leistungsprinzip

Wenn die Personalpolitik im öffentlichen Dienst, nämlich die Einstellung, Beförderung und Abberufung der Beschäftigten durch den wirksamen Einfluss nichtzuständiger Personen, Parteien und Verbände erfolgt, spricht man von Ämterpatronage; die maßgeblichen Kriterien der Ämterpatronage sind die Unzuständigkeit der Einwirkenden und die Amtsfremdheit der Motive.[39] Sowohl für das Verständnis der historischen Entwicklung als auch für den heutigen Status der amerikanischen Bundesverwaltung ist die Erkenntnis wichtig, dass sich das Personalmanagement traditionell im Spannungsverhältnis zwischen politischer Ämterpatronage und wettbewerbsorientiertem Leistungsprinzip vollzieht. Vorläufer, Entstehung und Bedeutung dieses Spannungsverhältnisses werden in dieser Arbeit ausführlich beschrieben und erläutert; zur Erleichterung der Orientierung sollen die Entwicklungstufen jedoch bereits in Umrissen dargelegt werden.
Die Basis für dieses Spannungsverhältnis wurde bereits im Jahre 1829 gelegt, als Andrew Jackson Präsident wurde, dessen Präsidentschaft mit dem Beginn und dem Begriff des *„Spoils-system"*, der systematischen politischen Ämterpatronage durch Einstellung politischer Anhänger auf Verwaltungsposten, assoziiert wird.[40] Nach Gründung der Vereinigten Staaten war die Auswahl der Verwaltungsbe-

---

[36] Lee, S. 11
[37] Lee, S. 25
[38] Ingraham, Foundation of Merit, S. XVI
[39] Eschenburg, S. 10 f
[40] Cozzetto/Pedeliski/Tipple, S. 16 f, dazu ausführlich unter Teil 1 B II

schäftigten hauptsächlich nach dem Kriterium der *„fitness of character"* erfolgt – daraus resultierte eine Selektion aus der obersten Gesellschaftsschicht, in der Bildung, gesellschaftliches Ansehen und politische Kontakte monopolisiert waren.[41] Das *„Spoils-System"* veränderte diese Gepflogenheiten. Für Präsident Jackson bedeutete die Einstellung politischer Freunde und Unterstützer einen Gewinn an Demokratie, da damit auch andere gesellschaftliche Klassen Zugang in den öffentlichen Dienst finden konnten. Als demokratisch galt es, die Idee der Lebenslänglichkeit der Amtsstelle zu verneinen und die ständige Verwurzelung des Individuums in seinem Amt zu verhindern, damit möglichst viele an die Ämter herankommen könnten.

Bei der Bewertung der destruktiven Wirkung, die die exzessive Anwendung des *„Spoils-System"* in späterer Zeit hatte, ist es wichtig festzuhalten, dass ursprünglich mit ihm ein Gewinn für die Demokratie verknüpft wurde.[42] Das heutige Spannungsverhältnis zwischen Patronage und Leistung baute sich formell seit dem Beschluß des Pendleton Act durch den Kongress im Jahre 1883 auf; ein Gesetz, das erstmals einen – mit etwa 10 % noch geringen – Teil der Bundesverwaltung einem *„Merit-System"* und damit einem Leistungssystem unterstellte, in dem nur Bewerber erfolgreich waren, die sich im Wettbewerb behauptet hatten.[43] In den folgenden Jahrzehnten wuchs die Zahl der Beschäftigten, die dem Meritsystem unterfielen, und im September 1999 zählten 49,6 % (77 % ohne die Beschäftigten des Postdienstes) der Beschäftigten der amerikanischen Bundesverwaltung zum Competitive Service, für den die Leistungsprinzipien des Merit-Systems und die Gesetze für den öffentlichen Dienst in Title 5 U.S.C. 2102 a in vollem Umfang gelten.[44] Große Teile der Bundesverwaltung sind damit in ein System einbezogen worden, das zwar vom Präsidenten als der exekutiven Spitze geführt wird; diese Teile verdanken ihre Beschäftigung aber nicht der (den) politischen Spitze(n) und sind in ihren Dienstzeiten nicht an die Amtszeiten und das politische „Überleben" der politischen exekutiven Spitzen gekoppelt. Letztere stehen daher vor der Aufgabe, mittels dieser unabhängigen Verwaltung ihre politische Agenda durchsetzen zu müssen. Der Umgang mit der Karrierebürokratie und deren Loyalität ist im Laufe der Zeit von unterschiedlichen Präsidenten mit unterschiedlichen Mitteln und wechselhaftem Erfolg betrieben worden; auf dem Kontinuum von politischer Ämterpatronage bis zum Leistungswettbewerb sind die Schwerpunkte im Laufe der politischen und administrativen Entwicklung immer wieder verschoben worden. Diese Entwicklung mit ihren Verschiebungen des Schwerpunktes wird sowohl im Kontext der Geschichte als auch systematisch dargestellt, erläutert, analysiert und bewertet.

---

[41] White, The Federalists, S. 259 f, dazu ausführlich unter Teil 1 B I

[42] van Riper, S. 36 f; Fraenkel, Der öffentliche Dienst, S. 879, 884 f

[43] Ingraham, Foundation of Merit, S. 32, dazu ausführlich im Teil 1 B III 1 und im systematischen Teil 2 A I 1.2 (Merit System Principles)

[44] OPM, Employment and Trends, S. 9; OPM Fact Book, S. 15

B. Historische Entwicklung von Karrierebürokratie und politischen Mitarbeitern

Der amerikanische öffentliche Dienst (*civil service*) begann seine offizielle Existenz mit der Vertreibung der britischen Kolonialherren und der Verabschiedung der eigenen Verfassung der Vereinigten Staaten von Amerika von 1789.
In der vorangegangenen Kolonialzeit waren die Kolonien unterschiedlich verwaltet worden: einige waren *„charter colonies"* mit königlichen Freibriefen, durch die die Selbstregierung, Gouverneurswahl und Freiheitsrechte garantiert wurden; andere waren *„proprietary colonies"*, sie gehörten Eigentümern, die durch königliche Patente Eigentum erworben hatten, den Gouverneur selbst bestimmten und zusammen mit den Siedlern legislative und verwaltende Organe schufen. Die *„royal colonies"* - vor dem Unabhängigkeitskrieg in der Mehrzahl - wurden von der englischen Krone verwaltet, die auch den Gouverneur bestimmte.[45]
Die Erfahrungen, die die Kolonien mit der britischen Kolonialverwaltung gemacht hatten, drückten sich in der Unabhängigkeitserklärung vom 04. Juli 1776 aus:

„ the present King of Great Britain...has erected a multitude of New Offices, and sent hither swarms of Officers to harass our people and eat out their substance." [46]

In den Konföderationsartikeln, denen 1777 der Zweite Kontinentalkongress zugestimmt hatte und die am 01. März 1781 in Kraft traten, war noch festgelegt worden, dass die Ernennung aller zivilen Mitarbeiter der Bundesverwaltung durch die Vereinigten Staaten, im Kongress versammelt, erfolgen würde

„the united states in congress assembled, shall have authority to appoint...such other committees and civil officers as may be necessary for managing the general affairs of the united states under their direction.... [47]

In der neuen Verfassung von 1789 wurde dieses Verfahren drastisch verändert:
In der verfassungsmäßigen Aufgliederung des Staatsgefüges wurde der Präsident als politische und administrative Spitze etabliert (Verfassung, Art. II. Abschnitt 1), dem nicht nur die gewissenhafte Ausführung der Bundesgesetze übertragen wurde (Verfassung, Art. II Abschnitt 3), sondern dem auch die Ermächtigung zur Ernennung der höheren Beschäftigten des öffentlichen Dienstes in die Hand gegeben wurde. Die Mitwirkung des Senats am Bestellungsverfahren für höherran-

---

[45] Weber, Günter, S. 65, 66
[46] Text der Unabhängigkeitserklärung (englisch) in: McClenaghan, S. 748 f
[47] Articles of Confederation, Art. IX, abgedruckt in: McClenaghan, S. 751, 752 f; Fish, Patronage, S. 21 f

gige Beschäftigte sollte in diesem Zusammenhang als Korrektiv und Schutz gegen Missbrauch dieser Macht fungieren (Verfassung, Art. II Abschnitt 2).
Nicht geregelt wurde die Frage, wer das Recht haben sollte, die auf diese Weise ernannten Beschäftigten wieder zu entlassen. Diese Lücke löste im Mai 1789 die erste große Verfassungskontroverse aus. Der Streit wurde im Juli 1789 durch die entscheidende Stimme des Vizepräsidenten John Adams in einer Patt-Situation im Senat dahingehend entschieden, dass der Präsident allein das fast unbegrenzte Recht zur Entlassung dieser Beschäftigten erhielt. (Decision of 1789).[48]
Auch das Verfahren zur Bestellung der übrigen Mitarbeiter der Bundesverwaltung („*inferior officers*") blieb zunächst weitgehend offen; die Macht zur Bestimmung der Einstellungskompetenz wurde dem Kongress nach dessen Ermessen übertragen *(„...the Congress may by law vest the appointment of such inferior officers, as they think proper, in the President alone, in the courts of law, or in the heads of departments*" (Verfassung, Art. II, Abschnitt 2).[49]
Diese Kompetenz wurde in der Folge regelhaft dem Präsidenten als Chief Executive übertragen.[50] Die Gesetzgebungskompetenz für dienstrechtliche Vorschriften wurde mit der Generalklausel des Art. I Abschnitt 8 Abs. 1 geschaffen, nach der der Kongress über alle Gesetze beschließt, die für die Ausübung der Befugnisse und Rechte der von der Verfassung eingesetzten Staatsgewalten und deren Behörden, Gerichte und Bediensteten notwendig und zweckdienlich (*necessary and proper*) sind. Außerdem verfügt der Kongress über das Budgetrecht und damit über die Möglichkeit, den Personalhaushalt der Bundesverwaltungen und die Gehälter der Beschäftigten zu beschließen.[51] Die Einrichtung sowie Aufgaben eines verwaltenden Personalkörpers werden nicht erwähnt. Die Verfassung der Vereinigten Staaten sah einen vergleichsweise schwachen Bundesstaat vor, der starken Einzelstaaten gegenüberstand. Wohl war die Einrichtung des Kongresses als legislatives Organ vorgesehen, nicht aber die Schaffung einer Verwaltung, um das geschaffene Regelwerk umzusetzen[52]. Die Notwendigkeit zur Organisation einer öffentlichen Verwaltung bestand jedoch von Beginn an, so dass die Mechanismen, durch die Positionen besetzt wurden, immer im Mittelpunkt des Interesses standen.
Zur Verfassungsmäßigkeit einer Bundesverwaltung äußerte Carl Joachim Friedrich im Jahre 1935[53],

„...let the Supreme Court worry about that. Since it has been held constitutional to date, we propose to let it go at that."

---

[48] White, The Federalists, S. 20 f, 25
[49] CSC, Biography, S. 6
[50] White, The Federalists, S. 254
[51] Weber, Günter, S. 65, 69
[52] Lee, S. 16 f
[53] Friedrich, Responsible Government Service, S. 6

1973 konstatierte er, dass die heutige amerikanische Verfassung ohne ein Berufsbeamtentum gar nicht mehr vorstellbar sei.[54]
Bei diesem pragmatischen Zugang ist es bis heute geblieben: Die Verfassungsmäßigkeit einer Bundesverwaltung überhaupt ist nie in Frage gestellt worden, wohl aber ihre Organisation, innere und äußere Struktur, Ausdehnung und Ausstattung; die Diskussion um die Rolle der Verwaltung und die Vereinbarkeit ihrer Existenz und Aufgaben mit den Normen der Verfassung wurde so lebendig gehalten.
Der Begriff des amerikanischen öffentlichen Dienstes wird im folgenden so verstanden, daß er die Positionen der öffentlichen Verwaltung umfaßt, die nicht durch Wahl (der wahlberechtigten Bürger), sondern direkt aufgrund von Leistung oder auch aus anderen Gründen durch den Präsidenten – sei es direkt oder indirekt - besetzt werden[55].

I. Herrschaft der Gentlemen, 1789 - 1829 [56]

George Washington, von 1789 bis 1796 erster Präsident, übernahm nach seiner Inauguration am 30. April 1789 in New York die kläglichen Reste der konföderalen Verwaltung: ein Büro für auswärtige Angelegenheiten unter der Leitung von John Jay, das die Berichte der Vertreter in London (John Adams) und Paris (Thomas Jefferson) bearbeitete, ein Finanzbüro mit leeren Kassen, einen Kriegsminister, dem 840 Soldaten unterstellt waren, einige Verwaltungskräfte, mit deren Bezahlung die Konföderation im Rückstand war, und eine Finanzlage mit geringen Staatseinkünften, großen Schulden und ruinierter Kreditwürdigkeit.[57] George Washington wählte Verwaltungspersonal auf allen Ebenen nach dem Kriterium der *„Fitness of Character"* aus; darunter verstand der Präsident persönliche Integrität und gesellschaftliches Ansehen; fachliches Wissen oder wissenschaftliche Kenntnisse wurden nicht verlangt. Als Nachweis für die erforderliche anerkannte soziale Stellung diente Washington die Feststellung, ob der Bewerber bereits Wahlämter in seiner Herkunftsgemeinde innegehabt hatte. Durch die Berufung bekannter und angesehener Persönlichkeiten sollte das Ansehen der neuen Regierung und Verwaltung in den Bundesstaaten und Kommunen gestärkt werden.[58] Auch die Frage der Treue zur neuen – teilweise stark umstrittenen - Verfassung war in der Zeit von 1787 bis 1789 ein wichtiges Kriterium. Sie war nur mit geringer Mehrheit und in einigen Staaten, darunter New York, nur mit großen Schwierigkeiten akzeptiert worden.[59] Einstellungen und Berufungen aus der sozialen Not

---

[54] Friedrich, Stellung und Aufgaben des öffentlichen Dienstes, S. 248, 249
[55] in Anlehnung an Loverd/Pavlak, S. 1
[56] Mosher, Democracy 1968, S. 55
[57] White, The Federalists, S. 1
[58] White, The Federalists, S. 259 f
[59] White, The Federalists, S. 2

heraus oder aufgrund von Verwandtschaftsbeziehungen lehnte Washington ab; nahezu alle erhaltenen Bewerbungsschreiben betonen denn auch die Fähigkeiten des Bewerbers.[60] Verlangen nach einer Bevorzugung von Veteranen des Unabhängigkeitskrieges wies Washington wiederholt zurück, selbst in der Armee plädierte er für eine Bevorzugung nur, wenn die Bewerber in allen anderen Belangen gleich qualifiziert waren.[61] Drei Konstellationen brachten den ersten Präsidenten zur prompten Ablehnung von Bewerbern, nämlich familiäre Beziehungen, Faulheit und Trunkenheit.[62] Diskussionen über die Rolle der Verwaltung und das Verhältnis zur Politik standen damals nicht im Vordergrund.
Woodrow Wilson beschreibt die frühe Zeit mit den Worten: *„...The functions of government were simple, because life itself was simple.“*[63]
Damit war nicht die Leichtigkeit des politischen und administrativen Lebens an sich gemeint, denn die Föderalisten wollten die Kreditfähigkeit der Union herstellen, die nationale Infrastruktur verbessern, die westlichen Grenzen sichern und das Land aus jedem ausländischen Krieg heraushalten.[64] Gemeint war die Abwesenheit komplexer Systeme wie öffentlicher Finanzen, die vergleichsweise geringe Aufgabendichte und die noch kaum entwickelte Verflechtung der Ebenen öffentlicher Verwaltung.
Als Washington seine erste Amtsperiode antrat, existierten noch keine politischen Parteien, wohl aber zu Beginn seiner zweiten Amtsperiode[65]; er selbst jedoch, obwohl ohne Zweifel politisch in der föderalistischen Partei verhaftet, stellte sich nie öffentlich als Parteianhänger dar, sondern wollte überparteilich sein. Die meisten Männer, die er für administrative Spitzenpositionen auswählte, gehörten allerdings der föderalistischen Partei an.[66]
Washington hatte lediglich drei Kabinettsmitglieder, nämlich die Minister für auswärtige Angelegenheiten (Thomas Jefferson), Finanzen (Alexander Hamilton) und Krieg (Henry Knox), 1798 wurden ein Attorney General (Edmund Randolph) und ein Postmaster General (Samuel Osgood) bestellt. Die Etablierung eines vierten Ministeriums – für innere Angelegenheiten – wurde mit großer Mehrheit im Kongress abgelehnt. Erst 1798 wurde das Marineministerium geschaffen. Ein Innenministerium wurde – trotz wiederholter Bemühungen – erst 1849 etabliert.[67]
Dennoch konnte keine Rede davon sein, dass ein politisch neutraler öffentlicher Dienst angestrebt wurde. Noch während der Amtszeit von George Washington formten sich in den Jahren nach 1792 politische Parteien (Federalist und Demo-

[60] Fish, Patronage, S. 6 f; CSC, Biography, S. 7
[61] White, The Federalists, S. 260 f
[62] White, The Federalists, S. 262, 278
[63] Wilson, Woodrow, S. 66, 69
[64] White, The Federalists, S. 507 f
[65] Lee, S. 17
[66] White, The Federalists, S. 71
[67] Congressional Research Service, S. 26 f; 1987 waren es bereits dreizehn Kabinettsmitglieder, DOJ, S. 22 f; White, The Federalists, S. 26, 263

cratic-Republican parties), die sich bei den Präsidentschaftswahlen 1796 bereits mit konkurrierenden Parteiprogrammen gegenüberstanden, so dass auch das Kriterium politischer Loyalität zunehmend eine Rolle spielte.[68] Wohl wurden politische Aktivitäten nicht vorausgesetzt und Positionen nicht als Belohnung vergeben, doch wurde die passende politische Überzeugung zunehmend bedeutender.[69] Bei den Stellenbesetzungen wurden auch örtliche Bezüge beachtet. Gremien in Washington sollten so besetzt werden, dass die Einzelstaaten sich angemessen repräsentiert sahen. Vor Ort in den Einzelstaaten (field office level) wurden bevorzugt örtlich Ansässige eingestellt.[70] So enthielt das erste Kabinett Männer, die durch Geburt aus Massachusetts, New York und Virginia stammten; ähnlich war der erste Supreme Court zusammengesetzt.[71]

Positionen der unteren und mittleren Ebenen wurden überwiegend mit Angehörigen der mittleren und oberen Mittelschicht besetzt und im großen und ganzen nach Eignung und Leistung vergeben.[72]

Dennoch bleibt festzuhalten, dass es sich in Regierung und Verwaltung um eine eine weitgehend homogene Gruppe von gut ausgebildeten und wohlhabenden Männern guter Herkunft handelte, „*a government by the upper classes*".[73] Dies entsprach der Ideologie der Föderalisten, die die Demokratie so interpretierten, dass das Volk über Programme und politische Grundsatzfragen, die von einer elitären Minderheit entworfen und geplant worden waren, wählen und abstimmen dürfe.[74] Diese Ideologie, die am Anfang der Union erfolgreich war, war aber auch der Boden, auf dem die Überzeugung von einer stärkeren notwendigen Beteiligung des Wahlvolkes an Regierung und Verwaltung reifen sollte, die sich in der Spoils-Doktrin zuspitzte. Insgesamt wurde die Aufgabe der Besetzungen der Positionen im öffentlichen Dienst dadurch erleichtert, dass es von ihnen nur wenige gab: Washington und sein Kabinett führten zusammen nur einige hundert Ernennungen durch; 1801 bestand die gesamte Bundesverwaltung aus 3.000 Mitarbeitern - inklusive etwa 880 Postbeschäftigten und 1.615 Beschäftigten im Finanzministerium -, von denen nur ungefähr 5 % bis 10 % in der Hauptstadt tätig waren.[75] Die jeweilige Amtsdauer der Verwaltungskräfte war im allgemeinen weder durch die Verfassung noch durch Gesetze vorgeschrieben. Mit Ausnahme der Richterschaft war es üblich, die Amtsdauer nach dem Willen des zuständigen Ministeriums zu gestalten. Die unteren Ränge wurden ganz überwiegend de facto

[68] White, The Federalists, S. 271 f, 276
[69] Van Riper, History, S. 20 f
[70] White, The Federalists, S. 259 f; CSC, Biography, S. 7
[71] White, The Federalists, S. 259 f
[72] Mosher, Democracy, 2. Auflage, S. 58 - 59
[73] Van Riper, History, S. 17 f
[74] White, The Federalists, S. 508, 510
[75] White, The Federalists, S. 255 f; Van Riper, History, S. 19

auf Lebenszeit vergeben, insgesamt wurden dauerhafte Amtsausübungen ohne Rotationen favorisiert.[76]
Auch wenn die folgenden Präsidenten John Adams und Thomas Jefferson weiterhin Talent als entscheidenden Faktor ansahen, so ergab sich doch, dass nur solche Bürger im erforderlichen Sinne Talent aufwiesen, die eine Erziehung und Ausbildung genossen hatten, die mit Reichtum und Ansehen einher ging.[77]
John Adams (Präsident von 1796 bis 1801), wie Washington ein *"federalist"*, übernahm weitgehend die Kriterien seines Vorgängers bei der Auswahl der Mitarbeiter für den öffentlichen Dienst. Er war jedoch bereits als Repräsentant seiner Partei ins Amt gewählt worden und brachte zunehmend politische Erwägungen in die Personalauswahl ein.[78] Er sah Talent als einziges Kriterium für die Auswahl von Spitzenpersonal an, definierte Talent jedoch als Notwendigkeit einer College–Ausbildung. Dadurch verengte er die Gruppe der möglichen Mitarbeiter auf Angehörige reicher und angesehener Familien.[79] Einmal nach diesem Kriterium ausgewählt, sollten die Amtsträger ihre Stellung lebenslang behalten. Adams stand auch der Vererbbarkeit des Amtes positiv gegenüber.[80]
Die Föderalisten hatten bei den Präsidentschaftswahlen 1796 nur knapp gewonnen und führten dies auch darauf zurück, dass unter Washington nicht ausreichend auf die „richtige" politische Einstellung der Amtsträger geachtet worden war.[81] Adams wurde bekannt für seine *„midnight-appointments"*, Ernennungen von Richtern und Friedensrichtern der eigenen politischen Überzeugung in der letzten Nacht seiner Präsidentschaft.[82] In der Zeit um 1790 wurde die bis in die Gegenwart aktuelle Spaltung in Fragen der Vergütung der Beschäftigten des öffentlichen Dienstes bereits etabliert. Während Washington angemessene Vergütungen für unverzichtbar hielt, um den Staatsdienst nicht nur Angehörigen wohlhabender Familien zu ermöglichen, war die öffentliche Meinung gegen eine großzügige Entlohnung des öffentlichen Dienstes. Ein großer Teil des Widerstands gegen die Verfassung und die Bildung der Union war durch die Furcht der Menschen vor weiteren Steuern entstanden und insgesamt war die beherrschende Frage der Zeit die Garantie der politischen, ökonomischen und persönlichen Freiheit.[83]
Thomas Jefferson, dritter Präsident der Vereinigten Staaten (1801 bis 1809) war der erste Präsident, der einem Präsidenten der gegnerischen Partei nachfolgte. Jefferson war durch Adams' Ernennungen in letzter Sekunde verbittert, zumal er ohnehin Beschäftigte vorfand, die überwiegend den Föderalisten angehörten. Er

---

[76] Rosenbloom, S. 42, 43; White, The Federalists, S. 257, 514
[77] Van Riper, History, S. 17,18; Kaufman, S. 13
[78] Fish, Patronage, S. 16 f
[79] Aronson, S. 3
[80] Aronson, S. 6
[81] White, The Federalists, S. 273, 276; Aronson, S. 6
[82] CSC, Biography, S. 9
[83] White, The Federalists, S. 2, 291, 466, 470

entledigte sich der *„midnight judges"* durch Abschaffung der betreffenden Positionen, entwickelte das Programm zur Wiederherstellung des Gleichgewichts (*„redress the balance"*) und kündigte an, bis zur Herstellung ausgewogener Zahlenverhältnisse ausschließlich Anhänger der Demokratisch-Republikanischen Partei einstellen zu wollen. Entlassungen wurden vergleichsweise zurückhaltend vorgenommen und immer auf den Boden juristischer oder moralischer Gründe gestellt. Seine Ernennungen stellten keine Belohnungen für geleistete politische Dienste dar oder erwarteten solche in der Zukunft.[84] Jefferson suchte Mitarbeiter, die die besten Fähigkeiten hatten, und wollte die „künstliche Aristokratie" von Geburt und Reichtum durch die „natürliche Aristokratie" von Verdienst und Talent ersetzen. Allerdings hielt auch er eine ausgezeichnete Ausbildung für unerlässlich, so dass er trotz anderer Ideologie seine Spitzenmitarbeiter aus einem ähnlichen Bewerberkreis wie sein Vorgänger rekrutierte. Er hatte allerdings erkannt, dass durch die Forderung einer guten Ausbildung die überwiegende Mehrzahl der Menschen von einer Mitarbeit ausgeschlossen wurde, und trat für die Einrichtung eines öffentlichen und staatlich finanzierten Schulsystems ein – war damit im Ergebnis aber nicht erfolgreich.[85]

Die nachfolgenden Präsidenten, James Madison (1809 bis 1817) und James Monroe (1817 bis 1825), gehörten der Partei von Jefferson an und sahen keinen Grund, das mehr als hergestellte Gleichgewicht im öffentlichen Dienst zu verändern. Ihre politische Konkurrenz, die Partei der „Federalists", hörte im Jahre 1816 auf zu existieren. Die neue Partei der „Whigs" wurde erst in den 30er Jahren des Jahrhunderts zur Zeit von Präsident Andrew Jackson zur mächtigen Konkurrenzpartei.[86] Die Bundesverwaltung war bis zum Jahre 1821 auf mehr als 8.000 Beschäftigte angewachsen.[87] Während der Amtszeit von Monroe wurde im Jahre 1820 der Tenure of Office Act verabschiedet, der die vierjährige Dienstzeit auf einem Posten einführte und diese damit an die Amtszeit der Präsidenten koppelte. Damit war zunächst mehr die Förderung von Mobilität in der Verwaltung als die planmäßige Entlassung von Beschäftigten aus politischen Gründen verbunden. Beabsichtigt wurde vielmehr die Wiedereinsetzung von Beschäftigten, die gute Leistungen gezeigt hatten. Viele Politiker – darunter auch die vormaligen Präsidenten Jefferson und Madison - waren über die Möglichkeiten, die das Gesetz für Parteipatronage eröffnete, beunruhigt. Unter Monroe und dessen Nachfolger, John Quincy Adams (1825 bis 1829), blieb der öffentliche Dienst denn auch noch trotz der durch den Tenure of Office Act eröffneten Möglichkeiten stabil. Adams setzte sich mit seiner Überzeugung durch, keine Entlassungen aus politischen Gründen vorzunehmen, und bestellte auch Männer mit offen entgegengesetzten politischen

---

84 CSC, Biography, S. 10 f
85 Aronson, S. 8 bis 10
86 McClenaghan, S. 129
87 Van Riper, History, S. 24

Ansichten nach Ablauf ihrer Amtszeit erneut.[88] Die Zahl der verfügten Entlassungen von Beschäftigten, die durch den Präsidenten ernannt wurden (presidential officers), blieb zwischen 1797 und 1829 (John Quincy Adams) gering.[89]
Unter Washington war die Entlassung von Spitzenkräften aus politischen Gründen unbekannt, bei John Adams werden einige Entlassungen als politisch motiviert eingeordnet.[90] Die Tendenz zur vermehrten Auswechslung nach Wechsel der herrschenden Partei ist zumindest bei Jefferson erkennbar. Dabei sollte berücksichtigt werden, dass zwischen politischen Positionen und Karrierepositionen in der Bundesverwaltung noch nicht unterschieden wurde.[91]
Der Senat hatte sich schon zu Zeiten des ersten Kongresses und der Amtszeit von George Washington eine zentrale Rolle im Prozess der Personalauswahl gesichert. Die Verfassung gibt dem Senat das Recht zur Bestätigung wichtiger hoher Beschäftigter, zieht jedoch keine klare Linie zwischen denen, die der Bestätigung unterliegen und denen, die ihr nicht unterliegen. Diese Möglichkeit nutzte der Senat zur großzügigen Auslegung, so dass bald auch eine große Zahl höherer, mittlerer und auch niederrangiger Positionen dem Bestätigungsverfahren unterlag. Damals entwickelte sich auch die bis Mitte des 20. Jahrhunderts anhaltende Praxis, den Senatoren, die den Heimatstaat des Nominierten vertraten, das endgültige Vetorecht über die Nominierung einzuräumen *(senatorial courtesy)*[92], nach Fraenkel ein Verfahren mit der Wirkung eines interfraktionellen Kartells zwecks Sicherung des maßgeblichen Einflusses der zuständigen Senatoren auf die Personalpolitik außerhalb Washingtons[93].

II. Herrschaft des Normalbürgers ('any man'), (1829 - 1883) oder : Die Beute gehört den Siegern

Die politische Organisation des Wahlvolkes nahm zu und das Bedürfnis nach mehr Demokratie verstärkte sich. Langsam bildete sich die Überzeugung, dass es für jeden Bewerber möglich sein müsse, jedes Amt anzustreben[94]. Auf der Ebene der Einzelstaaten und Kommunen wurde diese Bewegung bereits nach 1800 in der Weise umgesetzt, dass in den Einzelstaaten New York und Pennsylvania die siegreiche Partei die jeweiligen Anhänger der unterlegenen Partei von ihren Dienstposten entfernte.[95]
Der Beginn der Präsidentschaft Andrew Jackson's (1829 - 1837) wird allgemein als Beginn der Zeit angesehen, in der die Umsetzung des Beutesystems auch auf

[88] Hoogenboom, S. 5; CSC, Biography, S. 12 f
[89] Rosenbloom, S. 65 unter Hinweis auf Fish, Removal, S. 67-86, 84
[90] White, The Federalists, S. 287
[91] CSC, Biography, S. 14
[92] Van Riper, History, S. 48 f
[93] Fraenkel, Regierungssystem, S. 777
[94] Fish, Patronage, S. 112 f
[95] Van Riper, History, S. 32; CSC, Biography, S. 16

Bundesebene zum beherrschenden Prinzip wurde – wenn auch das Kriterium der politisch „richtigen“ Auffassung bereits zuvor verwendet worden war. Jackson – der erste Präsident, der nicht von der Ostküste, sondern aus dem damals westlichen Bundesstaat Tennessee stammte - war der Auffassung, dass die Schwierigkeit administrativer Aufgaben bisher überschätzt worden war; außerdem glaubte er, dass in jedem gesellschaftlichen Bereich (wörtlich: gleichermaßen in den Massen) Kompetenz und angemessene moralische Standards vertreten waren[96]:

"The duties of all public officers are, or at least admit of being made so plain and simple, that men of intelligence may readiliy qualify themselves for their performance; and I cannot but believe that more is lost by the continuance of men in office than is generally to be gained by their experience"[97].

Es ergab sich jedoch die Schwierigkeit, diese Überzeugung in die personalwirtschaftliche Praxis umzusetzen, da das nach den bisherigen Maßstäben ausgewählte Verwaltungspersonal die Stellen besetzte. Jackson griff auf die Möglichkeiten zurück, die ihm der Tenure of Office Act von 1820 eröffnete und setzte als erster Präsident das Prinzip der Rotation (sprich: Entlassung) im öffentlichen Amt um. Er begründete dies vor dem Kongress damit, dass ein öffentliches Amt zum Dienst für das Wohl der Allgemeinheit geschaffen sei und nicht als Besitzstand, der ohne Bezug auf das öffentliche Interesse im Individualinteresse zu wahren sei.[98] Die Rotation im Amt war bereits unter den Kolonialisten des 17. Jahrhunderts verbreitet gewesen; sie wurde auf die Menschen angewandt, die für die Verabschiedung von Gesetzen zuständig waren und damit begründet, dass so zum einen viele Menschen an dieser Aufgabe beteiligt und für sie ausgebildet werden könnten und zum anderen die Lasten des Amtes gleichmäßiger verteilt und die Gefahr rechtswidriger Handlungen durch langjährige Amtsinhaber vermindert werden könnten. Das Rotationsprinzip galt damals nicht für Verwaltungsbeschäftigte, da es nach damaliger Ansicht bei diesen Posten nicht viel politische Erfahrung zu gewinnen galt und sie kaum über Kompetenzen verfügten, die zum Missbrauch einluden.[99] Rasch ergab sich aus der Perspektive der siegreichen Partei 1830 die Bedeutung der Rotation auch in Verwaltungspositionen für erweiterte Möglichkeiten zur Einsetzung politischer Anhänger. Jackson entließ ca. 40 % der politischen Spitzenkräfte, die seiner Ernennungszuständigkeit unterlagen; seine Nachfolger verhielten sich entsprechend.[100] In diesem Zusammenhang fiel auch der berühmte Satz des Senators William L. Marcy, New York, der 1832 nichts Falsches in der Regel sah, *"that to the victor belong the spoils of the enemy"*.[101]

---

96 Aronson, S. 16
97 Jackson, S. 442, 449
98 Jackson, S. 442, 449
99 Fish, Patronage, S. 80, 83
100 Rosenbloom, S. 65, unter Hinweis auf Fish, Removal, S. 67, 86, 84
101 Shafritz/Riccucci/Rosenbloom/Hyde, S. 7

Insgesamt gesehen wurden die Beschäftigten des öffentlichen Dienstes nicht mit dem Besen ausgekehrt; die gesamten Auswechslungen während der zwei Amtszeiten von Jackson lagen zwischen 10 % und 20 % der Beschäftigten.[102] Der wesentliche Unterschied zu seinen Vorgängern lag damit mehr in der nun gewählten Art der öffentlichen Darstellung bei der Beantwortung der Frage, welche Kriterien bei der Auswahl von Beschäftigten im öffentlichen Dienst anzuwenden seien, als bei den Auswahlergebnissen.[103] Dabei betonten Jackson und seine Anhänger durchaus die Notwendigkeit von Ehrlichkeit, Tüchtigkeit und Rechtschaffenheit in öffentlichen Ämtern. Während jedoch Intelligenz, Integrität, Loyalität und Patriotismus sämtlich als wichtig angesehen wurden, gaben doch die letzteren Qualitäten den Ausschlag. Jackson war nicht der Auffassung, dass Intelligenz durch formale Bildung indiziert oder nachgewiesen war.[104] Interessanterweise war aber gerade seine Amtszeit durch die Entwicklung eines öffentlichen Schulsystems, von Akademien, Zeitungen und öffentlichen Bibliotheken geprägt.[105] Die Ideologie von Andrew Jackson muss auch vor dem Hintergrund der Tatsache beurteilt werden, dass es nicht unüblich war, Ministerien und Behörden quasi über Generationen in Familienbesitz zu verwandeln; das Finanzministerium war zum Beispiel von der Familie Nourse seit den Zeiten George Washingtons beherrscht worden. Insofern sah Jackson seine neuen Ideen auch als positive Reform.[106] Verwandtschaftsbeziehungen innerhalb der politischen und Verwaltungselite waren in hohem Maße vorhanden, lagen jedoch mit 23 % deutlich unter dem Niveau der in der Adams Administration erreichten 37 %.[107] Die von den „Jacksonians" tatsächlich vorgenommenen Bestellungen nehmen sich weit weniger revolutionär aus, als es nach dieser drastisch veränderten Ideologie erwartet werden konnte. Von den 76 Männern, die zwischen 1829 und 1861 ihren Kabinetten angehörten, hatten 51 eine College-Erziehung genossen und 68 waren als Rechtsanwälte zugelassen.[108] Insgesamt boten die politischen Spitzenbestellungen unter Jackson ein sozial weniger homogenes Bild als unter Jefferson und vor allem als unter John Adams. Er berief mehr Personen in Spitzenpositionen, die von niedrigerer Herkunft waren, wenn sie auch durchgehend zum Zeitpunkt ihrer Berufung einen hohen sozialen Status besaßen. Aber auch unter Jackson hatten 52 % der von ihm ernannten Spitzenkräfte eine College-Ausbildung genossen (Jefferson 52 %, Adams 63 %); sie repräsentierten damit nicht die Bevölkerung, da zwischen 1750 und 1829 nur ungefähr zwei von 1000 Amerikanern ein College besuchten.[109] Die politischen Spitzenpositionen in der Jackson Administration waren zu 81 %

---

102 Hoogenboom, S. 6

103 Maranto/Schultz, S. 32

104 Aronson, S. 14 bis 16

105 Aronson, S. 21

106 Aronson, S 140 f

107 Aronson, S 141 f

108 Aronson, S. 28

109 Aronson, S. 81, 122 bis 125, 191

mit Männern besetzt, die einer anerkannten Profession angehörten, obwohl dies nur für 2 % der amerikanischen Arbeitnehmer zutraf. Der Anteil der Juristen war unter Jackson mit über 80 % besonders hoch (Adams 68 %, Jefferson 62 %)[110], 27 % der politischen Spitzenmitarbeiter hatten zuvor bereits auf Bundesebene gearbeitet. Auch Jackson berief vor allem Männer englischer Abstammung, die bereits in Amerika geboren worden waren, im Ausland geborene Einwanderer waren nur zu 27 % vertreten.[111] Das System der politischen Ämterpatronage bot erstmals die Möglichkeit für jeden, jedes Amt zu erreichen, und damit für gesellschaftlichen Aufstieg[112] - allerdings nicht über fachliche Kompetenz und Leistung, sondern aus parteipolitischen Gründen. Die amerikanische Bürokratie kannte keine Fachprüfung; sie wurde durch die Schulung und Leistung im Parteibetrieb ersetzt.[113] „Parteispenden" der öffentlich Beschäftigten wurden teilweise gleich von den Gehältern abgezogen[114] und stellten damit eine Art Ämterpacht oder Parteisteuer dar [115]. Festzuhalten ist jedoch, dass die bisherige Vorherrschaft der Elite in Amtspositionen damit aufhörte und die verschiedenen sozialen Bevölkerungschichten repräsentativer vertreten wurden als bisher.
Diese Entwicklung gab Anlass zur Befürchtung und auch Feststellung von Inkompetenz, Ineffizienz und Korruption. Öffentliche Ämter wurden als Belohnung für geleistete Parteiarbeit vergeben, die Anzahl der so vergebenen Stellen stieg, um mehr Menschen in dieser "Währung" bezahlen zu können und dem Einzelnen mehr Zeit zur Parteiarbeit zu geben.[116]
Max Weber fasst diese Art von Verwaltung unter der Bezeichnung „Dilettantenverwaltung durch Beutepolitiker" zusammen.[117] Er findet harsche Worte für das Beutesystem:

„Dieses spoils system bedeutet ... für die Parteibildung, dass gesinnungslose Parteien einander gegenüberstehen, reine Stellenjägerorganisationen, die für den einzelnen Wahlkampf ihre wechselnden Programme je nach der Chance des Stimmenfanges machen..." [118]

Diese Amtsträger auf Zeit waren durch Korruption strukturell stark gefährdet, denn sie mußten aus ihrer kurzen Amtszeit das Beste herausholen[119]. Amtsethos

---

110 Aronson, S. 85, 136 f
111 Aronson, S. 104 f, 110 bis 113
112 Lee, S. 19
113 Weber, Max, WuG, II. Hb., S. 735
114 Rosenbloom, S. 63 f
115 Eschenburg, S. 9
116 Kaufman, S. 13, 31
117 Weber, Max, WuG, II. Hb, S. 1055; diese Einschätzung teilt Fraenkel, Der öffentliche Dienst, S. 879, 888 f
118 Weber, Max, WuG, II. Hb., S. 1074
119 vgl. New York City Tammany Ward boss (Party Leader) George Washington Plunkitt: "I seen my opportunities and I took 'em" in: Riordan, S. 3

und Personalentwicklung, Aus- und Fortbildung hatten in dieser Lage einen geringen Stellenwert.
Max Weber stellt fest, dass dieser Zustand ungeheurer Übelstände, Korruption und Vergeudung ohnegleichen, nur in einem Land mit noch unbegrenzten ökonomischen Chancen ertragen werden konnte.[120] Alexis de Tocqueville konstatierte 1835, dass sich in Amerika in der unbeständigen Verwaltung keiner um das kümmert, was vor ihm getan wurde, keine festen Verfahren übernimmt und keine Urkunden zusammenstellt[121].
Für die Führungskräfte in Politik und Verwaltung stellte sich das 'Beutesystem' durchaus ambivalent dar: Verschiedene Strömungen in der siegreichen Partei, die alle berücksichtigt und belohnt werden mußten, sorgten dafür, dass mit unbedingter Loyalität nicht zu rechnen war[122].
Die schnelle Neubesetzung der Verwaltungsstellen bedeutete enorme Arbeit für die politische Führung:[123] Nach dem Sieg der Partei der Whigs verstarb Präsident William Henry Harrison kurz nach der Amtsübernahme 1841. Die Civil Service Commission stellte später fest, dass "der Totenschein Lungenentzündung und allgemeine Schwäche als Todesursache angab, die Meinung vieler Historiker jedoch ist, dass der wirkliche Grund das Beute-System war".[124]
Die Whigs führten das politische Beuteverfahren nach ihrer Amtsübernahme weiter - obwohl während der Amtszeit von Jackson und seinem Nachfolger van Buren von ihnen stets Kritik daran geübt worden war. Damit hatte sich das Beutesystem unter beiden Parteien durchgesetzt.[125] Umfangreiche Personalauswechslungen waren fortan die Regel; nicht nur bei Parteiwechseln, sondern auch beim Wechsel von Präsidenten, die der gleichen Partei angehörten oder nach dem Tod eines Präsidenten anlässlich der Nachfolge des Vizepräsidenten im Jahr 1850, als Zachary Taylor von den Whigs, erst seit dem Vorjahr im Amt, verstarb und Vizepräsident Millard Fillmore (bis 1853) den Personalreigen erneut eröffnete.[126]
1853 beschloss der Kongress erstmals Regeln zur Förderung der Einstellung qualifizierter Mitarbeiter in den öffentlichen Dienst, die wichtigsten Ministerien wurden verpflichtet, Prüfungen abzuhalten. Wenngleich diese häufig inhaltlich wirkungslos waren und die Vorschriften auch oft umgangen wurden, so war doch der Anfang auf dem Weg zu Leistungsprüfungen gemacht.[127]

---

120 Weber, Max, WuG, II. Hb., S. 1074; zur Funktion und Arbeitsweise der Patronagepartei: Fraenkel, Regierungssystem, S. 492 ff
121 de Tocqueville, S. 238 f
122 Lee, S. 20
123 dazu Van Riper, History, S. 50 f
124 CSC, Biography, S. 22
125 CSC, Biography, S. 24
126 CSC, Biography, S. 24
127 Van Riper, History, S. 52 f; CSC, Biography, S. 25

Außenminister William Marcy schlug 1856 ein Gesetz zur Auswahl von Konsularpersonal durch Examina vor, das zwar zunächst beschlossen, später vom Kongress aber wieder aufgehoben wurde. Offenbar hatte der einstige Beute-Enthusiast als Amtsträger neue Erkenntnisse zur Frage der Qualität seiner Untergebenen gewonnen.[128]

Im Jahre 1857 begann mit James Buchanan ein entschiedener Anhänger der Ämterpatronage seine Präsidentschaft, der sogar die Mitarbeiter des öffentlichen Dienstes entließ, die Franklin Pierce, seinen parteiinternen Rivalen um die Nominierung zum Präsidentschaftskandidaten, unterstützt hatten. Damit wurden Mitarbeiter erstmals nicht „nur" für die Unterstützung des politischen Gegners oder eines Vorgängers, sondern auch für die Unterstützung eines nie an die Macht gelangten Parteifreundes entlassen. Auf diesem Höhepunkt des Beutesystems stand nicht mehr die grundsätzliche politische Einstellung im Mittelpunkt, sondern die persönliche Verpflichtung auf einen Kandidaten, unter anderem zum Missvergnügen von William Marcy, der dem Beutesystem seinen Namen gegeben hatte, aber nun klarstellte, dass er niemals beabsichtigt habe, sein eigenes Lager zu berauben.[129] Buchanan interpretierte den Tenure of Office Act von 1820 in der Weise, dass er – wenn nicht besondere Umstände vorlagen – keinen Beschäftigten, dessen vierjährige Dienstzeit ablief, erneut ernannte.[130] In den Südstaaten setzte sich das Beutesystem nicht durch und sogar Buchanan ordnete seine Personalpolitik dieser Tatsache unter. Dies hing wohl vor allem mit der Stabilität der herrschenden Klasse der weißen wohlhabenden Landbesitzer bis nach dem Bürgerkrieg zusammen.[131]

Von Abraham Lincoln (1861 bis 1865) sind verschiedene Äußerungen dokumentiert, nach denen er ein entschiedener Gegner des Beutesystems gewesen sein muss.[132] In Anerkennung der politischen Wirklichkeit und in Erfüllung der Ansprüche seiner siegreichen Parteifreunde führte er das Beutesystem bei seiner Amtsübernehme dennoch einem bisher unerreichten Höhepunkt entgegen; er wechselte 1.457 Beschäftigte aus (1859 waren noch 1.520 Beschäftigte unter der Ernennungszuständigkeit des Präsidenten insgesamt gezählt worden).[133] Abraham Lincoln entschied aber im Jahre 1864, zu Beginn seiner zweiten Amtsperiode (die durch seine Ermordung im April 1865 ein jähes Ende fand), die Vier-Jahres-Regel des Tenure of Office Act nicht anzuwenden, und die erfahrenen Mitarbeiter der Bundesverwaltung nicht gegen Parteifreunde, die bisher noch nicht „belohnt" worden waren, auszutauschen. Während des Bürgerkriegs hatte er die Schwierigkeiten erkannt, die aus der Bestellung einflussreicher Politiker in

---

128 Hoogenboom, S. 9

129 Hoogenboom, S. 6 f

130 CSC, Biography, S. 25 f

131 Van Riper, History, S. 42

132 CSC, Biography, S. 27

133 Rosenbloom, S. 65 unter Hinweis auf Fish, Removal, S. 67-86, 84; CSC, Biography, S. 27 f

hohe Ränge des Militärs trotz militärischer Unerfahrenheit gefolgt waren. Damit begann der langsame Niedergang des Beutesystems.[134] 1864 wurden erste Versuche aus den Reihen der Legislative zur Einbringung von Gesetzen unternommen, die sich mit der Reform des öffentlichen Dienstrechts befassten. Zunächst im politischen Durcheinander der Nachkriegszeit erfolglos, wurden vom Kongressabgeordneten Thomas A. Jenckes (Rhode Island) noch 1865 und 1867 weitere Reformen angeregt. Diese unmittelbar erfolglosen Versuche regten jedoch die öffentliche Diskussion an und beeinflussten Männer wie William Curtis und Carl Schurz, die später wesentlich zur Durchsetzung des Merit-Systems beitrugen.[135]

Die Bundesverwaltung hatte sich von 1792 und bis zum Ende Bürgerkrieges 1865 von ungefähr 1.000 auf 53.000 Beschäftigte vergrößert, die in sieben Ministerien tätig waren. Allein das Postministerium mit seinen vielen Postämtern vor Ort beschäftigte über die Hälfte dieser Beschäftigten.[136]

Präsident Andrew Johnson (1865-1869), Lincolns Nachfolger, war als „Jacksonian Democrat" ein Anhänger der Ämterpatronage und wechselte ca. 35 % der seiner Ernennungszuständigkeit unterstehenden Beschäftigten aus. 1868 entbrannte ein Machtkampf des Präsidenten mit dem Kongress um seine Berechtigung zur Entlassung öffentlich Beschäftigter, der im März 1868 im Beschluss eines neuen Tenure of Office Act durch den Kongress seinen Abschluss fand. Das Gesetz verbot die Entlassung aller der Ernennungsmitwirkung des Senats unterliegenden Bediensteten einschließlich der Kabinettsmitglieder, bevor die zweite Kammer der Ernennung des Nachfolgers zugestimmt hatte. Das Veto des Präsidenten wiesen beide Häuser mit der erforderlichen Zweidrittelmehrheit zurück, obwohl das Gesetz verfassungswidrig war: die Verfassung sieht bei bestimmten Ernennungen die Mitwirkung des Senats vor, nicht jedoch bei Entlassungen.[137]

Nach einer Entlassung unter Missachtung des Gesetzes entging Präsident Johnson nur knapp – eine Stimme fehlte im Senat an der für eine Anklage notwendigen Zweidrittelmehrheit – einer Amtsenthebung.[138]

Präsident Ulysses Grant (1869-1877) hatte 1859 eigene Erfahrungen mit dem Patronage-System gesammelt, als seine Bewerbung als Ingenieur im öffentlichen Dienst mangels inoffiziell vorgeschriebener politischer Unterstützung erfolglos war.[139]

Unter Präsident Grant wurde 1871 erstmals eine Civil Service Commission unter dem Vorsitz von William Curtis eingesetzt, die 1871 Empfehlungen für die Personalrekrutierung zusammenstellte und 1872 in New York und Washington D. C.

---

[134] CSC, Biography, S. 28 f; Van Riper, History, S. 44

[135] Van Riper, History, S. 65 f

[136] Hoogenboom, S. 1

[137] Weber, Günter, S. 65, 73

[138] CSC, Biography, S. 30

[139] Shafritz/Riccucci/Rosenbloom/Hyde, S. 13

Prüfungen abhielt und Bewerber auswählte.[140] Die von dieser ersten Civil Service Commission empfohlenen Regeln enthielten bereits die Klassifikation aller Positionen in Gruppen anhand der zu erfüllenden Pflichten, die Unterteilung in verschiedene Grade zum Aufstieg und zur Beförderung, leistungsbezogene Einstellungsprüfungen unter Wettbewerbsbedingungen für Einstiegspositionen, Beförderungsprüfungen für Aufstiegspositionen, eine sechsmonatige Probezeit und Prüfungskommissionen, die in jedem Ministerium über die Eignung der Bewerber entscheiden sollten.[141] William Curtis trat wegen anhaltender Patronage in hohen Ämtern zurück und wurde durch Dorman B. Eaton ersetzt.

Als dem Kongress die Ernsthaftigkeit der Bemühungen, das Patronage-System abzuschaffen, deutlich wurde, entzog er 1873 die finanziellen Mittel für die Kommission; das Reformprogramm wurde 1875 gestoppt, die Civil Service Commission zwar nicht formal aufgelöst, ihre Mitglieder jedoch ohne Aufgaben, Gehälter und Mittel zurückgelassen.[142]

Nach dem Bürgerkrieg stieg die Zahl der Ministerien an: 1870 wurde das Justizministerium geschaffen, 1872 das Postministerium, 1889 das Landwirtschaftsministerium.[143]

Präsident Rutherford B. Hayes (1877 bis 1881) nahm sein Wahlversprechen einer Reform des öffentlichen Dienstes ernst. Auch er erhielt kein Geld vom Kongress für diese Reform. Er berief jedoch Carl Schurz[144] als Minister für Inneres in sein Kabinett. Schurz, gebürtiger Deutscher, ehemaliger Bürgerkriegsgeneral und Senator, hatte sich bereits zuvor einen Namen als Reformer gemacht und belebte in seinem Ressort das Leistungsprinzip neu, das erstmals unter Grant von dessen Innenminister Cox im Juli 1870 eingeführt worden war und seit dessen Rücktritt im November des gleichen Jahres – auf Druck der Beutepolitiker seiner Partei - auf Eis gelegen hatte.[145] In seinem ersten Amtsjahr untersagte Hayes die aktive politische Betätigung der Bundesbeschäftigten. In seiner ersten Ansprache zur Lage der Nation (annual message) sprach er sich für verbesserte Arbeitsplatzsicherheit und stärker anonymisierte Einstellungsverfahren aus. Der Kongress blieb jedoch für eine Reform des öffentlichen Dienstes unempfänglich, so dass Hayes vor allem mit dem Mittel der Executive Order, die er aus eigener Amtsgewalt erlassen konnte, Regelungen über Eingangsprüfungen und die politische Betätigung der Beschäftigten traf. Die Hayes Administration war jedoch keine Reform-Administration, außer Schurz betrieb keiner seiner Kabinettskollegen die Reform der Bundesverwaltung.[146] Die Reformbewegung gewann jedoch außer-

---

[140] CSC, Biography, S. 34

[141] CSC, Biography, S. 33 f

[142] Van Riper, History, S. 71

[143] Congressional Research Service, S. 27

[144] Näheres über das Leben und Schaffen von Carl Schurz in: Fraenkel, Carl Schurz, S. 142 und Der öffentliche Dienst, S. 879, 889

[145] CSC, Biography, S. 32, 34; Van Riper, History, S. 79 f; Weber, Günter, S. 65, 75

[146] CSC, Biography, S. 35; Van Riper, History, S. 75 f

halb von Kabinett und Parlament zunehmend an Unterstützung. Viele Reformvereinigungen wurden gegründet, die sich im August 1881 in der National Civil Service Reform League zusammenschlossen unter William Curtis, dem einstigen Vorsitzenden der Civil Service Commission, als ihrem Gründungsvorsitzenden. Später übernahm Carl Schurz dieses Amt.[147]

Der öffentliche Dienst besaß weder innerhalb noch außerhalb der Hauptstadt ein einheitliches Personalsystem. Beschäftigte waren in vier Grade unterteilt und entsprechend vergütet. Die Amtsdauer war nicht geregelt, im allgemeinen aber kurz und nicht vorhersehbar. Die längste Amtsdauer konnte in Positionen, die fachliche oder wissenschaftliche Kenntnis erforderten, erreicht werden.[148]

Im Juli 1881 verübte Charles J. Guiteau, ein ehemaliger Wahlhelfer, aus Enttäuschung darüber, den gewünschten Belohnungsposten nicht erhalten zu haben, ein Attentat auf den Präsidenten James A. Garfield, der im Wahlkampf die Reformbewegung unterstützt hatte. An den zugefügten Schusswunden verstarb der Präsident Mitte September.[149]

III. Das Merit-System (1883 - 2000)

1. Vom Pendleton Act bis zur Great Depression (1883 bis 1932)

Die Ermordung des Präsidenten Garfield lenkte die Aufmerksamkeit der Nation auf das Beutesystem; die Presse nutzte die Gelegenheit und berichtete ausführlich über das Attentat und dessen Hintergründe, während Garfield mehr als zwei Monate mit dem Tode rang. Neben den Zeitungen „New York Times“, „Herald“, „Evening Post“ und „Tribune“ setzte auch William Curtis, inzwischen Herausgeber des einflussreichen Magazins „Harper's Weekly“ seine Berichterstattung effektiv zur Förderung seiner Reformbestrebungen ein,[150] ein frühes Beispiel für den Einfluß der Medien auf die Entwicklung des öffentlichen Dienstes.

In dieser Situation fanden die Bemühungen um ein Auswahlsystem, das Eignung und Leistung zur Basis machte, breite Unterstützung. Presse und Wahlvolk forderten die Abschaffung des Beutesystems.

Der Kongress zögerte jedoch weiterhin. Am 6. Dezember 1881 brachte Senator George H. Pendleton (Ohio), Vorsitzender des Kongressausschusses für die Reform des öffentlichen Dienstes, eine Gesetzesvorlage ein, die von Dorman B. Eaton, William Curtis und anderen Mitgliedern der National Civil Service Reform League entworfen worden war. In den Herbstwahlen des Jahres 1882 war die Frage der Reform des öffentlichen Dienstes ein zentrales Thema und entschied über viele Kongressmandate. Als der Kongress wieder zusammentrat, war

---

[147] Fish, Patronage, S. 217; Van Riper, History, S.78 f

[148] Hoogenboom, S. 2 f

[149] CSC, Biography, S. 36

[150] Fish, Patronage, S. 218 f; Van Riper, History, S. 92

die Mehrheit für das Reformvorhaben; auch Präsident Chester Arthur (1881 bis 1885) – bisher ein Vertreter des Beutesystems – kündigte öffentlich seine Unterstützung an. Hoogenboom meint, dass Präsident Arthur wegen der ständigen Belästigung durch Amtsbewerber die politische Patronage inzwischen mehr als Last denn als erhaltenswertes Gut ansah.[151]

Im Kongress wurde die Gefahr der Entstehung eines unamerikanischen, monarchischen Systems erörtert und die Bildung einer geschlossenen Elite befürchtet.[152] Kongressabgeordnete aus dem Westen und Süden befürchteten über die Parteigrenzen hinweg die weitere Senkung des Anteils der in der Bundesverwaltung tätigen und bereits unterrepräsentierten Südstaatler und westlichen Bürger, da die Einwohner der Ostküste leichter Zugang zu formaler Erziehung und Bildung fänden. [153] Die Zustimmung zum Pendleton Act wurde allerdings dadurch gefördert, dass die Republikaner, die seit zwanzig Jahren die Präsidenten gestellt hatten und nach den Kongresswahlen 1882 die Mehrheit hielten, befürchteten, 1884 die Präsidentschaft an die Demokraten zu verlieren. Es stellte sich daher für sie als vorteilhaft dar, vor dem gefürchteten Machtwechsel die Amtsposten ihrer republikanischen amtstragenden Freunde zu sichern *(„freeze them in office behind the civil service rules“)*[154].

Das Reformgesetz wurde schließlich ohne weitere Probleme im Kongress beschlossen und am 16. Januar 1883 unterzeichnete Präsident Arthur den Pendleton Act, der im Juni 1883 in Kraft trat.[155] Der Pendleton Act von 1883 bildete bis zum Civil Service Reform Act von 1978 unter Präsident Carter das maßgebliche Regelwerk für den öffentlichen Dienst auf Bundesebene und wurde von Ernst Fraenkel als die große Wende im amerikanischen Beamtenwesen beschrieben.[156]

Der Pendleton Act legte Kriterien für allgemeine Prüfungen im offenen Wettbewerb sowie Probezeiten und Schutz des öffentlichen Dienstes vor politischem Druck fest. Ziel des Gesetzes war es, sowohl Moral als auch Fachkompetenz im öffentlichen Dienst zu verbessern. Aus dem System des öffentlichen Dienstes in Großbritannien wurden das Modell leistungsbezogener Einstellungsprüfungen im offenen Wettbewerb übernommen sowie die Elemente politischer Neutralität und relativer Arbeitsplatzsicherheit. In anderer Hinsicht wollte man sich ausdrücklich vom britischen System unterscheiden: der amerikanische Test sollte nicht vor allem akademische Fähigkeiten prüfen, sondern *„practical in character“*, praxisnah, sein. Außerdem wurde das System des öffentlichen Dienstes als offenes System gestaltet – eines, in das Bewerber nicht nur am Anfang ihrer beruflichen

---

[151] Hoogenboom, S. 237; CSC, S. 40 f

[152] Fish, Patronage, S. 220

[153] Hoogenboom, S. 244 f

[154] Hoogenboom, S. 237; vgl. auch Lee, S. 22

[155] abgedruckt in: Mosher, Basic Documents, S. 55

[156] Fraenkel, Der öffentliche Dienst, S. 879, 889 f; zur Strukturierung des öffentlichen Dienstes und den Merit-Prinzipien ausführlich in Teil 2 A I 1

Laufbahn eintreten können sollten, sondern auch später und auf allen Ebenen der Hierarchien. Damit sollte die Repräsentativität der Bevölkerung in der Verwaltung erhöht werden[157]. Da Auswahl und Fortkommen des Personals nur auf der Grundlage von Leistung durch offene Prüfungen erfolgen sollten, sollte das Personal auch von Wechseln in der politischen Führung unberührt bleiben. Im Interesse der Umsetzung politischer Vorgaben der demokratisch gewählten politischen Führungskräfte wurde nunmehr offiziell auf politische Neutralität des öffentlichen Dienstes Wert gelegt. Die Entwicklung der politischen Zielsetzungen oblag zukünftig der Legislative sowie dem obersten Exekutivorgan und seinen politischen Kräften (den political appointees). Die Karrierebürokratie sollte dagegen diese Ziele so effizient wie möglich umsetzen[158].
Der spätere Präsident Woodrow Wilson äußerte 1887 in seiner einflussreichen Schrift „*The Study of Administration*"

„ *Most important to be observed is the truth already so much and so fortunately insisted upon by our civil service reformers; namely, that administration lies outside the proper sphere of politics. Administrative questions are not political questions*"[159].

Als zentrale Personalbehörde und zur Kontrolle des Merit-Systems wurde die Civil Service Commission (CSC) eingesetzt, auf Bundesebene - den Festlegungen des Pendleton Acts entsprechend - ein überparteiliches (bipartisan) dreiköpfiges Gremium, dessen Mitglieder für festgelegte Amtszeiten vom Präsidenten ernannt und vom Senat bestätigt wurden. Das Gremium wählte nicht selbst nach Merit-Gesichtspunkten aus, sondern fungierte als Clearingstelle, überprüfte Bewerbungen und stellte in Form von Listen Übersichten der dezentral ermittelten Prüfungsbesten für die Personalauswahl bereit, war Überwacher und Schlichtungsstelle in Streitfällen[160].
Der Pendleton-Act erfasste bei seinem Inkrafttreten lediglich knapp 10 % des Bundespersonals, nämlich 14.000 von 132.800 Mitarbeitern[161]. Als Präsident Reagan 1981 seine erste Amtszeit antrat, waren auf Bundesebene nur noch ca. 7.000 von 3.000.000 Verwaltungspositionen zur Patronagebesetzung vorgesehen[162]. In bezug auf das restliche Bundespersonal eröffnete das Gesetz dem Präsidenten die Möglichkeit, den Geltungsbereich des Pendleton Act, also den klassifizierten öffentlichen Dienst, auszuweiten oder zu verringern. Von diesem Recht haben Präsidenten vor allem kurz vor dem Ende ihrer Amtszeit Gebrauch gemacht, um so Personen, die politisch motiviert ernannt worden waren, durch die Einbeziehung in das Leistungssystem der Rotation durch den Amtsnachfolger

---

157 Van Riper, History, S. 98 f; Huddleston/Boyer, S. 17 f
158 Loverd/Pavlak, S. 1, 9 f
159 Wilson, Woodrow, S. 66, 74
160 Loverd/Pavlak, S. 1, 10
161 Ingraham, Foundation of Merit, S. 32
162 Shafritz/Riccucci/Rosenbloom/Hyde, S. 29 f

zu entziehen[163]. Einige Präsidenten haben auch dem klassifizierten System wieder Positionen entzogen.[164] Der klassifizierte und leistungsorientierte öffentliche Dienst wurde also nicht umfassend festgeschrieben, sondern der Autorität des Präsidenten unterstellt – mit Ausnahme der Gruppe der Arbeiter und jener Mitarbeiter, die dem Bestätigungsverfahren durch den Senat unterlagen. Diese relativ enge Geltung des Pendleton-Act beruhte zum einen auf der Tatsache, dass es administrativ nicht möglich war, auf einen Schlag das gesamte Bundespersonal in einen klassifizierten Dienst zu verwandeln. Prüfungen waren zunächst zu entwickeln, Prüfungskommissionen waren zusammenzustellen und die Kooperation der Ministerien und Behörden sowie die Zustimmung der Öffentlichkeit musste erworben werden. Zum anderen konnte nur auf diese Weise die Reform politisch durchgesetzt werden, da die Politiker den Zeitgeist der Reform befriedigen konnten, ohne den Zugriff auf die Patronagepositionen ein für allemal zu verlieren. Verfassungsrechtliche Bedenken gegen die neue Macht der in der Verfassung nicht erwähnten CSC traten angesichts der Tatsache zurück, dass der Präsident die Autorität zur Ernennung vollständig behielt und nur bei Fragen der Eignung und Befähigung unterstützt und beraten wurde. [165]

Die meisten Positionen im klassifizierten Dienst sind nicht durch formelle Gesetze, sondern gemäß den Festlegungen des Pendleton Act durch Executive Order der Präsidenten dem Merit-System unterstellt worden, so dass es möglich wäre, viele der Positionen der klassifizierten Karrierebürokratie durch Entscheidung des Präsidenten in eine Form des Beutesystems zurückzuführen.[166]

Die erste CSC nahm am 9. März 1883 ihre Arbeit auf. Sie bereitete Bewerbungsformulare vor, schuf Register mit geeigneten Bewerbern und bereiste das Land zwecks Etablierung geeigneter lokaler Prüfungskommissionen. Eine zentrale Prüfungskommission und drei spezielle Kommissionen für besondere Behörden wie das Außenministerium wurden eingerichtet; dabei litt die CSC unter der zutage tretenden Strategie der Ministerien, häufig ihre am wenigsten tüchtigen Mitarbeiter in die Kommissionen zu entsenden.[167] Wie bereits befürchtet, verloren die Republikaner die Präsidentschaftswahlen des Jahres 1884 und Präsident Arthur war der erste Präsident, der nach den – von ihm verlorenen - Wahlen den klassifizierten Dienst vergrößerte: Von November 1984 bis Februar 1885 wurden ungefähr 1.200 Positionen klassifiziert und die Stelleninhaber gesichert. Damit befanden sich ca. 15.000 Positionen im klassifizierten Dienst und ungefähr 125.000 Positionen waren nicht klassifiziert.[168] Bereits der nachfolgende Präsident Grover Cleveland (1885-1889 und 1893-1897) fand sich in einem Zwiespalt, der vielen

---

[163] Lee, S. 22; Ingraham, Foundation of Merit, S. 31 - 34
[164] Van Riper, History, S. 108 f
[165] Van Riper, History, S. 105-108
[166] Van Riper, History, S. 107 f
[167] CSC, Biography, S. 46, 48
[168] Van Riper, History, S. 117 f

seiner Amtsnachfolger sehr vertraut werden sollte: Selber ein Anhänger des Leistungsprinzips im öffentlichen Dienst – er hatte als Gouverneur von New York 1883 das erste Regelwerk eines Einzelstaates für das Leistungsprinzip im öffentlichen Dienst unterzeichnet –, trat er als von den Demokraten gestellter Präsident sein Amt nach 24 Jahren republikanischer Herrschaft an. Der Druck seiner Partei zur Unterbringung vieler politischer Anhänger war groß. Cleveland entließ viele öffentliche Mitarbeiter, die noch nicht unter den Pendleton-Act fielen: Innerhalb von 16 Monaten entfernte er 68 % der Beschäftigten des Innenministerium und 31.000 von 55.000 Postangestellten. Als er seine Wiederwahl verlor, dehnte er schnell den klassifizierten Dienst um 5.320 Positionen aus und erweiterte ihn damit um ein Drittel.[169] Carl Russell Fish beschrieb dieses Verhalten und begriff es als Variante des alten Beutesystems:

„When, however, the opposite party comes to power and finds its opponents securely lodged in offices which but just now were patronage and from which its own members may have been but recently expelled, a severe strain is put upon the belief in the morality of civil service reform; it seems like saying that to the vanquished belong the spoils."[170]

Am Ende seiner ersten Amtszeit gehörten dem klassifizierten Dienst ca. 27.000 Positionen an.[171] Mit dem Entstehen der Differenz zwischen öffentlich Beschäftigten, die nach dem Leistungsprinzip in Einstellungstests unter Wettbewerbsbedingungen ausgesucht wurden und vom Wechsel in der politischen Führung unbehelligt blieben, und den politischen Mitarbeitern, die von der politischen Führung abhängig waren, geriet bald die Frage nach dem Verhältnis von Politik und Verwaltung in die Diskussion. Die strikte Trennung von Politik und Verwaltung wurde 1887 von Woodrow Wilson in dem bereits zitierten Aufsatz *„The Study of Administration"*[172] und später von Frank Goodnow und anderen vertreten. Woodrow Wilson äußerte – gemünzt auf das preußische Modell, das von ihm als Hierarchie untertäniger effizienter Staatsdiener kritisiert wurde -:

„... It is better to be untrained and free than to be servile and systematic. Still there is no denying that it would be better yet to be both free in spirit and proficient in practice."[173]

Präsident Benjamin Harrison (1889 bis 1893) hatte bis 1890 38.000 Mitarbeiter ausgewechselt; unter der Harrison Administration erlebte der klassifizierte Dienst erst nach verlorener Wiederwahl im Jahre 1892 eine weitere Ausdehnung, da der Präsident in den letzen Monaten seiner Amtszeit dem klassifizierten Dienst über 7.000 Positionen hinzufügte. Harrison führte Beurteilungen in die Verwaltung

169 Van Riper, History, S. 118 f; CSC, Biography, S. 49
170 Fish, Patronage, S. 223
171 Van Riper, History, S.119 f
172 Wilson, Woodrow, S. 66, 74
173 Wilson, Woodrow, S. 66, 71

ein, damit Beförderungen nicht nur aufgrund von Examensergebnissen, bei denen er ungerechtfertigte Bevorzugungen für möglich hielt, sondern auch aufgrund von dienstbegleitenden Beurteilungen vergeben werden könnten. Kriterien dieser Beurteilungen waren Dienstanwesenheit, Fleiß, Sorgfalt und allgemeine Tüchtigkeit.[174] Bis 1889 hatten sich auch die Strukturen der Veteranenpräferenz bei Einstellungen in den öffentlichen Dienst entwickelt, wie der Fünf-Punkte-Zuschlag auf Prüfungsergebnisse, die automatische Spitzenstellung kriegsversehrter Veteranen in Bewerberlisten und die Sonderstellung bei Personalentlassungen. Auf die erste der einschlägigen Regelungen aus dem Jahre 1865 hatte der Pendleton Act Bezug genommen und ihr damit erweiterte Geltung verschafft.[175]

Seit dem Bürgerkrieg wurden Frauen im öffentlichen Bundesdienst beschäftigt; ihre Einstellung nahm mit der Einführung der Schreibmaschine – um die Zeit des Pendleton Act – zu. Das erste Gesetz zu weiblichen Beschäftigten im öffentlichen Dienst von 1864 setzte ihr Einkommen auf etwa die Hälfte der Summe fest, die Männer für die gleiche Arbeit erhielten; nach 1870 wurde über die Berechtigung von Frauen auf Beschäftigung nicht mehr kontrovers diskutiert und es bestand die Berechtigung – nicht Verpflichtung –, sie in gleicher Höhe zu bezahlen. Gleiche Bezahlung wurde jedoch erst durch den Classification Act von 1923 verwirklicht, der sie schließlich zwingend vorschrieb. Im Jahre 1904 bildeten Frauen einen Anteil von 7,5 % der Beschäftigten des öffentlichen Dienstes.[176] In seiner zweiten Amtszeit (1893-1897) förderte Grover Cleveland das Leistungsprinzip aktiv, dehnte den Karrieredienst um mehr als 37.000 Positionen aus und sorgte so für die größte Anzahl an Klassifizierungen in den ersten fünfzig Jahren nach Inkrafttreten des Pendleton Act. Cleveland schätzte das Merit-System, weil es den neuen Amtsinhaber vor extensivem Einsatz von Zeit und Arbeit bei der Neubesetzung von Verwaltungspositionen bewahrte. Sein Aufruf an seinen Amtsvorgänger Harrison, möglichst viele Positionen noch vor seinem eigenen Amtsantritt in den klassifizierten Dienst zu überführen, um ihm als dem neuen Präsidenten den Ärger mit den politischen Anspruchstellern zu ersparen, ist legendär.[177] Am Ende seiner zweiten Amtszeit befanden sich so ungefähr 50 % der rund 190.000 Mitarbeiter der Bundesverwaltung im klassifizierten Dienst.[178]

Der Republikaner William McKinley gewann den Wahlkampf um die Präsidentschaft 1896 gegen den Demokraten William Jennings Bryan, der ein Anhänger des Beutesystems war und für den Fall seines Wahlsiegs eine Rückkehr zum Beutesystem Andrew Jacksons angekündigt hatte. Präsident William McKinley (1897-1901) hatte sich zwar als Kongressabgeordneter als Unterstützer des Merit-

---

[174] Fish, Patronage, S. 224

[175] Van Riper, History, S. 144; zur historischen Entwicklung und zeitgenössischen Bedeutung der Veteranenpräferenz vgl. Teil 2, A. II. 2.1.1

[176] Van Riper, History, S. 159 f

[177] Van Riper, History, S. 126, 132

[178] Van Riper, History, S. 130 f

Systems gezeigt, förderte es als Präsident jedoch wenig; er bot ein schwankendes Bild im Umgang mit dem Karrieredienst. Einerseits entfernte er rund 5.000 Stellen wieder aus dem Karrieredienst, auf der anderen Seite verwandelte er zahlreiche bisher politische Positionen in Stellen des Karrieredienstes. Er missachtete die Leistungsprinzipien, als er ca. 1.700 Personen – vorwiegend Parteianhänger -, die ohne Leistungsprüfungen in der Zeit des spanisch-amerikanischen Krieges eingestellt worden waren, nach dessen Ende in den klassifizierten Dienst einbezog, obwohl die CSC Tausende von befähigten Bewerbern in ihren Listen führte. Klassifizierter und nicht klassifizierter öffentlicher Dienst wuchsen jedoch wegen der zunehmenden Aufgaben in den neuen Territorien und um 1900 waren mehr als 40 % der Stellen des gesamten öffentlichen Dienstes mit Karrierestatus versehen.[179]
Frank Goodnow, Professor für Verwaltungsrecht und Kommunalwissenschaft an der Columbia University, arbeitete die Überzeugung von der Trennung von Verwaltung und Politik um die Jahrhundertwende weiter aus; er sah die Notwendigkeit der Trennung in den meisten – nicht allen – Bereichen öffentlicher Verwaltung gegeben. Die getrennten Bereiche der Verwaltung sollten nicht unter Kontrolle politischer Kräfte stehen, da diese Verwaltung nichts mit Politik zu tun habe. Es handele sich dabei um alle Gebiete „semi-wissenschaftlicher, quasi-justizieller und quasi-wirtschaftlicher“ Bedeutung.[180] Die von Woodrow Wilson und Frank Goodnow gesetzten und überwiegend akzeptierten Parameter bildeten die Grundlage für die Annahme, dass die Verwaltung neutral sein müsse und könne und dass administratives Arbeiten als gesetzlich geregelt, vorhersehbar und sogar wissenschaftlich angesehen werden konnte. Es ging im folgenden daher weniger um ein moralisch hochstehendes und gutes Verwalten, sondern nur noch um neutrale Werte: Kostenreduktion, Effizienz, Berechenbarkeit durch Standardisierung.[181]
Präsident McKinley wurde sechs Monate nach Beginn seiner zweiten Amtsperiode ermordet und Theodore Roosevelt (1901 bis 1909) wurde am 14. September 1901 Präsident. Das Merit-System wurde von Roosevelt, der sechs Jahre lang der CSC angehört hatte, aktiv unterstützt. Er bezog bereits zu Beginn seiner Amtszeit viele Positionen in den klassifizierten Dienst ein und definierte die Gründe, die zur Entlassung von Beschäftigten führen konnten. Da die Republikaner bereits in den vorherigen vier Jahren den Präsidenten gestellt hatten, wurde auf Roosevelt kein großer Druck in Hinsicht auf Patronage ausgeübt.[182] Während unter McKinley die Bestätigung des einstellenden Vorgesetzten, dass neue Beschäftigte unter Anwendung der Leistungsprinzipien ausgewählt worden waren, als Grundlage für die Auszahlung der Gehälter ausgereicht hatte, verbot Roosevelt Gehaltszahlun-

---

179 Ingraham, Foundation of Merit, S. 31-33; CSC, Biography, S. 53
180 Goodnow, S. 78 f, 85 f
181 Ingraham, Foundation of Merit, S. 35 f; König, S. 1, 2 f
182 CSC, Biography, S. 53 f

gen an Beschäftigte, die unter Verletzung von Vorschriften für den öffentlichen Dienst eingestellt worden waren, und ermöglichte korrespondierende Prüfungen durch die CSC.[183] Die Anzahl der lokalen Prüfungskommissionen hatte sich von 1883 bis 1904 von 34 auf 1.250 erhöht; vier Fünftel aller Positionen im Merit-System befanden sich 1904 dezentral in den Einzelstaaten und Roosevelt schuf durch Executive Order 13 Verwaltungsdistrikte in den Vereinigten Staaten, in denen Distriktskommissionen unter der Aufsicht der CSC deren Pflichten dezentral wahrnahmen. Während der Präsidentschaft von Roosevelt unterzog das vom Präsidenten 1905 eingesetzte Committee on Department Methods (Keep-Committee) die Positionen der Bundesverwaltung erstmals einer eingehenden Prüfung und entwarf einen Plan zur aufgabenbezogenen Klassifikation von Positionen, entsprechender Gehälter und stellte Vorschläge für ein Ruhegehaltssystem vor. Der Kongreß war aber zu einer umfassenden Reform nicht bereit.[184] Es war eine Zeit der großen Expansionen in der Verwaltung, viele neue Behörden wurden geschaffen; 1903 wurde dem Kabinett das Ministerium für Arbeit und Handel hinzugefügt, das 1913 in zwei Ministerien geteilt wurde[185]. Über 90.000 der neuen Positionen wurden im klassifizierten Dienst plaziert, darüber hinaus bezog Roosevelt 35.000 Positionen ein, die bisher nicht klassifiziert gewesen waren. Dadurch wurde der klassifizierte Dienst von 110.000 auf 235.000 Positionen ausgedehnt; eine Steigerung von 41,5 % auf 63,9 % aller Positionen in der Bundesverwaltung.[186] Gegen Anfang des 20. Jahrhunderts wurden für den Bereich des Personalmanagements immer mehr wissenschaftliche Methoden entwickelt, wie Stellenanalyse und -klassifikation, Gehaltssysteme, objektivierte Prüfungen und berufsbezogene Ausbildungsprogramme, die die Verwirklichung eines Merit-Systems nachhaltig unterstützten[187]. Für den Leiter der Exekutive - auf Bundesebene den Präsidenten - bedeutete die Verwirklichung des Merit-Systems, dass ein Personalkörper geschaffen wurde, der von der jeweils gewählten politischen Führung in Auswahl, Fortkommen und Weiterbestehen weitgehend unabhängig war. Dies erhöhte die Aussicht des Zugriffs auf kompetente und erfahrene Fachkräfte, verringerte jedoch die Möglichkeit des Präsidenten, über Auswahl und Fortkommen des Personals selbst zu bestimmen und vergrößerte auch die Furcht des jeweiligen Präsidenten vor der Sabotage seiner eigenen Zielvorstellungen durch abweichende Politik-Präferenzen des Verwaltungspersonals. Einem unabhängigen, fachlich kompetenten Personalkörper mit kontinuierlich wachsendem Wissen und institutionellem Gedächtnis wurde in den Vereinigten Staaten kein automatisch positiver Wert zugeschreiben. Max Weber berichtet von amerikanischen Arbeitern, die ihm noch 1904 erklärten,

---

183 Van Riper, History, S. 189; CSC, Biography, S. 54

184 Van Riper, History, S. 191 f

185 Congressional Research Service, S. 27

186 CSC, Biography, S. 54-56; Van Riper, History, S. 201-203

187 Loverd/Pavlak, S. 1, 10 f

„Wir haben lieber Leute als Beamte, auf die wir spucken, als wie bei euch eine Beamtenkaste, die auf uns spuckt".[188]

Eschenburg meinte, die Präsidenten fürchteten, dass eine ständige Bürokratie ein eigenständiges, als Fremdkörper wirkendes Machtgebilde werden könnte.[189] Präsident William Howard Taft (1909 bis 1913), ein weiterer Republikaner, erwies sich als Unterstützer des Merit-Systems, auch wenn er nicht den politischen Schwerpunkt wie Roosevelt auf die Durchsetzung und Bewahrung des wettbewerbsbezogenen Leistungsgedankens im öffentlichen Dienst legte.
Während seiner Administration arbeitete die Commission on Economy and Effeciency umfassend und systematisch an der Untersuchung der administrativen und geschäftlichen Methoden der Bundesverwaltung und zeigte in ihren Untersuchungsergebnissen den Mangel an Einheitlichkeit und an methodischem Arbeiten in der Bundesverwaltung insgesamt auf. Empfohlen wurde die Einführung einer zentralen Personalbehörde, die für Einstellungsprüfungen, Überwachung der Leistungsfähigkeit der Beschäftigten, Klassifikation der Positionen und die Schaffung von Gehaltsstufen innerhalb der klassifizierten Positionen, Festlegung der Arbeitsbedingungen (Urlaub, Lohnfortzahlung im Krankheitsfall, Arbeitszeiten) sowie als Schlichter in Konflikfällen zuständig sein sollte. Die Empfehlungen führten zu wenig konkreten Ergebnissen, übten aber großen Einfluß auf die weitere Reformentwicklung in Richtung auf die Herausbildung eines zentralen Personalmanagements aus. Vorerst war der Kongress nicht bereit, der Exekutive durch die Einrichtung einer solchen zentralen Behörde mehr Macht und Einfluß auf den öffentlichen Dienst zu gewähren.
Etabliert wurde lediglich die Division of Efficiency, später das Bureau of Efficiency, eine frühe Vorgängerin des GAO, die Standards zur Leistungsbewertung von Beschäftigen entwickeln und deren Anwendung leiten sollte. Mit dieser Einrichtung war aber erstmals eine zentrale Einheit mit der Standardisierung von Aufgaben betraut worden, die sich auf große Teile des Bundesverwaltungspersonals bezogen.[190]
1912 begann der Demokrat Woodrow Wilson seine Präsidentschaft. Der Amtsübernahme Wilsons ging eine sechzehnjährige Herrschaft der Republikanischen Partei voraus, so dass Anstrengungen - durchaus auch gegen den Willen des Präsidenten - unternommen wurden, Positionen wieder in das Beute-System zurückzuholen, die in diesen Jahren dem Merit-System unterstellt worden waren.[191] Politische Positionen wurden vor allem zur Erhaltung der innerparteilichen Balance vergeben; das erste Kabinett Wilsons war mit William Jennings Bryan und Josephus Daniels mit Personen besetzt, die weder seine persönlichen Freunde

---

188 Weber, Max, WuG, II. Hb., S. 1076
189 Eschenburg, S. 26 f
190 Van Riper, History, S. 221-223, 240
191 Maranto, Familiarity, S. 247, 248; Van Riper, History, S. 232

noch besonders kompetent waren, sondern verschiedene Flügel der Demokratischen Partei repräsentierten.[192] Wilson sprach sich dem Grunde nach für das Merit-System aus, ließ jedoch diverse Einschnitte zu, wie im Außenministerium, in dem Minister William Jennings Bryan sofort die überwiegend der Karrierebürokratie angehörenden Spitzendiplomaten durch politische Freunde ersetzte. Wilson behielt allerdings Schlüsselpositionen wie die Positionen der Botschafter in Großbritannien und Frankreich unter seiner Kontrolle und verhinderte einen politisch motivierten Austausch auf den unteren Rängen der Hierarchie. Hier wie auch in anderen Fällen war er jedoch vor allem aus Gründen politischer Rücksichtnahme und wegen seines Rückhalts in der eigenen Partei immer wieder zu Zugeständnissen gezwungen.[193] Neben einer verstärkten Patronagetendenz zeichnete sich eine Tendenz zur Rassendiskriminierung im öffentlichen Dienst unter der den Südstaaten zugeneigten Wilson Administration ab. Im Jahre 1914 wurde erstmals die Pflicht zur Übersendung von Bewerbungen mit Fotos für den Bundesdienst vorgeschrieben. Wilson tauschte afro-amerikanische Spitzendiplomaten gegen weiße Diplomaten aus und verweigerte, wie bereits Amtsvorgänger Taft, die Ernennung von Afro-Amerikanern in den Südstaaten. In den Bereichen Postdienst und Finanzwesen und diversen anderen Behörden begannen die Minister – mit Billigung des Präsidenten - mit der Einführung der Rassentrennung.[194] Die CSC beklagte, aufgrund unzureichender Gehaltszahlungen keine geeigneten Mitarbeiter, insbesondere in wissenschaftlichen und technischen Bereichen, gewinnen zu können. Beschäftigte verließen den öffentlichen Dienst oder zogen ihre Bewerbungen zurück, um lukrativere Positionen in der Wirtschaft anzunehmen. Gleichzeitig herrschte in der öffentlichen Meinung die Auffassung vor, der öffentliche Dienst werde zu hoch bezahlt.[195]

Bereits seit 1916 war die Zahl der Beschäftigten insgesamt jedoch infolge des Ausbruchs des Weltkrieges in Europa gestiegen, die Zahl erhöhte sich sprungartig nochmals mit dem Kriegseintritt der Vereinigten Staaten im April 1917. Unter dem Motto "*Enter Government service as a patriotic duty*" wurden viele Mitarbeiter eingestellt, die mehrheitlich – trotz der enormen Zahlen – unter Beachtung des wettbewerbsorientierten Leistungsprinzips ausgewählt wurden. Das Bundespersonal verdoppelte sich während des Weltkrieges nahezu auf 1.000.000 Personen.[196] Im Militär wurde erstmals flächendeckend eine Erhebung der Befähigungen aller Mitglieder und eine entsprechende Zuordnung der Aufgaben vorgenommen, die erste Klassifikation eines großen Personalkörpers.[197] Nach dem Ende des Weltkrieges 1918 waren 70 % der Stellen der Bundesverwaltung in das

192 Mackenzie, Presidential Appointment Process, S. 37, 40
193 Van Riper, History, S. 235-238
194 Van Riper, History, S 241 f
195 Van Riper, History, S 243-245, 253
196 CSC, Biography, S.60; Van Riper, History, S. 250, 255 f
197 Van Riper, History, S. 252

Merit-System einbezogen. 1919 wurden alle Eingangsprüfungen für Frauen geöffnet[198], nachdem Frauen während des Krieges mehr als 75 % aller Ernennungen in der Hauptstadt und die Hälfte der dezentralen Ernennungen erhalten hatten.[199] 1920 trat das erste Gesetz über die Ruhegehälter im Bundesdienst in Kraft.[200]

Der Republikaner Warren Harding (1921 bis 1923) zeigte Bereitschaft, den Patronageansprüchen seiner Parteifreunde wieder stärker nachzugeben.[201] Während der zwei Jahre und drei Monate seiner Präsidentschaft befand sich die Bundesverwaltung nach den kriegsbedingten Expansionen wieder in einer Zeit des Aufgaben– und Personalabbaus und die Möglichkeiten für Patronage waren gering: Bis 1922 ging die Mitarbeiterzahl wieder auf rund 560.000 zurück und stabilisierte sich zunächst auf diesem Niveau.[202]

Auch hatte die Veteranenlobby 1919 Einstellungspräferenzen in der gesamten Bundesverwaltung durchgesetzt.[203] Während seiner Amtszeit wurde jedoch mit dem Classification Act von 1923, der erst im Juli 1924 nach Beginn der Präsidentschaft Calvin Coolidges in Kraft trat, eine zentrale Reform verwirklicht, mit der erstmals der Grundsatz „gleicher Lohn für gleiche Arbeit“ durchgesetzt werden konnte.[204] Calvin Coolidge, unter Harding Vizepräsident, trat sein Amt nach dem Tode Hardings im Jahre 1923 in einer Zeit größerer Korruptionsaffären an, in deren Verlauf der Innenminister und der Leiter der Veteranenverwaltung der Administration Harding zu Haftstrafen verurteilt wurden. Coolidge ließ den klassifizierten Dienst unangetastet und unternahm keine Schritte gegen den Classification Act, der 1924 in Kraft trat.[205] Während seiner Amtszeit (bis 1929) reorganisierte er den Auswärtigen Dienst; geschaffen wurden eine Karrierelaufbahn, die auch für Menschen außerhalb der reichen Familien, aus denen die Mitarbeiter bisher rekrutiert worden waren, attraktiv sein sollte, sowie ein Ruhegehaltssystem. Der auswärtige Dienst wurde nicht Teil des Leistungssystems, führte aber eigene schwierige Einstellungsprüfungen durch.[206] Coolidge hatte als erster Präsident seit Grant bei seinen Kabinettsnominierungen Schwierigkeiten mit dem Senat, der während seiner Amtszeit zwei nominierte Bewerber ablehnte.

Herbert Hoover (Republikaner, 1929 bis 1933) unterstützte das Merit-System und wählte für Spitzenpositionen im öffentlichen Dienst häufig Beschäftigte der Karrierebürokratie aus. Sein sparsamer Einsatz von Patronage und die Auswahl vieler konservativer Bewerber brachten ihn jedoch bei seiner Partei und bei der Durch-

198 CSC, Biography, S. 62
199 Van Riper, History, S. 260 f
200 CSC, Biography, S. 58-60
201 Maranto, Familiarity, S. 247, 248; Van Riper, History, S. 286 f
202 Van Riper, History, S. 269
203 Van Riper, History, S. 269
204 CSC, Biography, S. 62
205 Van Riper, History, S. 289 f
206 CSC, Biography, S. 63

setzung von Gesetzesvorhaben in Schwierigkeiten. Am Ende seiner Amtszeit erreichte der Umfang des unter dem Merit-System arbeitenden öffentlichen Dienstes den bisherigen Höchststand von 80 %.[207]
Die Zentralisierung der Personalverwaltung nahm im Laufe der zwanziger Jahre stetig zu; Aufgaben wie Stellenklassifikation, Leistungsbeurteilungen, Vollziehung der Vorschriften über die Ruhegehälter wurden bei der CSC angesiedelt, die in dieser Zeit auch ihre Testverfahren weiterentwickelte und Untersuchungen zur gesundheitlichen Eignung sowie Sicherheitsüberprüfungen einführte[208]. Die CSC war damit hauptsächlich mit den Einstellungen am Beginn einer Tätigkeit im öffentlichen Dienst und mit den Modalitäten am Ende der beruflichen Tätigkeit befasst.[209]
Der schwarze Dienstag und der Zusammenbruch der Börse im Oktober 1929 markierten den Beginn der *„Great Depression"*, einer schwerwiegenden Wirtschaftskrise in den Vereinigten Staaten, die von hoher Arbeitslosigkeit, sinkenden Einkommen und fortschreitender sozialer Not begleitet wurde. Arbeitslosenunterstützung, Krankenversicherungen und allgemeine Wohlfahrtsprogramme existierten nicht; die Sicherstellung ausreichender ökonomischer Grundlagen galt als die Pflicht des Einzelnen. In dieser Situation blieb die Hoover Administration bei ihrer Politik, nicht in den Lauf der gesamtwirtschaftlichen Lage zu intervenieren oder für das Wohlergehen der Bedürftigen zu sorgen. Hoover hielt soziale Programme für Mittel, die wirtschaftliche Misere noch zu verlängern, und versuchte, den wirtschaftlichen Aufschwung herbeizureden („*Prosperity is just around the corner*").[210] Während der Hoover Administration zeigten sich die Auswirkungen der Great Depression auf den öffentlichen Dienst: durch mehrere Gesetze, die *„Economy Acts"*, wurden Beschäftigte des öffentlichen Dienstes zu einem Monat Gratisarbeit pro Jahr verpflichtet, Urlaubsansprüche wurden reduziert und die Neubesetzung vakanter Stellen untersagt. Die folgenreichste Regelung war die der Sektion 213 des Economy Act, nach der Beschäftigte, deren Ehepartner ebenfalls im öffentlichen Bundesdienst beschäftigt waren, bei Personaleinsparungen zuerst entlassen wurden. Als ebenfalls im öffentlichen Dienst beschäftigt galten dabei auch Empfänger von Ruhegehältern und Mitglieder der Armee der Vereinigten Staaten. Diese Vorschrift setzte andere Kriterien als Leistung und Tüchtigkeit fest und stand damit im Widerspruch zu den Regelungen des Civil Service Act; sie wurde erst im Juli 1936 durch eine Ergänzung des Civil Service Act, die die Diskriminierung wegen Verheiratung verbot, außer Kraft gesetzt.[211]

---

207 Van Riper, History, S. 309
208 Van Riper, History, S. 309-311
209 CSC, Biography, S. 67
210 Maranto/Schultz, S. 85 bis 88
211 CSC, Biography, S. 65

2. Vom New Deal bis zur National Performance Review (1932 bis 2000)

2.1 Franklin Delano Roosevelt (Demokraten, 1933 bis 1945)

Roosevelt wurde 1932 mit 57,4 % der Wählerstimmen und 88,9 % der Wahlpersonenstimmen ins Amt gewählt.[212] Er "erbte" nach zwölf Jahren republikanischer Präsidentschaften eine Karrierebürokratie, die durch seine Vorgänger Harding, Coolidge und Hoover stark republikanisch geprägt war[213].

2.1.1 Politische „New Dealer" *und ideologische Patronage*

Roosevelt trennte erstmals deutlich die Aufgaben der politischen Arbeit und Durchsetzung politischer Programme (*„policy-selling"*) von der Funktion der Ideenschmiede und intellektuellen Vorbereitung politischer Programme (*„policy-making"*). Diese Form der „ideologischen Patronage" wurde gekennzeichnet durch eine starke Beteiligung junger Akademiker und Rechtsanwälte. Die besonderen Anforderungen und Probleme, die an die Administration durch die Wirtschaftskrise und die hohe Arbeitslosigkeit gestellt wurden, erforderten eine größere Kapazität für Innovationen, Forschung und Koordination als zuvor benötigt worden war; sie wurde von diesen jungen *„New Dealers"* geliefert.
Nach der Wiederwahl Roosevelts 1936 empfahl das President's Committee on Administrative Management, nach seinem Vorsitzenden Louis Brownlow als *„Brownlow-Committee"* bekannt, die umfassende Ausdehnung des Merit-Systems auf letztlich alle Positionen, mit Ausnahme derer, die politikbestimmend seien.[214] Der Bericht stellte die Lage des Präsidenten als dramatisch dar:

„ ...The President needs help. His immediate staff assistance is entirely inadequate. He should be given a small number of executive assistants who would be his direct aides in dealing with the managerial agencies and administrative departments of the Government.... This recommendation arises from the growing complexity and magnitude of the work of the President's Office."[215]

Die formale Anerkennung der Notwendigkeit gesteigerter administrativer und intellektueller Kapazität des Präsidenten erfolgte durch die Schaffung des Executive Office of the President im Jahre 1939 und der Etablierung des mitarbeiterintensiven White House Office – des persönlichen Stabs des Präsidenten - innerhalb des EOP sowie durch die Verlagerung des Bureau of the Budget vom Finanzministerium in das EOP.[216] Politische Bestellungen erfolgten vor allem unter dem Gesichtspunkt einer intellektuellen und ideologischen Patronage –

---

212 Jäger/Welz, Anhang I, S. 489
213 Maranto, Administrative Strategies, S. 683
214 Van Riper, History, S. 336 f; Brownlow Committee, S. 110
215 Brownlow Committee, S. 110, 116 f
216 Ragsdale, S. 246; Van Riper, History, S. 324-327; Congressional Research Service, S. 24 f

nicht wie sonst häufig üblich vorwiegend nach politischen Verdiensten;[217] sie zeigten daher mehr ein quasi zufälliges Muster von Freundschaften, Verpflichtungen und Druck.[218]

2.1.2 Karrierebürokratie zwischen „Alphabet"-Behörden und Kriegswirtschaft

Roosevelt begriff als erster Präsident der Vereinigten Staaten die Bundesverwaltung nicht in erster Linie als Quelle von politisch zu besetzenden Stellen, sondern als Werkzeug zur Formulierung, Ausführung und Durchsetzung seiner Programme.[219] Die Inhalte dieser Programme kollidierten mit den republikanischen Überzeugungen vieler Beschäftigter: Nach ihrer Überzeugung sollten Regierung und Bundesverwaltung in die großen wirtschaftlichen und sozialen Schwierigkeiten infolge der Great Depression nicht eingreifen, sondern den Markt diese Probleme selbst regulieren lassen. Diese Problematik löste Roosevelt jedoch, indem er in großen Zahlen unabhängige Behörden zur Durchführung seiner Programme neu einrichtete und neue Verwaltungspositionen - quasi bereits als Teil des New Deal zur Überwindung der Great Depression – schuf. Etabliert wurden die *„alphabet agencies"*, so benannt nach ihren Abkürzungen durch Buchstaben, zumeist bereits in den ersten 100 Tagen der neuen Administration. Die intellektuell leistungsfähigen neuen politischen Mitarbeiter sollten die Auffassung von Roosevelt über die Bedeutung einer aktiv gestaltenden Regierung und Verwaltung teilen, die mit der Wirtschaft zur Bewältigung der Wirtschaftskrise zusammenarbeiten müssen.[220] Im Jahre 1933 wurde der neuen Behörde Tennessee Valley Authority (TVA), einer großen Stauanlage mit Elektrizitäts- und Kunstdüngerproduktion, gestattet, mit einem eigenen Personalsystem zu arbeiten, das - mit mehr Flexibilität, Zusammenarbeit mit Gewerkschaften und dezentralen Elementen - eine Vorreiterrolle im Personalmanagement der Bundesverwaltung einnahm.[221] Bis zum Ende des Jahres 1934 hatte der Kongress das Personal von fast sechzig neuen Behörden, insgesamt ca. 100.000 Mitarbeiter, vom Merit-System ausgenommen, bis 1936 fiel der Anteil der klassifizierten Positionen auf 60 %.[222] Diese Positionen wurden im Laufe der Zeit jedoch in das Merit-System integriert.[223]

Die besondere Bedeutung der hochqualifizierten Spitzenkräfte der Karrierebürokratie - senior grades - wurde erstmals 1935 durch die Commission of Inquiry on Public Service Personnel herausgearbeitet, die die Schaffung eines speziellen

---

217 Van Riper, History, S. 327

218 Bonafede, White House Personnel, S. 30, 34

219 Maranto, Familiarity, S. 247, 248

220 Maranto/Schulz, S. 89 f, 91

221 Van Riper, History, S. 322 f; Friedrich, Stellung und Aufgaben des öffentlichen Dienstes, S. 248

222 Van Riper, History, S. 320

223 Michaels, S. 173

Verwaltungsdienstes aus hochrangigen Verwaltungsangehörigen für die Besetzung nicht politischer, administrativer Posten empfahl, um größere administrative Flexibilität und exekutive Kontrolle zu ermöglichen.[224]
Nachdem die CSC Anfang der 30er Jahre durch ständige Zentralisierung des Personalmanagements eine Art zentrale Behörde für Personalwesen geworden war, setzte Präsident Roosevelt gegen Ende seiner ersten Amtsperiode im März 1936 nach anhaltender Kritik an der Gestaltung ministerieller und behördlicher Kompetenzverteilung das President's Committee on Administrative Management (Brownlow Committee) ein, um Vorschläge für die Verbesserung der Verwaltungsorganisation zu erstellen zu lassen.[225]
Die durch den Pendleton-Act 1883 etablierte CSC wurde zunehmend als zu umständlich, langsam und ineffektiv angesehen. Aus einer Atmosphäre zur Überwindung des parteienbezogenen Spoils-Systems entstanden, wurden in den 30er Jahren gerade ihre Überparteilichkeit und ihre Unabhängigkeit vom Präsidenten und seinen politischen Zielvorstellungen über die Gestaltung der Bundesverwaltung Zielscheibe der Kritik. Die Probleme hatten sich geändert: Zum einen war das einstmalige Übel des Beutesystems weitgehend zurückgedrängt worden, zum anderen dehnte sich die staatliche Tätigkeit zunehmend aus und die politische Bedeutung des Personalwesens nahm daher zu.[226]
Das Brownlow-Committee[227] entwickelte zu dem Komplex künftigen Personalmanagements ein Modell, bei dem die CSC durch eine Civil Service Verwaltung ersetzt wurde, der eine - vom Präsidenten eingesetzte und von diesem wieder abrufbare - Einzelperson vorstehen sollte.[228] Ein separates Civil Service Board aus sieben Privatleuten sollte die Einhaltung der Merit-Prinzipien überwachen und den Präsidenten in allgemeinen Personalfragen beraten. Dadurch sollte eine direkte Verbindung des Präsidenten mit der Bundesverwaltung hergestellt und institutionalisiert und der Präsident in die Lage versetzt werden, durch den erwähnten Chefadministrator die Bundesverwaltung mehr nach seinen Wünschen formen zu können. Dieses Modell wurde von der Bundesverwaltung, die die Merit-Prinzipien gefährdet sah, abgelehnt. Auch der Kongress unterstützte den Plan nicht, da die Autorität des Präsidenten und dessen Zugriff auf die Bundesverwaltung zunehmen würden. Das Committee setzte sich auch mit der Bildung eines Korps administrativer Spitzenkräfte auseinander. In einer 1937 von Floyd W. Reeves und Paul T. David für das Brownlow Committee verfaßten Stellungnahme betonten die Autoren die Vorteile, die ein Korps hervorragend ausgebildeter Spitzenkräfte, dem Anerkennung und Sicherheit geboten würde, haben könnte. Sie beklagten, daß die übliche Personalverwaltung nicht die Anreize und

---

224 Mackenzie, Paradox, S. 113, 124 f
225 Mosher, Basic Documents, S. 106 f
226 Pietzcker, S. 157, 159 f
227 Brownlow Committee, S. 110 ff
228 Mackenzie, Paradox, S. 132 ff

Möglichkeiten böte, die erforderlich seien, um neue Talente in den öffentlichen Dienst zu ziehen und Moral sowie Leistung der bereits beschäftigten Kräfte zu verbessern, und rieten dazu, zwischen Karrierepersonal und politischem Personal eine deutliche Trennung vorzunehmen. Der Abschlußbericht des Brownlow Committee enthielt jedoch nur spärliche Aussagen zur Frage einer speziellen Behandlung administrativer Spitzenkräfte.[229]
Die Vorschläge sahen u. a. eine Aufteilung der Kompetenzen der Commission auf mehrere Behörden vor - wie schließlich 1978 durchgeführt - und sprachen sich für eine stärkere Zentralisierung von Macht bei den Präsidenten aus. Wenige der Vorschläge wurden zum damaligen Zeitpunkt verwirklicht[230], jedoch wurde im Jahre 1939 daraufhin von Präsident Roosevelt das Executive Office of the President (EOP) geschaffen und das Bureau of the Budget (BOB, später das Office of Management and Budget, OMB) in den unmittelbaren Machtbereich des Präsidenten integriert. Die Schaffung dieser Assistenzeinheiten für die Politikvorbereitung und Steuerung der Bundesverwaltung[231] war nicht nur der Beginn stärkerer Konzentration und Macht - insbesondere in Fragen des Personalmanagements - beim Präsidenten, sondern auch der Beginn zunehmender Bürokratisierung der Administrationen.[232]
Die Bedeutung der politischen Neutralität der Bürokratie wurde noch durch die Hatch Acts von 1939 und 1940 gestärkt, durch die fest beschäftigten Angehörigen der Bundesverwaltung untersagt wurde, sich parteipolitisch zu engagieren, sofern es sich um die Kandidatur für Parteiämter, Aktivitäten in Wahlkampagnen und Spendensammlungen handelte; ihr aktives Wahlrecht blieb jedoch erhalten. Ausgenommen waren festgelegte politikbezogene Positionen.[233] Nach der nunmehr erfolgreichen Durchsetzung seiner Politik suchte Roosevelt Möglichkeiten, die geschaffenen Strukturen so zu festigen, dass sie ein diesen Änderungen abgeneigter Nachfolger nicht würde eliminieren können.[234] 1940 wurde durch den Ramspeck-Act der Weg zu einer maximalen Ausdehnung des Merit-Systems bereitet; den Ramspeck Act bewertet Fraenkel als den Durchbruch im Kampf um den Umfang des klassifizierten öffentlichen Dienst.[235] Das Gesetz autorisierte den Präsidenten, in den „Competitive Service“ alle Positionen einzubeziehen, die außerhalb der TVA und der Work Projects Administration lagen, nicht der Senatsbestätigung unterlagen und nicht zu einer ausgenommenen Gruppe von Richtern angehörten. Im Gegensatz zu früheren Regelungen, durch die Beschäf-

---

229 Mackenzie, Paradox, S. 124 f; Henry, S. 529, 535 f

230 Shafritz/Riccucci/Rosenbloom/Hyde, S. 37

231 Becker/Welz, S. 231, 233

232 Michaels, S. 80

233 Act to Prevent Pernicious Political Activities (1939) as Amended (1940), Hatch Acts, 53 Stat. 410 (1939), as amended by 54 Stat. 640 (1940), abgedruckt in: Mosher, Basic Documents, S. 149 ff; Van Riper, History, S. 339 f, vgl. auch Teil 2, A. III 4

234 Maranto/Schultz, S. 92 f

235 Fraenkel, Der öffentliche Dienst, S. 879, 890

tigte, die ohne Prüfung eingestellt worden waren, Karrierestatus erhielten, verpflichtete der Ramspeck Act die Beschäftigten, vor dem Statuserwerb Leistungsprüfungen – ohne Wettbewerb – abzulegen. Bis 1943 standen 95 % der Beschäftigten der Bundesverwaltung unter der Jurisdiktion der CSC.[236] Der Ausbruch des II. Weltkrieges veränderte Größe und Zusammensetzung der Bundesverwaltung in nie gekanntem Ausmaß. Die zivile Bundesverwaltung wuchs zwischen 1939 und 1945 von 800.000 auf fast 4.000.000 Beschäftigte an; im Durchschnitt kamen zunächst monatlich 35.000, nach Pearl Harbor 90.000 Beschäftigte hinzu.[237] Von diesen war der weitaus größte Teil (83 v.H.) ziviles Personal der beiden Kriegs-Ministerien für Army und Navy.[238] Die CSC, mit ihrem starken Vorsitzenden Arthur Flemming, arbeitete auch während der Kriegsjahre mit nachdrücklicher Unterstützung des Präsidenten und behielt ihre zentrale Bedeutung für das Personalmanagement der Bundesverwaltung; sie passte viele Vorkriegsregeln an die neue Lage an oder setzte sie vorübergehend außer Kraft. Leistungsprüfungen unter Wettbewerbsbedingungen fanden wegen der starken Nachfrage nach Arbeitskräften kaum noch statt. Mit den neuen Mitarbeitern wurde ab 15. März 1942 jedoch eine Beschäftigungsvereinbarung für die Dauer des Krieges plus sechs Monate getroffen (war-service appointment, emergency appointments on war service indefinite basis), die bereits die Grundlage für einen späteren raschen Abbau des kriegsbedingten Personals schuf. Am Ende des Krieges waren nur noch 33 % der Mitarbeiter im *„competitive service"* unbefristet beschäftigt. Dauerhafte Einstellungen wurden nicht durchgeführt, da viele Amerikaner wegen ihres Einsatzes in der Armee oder anderer kriegsbezogener Arbeit für den Wettbewerb um eine Tätigkeit im öffentlichen Dienst nicht zur Verfügung standen.[239] Qualität und allgemeine Leistung im öffentlichen Dienst sanken, aber das Fundament des öffentlichen Dienstes war nicht existentiell bedroht.[240] Während die Commission die zentrale Autorität blieb, setzten sich sich in bezug auf die Ausführung der Aufgaben dezentrale Aktivitäten durch. Die erforderliche Vielzahl von Einstellungen mit oft unkonventionellen Methoden der Personalrekrutierung und die Klassifizierung neuer Positionen in kürzester Zeit konnten nur noch dezentral bewältigt werden.[241] 1942 gab die Commission eine Sammlung von Anleitungen und Richtlinien über die Verfahrensweisen in Angelegenheiten der Personalverwaltung heraus, die Vorläuferin des Federal Personnel Manual, das erst unter der Clinton Administration im Januar 1994 im Zuge von Bestrebungen zur Entbürokratisierung der Bundesverwaltung abgeschafft wurde. Damals wurde diese Sammlung, die die Verfahren in den Ministerien und

---

236 CSC, Biography, S. 70 f; Van Riper, History, S. 344-347

237 Cahn, S. 6

238 Van Riper, History, S. 375

239 CSC, Biography, S. 76; Cahn, S. 107 f

240 CSC, Biography, S. 72 f; Van Riper, History, S. 369 f, 381, 394 f

241 Cahn, S. 19 f

Behörden vereinheitlichen und die sinnvolle Einsetzung von Arbeitskraft sichern sollte, als Errungenschaft angesehen[242]. Im Jahre 1944 wurde der Veterans' Preference Act beschlossen, in dem bisherige und neue Privilegien der Veteranen festgeschrieben wurden. Diese Regelung hatte große Auswirkungen insbesondere auf die Entwicklung und Zusammensetzung der Bundesverwaltung nach Kriegsende.[243] Die großen Zahlen der Neueinstellungen unter Roosevelt überforderten den bisherigen größten Lieferanten von Nachschub, die Partei, bei weitem. Auch stiegen in dieser neuen Umwelt großer Organisationen und komplexer Programme die Anforderungen an das Personal erheblich. Verlässliche Unterstützung der demokratischen Partei reichte als Qualifikation nicht mehr aus. Die CSC entwickelte für die nunmehr benötigten Arbeitskräfte neue Testmethoden und begann 1937 mit Einstellungsprüfungen für den Bereich des akademischen Nachwuches, die Kenntnisse des jeweiligen Fachgebietes abfragten.[244] Die Ausdehnung des Personalkörpers der zivilen Bundesverwaltung – bereits begonnen unter den New Deal Programmen – setzte sich im II. Weltkrieg fort; von 601.000 im Jahre 1930 stieg das zivile Personal in der Bundesverwaltung auf 3.816.000 Millionen in 1945.
Gleichzeitig veränderte sich die Bedeutung der Bundesregierung und –verwaltung erheblich: durch die Beteiligung der Bundesverwaltung an vielen nationalen Projekten wurde die Bedeutung des Bundes für die Amerikaner größer und die neuen Machtstrukturen führten zu einer Konzentration von Geld, Personal und Entscheidungskompetenzen in Washington.[245] Viele der durch den Aufbruch der New Deal Programme gewonnenen Mitarbeiter der Berufsbürokratie entwickelten sich zu Mitgliedern einer kenntnisreichen Führungsschicht, die weniger eine neutrale als eine gegenüber den Programmen der regierenden Demokraten loyale Ebene bildete; das Verhältnis der Karrierebürokratie zu den politischen Mitarbeitern war ausgezeichnet und von Zielkongruenz geprägt[246].

2.2 Harry S. Truman (Demokraten, 1945 bis 1953)

Vizepräsident Truman wurde nach dem Tode von Franklin D. Roosevelt am 12. April 1945 als Präsident vereidigt und mit 49,5 % der Wählerstimmen und 57,1 % der Wahlpersonenstimmen 1948 ins Amt gewählt.[247]

---

[242] Van Riper., History, S. 372; zur Abschaffung unter Clinton vgl. Teil 1 B III 2.11.3
[243] 58 Stat. 33, abgedruckt in: Mosher, Basic Documents, S. 167; vgl. dazu ausführlich Teil 2 A II.2.1.1
[244] Van Riper, History, S. 331
[245] Mackenzie, Presidential Appointment Process, S. 37, 40 f
[246] Sundquist, S. 3, 7
[247] Jäger/Welz, Anhang I, S. 490

2.2.1 Politische Führung nach dem II. Weltkrieg

In seiner nach dem Tode von Präsident Roosevelt fortgeführten Amtszeit wurde die Auswahl des politischen Personals noch wenig methodisch vorgenommen, es wurden jedoch erste Schritte in Hinblick auf die Anwendung systematischer Auswahlmethoden unternommen. So war Truman der erste Präsident, der im Weißen Haus eine Personalabteilung einrichtete, die formell unabhängig von einer politischen Partei und nicht vor allem unter Patronage-Gesichtspunkten agierte.[248]

Politische Erwägungen bei der Auswahl des politischen Personals traten aber wieder stärker als in der Zeit seit 1938 in den Vordergrund.[249] Viele der politischen Mitarbeiter Roosevelts verließen die Verwaltung, weil sie – nach der Zeit des New Deal und des Krieges – in ihrer Arbeit und der Arbeitsweise des neuen Präsidenten für sich keine Herausforderung mehr sahen. Insgesamt standen um 1952 etwa 15.000 Posten für politische Patronage zur Verfügung.[250]

Ein Assistent des Präsidenten, dem mehrere Verwaltungsbeschäftigte unterstanden, war für die Rekrutierung, Überprüfung und Nominierungsverfahren im wesentlichen allein verantwortlich. Der Präsident interessierte sich für seine politischen Stellenbesetzungen, schlug öfter persönliche Bekannte vor und führte mit jedem "Finalisten" ein Gespräch, bevor diesem die Stellung angeboten wurde. Später erstellte das Personnel Office ein Verzeichnis möglicher Kandidaten für politische Bestellungen unter Auslassung von Patronagekriterien, die auch die Namen von Beschäftigten des Karrierepersonals der Ministerialverwaltung enthielten, und versuchte, in das Auswahlverfahren mehr Ordnung zu bringen.[251]

Während der zweiten Legislaturperiode wurde es zunehmend schwieriger, Kandidaten für politische Stellenbesetzungen zu finden, um die Beschäftigten zu ersetzen, die in größerer Zahl den öffentlichen Dienst verließen. Ein Sieg der Demokraten bei der bevorstehenden Wahl 1952 erschien unwahrscheinlich. In dieser Lage entwickelten Martin Freedman und John Mee den sogenannten "little cabinet plan" (Plan des kleinen Kabinetts), um den Auswahlprozeß der politischen Beschäftigten zu verbessern.

Mit diesem Plan wurden zwei Ziele verfolgt:

(1) die Herstellung von Listen

- qualifizierter Persönlichkeiten ohne Bezug auf eine spezifische Position, da man davon ausging, dass hoch qualifizierte Persönlichkeiten geeignet und verwendbar für eine große Zahl hochrangiger Positionen sein würden
- aller politisch zu besetzender Positionen und ensprechender Anforderungsprofile.

---

[248] Bonafede, White House Personnel ,S. 30, 56

[249] Van Riper, History, S. 405-407; Weko, S. 50 f

[250] Van Riper, History, S. 443

[251] Bonafede, White House Personnel, S. 30,35

(2) Sinnvolles Personalmanagement sollte bei der Auswahl von Personen zuerst von der zu besetzenden Stelle ausgehen und für diese die geeignete Persönlichkeit suchen, statt eine Position für eine bereits ausgewählte Person zu suchen.[252]
Truman sorgte noch 1952 dafür, dass größere Zahlen von bisher nicht vom Merit-System geschützten Posten (non-career-officials) in das Merit-System einbezogen wurden und so die Inhaber von dem nach der politischen Situation zu erwartenden republikanischen Nachfolger nicht würden entlassen werden können.[253]

2.2.2 Karrierebürokratie zwischen Personalabbau und Personaleinstellung

Kurz nach dem Amtsantritt von Truman endete der II. Weltkrieg und die CSC sah sich vor der großen Aufgabe, die enorme Zahl von Beschäftigten der Bundesverwaltung drastisch zu reduzieren. In den zwei Jahren nach Kriegsende wurden insgesamt zwischen elf und zwölf Millionen Menschen aus dem Bundesdienst entlassen, davon ungefähr 10 Millionen aus den Streitkräften. Hunderttausende verließen den Bundesdienst, Hunderttausende kehrten wieder auf ihre Vorkriegspositionen zurück oder wollten erstmals in den öffentlichen Dienst.[254] Die CSC entwickelte Verfahren zur Durchführung von Personaleinsparungen und zur Unterstützung und Wiedereingliederung von Kriegsveteranen. Bewerbungen für neue Positionen wurden nur noch von Personen akzeptiert, die Rechte aus der Veteranenpräferenz oder aus vorherigen Personaleinsparungen geltend machen konnten. Die umfangreichste Aufgabe bestand darin, Register mit geprüften Bewerbern zu erstellen und kriegsbedingtes sowie befristetes Personal abzubauen. Obwohl Personaleinsparungen durchgeführt wurden, fanden gleichzeitig umfassende Leistungsprüfungen statt: die Mitarbeiter, die für die Kriegszeit befristet und ohne Prüfungen eingestellt worden waren, konnten jetzt zusammen mit Bewerbern von außen an offenen Leistungsprüfungen teilnehmen und erhielten auf ihre Prüfungsergebnisse einen Zuschlag von fünf Punkten. Als Kollisionsregel bei Zusammentreffen mit Veteranenvorrechten galt, dass dieser Zuschlag erst nach Einstellung aller in der Liste vorrangigen Veteranen gegeben wurde.[255]
Erreichten sie zufriedenstellende Ergebnisse – und war nach Einstellung der vorrangigen Veteranen noch eine Stelle vorhanden -, wurden ihre befristeten Stellen in Karrierestellen mit Probezeit umgewandelt, zeigten sie ungenügende Leistungen, wurden sie durch bessere Mitbewerber ersetzt.[256]
Der Anteil der Mitarbeiter, die nach Leistungsprüfungen im *„Competitive Service“* unbefristet beschäftigt waren, stieg von einem Tiefpunkt von 33 % bei Kriegsende auf 84 % im Juni 1949. In derselben Zeit stieg der Anteil der Vetera-

---

[252] Mackenzie, Paradox, S. 113, 118 f
[253] Maranto, Administrative Strategies, S. 683, 684
[254] Van Riper, History, S. 410 f
[255] Cahn, S. 108 f
[256] CSC, Biography, S. 75 f

nen von 16 % auf 47 %.[257] Die Behörden, die häufig ihre erfahrenen Beschäftigten, deren Beschäftigung auf die Kriegsdauer plus sechs Monate beschränkt war, behalten wollten, zogen Nutzen aus der Tatsache, dass der Frieden nie offiziell erklärt worden war.[258]

Eine neue Entwicklung zum dezentralisierten Personalmanagement gewann an Bedeutung: bei Kriegsende verfügten die meisten Ministerien und Behörden über eigene Verwaltungseinheiten zur Personalverwaltung. Das Personal der Bundesverwaltung stabilisierte sich in der Nachkriegszeit auf einem etwa doppelt so hohen Niveau wie vor dem Krieg.[259]

1947 ordnete Truman durch Executive Order 9835 vom 21. März an, dass die CSC potentielle Beschäftigte in Hinblick auf Anzeichen für Verrat und Spionage zu untersuchen habe; die Ministerien und Behörden wurden zur Untersuchung der Amtsinhaber verpflichtet *(„Truman Loyalty Program“)*. Aufgrund dieser Anordnung wurden bis zum 27. April 1953, als Eisenhower ihre Aufhebung anordnete, 4.756.705 Personen, davon rund zwei Millionen Amtsinhaber, überprüft, 560 Personen wurden aus Loyalitätsgründen entlassen oder für eine Einstellung nicht in Betracht gezogen. Das Programm trug weniger zur Stärkung der Loyalität im öffentlichen Dienst bei als vielmehr zu einem Sinken der Moral unter den Beschäftigten in einer Atmosphäre des Misstrauens, der Unsicherheit und der ständigen Untersuchungen[260].

Ab 1947 wurde Kritik am öffentlichen Personalmanagement laut: Die ausgearbeiteten Regeln zur Bewältigung der schwierigen Aufgabe des Normalisierens der Personalsituation nach Kriegsende, die Regeln der Veteranenpräferenz und die Regeln zum Schutz vor Entlassungen und vor der Verhängung von Disziplinarmaßnahmen schränkten die Möglichkeiten der Personalverwaltung zunehmend ein; das umfangreiche Handbuch zum Personalmanagement wurde zum Symbol eines überholten Merit-Systems.[261]

Die erste Hoover-Kommission (1947-1949)[262] empfahl eine weitere Dezentralisierung; zentrale Einheiten in den Behörden sowie die CSC wurden als kritische Stationen (*„bottlenecks“*) ausgemacht, die die Verfahren der Personalverwaltung umständlich und langwierig werden ließen.[263] Die Kommission befasste sich nicht mit Fragen der Mobilität und des freizügigen Austauschs zwischen Wirtschaft und Verwaltung. Auch auf das Verhältnis zwischen dem Karrieredienst und den politischen Mitarbeitern wurde nicht eingegangen.[264] Die Empfehlungen, die die Gehälter und die Klassifikationsstruktur betrafen, wurden rasch umgesetzt; im

---

[257] Van Riper, History, S. 423 f; CSC, Biography, S. 77

[258] Van Riper, History, S. 413

[259] Van Riper, History, S. 417 f

[260] Van Riper, History, S. 446-450

[261] Van Riper, History, S. 452 f

[262] Erste Hoover-Commission, S. 205

[263] Van Riper, History, S. 457 f

[264] Van Riper, History, S. 460

Classification Act von 1949 wurde die dezentrale Verantwortlichkeit der einzelnen Ministerien und Behörden für Klassifikation und Evaluation großer Teile des Bundespersonals festgeschrieben und die Aufgaben der CSC auf solche der Beratung, Empfehlung, Entwicklung und Mitarbeit an neuen Programmen reduziert[265].

Fünf verschiedene Beschäftigungszweige wurden in den „General Schedule (GS)" – und zwar in die Positionen GS 1 bis GS 15 - zusammengefasst, um mit diesem einheitlichen Besoldungssystem Einstellungen, Beförderungen, Versetzungen und Klassifikation der Positionen zu vereinfachen.[266] Drei neue Spitzenpositionen – GS 16 bis 18 - wurden in die Struktur der Klassifikation eingefügt und erstmals wurden Belohnungen (*„incentive awards"*) für herausragende Leistungen für Beschäftigte des öffentlichen Dienstes eingeführt.[267] Daneben unternahm die Commission den Versuch, die Rekrutierung von akademischem Nachwuchs und Spitzenkräften zu verbessern und initiierte unter dem Motto *„Facts versus Myths"* eine Imagekampagne unter ihrem Vorsitzenden Robert Ramspeck.[268]

2.3 Dwight D. Eisenhower (Republikaner, 1953 bis 1961)

Eisenhower wurde im Jahre 1952 mit 55,1 % der Wählerstimmen und 83,2 % der Wahlpersonenstimmen gewählt.Vizepräsident war Richard Nixon.[269] Als Eisenhower nach zwanzig Jahren demokratischer Herrschaft als Republikaner ins Weiße Haus einzog, betrug der Anteil der Karrierebürokraten, die je unter einem republikanischen Präsidenten gearbeitet hatten, in der Bundesverwaltung 6,6 %.[270] Die Demokraten hatten ebenfalls für zwanzig Jahre – außer 1947 bis 1949 – den Kongreß kontrolliert, den nun auch die Republikaner gewonnen hatten.[271]

2.3.1 Die Hierarchisierung der Politischen Mitarbeiter und der Beginn der FBI-Überprüfung

Eisenhower, im II. Weltkrieg General der Streitkräfte, sah sich kaum in parteipolitischen Zwängen gefangen; mit dem Wahlkampfmotto *„Clean up the mess in Washington"* war er als Außenseiter Präsident geworden, nachdem er die republikanische Nominierung gegen Robert Taft, einen stark in die Parteistruktur einge-

---

[265] Shafritz/Riccucci/Rosenbloom/Hyde, S. 37 f
[266] Van Riper, History, S. 462
[267] CSC, Biography, S. 79; Van Riper, History, S. 441
[268] Van Riper, History, S. 469
[269] Jäger/Welz, Anhang I, S. 490
[270] Maranto, Administrative Strategies, S. 683, 684
[271] Huddleston/Boyer, S. 35

bundenen Senator, gewonnen hatte. Der Übergang von der Truman- zur Eisenhower Administration verlief geordnet und in freundlicher Atmosphäre; die Spitzenkräfte beider Administrationen arbeiteten nach der Wahl gemeinsam an der Übergabe.[272] Das Kabinett Eisenhowers gilt als wenig intellektuell – insbesondere im Vergleich zu den *„New Deal"* Akademikern Roosevelts – und wirtschafts- und teamorientiert. Der neue Mitarbeiterstab des Weißen Hauses wurde unter Stabschef Sherman Adams stärker formalisiert und hierarchisiert.[273] Der Stabschef war ebenfalls in erster Linie für die Überprüfung der politischen Bewerbungen zuständig.

Zur Zeit des Amtsantritts von Eisenhower befanden sich jedoch 85 % der Beschäftigten unter dem Statusschutz des Merit-Systems, weitere 10 % standen unter dem Schutz anderer, jedoch ähnlich operierender Personalsysteme. Vergleichsweise wenige Positionen waren für politische Besetzung verfügbar; 1953 standen etwa 15.000 Posten sofort zur Verfügung, weitere 50.000 Posten wurden durch natürliche Fluktuation im Laufe der Zeit frei, so dass bis 1955 rund 70.000 Posten mittels Patronage des Weißen Hauses besetzt worden waren. Anfang 1953 herrschte in den Vereinigten Staaten jedoch nahezu Vollbeschäftigung, so dass der Druck auf politische Einstellungen nicht überaus groß war. Eisenhower betrieb zwar Patronage im Personalbereich, er hatte jedoch auch hier strenge Prinzipien: So lehnte er die Einstellung von Personal auf der Grundlage persönlicher Freundschaften ab. Seinem innerparteilichen Konkurrenten um die Nominierung, Robert Taft, hatte er öffentlich versprochen, dessen republikanische Anhänger nicht aus politischen Gründen anzutasten.[274] Für die Durchführung und Überwachung politischer Stellenbesetzungen wurde die Position des Special Assistant for executive appointments geschaffen.

Zur besseren Koordination der Patronage-Aktivitäten wurde im Mai 1954 die Willis-Direktive herausgegeben, benannt nach ihrem Autor Charles F. Willis. Dieser scheiterte als erster special assistant mit einem gründlich ausgearbeiteten Plan, nach dem die von Demokraten besetzten Nicht-Karriere-Positionen identifiziert und in Abstimmung mit den Behörden und den politischen Spitzen der republikanischen Partei mit loyalen Republikanern besetzt werden sollten.[275] Der zunächst nur den Behördenleitern unterbreitete Plan wurde schnell durch Presseveröffentlichungen bekannt, verursachte großes Aufsehen und entwickelte sich zu einem wichtigen Wahlkampfthema in den Kongresswahlen von 1954, bei denen die Demokraten die Kontrolle im Kongress zurückgewannen und nun - im Besitz der Mehrheit im zuständigen Senatsausschuß für das Postwesen und den öffentlichen Dienst – eine Untersuchungskommission zur Lage des öffentlichen Dienstes unter der Eisenhower Administration einrichteten, deren Abschlussbericht 1957

---

272 Van Riper, History, S. 477-480
273 Van Riper, History, S. 481 f
274 Van Riper, History, S. 478, 490 f
275 Mackenzie, Paradox, S. 113, 120

den nicht zur Umsetzung gelangten Plan in seinen Einzelheiten veröffentlichte.[276] Die Position des Special Assistant blieb jedoch erhalten; dieser war vornehmlich für die Koordination des Auswahlprozesses politischer Beschäftigter - bis auf die allerhöchsten Spitzen – zuständig und fungierte als Kontaktperson des Weißen Hauses mit dem Republican National Committee, mit den republikanischen Senatoren und Kongressabgeordneten und den Personalchefs in den einzelnen Ministerien und Behörden.[277]
Mit der Schaffung dieser Stelle wurde die Personalverantwortlichkeit erstmals im Weißen Haus institutionalisiert. Bei der Suche nach möglichen geeigneten Persönlichkeiten wurde nach wie vor fast ausschließlich auf die begrenzten Ressourcen zurückgegriffen, die die politischen Parteien, Interessengruppen oder persönliche Bekanntschaften zu liefern imstande waren. Empfehlungen wurden weiterhin nur oberflächlich überprüft und es mangelte an geeigneten Verfahren zur Feststellung, ob personelle Bedürfnisse wirklich durch die ausgewählten Kandidaten befriedigt werden konnten.[278]
Eisenhower war der erste Präsident, der verlangte, dass das FBI zur Nominierung anstehende Kandidaten für politische Bestellungen im Vorfeld überprüfen sollte.[279] Eisenhower schuf 1953 durch Executive Order 10440 vom 31. März die besondere Gruppe der politischen Mitarbeiter, den Schedule C, der bis heute existiert.[280]

2.3.2 Karrierebürokratie im Zeichen der McCarthy-Ära

Eisenhower war davon überzeugt, dass er nur durch geschickte und aggressive politische Stellenbesetzungen seine republikanische Politik würde durchsetzen können. 1952 hatten viele Männer und Frauen in der Karrierebürokratie verantwortungsvolle Positionen erreicht, die als Berufsanfänger von den New Deal Programmen der Demokraten angezogen worden waren. Das Personal im Weißen Haus kam zu einem großen Teil aus der Karrierebürokratie, das Bureau of the Budget war vollständig mit Karrierebürokraten besetzt. Viele Karrierebürokraten waren im Laufe der Zeit in politische Positionen gewechselt.[281] Eisenhower brachte nicht nur den intensiven Willen nach vielen politischen Jobs mit ins Amt, sondern auch großes Mißtrauen gegen die Berufsbürokratie und überhaupt gegen ausgedehnte Staats- und Verwaltungstätigkeit. Einschneidende Entlassungen unter den zivilen Beschäftigten der Bundesverwaltung im Umfang von 10 % der

---

[276] Huddleston/Boyer, S. 37 f
[277] Mackenzie, Paradox, S. 113, 120
[278] Mackenzie, Paradox, S. 113, 120
[279] Bonafede, White House Personnel, S. 30, 56
[280] Van Riper, History, S. 495 f; zu Entwicklung und Aufgaben der Schedules A, B und C vgl. Teil 2, A.I.1.1 und 1.3
[281] Sundquist, S. 3, 7

Beschäftigungszahl allein im ersten Amtsjahr verschlechterten die Moral unter den Berufsbürokraten erheblich.[282] In dieser Zeit reformulierte die CSC die Regeln zur Durchführung von Personaleinsparungen. Die bisherigen Regeln hatten durch ein kompliziertes System hierarchisierter Verdrängungsrechte (*bumping*) zu äußerst aufwendigen Kettenreaktionen geführt, bei denen buchstäblich alle Beschäftigte der betroffenen Einheit ihre Stellen wechseln mussten, wenn Mitarbeiter freigesetzt wurden, die Verdrängungsrechte hatten.[283] Die Technik der Verdrängungsrechte wurde beibehalten, die Hierarchie der unterschiedlichen Gruppen jedoch wesentlich abgeflacht, auf geographische Einheiten beschränkt und die Bedeutung der Veteranenpräferenz in diesem Bereich verringert.[284]
1954 wurden durch die Option einer Teilnahme an einem Lebensversicherungsprogramm unter staatlicher finanzieller Beteiligung die Möglichkeiten der Beschäftigten zur Verbesserung ihrer wirtschaftlichen Absicherung gestärkt und an die private Wirtschaft insofern angeglichen; 1954 gab es auch eine Ausweitung der Möglichkeiten zur Vergabe von Leistungsbelohnungen.[285]
Eine weitere wichtige dienstrechtliche Änderung brachte die Executive Order 10577 vom 23. Januar 1955, durch die das Status System neu geordnet wurde. Beschäftigte wurden in die drei Kategorien „*indefinite, career-conditional, career*“ (unbestimmter Status, bedingter Karrierestatus, Karrierestatus) einsortiert und die Bedeutung dieser Einteilung über die Verwendung bei Personaleinsparungen hinaus ausgeweitet. Zu dieser Zeit waren 34 % der Beschäftigten noch in der Kategorie des unbestimmten Status.
Personen, die sich zu irgendeiner Zeit einer wettbewerbsorientierten Leistungsprüfung unterzogen hatten, erhielten Karriere- oder bedingten Karrierestatus. Bedingter Karrierestatus wurde Personen zustanden, die sich für den Karrieredienst qualifiziert hatten und weniger als drei Jahre beschäftigt waren. Nach drei Jahren wechselten sie automatisch in den Karrrierestatus über. Den restlichen Personen mit unbestimmten Status wurde die Möglichkeit zur Teilnahme an Leistungsprüfungen eröffnet. Mitte 1955 besaßen 88 % der Beschäftigten Karriere- oder bedingten Karrierestatus.[286]
Im gleichen Jahr wurde die Zahl der Spitzenkräfte in der Verwaltung in den Positionen GS 16 bis 18 auf 1.200 erhöht.[287]
Unter Eisenhower wurden verstärkt und erfolgreich Maßnahmen zur Überwindung der Rassentrennung im öffentlichen Dienst eingeführt, in die auch das Mili-

---

282 Huddleston/Boyer, S. 35 f

283 Das "bumping system" war bereits Mitte des 19. Jahrhunderts in der Armee in Fragen der Quartiersverteilung verbreitet: Die Ankunft eines höherrangigen Offiziers konnte zu bis zu fünfzig Umzügen führen; ein Verzicht auf zustehende Rechte wurde aus Statusgründen nicht empfohlen, vgl. Brown, S. 45 f

284 Van Riper, History, S. 510 f; CSC, Biography, S. 88

285 CSC, Biography, S. 88 f

286 CSC, Biography, S. 92 f

287 Van Riper, History, S. 510 f

tär einbezogen war. Erstmals begannen afro-amerikanische Mitarbeiter eine Tätigkeit im Weißen Haus und die ersten Afro-Amerikaner erhielten hochrangige politische Posten. Ein zu diesem Zweck eingesetzter Ausschuss überwachte das Anti-Diskriminierungsprogramm der Regierung.[288]
Eisenhower beendete zwar im April 1953 das *„Loyality Program"* seines Amtsvorgängers, ersetzte dies jedoch durch ein eigenes *„Eisenhower Security Program"*. Im großen und ganzen wurde das System der Untersuchungen fortgeführt, sollte nun aber mehr in der Verantwortung der Exekutive als in der des Kongresses liegen und vertrauenswürdige Beschäftigte durch verbesserte Untersuchungsmethoden schützen.[289] Dieses Ziel wurde im Laufe der nächsten zwei Jahre nahezu komplett verfehlt, in denen Senator McCarthy (Wisconsin), der neue Vorsitzende des einflussreichen Senatsausschusses für Government Operations und zugleich Vorsitzender des Unterausschusses für Untersuchungen, bis zum Herbst 1954 auf der Suche nach Informationen die Ministerien mit Untersuchungen und Befragungen durchkämmte. Am Ende dieser Zeit befand sich die Moral der Beschäftigten auf einem neuen Tiefpunkt.[290] Der Feldzug von McCarthy endete im Dezember 1954 mit einer offiziellen Missbilligung des Senats; im Juni 1956 begann die Administration nach einem Urteil des Supreme Court mit der Differenzierung zwischen politisch sensiblen und nicht sensiblen Posten, wobei nur noch erstere einer Sicherheitsüberprüfung unterzogen werden sollten. Die zweite Hoover-Kommission (1955)[291] betonte die positive Bedeutung politischer Neutralität in der öffentlichen Verwaltung und widmete sich insbesondere der Bedeutung eines zu schaffenden Elitekorps von Spitzenkräften. Für die gesamte Bundesverwaltung wurde die systematische und positive Intensivierung von Fortbildung empfohlen, daneben wurde die Erhöhung der Personalmobilität – auch zwischen verschiedenen Formen von Merit-Systemen nahegelegt.[292] Das Sozialprogramm für Beschäftigte des öffentlichen Sektors wurde durch den Federal Employees Health Benefits Act von 1959 um die Möglichkeit einer Krankenversicherung für Beschäftigte und ihre Familien erweitert. In kürzester Zeit waren fast alle Beschäftigten Mitglieder eines Krankenversicherungsprogramms, wobei der Staat einen ansehnlichen Teil der Kosten übernahm.[293] 1953 wurde das Ministerium für Gesundheit, Bildung und Wohlfahrt (Health, Education and Welfare) geschaffen.[294]

---

[288] Van Riper, History, S. 515 f
[289] Van Riper, History, S. 501 f
[290] Van Riper, History, S.502 f
[291] Zweite Hoover-Commission, S. 82
[292] Van Riper, History, S. 517 f, Zweite Hoover-Commission, S. 82
[293] CSC, Biography, S. 97 f
[294] Congressional Research Service, S. 27

2.4 John F. Kennedy (Demokraten, 1961 bis 1963): Politik und Verwaltung an neuen Grenzen

John F. Kennedy wurde im Jahre 1960 mit 49, 7 % der Wählerstimmen und 58 % der Wahlpersonenstimmen ins Amt gewählt; Vizepräsident war Lyndon B. Johnson.
Die Kennedy-Administration kam zu dem Schluss, dass das Auswahlverfahren für politische Stellenbesetzungen zu unsystematisch und die Quellen, durch die mögliche Kandidaten bekannt werden könnten, zu limitiert waren.[295]
Zu Beginn der Übergangs-Zeit setzte Kennedy zwei Gruppen zur Vergabe politischer Nominierungen ein: Eine Gruppe politischer Berater aus Wahlkampfzeiten unter der Leitung von Robert Kennedy befasste sich mit „Patronage-Management“, dem Sichten, Überprüfen und Plazieren von Menschen, die als Wahlhelfer die Kampagne für Kennedy gefördert hatten. Die andere Gruppe, Juristen, Mitglieder von Bürgerrechtsgruppen und Universitätsangehörge, unter der Leitung von Kennedys Schwager Sargent Shriver, wurde beauftragt, *„New Frontier“* Mitarbeiter zu finden und zu plazieren. Die *„New Frontier“* Politik von Kennedy war gekennzeichnet durch das Ziel, auf den Gebieten der Bürgerrechte, sozialer Gerechtigkeit, der Ökonomie und des Friedens neue Grenzen auf der Erde und im Weltraum zu erreichen.[296] Obwohl Kennedy auch politische Bestellungen zur „Bezahlung“ politischer Schulden vornahm und auch dem Drängen von Kongressabgeordneten und Parteiführern gelegentlich nachgab, wählte er doch überwiegend junge, politisch ungebundene Akademiker und interessierte sich auch für die Besetzung der politischen Positionen der zweiten und dritten Ebene[297]. Als erster katholischer Präsident achtete er bei seinen politischen Bestellungen auch darauf, sich nicht in den Verdacht der Bevorzugung von Katholiken zu bringen.[298] Kennedy arbeitete gerne auf der Basis persönlicher Beziehungen, nicht formaler Zuständigkeiten. Seine Arbeitsweise bestand z. B. darin, die Verantwortlichkeit für Aufgaben und Projekte den Leitern der Ministerien und Behörden und deren Untergebenen persönlich zu übergeben; die Befassung von Ausschüssen und Gremien versuchte er einzuschränken.[299] Nach der Amtseinführung Kennedys wurden die Ergebnisse dieser Talentsuche in der Garage eines politischen Mitarbeiters verstaut und einige Monate später wieder aktiviert. Unzufriedenheit war über die dezentrale und zufällige Durchführung der Verfahren zur Besetzung politischer Spitzenpositionen laut geworden und im August 1961 wurde die Leitung und Überwachung des Auswahlprozesses für politische Stellen einem langjährigen politischen Berater Kennedys übertragen, Ralph Dungan.

---

[295] Ted Barreaux, Mitarbeiter der Bush-Transition, zitiert in Michaels, S. 270 f
[296] Brauer, Kennedy, S. 108, 109 f, 123 f
[297] Henry, S. 529, 539
[298] Brauer, Kennedy, S. 108, 112 f
[299] Koenig, S. 17, 18, 20

Zusammen mit Dan H. Fenn Jr, Fakultätsmitglied der Harvard Business School, entwickelte er das Konzept des *"contact network"*.[300] Das Netzwerk enthielt Listen mit Spitzenkräften aller Professionen und Berufe landesweit, mit denen das Weiße Haus in Verbindung treten konnte, wenn Vorschläge fähiger Kandidaten und Empfehlungen zur Füllung von Vakanzen benötigt würden.[301] Das Kontakt-Netzwerk stattete die Verantwortlichen im Weißen Haus mit unabhängigen Quellen und vergleichsweise objektiver Information aus und sorgte so für mehr Unabhängigkeit von den bisherigen exklusiven Informationsquellen in Washington.[302] Der neue Stab für Bestellungen des Präsidenten befasste sich ausschließlich mit den Bestellungen mit Senatsbestätigung und wichtigen Positionen direkt unter dieser Ebene[303], war jedoch nach heutigen Maßstäben sehr klein: Neben drei professionellen Talentsuchern arbeiteten lediglich drei Büromitarbeiter.[304] Dennoch hat sich John Macy, der während der Kennedy und Johnson Administrationen Vorsitzender der CSC und für beide Präsidenten wichtigster Berater in allen Fragen der Personalpolitik war und als solcher an der Auswahl der Kandidaten für politische Posten auch beteiligt wurde, später zu dem Auswahlverfahren plakativ geäußert, indem er schrieb,

" BOGSAT, a bunch of guys sitting around a table asking each other 'Whom do you know?'"[305]

Auch sei das Potential des Kontakt-Netzwerks nicht ausgeschöpft worden, da Kennedy nur sporadisch darauf zurückgegriffen habe.[306]

Kennedy, der trotz seiner Erfahrungen im Kongress keine bekannte politische Größe in Washington war, nutzte politische Bestellungen auch, um Zeichen künftiger Politik zu setzen und Vertrauen und Kontinuität zu schaffen. So bestellte er z. B. den bereits unter der Eisenhower Administration eingesetzten Investment Banker Douglas Dillon zum Finanzminister, um Wall Street zu beruhigen, und beließ Eisenhowers Direktor der CIA, Allen Dulles, im Amt.[307]

Insgesamt war die Kennedy-Administration die erste, die in Hinblick auf Beratung sich mehr am EOP und White House Staff als an den Kabinettsmitgliedern orientierte und damit die Bedeutung vieler politisch bestellter Mitarbeiter erhöhte.[308]

Kennedy änderte die unter Eisenhower streng hierarchische Organisation des White House Staff; er bevorzugte eine legere Organisation und gewährte den

---

300 Weko, S. 26 bis 28

301 Mackenzie, Paradox, S. 113, 121; Bonafede, White House Personnel, S. 30, 56

302 Mackenzie, Paradox, S. 113, 121

303 Weko, S. 29

304 Mackenzie, Presidential Appointment Process, S. 37, 45

305 Macy/Adams/Walter, S. 27

306 Macy/Adams/Walter, S. 30

307 King/Riddlesperger, S. 496, 498

308 Riddlesperger/King, S. 691, 693

politischen Spitzen seines Stabes und der Ministerien großzügig Zugang zum Präsidenten. Selbst bezeichnete er sich als *„hub of a wheel with a series of spokes“*.[309]
Eine der zentralen Aufgaben des White House Staff war die Controlling-Funktion über die Bundesverwaltung: Jedes Ministerium wurde verpflichtet, zweimal wöchentlich Berichte über seine aktuellen Probleme und anstehenden Entscheidungen abzuliefern, um den Präsidenten in die Lage zu versetzen, sich anbahnende Konflikte im Ansatz zu erkennen und zu entschärfen.[310]
Das Verhältnis des Präsidenten zur Karrierebürokratie war zunächst neutral, verschlechterte sich jedoch im Laufe der Zeit.[311]
Die Kennedy Administration hatte den Eindruck, dass sie von der Karrierebürokratie in den Ministerien gerade auch in Fragen der Besetzung hochrangiger politischer Posten vor allem Widerstand spürte; hochrangige politische Kräfte zeigten sich unwillig zum Treffen von Entscheidungen, die sie gegenüber der Karrierebürokratie würden vertreten müssen.[312] Im allgemeinen erlebte die Administration die Karrierebürokratie als wenig empfänglich für die neuen politischen Richtungen und war auch deshalb von der Notwendigkeit des Einsatzes vieler fähiger politischer Mitarbeiter überzeugt.[313] Kennedy nahm die Auseinandersetzung mit den Ministerien, denen er ablehnend gegenüberstand – wie z. B. dem Außenministerium -, nicht auf, sondern neigte dazu, sie zu ignorieren und ihre Aufgaben ins Weiße Haus zu transferieren oder neue Organisationen (z.B. Peace Corps) zu gründen.[314]

2.5 Lyndon B. Johnson (Demokraten, 1963 bis 1969)

Johnson – in den zwei Jahren und 10 Monaten der Präsidentschaft Kennedys Vizepräsident - kam infolge der Ermordung seines Vorgängers am 22. November 1963 in sein Amt. 1964 wurde er durch 61,6 % der Wählerstimmen und 90,3 % der Wahlpersonenstimmen in seinem Amt bestätigt.[315]

2.5.1 Politische Führung in der Great Society und im Schatten von Vietnam

Er beließ vorerst alle von Kennedy bestellten politischen Kräfte im Amt, um nicht den gefährlichen Eindruck der Illoyalität gegenüber seinem Vorgänger entstehen zu lassen, dessen Ermordung das Land tief schockiert hatte. So waren 17 der 25

---

309 Brauer, Kennedy, S. 108, 115
310 Koenig, S. 17, 19, 23
311 Michaels, S. 157
312 Henry, S. 529, 542 f
313 Henry, S. 529, 550
314 Maranto/Schultz, S. 114 f
315 Jäger/Welz, Anhang I, S. 490

Kabinettsmitglieder seiner ersten Amtsperiode noch von Kennedy berufen worden.
Außerdem wäre es wohl angesichts der bevorstehenden Wahl schwierig gewesen, noch fähige neue Leute für politische Ämter zu gewinnen. Im Jahr des Amtsübergangs 1963 führte Johnson weniger als 50 Bestellungen politischer Mitarbeiter mit Senatsbestätigung durch, von denen die meisten durch natürliche Fluktuation vakant geworden waren.[316] Nach der Wahl von 1964 verließen aber viele der politischen Spitzenkräfte Kennedys die Administration, darunter auch Ralph Dungan, „Talent-Scout" der Kennedy Administration[317]. Nachdem Johnson aus eigenem Recht in das Amt gewählt worden war, entwickelte er ein legendär gewordenes Interesse an dem Auswahlprozess seiner politischen Nominierungen. Wenige Tage nach seinem Wahlsieg vereinbarte er mit John Macy, seit der Kennedy Administration Vorsitzender der CSC, dass dieser auch im Weißen Haus als Chefberater in Personalangelegenheiten (chief personnel consultant) für die Beratung des Präsidenten in Sachen Bundesverwaltung und für die Rekrutierung politischer Spitzenkräfte verantwortlich zeichnen sollte. Von diesem Zeitpunkt an gingen alle Bewerbungen für solche Posten über den Schreibtisch von Macy, der dem Präsidenten Bewerber vorlegte, die kompetent waren, an die Programme der Administration glaubten und gegenüber dem Präsidenten loyal waren. Johnson selber bezog auf dieser Grundlage dann politische Erwägungen in den Auswahlprozeß mit ein.[318]
Mit der Unterstützung des Präsidenten wurde das Kontakt-Netzwerk als Talentbank erweitert und erstmals als Computerdatei aufgebaut; am Ende seiner Administration waren darin ca. 30.000 Namen enthalten, die nach ihrem Hintergrund und ihren Fähigkeiten vernetzt sortiert waren.[319]
Die beherrschenden Themen der Johnson Administration waren zum einen die Programme der *„Great Society"* und ihr Kampf gegen Armut, soziale Ungerechtigkeit und für Bürgerrechte und verstärktes soziales Engagement der Bundesregierung und –verwaltung, zum anderen der sich zuspitzende Krieg in Vietnam.[320]
Johnson war für die meisten wichtigen Personalentscheidungen seiner Präsidentschaft persönlich verantwortlich; er suchte nach den fähigsten Köpfen, zeigte sogar für die relativ niederrangigen Einstellungen im Schedule C Interesse[321] und legte weniger Wert auf die "richtige" politische Überzeugung. Wichtig war ihm die Übereinstimmung der potentiellen Mitarbeiter mit seinen eigenen politischen Zielvorstellungen. Das bedeutete z. B, dass nach 1964 Bewerber vorrangig seine Programme der Great Society unterstützen mussten; zum Ende seiner Amtszeit

---

316 Schott/Hamilton, S. 11, 35
317 Ball, S. 105-107; Maranto/Schultz, S. 115
318 Mackenzie, Paradox, S. 135 f; Weko, S. 31 f
319 Macy/Adams/Walter, S. 32
320 Maranto/Schultz, S. 115 f
321 Macy/Adams/Walter, S. 38

ging es vor allem um erforderliche Unterstützung in der Frage des Vietnam-Krieges.[322]
Johnson berief besonders viele Persönlichkeiten mit einer vorherigen Karriere im öffentlichen Dienst auf politische Posten. Zwischen April 1965 und Juni 1967 gaben 44 % der bestellten politischen Mitarbeiter eine vorherige Beschäftigung im öffentlichen Bereich an; 31 % der im genannten Zeitraum bestellten Mitarbeiter hatten vorher im Karrieredienst gearbeitet, nicht selten in derselben Behörde.[323]
Johnson schuf nach außen allerdings das Bild seiner relativen großen Abhängigkeit von seinen Personalberatern und insbesondere von John Macy. Dies erlaubte es ihm, den von außen kommenden Druck seiner Partei, des Kongresses und anderer Interessengruppen abzufedern. Dadurch erlangte er nicht nur größere Unabhängigkeit bei seinen Personalentscheidungen, sondern diese Taktik führte auch dazu, dass die politischen Akteure in Washington, die an einer Einflußnahme auf politische Stellenbesetzungen interessiert waren, anfingen, den Personalberatungsstab insoweit als Kontaktadresse im Weißen Haus anzusehen.[324] Macy war nicht Teil des Mitarbeiterstabes des Weißen Hauses und auch sein Büro war nicht dort, sondern im Executive Office Buildung angesiedelt; dies verhalf ihm und seinem Büro zu mehr Neutralität und Glaubwürdigkeit.[325] Er suchte - zunächst mit voller Unterstützung von Johnson - nach fachlicher Qualifikation und Leistung sowie vorausgehender Verwaltungserfahrung. So kamen von den politisch Nominierten mit Senatsbestätigung denn auch 50 % aus der Ministerialverwaltung.[326] Eine zweite Zuständigkeit für Personal hatte Johnson im Weißen Haus direkt angesiedelt.[327]
Johnson ist es in seiner Amtszeit gelungen, eine hochqualifizierte und erfahrene Gruppe politischer Spitzenkräfte zu rekrutieren, die seine sozialen Reformprogramme unterstützten, hohe ethische Standards pflegten und seine Administration sehr weitgehend frei von Skandalen und individueller Engstirnigkeit hielten.[328]
Als allerdings die öffentliche Kritik an der amerikanischen Rolle im Vietnam-Krieg immer lauter wurde, wurde auch die Rekrutierung politischen Personals zunehmend schwieriger – zumal Johnson der Loyalität in Sachen Vietnamkrieg immer mehr Bedeutung gab; eine Entwicklung, die zunehmend mit der qualitätsbezogenen Bewerbervorauswahl durch John Macy kollidierte und die durch die Ankündigung Johnsons 1968, sich nicht der Wiederwahl stellen zu wollen, noch verstärkt wurde.[329]

---

322 Schott/Hamilton, S. 204
323 Henry, S. 529, 547 f, FN 37
324 Mackenzie, Paradox, S. 113, 122
325 Schott/Hamilton, S. 16
326 Schott/Hamilton, S. 204
327 Michaels, S. 87
328 Schott/Hamilton, S. 209
329 Schott/Hamilton, S. 29, 31 f

2.5.2 Die Expansion der Karrierebürokratie in der Great Society und der Beginn von PACE

Johnson schloss das Karrierepersonal von der Erarbeitung und Diskussion politischer Leitlinien aus; er vertraute den Bürokraten jedoch die Umsetzung seiner Programme an, hegte dabei kein Misstrauen und hatte keine Bestrebungen zu einer grundlegenden neuen 'politischen Behandlung' der Karrierebürokratie.[330] Während seiner Programme der „Great Society" wurden die Ministerien für Wohnungsbau und Stadtentwicklung (Housing and Urban Development, 1965) und Transportwesen (Transportation, 1966) geschaffen.[331] Die „Great Society"-Politik führte zu einer großen Ausdehnung der Aufgaben der Bundesverwaltung. Die Etablierung von Gesundheitsprogrammen, Förderung von Bildung und Wohnungsbau und die Sicherstellung der Bürgerrechte führte auch zu einer Vergrößerung der Beschäftigtenzahl in der Bundesverwaltung: Die Zahl der zivilen Beschäftigten stieg zwischen 1965 und 1969 von 2,5 Millionen auf über 3 Millionen. Die CSC klassifizierte viele neue Positionen und entwickelte den neuen Einstellungstest „*PACE*" (Professional and Administrative Career Exam) für Einstiegspositionen.[332]

2.6 Richard Nixon (Republikaner, 1969 bis 1974)

Richard Nixon wurde 1968 mit 43, 4 % der Wählerstimmen und 55,9 % der Wahlpersonenstimmen ins Amt gewählt. Er war bereits unter Eisenhower Vizepräsident gewesen und hatte sich bereits im Wahljahr 1960 um die Präsidentschaft beworben, jedoch gegen John F. Kennedy verloren. Vizepräsident war – bis zu seinem Rücktritt im Oktober 1973 – Spiro Agnew, danach Gerald Ford.[333] Nixon kam nach acht Jahren demokratischer Präsidentschaften ins Amt, lehnte jede Übergangsunterstützung durch die vorherige Administration in Personalfragen ab und steckte - wie später sein Parteifreund Ronald Reagan - voller Vorurteile gegen die Karrierebürokratie.

2.6.1 Der Weg der Politischen Mitarbeiter von der Gegen-Bürokratie bis Watergate

Ein grundlegendes Hindernis beim Erreichen der gesetzten Ziele war von Anfang an das erklärte Desinteresse des Präsidenten am Auswahlprozess seiner politischen Mitarbeiter. Nixon schlug selten jemanden zur Überprüfung vor, traf sich vor der endgültigen Nominierung fast nie mit den Kandidaten und überließ die

---

[330] Newland, Reagan Agenda, S. 139
[331] Congressional Research Service, S. 27
[332] Maranto/Schultz, S. 116 f
[333] Jäger/Welz, , Anhang I, S. 490

endgültigen Entscheidungen seinem Stabschef. In einer Konstellation, in der unerfahrenes Personal, ehrgeizige Auswahlkriterien, ein desinteressierter Präsident, Konflikte mit den Ministerien und ein oppositioneller Kongress aufeinandertrafen, war ein dysfunktionales Personalmanagement die Folge.

Es liegt ein interessanter Widerspruch darin, dass Nixon, der in seinem Misstrauen gegen die Ministerialverwaltung einen neuen Höhepunkt erreichte und die Bürokratie am liebsten selbst - hilfsweise durch seine politischen Kräfte - bis in die Routinearbeiten hinein kontrollieren wollte, ein derartiges Desinteresse bei der Auswahl dieser Kräfte an den Tag legte und die Möglichkeiten zur Ausübung dieser Kontrolle dadurch bereits scharf unterminierte.[334]

Dennoch wurde nach 1969 von den Mitarbeitern Nixons der Auswahlprozess systematisiert; Datenbanken wurden geführt und klärende Gespräche im Vorfeld von Nominierungen mit führenden Mitgliedern der eigenen Partei, wichtigen Kongressabgeordneten und Führungskräften in der zukünftigen Behörde geführt.

Hatten die Mitglieder des Kabinetts zunächst ihre nachgeordneten politischen Mitarbeiter selbst auswählen dürfen - mit Schwerpunkt auf deren fachlichen Fähigkeiten (ein weiterer Beweis für das Desinteresse des Präsidenten am Personalmanagement) -, so änderte sich dies mit dem Arbeitsbeginn von Frederik V. Malek, der Ende 1970 associate director bei OMB wurde. Zuvor im Bereich Health, Education and Welfare (Gesundheit, Erziehung und Wohlfahrt) mit der "Entfernung und Versetzung missliebiger Beschäftigter nach Sibirien" betraut, übte er diese Aufgabe - unter anderem - auch weiterhin aus.[335] Malek strukturierte das gesamte Verfahren zur Nominierung und Bestellung politischer Kräfte neu und legte das Gewicht auf die Zentralisierung der Bestellungen und Nominierungen im Weißen Haus, klare vorherige Definitionen der Auswahlkriterien und eine vorausgehende Überprüfung. Außerdem begann er mit einer aktiven Rekrutierungsbewegung.[336] Das Weiße Haus verstärkte seine Anstrengungen zum Aufbau einer "*counterbureaucracy*" und plazierte politische Mitarbeiter als „Spione“ in Ministerien und Behörden.[337] Während der Nixon-Präsidentschaft gewann die Rechtsprechung wachsenden Einfluß auf die Verwaltung. Der demokratische Kongress war gegenüber den republikanisch besetzten Ministerien und Behörden misstrauisch und begann, die Gesetze und Vorschriften für die Verwaltung enger zu fassen und die Ermessensspielräume der Verwaltung einzuschränken. Die kritische Öffentlichkeit fing vermehrt an, in Verwaltungsangelegenheiten die Gerichte zu bemühen; dies führte letztlich zu einer stärkeren Bedeutung der Gerichte im Verwaltungsbereich.[338]

---

[334] Mackenzie, Politics of Presidential Appointments, S. 45
[335] Nathan, S. 50 f
[336] Michaels, S. 90
[337] Pfiffner, Democracy-Bureaucracy Nexus, S. 57, 58
[338] Michaels, S. 29 f

2.6.2 Mißtrauen gegen die Karrierebürokratie – Verdrängungstechniken nach dem Malek-Handbuch

In seiner ersten Amtsperiode versuchte Nixon mit seinem Chief domestic adviser, John D. Ehrlichman, mit der Umsetzung der Maxime *"operations constitute policy"* die Kontrolle über die Bürokratie zu gewinnen, indem sich der stetig wachsende Mitarbeiterstab des Weißen Hauses auch mit den täglichen Routineaufgaben der großen budgetstarken Behörden befasste. Dies erwies sich jedoch als undurchführbar, da der Mitarbeiterstab weder die zureichende Organisationsstruktur noch die Ressourcen besaß, um die Arbeit der Ministerien übernehmen zu können.[339]
Im Laufe der Zeit änderte John Ehrlichman auch seine Haltung zu den Berufsbürokraten: War er anfangs noch von der Notwendigkeit eines 'Guerilla-Krieges' gegen die Bürokratie überzeugt, kam er später zu dem Schluß, dass die Nixon – Administration sich mit dem Ausschluss des Karrierepersonals aus den politischen und administrativen Entscheidungsfindungen selbst Schaden zufügte.[340]
Ihre Ziele wollte die Administration nicht nur durch die schärfere Kontrolle mit eigenen politischen Kräften, sondern auch unter Umgehung der vorgefundenen Bürokratie erreichen, indem sie neue Programme auflegte und neue Behörden errichtete.[341]
Untersuchungen des Bureau of Executive Manpower der CSC haben aber später ergeben, dass am Ende des ersten Amtsjahres von Nixon 53,5 % der Führungskräfte ohne Karrierestatus (noncareer executives) der vorherigen Administration noch im Amt waren.[342]
Durch die Arbeit Fred Maleks – ab Ende 1970 - übte Nixon in weiten Teilen erfolgreich die politische Kontrolle über die Karrierebürokratie aus. Die Mehrheit der Karrierebeschäftigten war in der Zeit der vorangegangenen demokratischen Präsidentschaften eingestellt worden, als umfangreiche Sozialprogramme aufgelegt wurden. Nixon erklärte den *"New Federalism"* zum Programm, um die Macht der Karrierebürokratie in der Bundesverwaltung dadurch zu brechen, dass er die finanziellen Mittel direkt an die Einzelstaaten überweisen ließ. So wurden zugleich Aufgaben, Machtbasis und Karriereaussichten vieler Beschäftigter stark beeinträchtigt.[343] Fred Malek - und seine 25 bis 30 Mitarbeiter[344] - arbeiteten unterdessen an der Herstellung erhöhter politischer Loyalität in der hochrangigen Karrierebürokratie. Im sogenannten "Malek-Manual" gab er den politischen Mit-

---

339 Maranto, Administrative Strategies, S. 683, 685
340 Pfiffner, Nine Enemies and One Ingrate, S. 60
341 Michaels, S. 16
342 Huddleston/Boyer, S. 69
343 Cole/Caputo, S. 399, 400; Richard Nixon's "New Federalism Address (1969)" abgedruckt in: Stillman, S. 196
344 Pfiffner, Nine Enemies and One Ingrate, S. 60, 69

arbeitern detaillierte Verhaltensanweisungen zum Thema "Wie man eine unliebsame Spitzenkraft der Karrierebürokratie los wird", um die so entstehende Vakanz dann politisch einwandfrei besetzen zu können.
Daneben wurden diverse Techniken angewandt, unbeliebte Beschäftigte kaltzustellen, etwa indem sie in speziell dafür geschaffenen Organisationsbereichen zusammengefasst wurden, die buchstäblich keinerlei Außenwirkung entfalteten, oder indem die Hierarchie durch das Hinzufügen von neuen und höherrangigen politische Mitarbeitern oder Schedule-C Mitarbeitern so verändert wurde, dass die Macht der Karrierebeschäftigten stark eingeschränkt wurde:

„Frontal Assault...You simply call an individual in and tell him he is no longer wanted...
...Transfer Technique...by carefully researching the background of the proposed employee victim, one can always establish that geographical part of the country...to which the employee would rather resign than obey and accept transfer orders...
Special Assistant Technique (The Traveling Salesman)... this technique is especially useful for the family man and those who do not enjoy travelling...Failure to obey travel orders is a ground for immediate separation.[345]

Es wird berichtet, dass jede Karriereposition ab General Schedule 14 – bei einer Hierarchie bis GS 18 – erst nach einer „politischen" Überprüfung vergeben wurde.[346]
Während der Nixon Administration wurden durch die Verabschiedung des Equal Employment Opportunity Act von 1972 die Mitarbeiter der Bundesverwaltung in den Geltungsbereich des Civil Rights Act von 1964 einbezogen und die CSC wurde ermächtigt, die Ziele des Gesetzes im Bundesdienst durchzusetzen.[347]

2.7 Gerald Ford (Republikaner, 1974 bis 1977)

Gerald Ford ist bis heute der einzige Präsident, der nicht - auch nicht als Vize-Präsident - in sein Amt gewählt worden war. Dem Verfahren folgend, dass durch den 1967 in Kraft getretenen 25. Zusatzartikel festgelegt worden war, wurde er 1973 von Präsident Nixon nach dem Rücktritt von Vizepräsident Spiro T. Agnew im Oktober 1973 mit Zustimmung beider Häuser des Kongresses ernannt. Die eigene Bewerbung um die Präsidentschaft verlor er 1976 gegen den demokratischen Kandidaten Jimmy Carter.[348]
Durch die Rücktritte des Vizepräsidenten und des Präsidenten in der Folge der Watergate-Affäre ins Amt gekommen, war ihm an Stabilität gelegen. Er wollte nicht durch die Entlassung vieler durch Nixon bestellter politischer Kräfte den

---

345 Excerpts from the Federal Political Personnel Manual (The "Malek Manual") in: Stillman, S. 122 f
346 Maranto, Administrative Strategies, S. 683, 686
347 CSC, Biography, S. 101
348 Jäger, S. 136, 138 und Anhang I, S. 490

Eindruck erwecken, diese seien auch alle in unlautere Machenschaften verstrickt gewesen.
So wie die Dinge lagen, hätte er nach fähigen und interessierten Ersatzkräften wohl auch länger suchen müssen. Ford schuf offiziell das White House Personnel Office und führte - in der Folge der Vorkommnisse um Watergate - verstärkt ethische Überlegungen in das Bestellungsverfahren ein.[349] Er nahm aktiv an anstehenden Bestellungsverfahren teil und traf die endgültigen Entscheidungen.
Als sich Ford dazu entschloß, in den anstehenden Wahlen doch gegen Jimmy Carter als Präsidentschaftskandidat anzutreten, wurden allerdings auch seine Bestellungen zunehmend politischer.[350]

2.8 Jimmy Carter (Demokraten, 1977 bis 1981)

Carter wurde 1976 mit knapper Mehrheit vor Gerald Ford gewählt: er erhielt 50 % der Stimmen im Vergleich zu den 48 % von Ford, bei der Abstimmung der Wahlpersonen hatte Carter mit 297 Stimmen 56 Stimmen Vorsprung vor den 241 Stimmen für Ford.

2.8.1 Politische Mitarbeiter – Freunde unter sich

Carter war der erste Präsident, der bereits als Präsidentschaftskandidat mit seinen Mitarbeitern die Planung für eine rasche und qualitativ hochwertige Übernahme der Präsidentschaft auch im Bereich des Personalmanagements begann. Zu diesem Zweck verlagerte Carter Personal und Ressourcen von seinem Wahlkampf auf die Übergangsvorbereitung, an der ab Sommer 1976 ein Stab unter der Leitung von Jack Watson arbeitete und zwar insbesondere am "*TIP - Talent Inventory Program*", mit dessen Hilfe geeignete Persönlichkeiten zur Besetzung politischer Posten identifiziert werden sollten.[351] Dies führte jedoch zu Auseinandersetzungen mit dem Wahlkampfleiter, Hamilton Jordan, der davon überzeugt war, dass die Gruppe der Übergangsplaner die Früchte des von ihm geleiteten Wahlkampfes unter sich verteilte.[352] Jordan setzte schließlich durch, dass die Übergangsplanung auf niedriger Ebene gehalten wurde und letzlich viele Mitarbeiter der Wahlkampagne Posten im Weißen Haus erhielten.[353] Der Versuch, den hohen Anforderungen der kurzen Übergangszeit durch Vorausplanung zu begegnen, war also in direkten Konflikt mit der Wahlkampagne geraten. Interne Auseinandersetzungen und die veränderten Schwerpunkte nach der Wahl ließen die gute Vorbereitung schnell verblassen. Carter überließ es weitgehend seinen Kabi-

---

[349] Bonafede, White House Personnel, S. 30, 57
[350] Michaels, S. 91
[351] Macy/Adams/Walter, S. 37
[352] Pfiffner, Presidency in Transition, S. 1, 3; Walker, Presidential Transitions, S. 57, 62
[353] Brauer, Presidential Transitions, S. 180 - 183

nettsmitgliedern, ihre nachgeordneten politischen Spitzenkräfte auszuwählen - und hatte Gelegenheit, dies als politischen Fehler zu bedauern, wie schon Richard Nixon vor ihm, da es zu permanenten Konflikten zwischen dem Mitarbeiterstab des Weißen Hauses und den Stäben der Kabinettsmitglieder über Nominierungen und Bestellungen kam.[354] Die adäquate Besetzung der Managementfunktionen wurde weiter dadurch kompliziert, dass Carter bei der Besetzung wichtiger Positionen bevorzugt auf Personen zurückgriff, die er aus seiner Zeit als Gouverneur im Bundesstaat Georgia kannte und die keinerlei Erfahrung auf Bundesebene besaßen. Dieser *"home-state-cronyism"* war zwar unter Präsidenten kein unbekanntes Phänomen; auch einige seiner Vorgänger hatten sich in größerem Maße mit Vertrauten aus ihren Heimatstaaten umgeben – so Kennedy mit der „Irish Mafia“ aus Massachusetts, Truman mit den „Missouri-Cronies“ und Nixon mit Südkaliforniern. Unter Präsident Carter erreichte diese Technik einen neuen Höhepunkt;[355] Vizepräsident Walter Mondale war buchstäblich der einzige "Außenseiter".[356] Carter bestellte neben Mitarbeitern seiner Wahlkampagne viele junge und unerfahrene Mitarbeiter aus seinem Heimatstaat Georgia auf politische Positionen im Weißen Haus und wählte Menschen, die er nicht schon aus seinem Heimatstaat kannte, vor allem für Positionen aus, die es im Bundesstaat Georgia nicht gegeben hatte, so z. B. als Wirtschaftsberater, Bereich nationale Sicherheit oder in der Außenpolitik.[357] Die Auswahl seiner Kabinettsmitglieder war von dem Wunsch geleitet, erfahrene und kompetente Kräfte zu gewinnen. Dieses Ziel hat er nach allgemeiner Auffassung auch erreicht. Als Carter jedoch 1979 in politisch stürmisches Fahrwasser geriet, wurde auch für ihn Loyalität das wichtigste Einstellungskriterium.[358] Carter setzte durch politische Bestellungen auch Mitarbeiter ein, die in vorherigen Administrationen Erfahrungen in Washington hatten sammeln können: in sein Beraterteam Außenpolitik holte er so Cyril Vance und Harold Brown, die bereits unter Kennedy und Johnson gearbeitet hatten.[359] Sein Verhältnis zum Kongress war eher schlecht; er erwartete vom Kongress, seinen Vorschlägen zu folgen – nicht, weil es seine Vorschläge waren, sondern, weil es das Richtige war, und zeigte sich beleidigt, wenn Widerstand und Ablehnung sichtbar wurden.[360]

---

354 Brauer, Presidential Transitions, S. 185
355 Eksterowicz/Hastedt, S. 299, 302; Sundquist, S. 3, 4
356 Sundquist, S. 3, 4
357 Sundquist, S. 3, 4 f
358 Michaels, S. 63
359 King/Riddlesperger, S. 496, 498
360 Eksterowicz/Hastedt, S. 299, 306

2.8.2 Reform der Karrierebürokratie durch den Civil Service Reform Act (CSRA)

Carter hatte die Wahlen als demokratischer Kandidat gewonnen, der seinen Wahlkampf auf dem Image eines Außenseiters aufgebaut hatte, der gegen Washington zu Felde zieht. Dies schloß eine negative Haltung gegenüber der Karrierebürokratie ein; sie erreichte jedoch bei weitem nicht den Grad des Misstrauens von Nixon oder die orthodoxe antibürokratische Programmatik seines späteren Nachfolgers Reagan, der staatliches Eingreifen und die Bürokraten als Wurzel allen Übels ansah. Carter pflegte eine antibürokratische Haltung im Wahlkampf, die sich später in Bürokratenkreisen nicht so unheilbringend auswirkte wie unter seinem Nachfolger Reagan, das Verhältnis zur Bürokratie blieb aber distanziert.[361] Die Haltung seiner politischen Mitarbeiter gegenüber den Berufsbürokraten war ebenfalls nicht so belastet wie es etwa unter Nixon der Fall gewesen war und später wieder werden sollte.[362] Carter machte die Reform der Bürokratie zu einem zentralen Thema seiner frühen Präsidentschaft und warb unter Kabinettsmitgliedern und Kongressabgeordneten selbst für Unterstützung dieses Projekts. Ein wesentlicher Grund für das politische Gelingen des Civil Service Reform Act (CSRA), der sich inhaltlich nicht wesentlich von gescheiterten Vorgängern unterschied, lag darin, dass möglicher Widerstand nicht frontal angegangen wurde, sondern dass schwierige Komplexe von Anfang an unter Einbeziehung oppositioneller Stimmen diskutiert wurden. Inzwischen war die Stimmung im Land auch so verändert, dass im Angesicht steigender Defizite und Steuern der Ärger über die Bürokratie neue Ausmaße erreichte. Öffentlichkeit und Kongress, die es noch bei Nixon und danach in der Folge von Watergate für nicht ratsam gehalten hatten, dass die bürokratische Führungsschicht unter größeren Machteinfluß des Präsidenten gestellt wurde, wollten nun eine Reform, die das Element der Bindung an den Präsidenten und nicht neutrale Kompetenz in den Vordergrund stellte. Außerdem konnte sich Carter als Präsident, der der demokratischen Partei angehört, auf einen Kongress stützen, in dem in beiden Häusern die Demokraten die Mehrheit hatten.[363] Durch den CSRA wurden Spitzenkräfte der Karrierebürokratie und des politischen Bereichs in einem Pool als elitäres Verwaltungscorps zusammengefasst und neuen Regeln unterstellt.[364] Carter nutzte nach dem Inkrafttreten des CSRA die Möglichkeit zur Unterbringung von Parteianhängern in den Spitzenpositionen des SES, der neuen Führungselite der Bundesverwaltung.[365]

---

361 Walker, Presidential Transitions, S. 57, 63

362 Joyce, S. 127, 142

363 Huddleston/Boyer, S. 106 f

364 CSRA, Public Law 95-454 vom 13.10.1978, abgedruckt in: Stillman, S. 133; dazu ausführlich in Teil 2, B. III. 2

365 Sundquist, S. 3, 4

Vor dem Hintergrund der Tatsache, dass Carter bereits im Wahlkampf gegen die Bundesverwaltung und ihre vermeintlichen und wahren Schwächen zu Felde gezogen war, trug die mangelnde Qualität seiner weiteren Personalentscheidungen und die gehäufte Einstellung von Parteianhängern auch in den SES zusätzlich zu Spannungen mit der Ministerialverwaltung bei.[366]
Während seiner Amtszeit wurden das Energieministerium (1977) und das Erziehungsministerium (1979) geschaffen.[367]

2.9 Ronald Reagan (Republikaner, 1981 bis 1989)

Ronald Reagan errang einen für viele gänzlich überraschenden Wahlerfolg: seit 1888 hatte ein demokratischer Amtsinhaber erstmals gegen einen republikanischen Herausforderer verloren.[368] Reagan erreichte ein hervorragendes Wahlergebnis mit rund 51 % der abgegebenen Stimmen, er gewann 44 Staaten und 90,3 % der Stimmen der Wahlpersonen. Vizepräsident war George Bush.[369] Eine interessante Differenz zu vielen Präsidentschafts-Übergängen war seine Bereitschaft, von den Erfahrungen bzw. aus den Fehlern der scheidenden Administration zu lernen. Reagan bemühte sich von Anfang an – und erfolgreich – um ein möglichst gutes Verhältnis zum Kongress, auch wenn er es dort mit gespaltenen Mehrheiten (House: Demokraten; Senat: Republikaner) zu tun hatte.[370] Immerhin hatten die Republikaner erstmals seit 1958 im Senat die Mehrheit errungen.[371]

2.9.1 Politische Mitarbeiter oder die Überwindung der Bürokratie durch Bürokratie

Das Führungsteam seiner erfolgreichen Wahlkampagne blieb auch bei der Organisation des Amtsübergangs unverändert.[372] Die übliche Beschreibung des politstrategisch geschickten Einsatzes der politischen Mitarbeiter in der Bundesverwaltung wird der Rolle dieser Gruppe unter der Präsidentschaft Reagans nicht gerecht. Reagans Umgang mit der Bundesverwaltung wurde von seiner Überzeugung geprägt, die er bereits in seiner inaugural address vertrat: *"government is the problem"*.[373] Er brachte damit eine Überzeugung mit, die Dimock und Dimock schon 1946 als weitverbreitete Meinung beobachtet hatten:

---

366 Michaels, S. 61
367 Congressional Research Service, S. 27
368 Jones, S. 1, 1f
369 Jäger/Welz, Anhang I, S. 491
370 Eksterowicz/Hastedt, S. 299, 306; Walker/Reopel, S. 735, 740; Walker, Presidential Transitions, S. 57, 65 f
371 Shogan, S. 88, 121
372 Walker/Reopel, S. 735, 740
373 Michaels, S. 7, 30

„It was the hope that if government was given a cold shoulder by the „best people“, it would somehow shrivel and subside“.[374]

Reagan hatte schon in seiner Wahlkampagne gegen die Bürokratie in Washington gearbeitet; nach seiner Wahl setzte er *"bureaucrat-bashing"* als Programm seiner Administration fort. Sein politisches Personal kam daher nicht mit der Absicht, eine vertrauensvolle Zusammenarbeit aufzubauen, in die Bundesverwaltung, sondern brachte eine feindliche Grundhaltung mit.[375] Reagan startete seine Suche nach geeignetem politischem Personal im April 1980, sieben Monate vor seiner Wahl. Er versammelte Arbeitsgruppen zur Zusammenstellung von Programmen in den Bereichen Außenpolitik und Budget, nutzte *„think tanks“*, wie die konservative Heritage Foundation zur Beratung und brachte in speziellen Spendenaufrufen Mittel für die Übergangs- und Vorübergangzeit mit dem Ziel zusammen, den Übergang schnell und effektiv zu bewältigen (*„to hit the ground running“*); schließlich arbeiteten an diesem Ziel 1500 Menschen.[376] Reagan ging dabei nach der Überzeugung vor, *„that it takes a bureaucracy to take over a bureaucracy“*.[377]

Reagan setzte E. Pendleton James als Talentsucher für mögliche politische Mitarbeiter in der Vorwahlzeit ein und ernannte ihn nach seiner Wahl zum Präsidenten zum assistant for personnel. James hatte bereits unter Fred Malek während der Präsidentschaft Nixons gearbeitet und trug die dortige antibürokratische Haltung auch in diese Administration hinein.[378] Talentsucher James verwendete bei der Suche und Überprüfung fünf Kriterien:

(1) Verträglichkeit mit den politischen Zielsetzungen des Präsidenten (2) Integrität (3) Härte (4) Kompetenz (5) Teamfähigkeit.

Ein sechstes Kriterium, Bereitschaft zu Veränderung, wurde später hinzugefügt.[379] 1981 arbeitete unter Pendleton James ein Mitarbeiterstab von 100 Beschäftigten an der Rekrutierung geeigneter Personen für die neue Administration.[380] Reagan interessierte sich persönlich für die Auswahl seiner politischen Spitzenkräfte und nahm aktiv am Auswahlverfahren teil.[381] Die politischen Bestellungen unterhalb der Ebene des Kabinetts wurden weitgehend im Weißen Haus zentralisiert und nicht den Kabinettsmitgliedern überlassen. Potentielle Konfliktlinien zwischen dem Stab des Weißen Hauses und den Ministerialbürokratien sollten vermieden und die Bürokratien durch den Einsatz von zentral ausgewählten politischen Mitarbeitern auf praktisch jeder Hierarchieebene besser

---

374 Dimock und Dimock, S. 433
375 Michaels, S. 4 f
376 Eksterowicz/Hastedt, S. 299, 306
377 Pfiffner, Presidency in Transition, S. 1, 4
378 Michaels, S. 24
379 Dunlop, S. 145, 146
380 Pfiffner, Nine Enemies and One Ingrate, S. 60, 69
381 Macy/Adams/ Walter, S. 39

kontrolliert werden.[382] Reagan äußerte sich öffentlich über die Menschen, die er für politische Posten gewinnen wollte:

„...*My basic rule is, that I want people who don't want a job in government. I want people who are already so successful that they would regard a government job as a step down, not a step up...*"[383].

Reagans Abneigung gegen alles "Bürokratische" folgend, hatten denn auch 71 % der am Anfang seiner Präsidentschaft eingesetzten politischen Mitarbeiter keine Verwaltungserfahrung.[384] Auch Reagan wählte jedoch bei seinen politischen Bestellungen mit Alexander Haig und Caspar Weinberger Personen aus, die in der Nixon Administration bereits Erfahrungen gesammelt hatten.[385] Allerdings kam Reagan mit der Nominierung von Haig gerade deshalb in Schwierigkeiten: dieser war unter Nixon Stabschef im Weißen Haus gewesen.[386]
Die Strategie Reagans bestand darin, in der Bundespolitik erfahrene Kräfte in exponierten und öffentlichkeitswirksamen Positionen einzusetzen, um seine Politik in den Medien und gegenüber dem Kongress positiv zu vertreten und voranzutreiben, während auf den unteren Rängen konservativere Republikaner zur Führung der Ministerialbürokratie eingesetzt wurden.[387] Die politischen Mitarbeiter setzten den stark gegen die Bürokratie gerichteten Wahlkampf auch fort, nachdem Reagan ins Amt gewählt worden war und trugen ihn in die Ministerien und Behörden hinein. Es entstand der Eindruck, dass die Einstellungsvoraussetzungen für politische Mitarbeiter neben der persönlichen Loyalität zum Präsidenten sich zusammensetzten aus einer festen ablehnenden Haltung in der Abtreibungsdebatte und einer nennenswerten Spende an die Republikanische Partei oder einer anderen Unterstützung im Wahlkampf. Die zentrale Überprüfung durch das Weiße Haus vor jeder politischen Bestellung (central clearance) wurde von der Reagan Administration besonders gründlich und auch bis hinunter in niedrigere Ränge durchgeführt. Dies führte zu längeren Vakanzen von Stellen in den Ministerien und Behörden und schwächte die Ministerialverwaltung zusätzlich. Von den politischen Bestellungen der Reagan-Administration gehörten etwa 93 % der Republikanischen Partei an (Nixon: 66 %); 40 % seiner Spitzenbürokraten in der Karrierebürokratie waren Republikaner (Nixon: 17 %).[388]
Reagan wusste um das schon früher beobachtete Phänomen, dass politische Spitzenkräfte dazu neigen, im Laufe der Zeit ihre Ziele und Vorstellungen denen der

---

382 Eksterowicz/Hastedt, S. 299, 307
383 Dunlop, S. 145, 146
384 Newland, Reagan Presidency, S. 1, 3
385 King/Riddlesperger, S. 496, 498
386 Shogan, S. 88, 121
387 Maranto, Administrative Strategies, S. 683, 687
388 Light, Thickening Government, S. 56 f

Karrierebürokratie und ihres Ministeriums anzugleichen (*"marrying the natives"*) und sorgte vor, indem er seinen politischen Kräften häufiger neue Aufgabenbereiche zuwies.[389]

Die Heritage-Foundation, eine republikanische Ideenschmiede, hielt regelmäßig Orientierungs-Seminare für politisch bestellte Mitarbeiter ab, um die Ideologie des Präsidenten darzustellen, zum Kennenlernen der politischen Kräfte untereinander zu sorgen und die künftigen Führungskräfte über ihre Behörden aufzuklären, bevor diese es selbst tun konnten.[390] Die vernichtende Einschätzung der fachlichen und Führungs-Qualitäten der politischen Mitarbeiter durch die Karrieremitarbeiter des SES führte dazu, dass das MSPB im Oktober 1989 empfahl, dass die Beschäftigungsbehörden selber behördenspezifische Orientierungsprogramme für politische Mitarbeiter durchführen sollten, um diese mit den administrativen und Führungsqualitäten auszustatten, die noch fehlten.[391] Dies ist interessant, da es in direktem Gegensatz zu der im vorhergehenden Absatz beschriebenen Strategie der Ende 1988 zu Ende gegangenen Reagan Administration steht, die auf einen solchen Vorschlag wohl entgegnet hätte, dass die Inhalte, die die Behörde durch ihre Karrierekräfte den politischen Mitarbeitern beibringen würde, genau die sind, die von den politischen Mitarbeitern zunächst wegen destruktiver Wirkung ferngehalten werden müssten. Aus dieser Grundhaltung heraus ergaben sich häufig Konflikte mit dem Karrierepersonal der Bundesverwaltung.[392] Die hohe Zahl von politischen Mitarbeitern Reagans, gegen die im Laufe der Zeit strafrechtlich ermittelt wurde - u.a. im Zusammenhang mit der Iran-Contra-Affäre -, erschütterten die Glaubwürdigkeit und Integrität der politischen Führung nachhaltig und wirkten auch in der Bush Administration nach.[393]

Reagan setzte die Möglichkeiten des Systems gezielt ein, um sich und seine politischen Mitarbeiter vor Unbill und den anderen Gewalten zu schützen. Für sein politisches Personal sorgte er, indem er doppelte Ernennungen derselben Personen vornahm, so dass diese nicht nur politische Mitarbeiter mit oder ohne Senatsbestätigung waren, sondern auch in das Executive Office of the President (EOP) bestellt wurden. Im Falle einer Vorladung zur Aussage durch den Kongress wegen ihrer Tätigkeiten als "normale" politische Mitarbeiter konnten sie sich dann auf ein *"executive privilege"* berufen und die Aussage verweigern.[394] Für sich und sein Kabinett sorgte er, indem er das politische Personal auf ausschließliche Verantwortlichkeit ihm gegenüber, dem Präsidenten und seinen Zielen, einschwor; jedoch erlag er nicht, wie Nixon, der Versuchung, die Bearbeitung möglichst aller wichtigen Themen offiziell im Weißen Haus zu konzentrieren.

---

389 Michaels, S. 109

390 Maranto, Administrative Strategies, S. 683, 688

391 MSPB, SES Views, S. 25

392 Maranto, Administrative Strategies, S. 683, 688 f

393 Michaels, S. 5, 41 m. w. N.

394 Michaels, S. 31

Dadurch waren er und sein Führungsteam in der Lage, bei Misserfolgen und Skandalen den Eindruck zu erwecken, nicht direkt beteiligt und verantwortlich zu sein: Eine Strategie, die Patricia Schroeder, Mitglied des Repräsentantenhauses, dazu veranlaßte, Reagan als "Teflon-Präsident" zu bezeichnen.[395] Andere stimmen zwar dem Ergebnis zu, bewerten diese Beobachtung aber positiv als Beweis für die Fähigkeit zu erfolgreicher Delegation von Autorität und zu gelungenen taktischen Rückzügen.[396]
Das von Reagan eingesetzte politische Personal war seinen politischen Zielen loyal verpflichtet; es konnte jedoch aufgrund der Vorurteile des Präsidenten gegen jegliche Verwaltungserfahrung und wegen der ideologischen Anforderungen nur rekrutiert werden aus einem vergleichsweise kleinen Kreis möglicher Bewerber.[397]

2.9.2 Karrierebürokratie – möglichst wenig neutral, möglichst intensiv loyal

Reagan sah die Berufsbürokratie als Wurzel allen Übels an und setzte diese Abneigung in einschneidende Veränderungen im System der Bundesverwaltung um. Bereits am 5. Februar 1981 gab er bekannt, dass er die Einstellungen auf freiwerdende Posten in der Verwaltung eingefroren habe.[398] Politische Bestellungen wurden in großer Zahl vorgenommen, während Karrierepersonal abgebaut wurde. Der Abbau erfolgte durch Entlassungen und Umsetzungen; außerdem wurde die Tätigkeit im öffentlichen Sektor durch zunehmenden politischen Druck, mangelnde Aufstiegsmöglichkeiten und weitestmögliche Übertragung von Entscheidungsprozessen auf politisches Personal unattraktiv gemacht.
Die der Reagan-Administration durch den unter Carter durchgesetzten CSRA eröffneten Möglichkeiten größerer politischer Einflussnahme auf die Verwaltung wurde von der neuen Administration auch in gezieltem Missbrauch eingesetzt, um durch geographische Versetzungen oder Aufgabenveränderungen missliebige Bürokraten zur Aufgabe zu veranlassen.[399] Unter Reagan wurde die traditionelle Bindung der Karrierebürokratie an gesetzliche Vorschriften in einem Verfassungssystem der Gewaltenteilung und Rechtsstaatlichkeit gegen die Empfänglichkeit des Personalsystems für ideologische exekutive Kontrolle programmatisch ausgetauscht.[400]
Gesetzlich war Reagan durch den CSRA berechtigt, bis zu 10 % der Positionen des SES mit politischen Kräften zu besetzen, dabei durfte der Anteil der politischen SES-Mitglieder in einer Behörde 25 % nicht überschreiten. Reagan ging

---

395 Michaels, S. 34; Walker, Presidential Transitions, S. 57, 65
396 Walker/Reopel, S. 734, 749
397 Pfiffner, Nine Enemies and One Ingrate, S. 60, 72
398 Walker/Reopel, S. 734, 741
399 Levine, Administrative Legacies, S. 195, 201 f
400 Newland, Reagan Presidency, S. 15

dazu über, nennenswerte Anteile der Karrierepositionen vakant zu lassen, diese vakanten Stellen jedoch in die Berechnung der ihm zustehenden politisch besetzbaren Stellen in Höhe von 10 % der vorhandenen Positionen einzubeziehen und erreichte damit einen tatsächlich höheren Anteil von politischem Personal in den Behörden bzw. brachte den Anteil der Karriere-SES-Mitglieder in einer Behörde auch auf Null.[401] Im September 1983 überstieg der Anteil der politischen Kräfte am Personal der Bundesverwaltung erstmals 10 %,[402] wobei die durchschnittliche Beschäftigungsdauer des politischen Personals bei 12 Monaten lag.[403] Auch bei der Besetzung höherrangiger bürokratischer Positionen wurde vorab das Vorhandensein der "richtigen" ideologischen Überzeugungen überprüft.[404]
Die sich gegen die Karrierebürokratie richtenden einschneidenden Maßnahmen waren nicht immer flächendeckend gegen die gesamte Karrierebürokratie gerichtet, sondern zielten gerade auf solche Ministerien und Behörden, deren bisherige Aufgabenbereiche von Reagan als weitgehend überflüssig angesehen wurden, wie z. B. das öffentliche Gesundheitswesen, Erziehung und Umwelt. Ein harmonisches Verhältnis bestand zum Karrierepersonal des Verteidigungsministeriums.[405]
Reagan strebte nicht nur nach personalpolitischer Neuordnung, sondern erreichte durch die Strategie eines forcierten Outsourcing, dass die Aufgaben von Teilen der Bundesverwaltung sich inhaltlich stark veränderten: Dienstleistungen, die bisher durch die Verwaltung erbracht worden waren, wurden nun an Dritte - Private oder Einzelstaaten/Kommunen - außerhalb der Bundesverwaltung vergeben, so dass die Bundesbürokraten nicht mehr über die Verteilung von Geldern und die Durchführung von Programmen entschieden, sondern die per politischer Entscheidung vergebenen Gelder und Programme nur administrativ begleiteten, ohne eigenes Wissen oder Kreativität nutzen oder Macht ausüben zu können.[406] Reagan ließ eine Bürokratie zurück, die Hugh Heclo als *"hollow in the center"* beschrieb.[407]

2.10 George Bush (Republikaner, 1989 bis 1993)

George Bush wurde 1988 mit 54 % der Wählerstimmen und 84,3 % der Wahlpersonenstimmen ins Amt gewählt, damit war er seit Martin van Buren im Jahre 1836 der erste amtierende Vizepräsident dem die nahtlose Amtsübernahme durch Wahl gelungen war. [408] Bush stand einem mehrheitlich demokratischen Kongress

---

[401] Maranto, Administrative Strategies, S. 683, 689
[402] Michaels, S. 35
[403] Ingraham/Ban, Models of Public Managemant, S. 152, 155
[404] Cigler, S. 637. 644
[405] Michaels, S. 38
[406] Michaels, S. 160
[407] Ingraham/Ban, Politics and Merit, S. 7, 12
[408] Jäger, S. 136, 162 und Anhang I, S. 491

gegenüber, der aus der Reagan-Präsidentschaft kampferprobt hervorgegangen war[409]. Der Senat war bereits seit 1986 fest in den Händen der Demokraten. Diese Machtverhältnisse zeigten sich bereits kurz nach seinem Amtsantritt, als der Senat die Bestätigung des für die Position des Verteidigungsministers nominierten John Towers ablehnte.[410] Bush entwarf daher bereits in seiner Rede zur Amtseinführung das Bild einer partnerschaftlichen und fruchtbaren Zusammenarbeit mit dem Kongress.[411] Dieses "Friedensangebot" kam - nach allgemeiner Auffassung - nicht nur Bushs Charakter entgegen, sondern trug auch den tatsächlichen Gegebenheiten Rechnung. Die Zusammenarbeit mit dem Kongress ließ sich positiv an; dazu trugen auch diverse interne Schwierigkeiten im Kongress bei, die in beiden Häusern zu Rücktritten bedeutender Mitglieder und einer kompromissbereiten Haltung nach außen führten.[412]

2.10.1 Politische Mitarbeiter mit Verwaltungserfahrung

Bush hatte im Vorfeld seiner Wahl keine nennenswerten Anstrengungen zur Vorbereitung einer eigenen Präsidentschaft unternommen. Seine Position in den Vorwahlen der Republikaner war längere Zeit unsicher und er wollte keine Ressourcen auf die Probleme späterer Personalentscheidungen und einer reibungslosen Amtsübernahme verschwenden. Auch nach gewonnener Kandidatur konzentrierte er alle Kräfte auf die Wahlkampagne.[413] Daher war es nicht überraschend, dass Bush nach seiner Wahl neue Spitzenwerte in Hinblick auf lange Vakanzen von politischen Spitzenpositionen erreichte. Bis zum August 1989 waren nur 156 von 394 Spitzenpositionen besetzt; für 160 der noch nicht besetzten Positionen gab es nicht einmal Nominierungen.[414] Er behielt zwar zunächst etwa 50 % des politischen Personals seines Vorgängers, ordnete es jedoch in großem Maße neuen Verantwortungsbereichen zu. Mitte 1989 befanden sich noch 35 % der politischen Spitzenkräfte aus der Reagan-Zeit im Amt. Damit vermied Bush aufwendige Bestätigungsverfahren, im übrigen werden wohl viele schon „seine“ Mitarbeiter in der Reagan Administration gewesen sein.[415] Aus den Erfahrungen der vorangegangenen Vizepräsidentschaft heraus versuchte er, bei der Auswahl seiner politischen Mitarbeiter Fachkompetenz und Skandalfreiheit sicherzustellen, so dass Beobachter die Maxime *"Make no Mistakes"* als Leitbild seiner Administration sahen.[416]

---

409 Michaels, S. 46

410 Shogan, S. 88, 129 f

411 Michaels, S. 44

412 Walker, Presidential Transitions,, S. 57, 67

413 Walker, Presidential Transitions, S. 57, 67

414 Pfiffner, Bush Presidency, S. 64 f, 69

415 Schultz/Maranto, S. 183, 187; Michaels, S. 43

416 Michaels, S. 5

Hilfreich für Bewerber war eine *„FBBI"(For Bush Before IOWA)*-Vergangenheit: Diese Bewerber hatten Bush sogar schon unterstützt, bevor er kurzzeitig 1980 bei den Vorwahlen in Iowa vor Reagan der Favorit für die republikanische Präsidentschaftskandidatur wurde.[417]

Das interne Verfahren, das der Bestellung oder Nominierung vorausging, enthielt wenige Stufen: Der betroffene Minister und der Personalchef, Chase Untermeyer, einigten sich auf eine Person, leiteten seine Unterlagen dem Stabschef, John Sununu, zu, der wiederum den Präsidenten damit befasste, der in aller Regel zustimmte. Zum Ende der Legislaturperiode, als die Bemühungen um die Wiederwahl stärker wurden, spielten politische Erfordernisse eine größere Rolle.

Der typische politische Mitarbeiter in der Administration Bush war ein weißer, verheirateter, männlicher Republikaner im Alter von 50 Jahren oder älter aus der gesellschaftlichen Ober- oder oberen Mittelklasse mit guter Bildung (undergraduate und master).[418]

Von den von Judith Michaels befragten politischen Mitarbeitern der Bush-Administration waren 89 von Kabinettsmitgliedern, Behördenleitern oder Kollegen empfohlen worden, 36 vom Präsidenten, 35 von einem Kongressabgeordneten, 22 von ihrer Partei, 18 hatten sich selbst in die Auswahl gebracht, 30 waren durch andere Quellen zur Sprache gebracht worden und neun wussten nicht, wie sie die Aufmerksamkeit des White House Presidential Personnel Office (PPO) erregt hatten.[419] Durch die unmittelbar vorausgegangenen acht Jahre republikanischer Präsidentschaften hatten viele der politischen Mitarbeiter bereits Erfahrungen in Staats- und Verwaltungstätigkeit gesammelt: etwa die Hälfte von ihnen kam direkt aus der Bundesverwaltung, 38 % kamen aus dem privaten kaufmännischen Bereich, Anwaltskanzleien und dem akademischen Bereich. Unter Bush wurden mehr Frauen und Angehörige ethnischer Minderheiten für hohe Positionen ausgewählt,[420] dennoch lag der Frauenanteil nur bei etwa 20 % .[421] Viele der PAS hatten zuvor eine Position in der Bundesverwaltung auf niedrigerer Hierarchieebene bekleidet – eine politische SES Stelle oder eine Schedule C Position. Das OPM führte von Beginn an Orientierungsprogramme für politische Mitarbeiter durch, in denen die Beziehungen zwischen dem politischen und dem Karrierepersonal eine zentrale Rolle spielten.[422]

Nach Meinung der befragten PAS wurden manche Behörden und Ministerien bei der Verteilung inkompetenter PAS „bevorzugt": So galten als *„turkey farms"* oder

---

[417] Schultz/Maranto, S. 183, 187
[418] Michaels, S. 197
[419] Michaels, S. 199
[420] Michaels, S. 224
[421] Michaels, S. 256
[422] Newman, Good Government, S. 6, 7

„dumping grounds" das Department of Housing and Urban Development (HUD) und die General Services Administration (GSA)[423]
Die Bush-Administration ließ anfangs angesammelte "Treuepunkte" von Helfern der Wahlkampagne und anderen Unterstützern in Gestalt der Vergabe von Schedule C Positionen zurückzahlen. Etwa die Hälfte dieser Jobs (ca. 700 – 800) wurde an diese Getreuen im Rahmen des *"Special Schedule C Project"* vergeben, das von Scott Bush, dem Neffen des Präsidenten, geleitet wurde. Technisch wurde dieses Ziel so umgesetzt, dass Listen mit intensiven Empfehlungen verdienter Parteiarbeiter an die Ministerien und Behörden geschickt wurden – damit wurde deren Leitungspersonal das eigentlich ihnen zustehende Recht zur Besetzung dieser Posten genommen.[424]
Bush betrieb damit bei der Besetzung der Schedule C Positionen eine klassische Patronage-Strategie und weniger – wie Reagan – eine Strategie der gezielten Politisierung der Behörden.[425]
Vor dem Hintergrund der Tatsache, dass Bush viele seiner politischen Mitarbeiter aus den bereits unter Reagan bestellten Kräften wählte, ergibt sich zwanglos, dass diese Leute im Bereich der Bundesverwaltung und zu einem großen Teil auch untereinander keine Fremden waren. Dies erleichterte nicht nur die Einarbeitung, sondern auch die Zusammenarbeit zwischen den Behörden, die häufig in behördenübergreifenden Arbeitsgruppen stattfindet.

2.10.2 Die „gerupfte" Karrierebürokratie in der Rekonvaleszenz

Bush war bereit, der Karrierebürokratie zu vertrauen, und führte die Politik seines Vorgängers gegenüber der Bundesverwaltung nicht fort. Bereits bei seinen ersten öffentlichen Äußerungen über die Karrierebürokratie im Januar 1988 sprach er vor dem SES von seinem Respekt und der Wertschätzung, die er für die Karrierebürokratie habe, und bezeichnete sie als *„ a noble calling and a public trust"*.[426] Unter der neuen Leitung des OPM wurden als dessen besondere Schwerpunkte in der Bush Administration eine umfassende Reform der Bezahlung des öffentlichen Dienstes, die Überarbeitung des Gesundheitsprogramms für die Beschäftigten, die Verbesserung der Systeme zur Leistungsbeurteilung sowie die Verbesserung der Wahrnehmung und Qualität des öffentlichen Dienstes und die Belebung des Trainings und der Entwicklung der Beschäftigten genannt.[427] Die neue Direktorin des OPM, Constance Berry Newman, die ihre Karriere in der Bundesverwaltung selbst als Schreibkraft der Ebene GS 3 begonnen hatte und die erste Afro-Amerikanerin auf diesem Spitzenposten war, pflegte ein positives Verhältnis zum Karrieredienst und äußerte die Auf-

---

423 Michaels, S. 212 f
424 Pfiffner, Bush Presidency, S. 64, 69
425 Ingraham/Thompson/Eisenberg, S. 263, 269
426 Newman, Statement, S. 2 f; Schultz/Maranto, S. 183, 189 f
427 Wolf, Dona, S. 19

fassung, dass man keine gute Verwaltung ohne gute Mitarbeiter schaffen könne; nur mit einer guten Verwaltung könne es eine großartige Nation geben.[428] 1991 wurde im Kongress die Zahlung von „*locality pay*", einem Ortszuschlag, der nach Regionen gestaffelt war, beschlossen, um die Vergleichbarkeit der Gehälter im öffentlichen Dienst und die Attraktivität der Bundesverwaltung als Arbeitgeber zu erhöhen.[429] Auch wurden große Fortschritte bei Einkommensverbesserungen im SES gemacht. Während im Jahre 1989 nur 11 % der Karrieremitglieder des SES mit ihren Einkommen zufrieden waren, stieg diese Zahl im Jahr 1991 auf 71 %, eine Reaktion auf die namhaften Einkommensverbesserungen mit Gehaltssteigerungen in Höhe von 18 % bis 25 % im Januar 1991.[430]

Während der Bush Administration stieg die Zahl der Mitglieder des SES beträchtlich: Während im SES im Jahre 1988 7.057 Mitglieder beschäftigt waren, so betrug im Jahr 1992 die Zahl 8.130 SES-Mitglieder, ein Anstieg um 1.073 Mitarbeiter. Mit dieser Steigerung der Mitgliederzahl insgesamt war – trotz einer absoluten Zunahme (um 45 auf 704) - eine Absenkung des Anteils der politischen SES-Mitglieder verbunden, der von 9,3 % auf 8,7 % fiel.[431]

Im Jahr 1989 legte die Volcker Commission ihren Bericht über den Stand der administrativen Führung in der Bundesverwaltung vor. Sie beklagte den extensiven Gebrauch politischer Bestellungen und konstatierte in deren Folge die zunehmende Instabilität auf den obersten Hierarchieebenen in Ministerien und Behörden sowohl wegen der äußerst kurzen Beschäftigungsdauern von politischen Mitarbeitern als auch aufgrund des Verschwindens der gesamten Führungsebenen beim Wechsel einer Administration. Die Kommission stellte fest, dass 1985 mehr Schedule C Mitarbeiter in den hochrangigen Ebenen GS 13 bis 15 als im Jahre 1976 auf allen Ebenen des Schedule C insgesamt beschäftigt waren. Dies führe bei politischem Wechsel zum Verlust des gesamten Führungspersonals auch auf den mittleren Ebenen und steigere auch die Unzufriedenheit im Karrieredienst, da interessante Positionen zumeist dem politischen Personal vorbehalten seien. Es habe dazu auch geführt, dass 52 % der Karriere-Mitglieder des SES zwischen 1979 und 1982 den öffentlichen Sektor verlassen hätten.[432]

Die Kommission empfahl, die Zahl der politischen Kräfte von dreitausend auf zweitausend zu reduzieren (die Zahlen von PAS, Schedule C und dem politischen Teil des SES) und viele dieser Stellen in den Karrierebereich zurückzuführen. Zu viele politische Bestellungen würden die politische Kontrolle nicht erhöhen, sondern senken - ein Ratschlag, dessen Befolgung von Präsident Bush abgelehnt wurde.[433] Wesentlich

---

428 Huddleston/Boyer, S. 127; Newman, Good Government, S. 6

429 Schultz/Maranto, S. 183, 189 f

430 GAO, SES Opinions, S. 4; Ingraham/Thompson/Eisenberg, S. 263, 267

431 Ingraham/Thompson/Eisenberg, S. 263, 267

432 Volcker-Commission, S. 215 f

433 Volcker-Commissionr, S. 215 bis 217

sei schließlich, dass der Präsident die Beschäftigten des öffentlichen Bereichs in der Öffentlichkeit und im internen Umgang mit der Karrierebürokratie unterstütze.
Auch die Volcker-Commission forderte bessere Betreuung neuer politischer Kräfte und einen Plan für die Übergangszeit, der nach den Nominierungen der Präsidentschaftskandidaten ausgearbeitet werden solle, sowie Erleichterung der Anforderungen zur Offenlegung der Finanzquellen für potentielle politische Kräfte.

2.11 William Jefferson Clinton (Demokraten, seit 1993)

Clinton erhielt 43,3 % der abgegebenen Stimmen, hatte jedoch zwei Mitbewerber (Bush: 37,3 %, Ross Perot: 19 %). Die Wahlpersonen gaben für ihn 370 Stimmen (69,8 %) gegenüber 168 für Bush ab.[434] Im Kongress stand ihm die niedrigste Anzahl von gewählten Demokraten seit 1966 gegenüber (House: 258, Senat: 57);[435] immerhin wurde der Senat noch von den Demokraten kontrolliert.
1996 übernahmen die Republikaner die Macht auch im Senat.

2.11.1 So sieht Amerika aus: Politische Mitarbeiter nach dem „Diverse Ethnic, Gender, Geography Standard"

Clinton trat nach zwölfjähriger republikanischer Herrschaft mit dem Programm an, eine Administration zusammenzustellen, die „wie Amerika aussieht" mit Blick auf Geschlecht, ethnische Herkunft und geographische Repräsentativität, und begann auch damit, dies in die Tat umzusetzen.[436] Insgesamt wurde der Beginn seiner Präsidentschaft als äußeres Zeichen eines Wandels angesehen. Nach dem Ende des Kalten Krieges hatte erstmals ein Präsidentschaftswahlkampf völlig andere Schwerpunkte gehabt. Clinton selbst gehörte zur Generation der Baby-Boomer, deren Einstellung zum Krieg nicht durch den Zweiten Weltkrieg, sondern durch den Vietnam-Krieg geprägt worden war. Insgesamt lag Wechsel im Trend.[437] Im Sommer 1992 hatten Demokraten mit Regierungserfahrung damit begonnen, sich zu organisieren, um Clinton in seiner Übergangszeit zu unterstützen. Die Clinton-Wahlkampftruppe nahm an diesen Versuchen nicht aktiv teil. Clinton selbst hat später geäußert, er habe seine Präsidentschaft begonnen, ohne sich sorgfältig um die Organisation seines Weißen Hauses zu kümmern[438]. Als frisch gewählter Präsident (president-elect) kündigte Clinton Weihnachten 1992 auf einer Pressekonferenz an, dass bei der Auswahl seiner politischen Spitzenkräfte die Teamfähigkeit der Kandidaten ein wesentliches Auswahlkriterium sein werde. Er hatte bereits seine politischen Berater im Dezember nach Sparten in

---

[434] Eksterowicz/Hastedt, S. 299, 309
[435] Pfiffner, Strategic Presidency, S. 181
[436] Michaels, S. 227
[437] King/Riddlesperger, S. 496,
[438] Greenstein, S. 179, 180

Teams zusammengefasst. Für die Personalfragen war Richard Riley zuständig, der spätere Minister für das Bildungswesen.[439] Dies spiegelte Clintons eigene Präferenzen im Entscheidungsprozess wider: Er bevorzugte umfassende Diskussionen in der Gruppe, die in die Tiefe gehen.[440]

In der Frage nach den Zuständigkeiten bei der Auswahl von Kandidaten für politische Bestellungen entschied Clinton, dass die Praxis der Reagan-Bush Ära, über die Bestellungen zentral im Weißen Haus zu entscheiden, beibehalten werden sollte.[441] Nach der Wahl Clintons begannen die Bewerbungen zu strömen, zunächst in Mengen von 15.000 wöchentlich.[442]

Der neue Präsident war nach den Maßstäben der Bundespolitik ein Außenseiter, sein Stab war – auch wegen der langen Regierungszeit der Republikaner – jung und im Umgang mit den sich stellenden Problemen unerfahren.[443] Die Bestellungsverfahren gingen langsam voran; Clinton kümmerte sich persönlich um die Bestellungen und befasste sich gründlich mit den Kandidaten, die ja auch die FBI – Überprüfung durchlaufen mussten. Hinzu kam, dass der Amtsübergang von Little Rock aus im Bundesstaat Arkansas – Clintons Heimat - geleitet und durchgeführt wurde.[444]

Während unter Nixon die persönliche Loyalität zum Präsidenten und unter Reagan die Loyalität zu seiner politischen Agenda für die Auswahl der politischen Mitarbeiter entscheidend gewesen war, waren für Clinton die Fragen der ethnischen Abstammung, des Geschlechts und der Geographie entscheidend.

Der *„**EGG**-Standard“ (diverse **e**thnic, **g**ender und **g**eography)* verlängerte den Bestellungsprozess, weil Minoritäten-Angehörige und Frauen schwerer zu finden waren als männliche weiße Bewerber,[445] zumal seine Realisierung das Schnüren ganzer Besetzungspakete nach EGG-Standard für die Behörden und Ministerien verlangte. Im Weißen Haus stießen diese Listen manchmal auch auf strikte Ablehnung: Die Liste des Ministers für Landwirtschaft, Mike Espey, wurde zurückgewiesen, weil zu viele Männer ausgewählt worden waren, und die Liste des Ministers für Housing and Urban Development (HUD) scheiterte an der Aufnahme zu vieler Personen aus New York.[446] Über die so ausgewählten Mitarbeiter wurde später geschrieben, dass sie nur in den Aspekten Hautfarbe und Chromosomen, nicht aber in Hinblick auf Herkunft und Ausbildung ungewöhnlich seien, dennoch ging von diesem Spitzenteam eine symbolische Wirkung aus.[447]

---

439 Pfiffner, Strategic Presidency, S. 164, 165

440 King/Riddlesperger, S. 496, 502

441 Eksterowicz/Hastedt, S. 299, 311

442 Mackenzie, Presidential Appointment Process, S. 37, 51

443 Huddleston/Boyer, S. 3

444 Eksterowicz/Hastedt, S. 299, 310

445 Mackenzie, Presidential Appointment Process, S. 37, 68; Aberbach, S. 162, 168 f

446 Mackenzie, Presidential Appointment Process, S. 37, 69; Schultz/Maranto, S. 197, 201

447 Aberbach, S. 162, 169; Dye, S. 693 f

Bei seinen politischen Bestellungen wählte auch Clinton teilweise Personen wegen ihrer Erfahrungen im Umgang mit dem Kongress und der Bundespolitik aus, da er selbst – wie Reagan und Carter – nur Erfahrung auf Einzelstaatenebene als Gouverneur von Arkansas gesammelt hatte. Bei drei seiner Spitzenbestellungen folgte er Vorschlägen des Kongresses: Verteidigungsminister Les Aspin, Secretary of the Treasury Lloyd Benton und OMB Direktor Leon Panetta hatten zuvor lange Kongresserfahrungen gesammelt und dabei denjenigen Kongressausschüssen vorgestanden, die ihren neuen politischen Ämtern entsprachen. Außenminister Warren Christopher hatte bereits unter Carter als stellvertretender Außenminister im Bereich Außenpolitik gearbeitet; Anthony Lake – Berater für nationale Sicherheit – war Assistent von Kissinger in den frühen Nixon Jahren gewesen und CIA-Direktor R. James Woolsey Jr. – früher Mitglied des Senatsausschusses für Armed Services und unter Carter secretary of the navy - hatte Waffenverhandlungen unter Bush und Reagan geführt. Eine andere Reihe politischer Bestellungen trug der Tatsache Rechnung, dass bestimmte Ministerien und Behörden einen speziellen Kreis von Interessengruppen betreuen, die sich in der politischen Leitung auch wiedererkennen wollen. Dazu gehören z. B. die Ministerien für Veteranenangelegenheiten und – als amerikanische Besonderheit – das Ministerium für Inneres, das wegen der Zuständigkeit für die öffentlichen Ländereien, die vor allem in den westlichen Bundesstaaten gelegen sind, traditionell mit einer Person aus diesen Staaten besetzt wird. Minister für Veteranenangelegenheiten wurde Jesse Brown, Vietnam-Veteran und vormaliger Leiter der Disabled American Veterans; Innenminister wurde Bruce Babbitt, vorher Gouverneur in Arizona und damit auch ein Amerikaner aus den westlichen Bundesstaaten und eine besonders geschickte Bestellung, weil damit die Tradition gewahrt blieb, zugleich aber mit Babbitt erstmals auch ein überzeugter Umweltschützer diesen Posten bekleidete – beim Umgang mit öffentlichen Ländereien im Bundesbesitz nach der vorangegangenen republikanischen Politik ein radikaler Wechsel. Clinton wählte jedoch auch Personen aus, die über keinerlei vorherige praktische Erfahrungen in der Bundespolitik verfügten, wie z. B. Robert Reich, neuer Arbeitsminister und früher zuständig für Wirtschaftspolitik an der Kennedy School of Government der Harvard University.[448] Wie in jeder neu gewählten Administration von Kennedy bis Reagan, so sind auch in der Clinton Administration diverse Mitarbeiter der Wahlkampagne und persönliche Freunde des Präsidenten auf wichtige politische Posten bestellt worden. Dieses Faktum allein lässt jedoch noch keinen – vor allem nicht negativen - Schluss auf deren Befähigung zu: zu diesen Freunden gehörten auch Außenminister Christopher, der die Auswahl des Vizepräsidenten und die Übergangsphase von Bush zu Clinton (Transition) geleitet hatte; Arbeitsminister Reich, den Clinton noch aus gemeinsamen Studienzeiten in Oxford kannte, und der erste Chief of staff im Weißen

---

[448] King/Riddlesperger, S. 496, 499

Haus, Thomas L. McLarty, mit dem Clinton seit Kindertagen befreundet war.[449] Mehrere herausragende Mitarbeiterinnen und Mitarbeiter der Wahlkampagne erhielten Posten im Weißen Haus und dem Executive Office of the President (EOP), viele davon auch aus Arkansas, dem Heimatsstaat des Präsidenten („*Arkansas-Mafia*“).[450]

Diverse Mitarbeiter des ursprünglichen Teams – ohne politische Fähigkeiten und Washington – Erfahrung - wurden später durch erfahrene Kräfte ersetzt.[451]

Ein Novum in der Clinton Administration ist die Tatsache, dass sich der Einfluß seines Vizepräsidenten Gore und der First Lady Hillary Rodham Clinton auch in den politischen Bestellungen wiederfand: Donna Shalala, die Ministerin für Gesundheit und soziale Dienste (Health and Human Services) war ebenso eine Wahl der First Lady wie Bernie Nussbaum, Berater des Weißen Hauses. Bruce Reed, innenpolitischer Berater im Weißen Haus, und Carol Browner, Leiterin der Environmental Protection Agency (EPA), waren beide zuvor Mitglieder im Stab von Al Gore im Senat.[452] Die Notwendigkeit, auch die Einflüsse dieser weiteren Faktoren in das Nominierungsverfahren zu integrieren und zu koordinieren, trug zur Verlängerung der Bestellungsverfahren bei.[453]

Clinton hatte u. a. bei der Besetzung der Position der Justizministerin Probleme mit der erforderlichen Senatsbestätigung: Beide zunächst in Betracht gezogenen Frauen – Zoe Baird und Kimba Wood – scheiterten an Anschuldigungen, sie hätten keine Sozialabgaben für Babysitter entrichtet.[454] Seine Wahlkampfaussage, wonach seine Administration wie Amerika aussehen solle, war als Versprechen, die Beteiligung von Frauen und Minoritäten repräsentativ zu machen, verstanden worden und Clinton hatte auch deshalb im Wahlkampf die Unterstützung von Frauenorganisationen sowie der schwarzen und hispanischen Bevölkerung bekommen.

Wenn das Ziel der repräsentativen Beteiligung auch nicht ganz erreicht wurde, so sind Frauen und Minoritäten doch in einem vorher nicht gekannten Ausmaß in wichtigen Positionen vertreten:

---

[449] King/Riddlesperger, S. 496, 500 f

[450] Eksterowicz/Hastedt, S. 299, 310

[451] Greenstein, S. 179, 180

[452] King/Riddlesperger, S. 496, 501

[453] Mackenzie, Presidential Appointment Process, S. 37, 69 f

[454] King/Riddlesperger, S. 496, 505 f

Bestellungen	Kennedy	Nixon	Carter	Reagan	Bush	Clinton	Gesamt
Frauen							
Kabinett (Personen)	9 % (10)	0 % (12)	18 % (11)	0 % (18)	7 % (14)	21 % (14)	8 % (74)
EOP/WHS (Personen)	0 % (12)	0 % (12)	9 % (11)	8 % (11)	11 % (9)	25 % (16)	10 % (70)
Minoritäten							
Kabinett (Personen)	0 % (12)	0 % (12)	9 % (11)	8 % (13)	21 % (14)	43 % (14)	15 % (74)
EOP/WHS (Personen)	0 % (12)	0 % (10)	9 % (11)	0 % (12)	11 % (9)	6 % (16)	4 % (16)

Minoritäten werden hier als Hispanics und Afro-Amerikaner verstanden; in Klammern jeweils die absoluten Zahlen, auf denen die Prozentzahlen basieren.
Quelle: King, James D., James W. Riddlesperger Jr., Presidential Management and Staffing, Presidential Studies Quarterly, 1996, 26:2, S. 496, 503

OPM Statistiken wiesen mit Stand vom 30. Juni 1992 20 % Frauen und 14 % Minoritäten in Positionen der PAS aus.[455]

So berichtete Robert D. Santos, Secretary's Representative im Department für Housing and Urban Development für die Region Nordwesten/Alaska, für seine Stelle hätten sieben Bewerbungen vorgelegen: zwei Afro-Amerikaner, zwei Amerikaner mexikanischer Abstammung und einer griechischer Abstammung; von den sieben Bewerbungen seien vier von Frauen vorgelegt worden. Am Ende sei er – ein Filipino-Amerikaner – ausgewählt worden: Er wurde vom White House Staff telefonisch um Bewerbung gebeten.[456]

Die Gruppe der wichtigsten politischen Mitarbeiter sieht in Hinblick auf ihren beruflichen Hintergrund nicht „wie Amerika" aus: 67 % des Top Teams haben Rechtswissenschaften studiert, jedoch haben – bis auf die Justizministerin – die gelernten Juristen ihren beruflichen Weg vor allem auf Posten in Regierung und Verwaltung (gewählt oder ernannt) zurückgelegt: der Anteil der politischen Spitzenkräfte, die aus einer Position in Regierung oder Verwaltung in die Clinton Administration wechselten, ist mit 67 % unerreicht hoch, während die vorher in der Wirtschaft Beschäftigten einen seit Truman unerreichten Tiefstand von 5 % aufweisen.[457] Diese Werte sind vor dem Hintergrund, dass gerade unter Clinton die Orientierung der Verwaltung an der privaten Wirtschaft besonders stark in den Mittelpunkt gestellt wurde, überraschend. Als großes Problem der politischen Bestellungen unterhalb der Kabinettsebene erwies sich die übermäßig lange Dauer der Bestellungsverfahren.[458] Achtzehn Monate nach Amtsantritt waren erst

455 Michaels, S. 331, Anm. 9

456 Robert D. Santos im Gespräch mit der Verfasserin am 24. Juni 1999

457 Dye, S. 693, 695

458 Eksterowicz/Hastedt, S. 299, 311

1.600 Schedule C Bestellungen erfolgt und 700 in den politischen Teil des SES.[459]
Es wurden Orientierungsprogramme für beide Teile des SES, die Schedule C Mitarbeiter und die politischen Mitarbeiter mit Senatsbestätigung durchgeführt, um diesen politischen Mitarbeitern, von denen viele mit der Arbeit für die öffentliche Verwaltung und die berufliche Atmosphäre der Hauptstadt nicht vertraut waren, die Einarbeitung zum Wohl der Administration zu erleichtern und um die Beziehungen zu den Spitzenbürokraten zu verbessern.[460]

2.11.2 Die Karrierebürokratie wird unter Leitung des Vizepräsidenten neu erfunden

Clinton hat Misstrauen gegen die Berufsbürokratie nicht zum Programm gemacht. „*Reinventing Government*" (Neuerfindung von Regierung und Verwaltung) unter dem Motto: „Mehr Leistung bei weniger Kosten" wurde aber ein wichtiges Vorhaben seiner Administration, das mittels umfangreicher Deregulierungen, Dezentralisierungen und Delegationen die Bundesverwaltung stark verändern sollte[461]. Das Verhältnis zwischen der Karrierebürokratie und den politischen Mitarbeitern unter der Clinton Administration gilt als im allgemeinen erfreulich. Begründet wird dies vor allem mit dem hohen Grad an Zielkongruenz, die beide Gruppen, insbesondere in Bereichen der Sozialverwaltung, aufweisen.[462]
Unter Clinton hat es dennoch einschneidende Veränderungen in der Bundesverwaltung gegeben – vor allem durch die ersten starken Personaleinsparungen (*reduction-in-force*) im Bereich der zivilen Beschäftigten seit der ersten Amtszeit von Reagan.[463]
Clinton kündigte bereits im Februar 1993 an, die Bundesverwaltung um mindestens 100.000 Stellen reduzieren zu wollen. Jedes Ministerium und jede Behörde mit über 100 Beschäftigten wurde durch Executive Order 12389 vom 10. Februar 1993 angewiesen, mindestens 4 % ihrer zivilen Positionen in den nächsten drei Jahren zu streichen; dabei wurde gleichzeitig festgelegt, dass mindestens 10 % der Personaleinsparungen aus dem Bereich des SES, den GS 15 und GS 14 Ebenen oder entsprechenden Posten kommen müssen. Nach den Vorgaben des Federal Workforce Restructuring Act aus dem Jahr 1994 (Public Law 103.226) waren Stellen im Umfang von 272.900 vollen Stellen (*full-time-equivalent*) bis zum Ende des Jahres 1999 einzusparen; Etappenziele für jedes Jahr waren eben-

459 Ingraham, Foundation of Merit, S. 103
460 Gore, Creating Quality Leadership and Management, S. 25 f
461 NPR, From Red Tape to Results, insb. S. xxxviii – xl; Dilulio Jr., John J. S. 1 f und in Teil 1, B.III. 2.11.3
462 Schultz/Maranto, S. 197, 203
463 Schultz/Maranto, S. 197, 204

falls festgelegt.[464] Nach Angaben des EOP wurde die Zahl der zivilen Beschäftigten seit 1993 bis zum Ende des Jahres 1998 um 365.000 Positionen abgesenkt und damit das niedrigste Beschäftigungsniveau seit 1933 erreicht.[465] Gehaltserhöhungen wurden für 1994 ausgesetzt und für die drei folgenden Jahre um 1 % reduziert, so dass die Gehaltssteigerungen im öffentlichen Dienst unter Clinton zwischen 2,0 und 2,3 % seit 1995 betrugen. Für 1999 wurden sie auf 3,1 % festgelegt.[466]

Im Oktober 1993 wurde der Hatch Act – das Gesetz, das seit 1939/40 die politische Betätigung von Beschäftigten der Bundesverwaltung erheblich einschränkte - in wesentlichen Teilen neu gefasst.[467] Ein weiteres Projekt im Rahmen des Unternehmens „Bessere Regierung und Verwaltung bei weniger Kosten" war – auf der Basis des Government Performance and Results Act (GPRA) von 1993 – die Aufstellung von individuellen Leistungsplänen durch Ministerien und Behörden, die Festschreibung der Ziele, die bis zum Jahre 2000 erreicht werden sollen, sowie der Ressourcen – wie Personalmanagement, Informationen -, mit deren Hilfe diese Ziele erreicht werden sollen. Vorgeschrieben wurden auch jährliche Leistungsbewertungen, die besondere Aufmerksamkeit auf die Bedürfnisse und den Einsatz von Menschen als Ressource lenken sollen.[468] Im Jahre 2000 werden die Ministerien und Behörden erstmals dem Präsidenten und dem Kongress ihren Jahresbericht für 1999 übermitteln, in dem die angestrebten Ziele mit den erreichten Erfolgen verglichen werden.[469] Bereits viele der dem Kongress von den Ministerien und Behörden nach fünfjähriger Vorbereitungszeit im September 1997 übermittelten Strategiepläne und im Januar 1998 vorgelegten Leistungspläne haben jedoch sogar den minimalen Ansprüchen des Kongresses an die Qualität dieser Pläne nicht entsprechen können. Die erfolgreiche Umsetzung der vorgeschriebenen Planungs- und Berichtspflichten erfordert unter den Führungskräften in der Bundesverwaltung ein breites Wissen über Planung, Budget und Bewertung der ermittelten Zahlen, weiterhin die Fähigkeit, diese Prozesse in Entscheidungsprozesse und Programmverantwortlichkeiten zu integrieren, sowie ein besseres Verständnis unter Spitzenbürokraten und politischen Führungskräften über die Verbindung zwischen Politik und Management.[470] Die Erkenntnis, dass nur fortlaufende Weiterbildung in diesen Bereichen die Verantwortlichen zu sinnvoller Arbeit nach dem Results Act befähigen kann, wird wohl zu einer Ausdeh-

---

464 MSPB, Employee Perspectives, S. 2 FN 4

465 EOP, S. 32 f

466 Huddleston/Boyer, S. 162; OPM, Fact Book, S. 66

467 5 U. S. C. Sections 7321-7326 und 5 Code of Federal Regulations, Parts 733 und 734, dazu auch Teil 2, A. III. 4.

468 GAO, Transforming the Civil Service, S. 7 f; ausführliche Darstellung der Ziele und Methoden des GPRA in: Groszyk, S. 71 f

469 EOP, S. 33 f

470 Butterworth/Metzger, S. 35 f

nung der Fortbildungsmöglichkeiten in diesem Bereich führen.[471] Besonders problematisch ist die Tatsache, dass Ministerien und Behörden Standards für die Messung der Leistung der einzelnen Organisation entwickeln, die nicht an Leistungsziele und –maßstäbe für die Individuen gekoppelt sind, so dass einzelne Mitarbeiter, insbesondere die Führungskräfte, kaum für Erfolg oder Misserfolg in der Erfüllung der Standards verantwortlich zu machen sind.[472]

2.11.3 National Partnership for Reinventing Government – früher: National Performance Review - (NPR)

Die Clinton Administration setzte als Teil einer breit angelegten Strategie zur Verbesserung ihrer Beziehungen zur Berufsbürokratie und zur Erfüllung des Wahlversprechens, eine bessere Verwaltung zu schaffen, die National Performance Review (NPR) unter der Leitung von Vizepräsident Al Gore ein.[473] In der NPR waren 250 erfahrene Karrierebürokraten vertreten, die von ihren Behörden in die Arbeitsgruppe entsandt worden waren.[474]
Die neuen politischen Mitarbeiter der beginnenden Clinton Administration hatten rasch den Eindruck gewonnen, dass die Karrierebürokraten, die sich häufig mit ihrer Arbeit in hohem Maße identifizierten, sich aufgeschlossen und mitteilsam zeigten, wenn sie danach befragt wurden, wie ihrer Meinung nach ihre Arbeit noch besser gestaltet und erledigt werden könnte; es gab ihnen das Gefühl, an der Führung teilnehmen zu können (*participative leadership*).[475]
Insgesamt sind die Beziehungen zum Karrierebürokratie trotz einschneidender Veränderungen in den bisherigen Verfahren und Strukturen gut geblieben, weil die NPR und die Clinton Administration nicht den Weg gewählt haben, die Beschäftigen des öffentlichen Dienstes herabzuwürdigen, sondern sie als gute Mitarbeiter anzusehen, die in überholten verkrusteten Systemen ihre volle Leistungsfähigkeit nicht entfalten können.[476] Dennoch haben nicht wenige Beschäftigte der Bundesverwaltung die NPR hauptsächlich als Motor drastischer Personaleinsparungen wahrgenommen. Dies hat die Umsetzung der Reformen in einer Atmosphäre wachsender Unsicherheit über die eigene Zukunft und erzwungener Arbeitsplatzsuche wahrscheinlich erschwert.[477] Am 07. September 1993 stellte die NPR - später: National Partnership for Reinventing Government - ihre Vorschläge für eine effizientere Verwaltung vor, die auf Förderung von Deregulierung, Dezentralisierung und Delegation zielten.[478]

---

[471] Butterworth/ Metzger, S. 35, 36 ff
[472] Ban, Drivers of Change, S. 321, 27
[473] Hamilton, Michael, S. 52
[474] Arnold, S. 382
[475] Hamilton, Michael, S. 52, 63
[476] Schultz/Maranto, S. 197, 208
[477] MSPB, Employee Perspectives, S. 22; Kettl, Building Lasting Reforms, S. 9, 22 f
[478] Ban, Drivers of Change, S. 21, 22; Schultz/Maranto, S. 197, 207 f

Der Bericht der NPR enthielt 384 größere Vorschläge für die Leistungssteigerung in der Bundesverwaltung.[479] Folgende Ziele wurden damit gesetzt:

- *„Cutting Red Tape"*: Abschaffen bürokratischen Ballasts
- *„Putting Customers First"*: Orientierung an den Kunden
- *"Empowering Employees to Get Results"*: Beschäftigte in die Lage versetzen, Ergebnisse zu erzielen
- *„Cutting Back to Basics"*: bessere Verwaltung durch Abschaffen überflüssiger Privilegien und Einsatz neuer Technologien.[480]

Mit Umsetzung dieser Vorschläge und der andauernden weiteren Arbeit der Reformgruppe sind viele – auch einschneidende – Änderungen herbeigeführt worden. Dazu gehören die drastischen Personaleinsparungen und - im Bereich des Personalmanagements - die Verlagerung vieler Kompetenzen des OPM auf Ministerien und Behörden. Das OPM hat das Führen von zentralen Bewerberregistern eingestellt und führt Einstellungstests nur noch auf der Basis von Kontrakten mit den einzelnen Behörden durch. Die Einstellungen von Personal wurden fast vollständig dezentralisiert. Unter großem öffentlichen Jubel wurde im Januar 1994 das Federal Personnel Manual abgeschafft, ein 10.000-seitiges Werk mit Richtlinien für Personalsachbearbeiter und Personalleiter zur Ausführung der Normen des Title 5 U.S.C. gab, in dem die Gesetze für den öffentlichen Dienst festgeschrieben sind. Da die Gesetze weiterhin anzuwenden sind, ist damit die Ausführung für die Betroffenen erheblich erschwert und die Orientierung an dem ehemals offiziellen Handbuch nur unwesentlich verringert worden – es wird allerdings nicht mehr ergänzt.[481] Nachdem die Benutzung des traditionellen Bewerbungsformulars SF-171 im Januar 1995 fakultativ wurde, lassen viele Behörden bei Bewerbungen nunmehr einen Lebenslauf genügen, einige benutzen das Formular weiter und von einigen wird berichtet, dass sie neue Verfahren entwickelt haben, die kaum weniger kompliziert sind als das alte Formular.[482]

Die mit vielen Vorschlägen verbundene Dezentralisierung der Aufgaben und Entscheidungen weist auf eine positivere Haltung zum Karrieredienst hin, dessen Mitglieder allein oder gemeinsam mit ihren politischen Kollegen die in den dezentralen Einheiten benötigten Problemlösungen ausarbeiten werden.[483] Zu den Grundsätzen neuen Verwaltungsmanagements gehört eine positive Haltung zum *„Contracting Out"*, der Ausgliederung von bisher öffentlich erfüllten Aufgaben und erbrachten Leistungen auf private Anbieter durch Kontrakte. Eine repräsentative Umfrage unter den Beschäftigten der Bundesverwaltung hat gezeigt, dass nur 37 % der Befragten angaben, dass ihre Organisation die Ziele der NPR zu Prioritäten erklärt hat; nur 20 % meinten, dass die Arbeit der NPR positive Veränderungen in Staat und Verwaltung bewirkt habe. Dabei schätzten die Befragten aus den Organisationen, die der NPR

---

479 NPR, From Red Tape to Results; DiIulio Jr., John J, S. 1 f

480 NPR, From Red Tape to Results, S. xxxviii bis xl

481 Ban, Drivers of Change, S. 21, 22 f

482 Schultz/Maranto, S. 197, 210

483 Ingraham/Thompson/Eisenberg, S. 263, 269

positiv gegenüberstanden, auch die Wirkungen auf die Anerkennung ihrer Arbeit und Flexibilität deutlich positiver ein.[484]
Bemerkenswert war, dass die allgemeine Zufriedenheit mit der Beschäftigung in der Bundesverwaltung trotz der drastischen Personaleinsparungen und Budgetkürzungen unverändert seit 1989 um 70 % lag.[485] Das Thema der politischen Mitarbeiter und ihrer stetig gestiegenen Anzahl wurde von der NPR nur anfangs berührt und nicht weiter verfolgt. James Pfiffner meint, dass die neue Administration nach zwölf Jahren republikanischer Präsidentschaften zu viele Anwärter auf politische Positionen unterzubringen hatte, um die Positionen, die die Konkurrenten so lange besetzt hatten, nun zu streichen.[486]

[484] MSPB, Employee Perspective, S. 6 bis 8
[485] MSPB, Employee Perspectives, S. 28
[486] Pfiffner, National Performance Review, S. 41, 56 f

Teil 2: Systematische Darstellung und Gegenüberstellung von Karrierebürokratie und politischen Mitarbeitern

A. Karrierebürokratie

I. Beschäftigungssysteme

Mit der Schaffung einer Verwaltung nach der Verabschiedung der Verfassung 1789 wuchs die Beschäftigungszahl langsam. 1816 waren über 6.000 Menschen beschäftigt, 1881 waren es 100.000. Nach dem ersten Weltkrieg arbeiteten 1.000.000 Mitarbeiter im öffentlichen Dienst, 1931 waren es 610.000, am Ende des 2. Weltkrieges fast 4 Millionen; die durch Weltkriege stark angewachsenen Beschäftigungszahlen wurden jeweils nach Kriegsende weitgehend wieder abgebaut. Im September 1999 waren 2.748.578 Menschen in der zivilen Bundesverwaltung beschäftigt.[487] Damit hat – insbesondere im Zuge der Personaleinsparungen unter der Clinton Administration – die Anzahl der Beschäftigten im zivilen öffentlichen Dienst seit 1990 stark abgenommen: 1990 waren noch 3.128.300 Menschen beschäftigt. Im September 1999 arbeiteten 866.342 (31,5 %) Beschäftigte im Postal Service; die Verwaltung des Verteidigungsministeriums beschäftigte 717.900 Mitarbeiter (09/1998).[488] Damit sind über 55 % der Beschäftigten in den Bereichen Verteidigungsministerium und Postdienst beschäftigt. Mit der genannten aktuellen Beschäftigtenzahl (inklusive Verteidigung/Postdienst) ist der Bund der größte Arbeitgeber der Vereinigten Staaten[489]: Er beschäftigte 1997 ca. 2,2 % aller zivilen Arbeitnehmer in den Vereinigten Staaten.[490]

1. Wettbewerbssysteme (Competitive Service) und ausgenommene Systeme (Excepted service)

Die Bundesverwaltung (*Civil Service*) umfasst alle Positionen, die durch Ernennung (*appointive positions*) besetzt werden – im Gegensatz zu den Positionen, die durch Wahl (*elective positions*) erreicht werden.[491] Die durch Ernennung besetzten Positionen in der Bundesverwaltung lassen sich zunächst in zwei große und eine kleine Gruppe einteilen, nämlich in die Positionen des „*Competitive service*" (öffentlicher Dienst unter Wettbewerbsbedingungen), des „*Excepted service*" (ausgenommener öffentlicher Dienst) und die kleine Gruppe des Senior Executive Service.

---

[487] Van Riper, History, S. 56 f, 250, 373; OPM, Employment and Trends, S. 6
[488] OPM. Fact Book, S. 8
[489] Lee, S. 4 f
[490] U. S. Census Bureau, S. 354
[491] Pietzcker, S. 157, 163

1.1 Ausdifferenzierung in der Folge des Pendleton Act von 1883

Ursprünglich - historisch - wurden alle Mitarbeiter ohne leistungsbezogenen Wettbewerb und häufig aus politischen Gründen eingestellt. Die Unterscheidung zwischen dem leistungsorientierten Wettbewerbssystem und dem davon ausgenommenen System existiert erst seit Inkrafttreten des Pendleton-Act im Jahre 1883, mit dem Leistungsprüfungen als Voraussetzung für den Eintritt in den öffentlichen Dienst geschaffen wurden.[492]

Der Pendleton Act sah eine neu einzurichtende Civil Service Commission vor, die zur Unterstützung des Präsidenten geeignete Regeln zur Verwirklichung folgender Ziele schaffen sollte:

„...First, for open, competitive examinations for testing the fitness for applicants for the public service now classified or to be classified hereunder. Such examinations shall be practical in their character, and so far as may be shall relate to those matters which will fairly test the relative capacity and fitness of the persons examined to discharge the duties of the service into which they seek to be appointed...
Seventh, there shall be non-competitive examinations in all proper cases before the commission, when competent persons do not compete, after notice has been given of the existence of the vacancy, under such rules as may be prescribed by the commissioners as to the manner of giving notice...[493]

Mit dem Pendleton Act von 1883 begann also eine Differenzierung in den „*Competitive Service*" (Positionen, die vergeben werden aufgrund im Wettbewerb bestandener Leistungsprüfungen), die „*Noncompetitive positions*" (Positionen mit individueller Prüfung außerhalb der Vorschriften des Merit-Systems) und die „*Excepted Positions*"(von Prüfungen gänzlich ausgenommene Positionen).

Diese Dreiteilung hatte nicht lange Bestand, die beiden letzteren Kategorien wurden bis 1910 zusammengefaßt unter der Überschrift „*Schedule A*". Im Jahre 1910 wurden die ehemaligen „*Noncompetitive Positions*" aus dieser Zusammenfassung wieder herausgelöst und fortan unter der Bezeichnung „*Schedule B*" geführt, so dass unter Schedule A nur noch die von Prüfungen gänzlich ausgenommenen Positionen verblieben. Der so verstandene Schedule A wurde im Jahr 1953 erneut geteilt, als die politikbezogenen Positionen abgespalten und fortan unter der Bezeichnung „*Schedule C*" geführt wurden.[494]

Der Senior Executive Service existiert seit dem Civil Service Reform Act von 1978 und umfasst Managementpositionen, die in der Hierarchie über GS 15 und nicht über Executive Schedule Ebene IV klassifiziert sind. Er enthält auf diesen hohen Hierarchieebenen sowohl Positionen, die ehemals der Karrierebürokratie des Competitive Service angehörten, als auch solche, die vorher zum Excepted

---

[492] GAO, The Excepted Service, S. 3

[493] Civil Service (Pendleton) Act 1883, 22 Stat. 27

[494] Van Riper, History, S. 207, Supplementary Notes, 215

Service gehörten[495] Der Competitive Service wird vom Excepted Service abgegrenzt durch eine rein formelle Betrachtungsweise: zum Competitive Service gehören alle Positionen, die nicht dem SES angehören und nicht ausdrücklich von den Gesetzen über den öffentlichen Dienst, insbesondere Title 5 United States Code (U.S.C.) ausgenommen sind; diese Herausnahme kann durch oder aufgrund eines Gesetzes, durch den Präsidenten oder durch das OPM erfolgen. Zum Excepted Service gehören heute die von den Gesetzen über den öffentlichen Dienst ausgenommenen Positionen, soweit sie nicht dem SES zugeordnet sind und die Positionen der Schedules A, B und C. Die Zuordnung zum Excepted Service bedeutet zwar, dass die Positionen nicht insgesamt unter die Gesetze für den öffentlichen Dienst fallen – dennoch können im Einzelfall wichtige Teile Geltung haben oder Behörden entwickeln funktionale Äquivalente, so dass sich Einstellungen in den Excepted Service nicht als ungeordnet oder willkürlich darstellen müssen, wohl aber kompliziert sind und im Einzelfall eine genaue Ermittlung des anzuwendenden Konglomerats an Regeln und Ausnahmen erfordern (dazu ausführlich unter 1.3).

1.2 Öffentlicher Dienst unter Wettbewerbsbedingungen (Competitive Service)

Zum „*Competitive Service*“ gehören all die Positionen der zivilen Bundesverwaltung, die nicht explizit von den Gesetzen über den öffentlichen Dienst oder in Übereinstimmung mit geschriebenem Recht durch den Präsidenten oder durch das OPM ausgenommen sind, die nicht dem Senat nach Nominierung zur Bestätigung vorgelegt werden und die nicht dem SES angehören.[496] Diese Positionen werden vom OPM verwaltet und unterliegen dem vom Kongress beschlossenen Gesetzen in Title 5 United States Code (U.S.C.) 2102 a.[497] Die grundlegenden Prinzipien des modernen öffentlichen Dienstes sind in Title 5 U. S. C. 2301 (b) als "*Merit System Principles*" festgeschrieben:

"b. Federal personnel Management should be implemented consistent with the following merit system principles:
Recruitment should be from qualified individuals from appropriate sources in an endeavor to achieve a work force from all segments of society, and selection and acvancement should be determined solely on the basis of relative ability, knowledge, and skills, after fair and open competition which assures that all receive equal opportunity.
All employees and applicants for employment should receive fair and equitable treatment in all aspects of personnel management without regard to political affiliation, race, color, religion, national origin, sex, marital status, age, or handicapping condition, and with proper regard for their privacy and constitutional rights.

---

[495] vgl. Teil 2, B. III. 2., IV., V.
[496] MSPB, Hiring, S. 2, Anm. 3
[497] OPM, Veterans, S. 3; OPM, Service Center Seattle, unveröffentlichte Unterlagen

Equal pay should be provided for work of equal value, with appropriate consideration of both national and local rates paid by employers in the private sector, and appropriate incentives and recognition should be provided for excellence in performance.
All employees should maintain high standards of integrity, conduct, and concern for the public interest.
The Federal work force should be used efficiently and effectively.
Employees should be retained on the basis of adequacy of their performance, inadequate performance should be corrected, and employees should be separated who cannot or will not improve their performance to meet required standards.
Employees should be provided effective education and training in cases in which such education and training would result in better organizational and individual performance".

49,6 % des öffentlichen Dienstes fielen im September 1999 unter die Kategorie des Competitive Service[498]. Diese Zahl bezieht jedoch die Beschäftigten des Postservice ein, die dem Excepted Service angehören und immerhin 866.342 = 31,5 % aller Beschäftigten des öffentlichen Dienstes im September 1999 stellten. Der Postservice war durch den Postal Organization Act von 1970 als unabhängige Einrichtung – nicht als „agency" – des öffentlichen Sektors etabliert worden und die Beschäftigten des Postdienstes fallen seitdem in die Kategorie des Excepted Service.[499] Lässt man die Beschäftigten des Postservice außer Betracht, so waren 1998 77 % der Beschäftigten in der Bundesverwaltung im Competitive Service.[500] Dieser einmal erreichte Status verleiht das Recht, eine Position zugewiesen zu erhalten, die Wettbewerbsbedingungen unterliegt (*Competitive Position*), ohne dass man sich um diese selbst einem – erneuten - leistungsbedingten Wettbewerb unterziehen müsste. Eine Person mit diesem Status kann – entsprechend den Regeln des öffentlichen Dienstes - befördert, versetzt, umgesetzt, wiedereingesetzt oder im Rang herabgesetzt werden, ohne am leistungsorientierten Wettbewerb teilzunehmen.[501] Ein Bewerber erwirbt *„Competitive Status"*, indem er nach Bestehen einer Leistungsprüfung unter Wettbewerbsbedingungen einer Karriereposition oder bedingten Karriereposition zugewiesen wird und auf dieser Position eine Probezeit mit zufriedenstellenden Leistungen absolviert. Dieser Status kann aber auch durch Gesetz, Executive Order oder Vorschriften des öffentlichen Dienstes ohne Prüfung unter Wettbewerbsbedingungen erworben werden. Findet eine Prüfung im Wettbewerb statt, so werden Bewerber in ihren Leistungen bewertet bzw. nach dem Maßstab von Stellenbeschreibungen eingeschätzt und in eine Liste nach erreichten Werten eingeordnet. Die Einordnung in die Ränge erfolgt unter Anwendung der Veteranenpräferenz durch Punktezuschlag zu den erreichten Testwerten; bei der Empfehlung der getesteten Bewerber für eine Stelle ist die *„Rule of Three"* anzuwenden, nach der dem auswählenden Vorgesetzten lediglich die ersten drei Bewerber der Liste übermittelt werden

498 OPM, Employment and Trends, S. 9
499 GAO, Excepted Service, S. 12
500 OPM, Fact Book, S. 15
501 OPM, Veterans, S. 3; OPM, Service Center Seattle, unveröffentlichte Unterlagen

dürfen.[502] Positionen im wettbewerbsorientierten öffentlichen Dienst können jedoch auch durch Sonderkompetenzen vergeben werden, die den Wettbewerb entfallen lassen, die Person jedoch berechtigen, nach erfolgreichem Abschluß der Probezeit den Status zu erwerben; eine solche Sonderkompetenz ist – als Teil der Veteranenpräferenz – die Veterans Readjustment Authority (vgl. auch Veteranenpräferenz).

1.3 Ausgenommener öffentlicher Dienst (Excepted Service)

Positionen im Excepted Service sind nicht klassifizierte Positionen im öffentlichen Dienst außerhalb des SES, die von den Anforderungen des öffentlichen Dienstes unter Wettbewerbsbedingungen durch Gesetz, Executive Order oder OPM Vorschriften ausgenommen wurden (5 U.S.C. 2103 und 5 CFR part 213). Positionen im Excepted Service sind von allen oder den meisten Gesetzen für den öffentlichen Dienst ausgenommen und unterliegen grundsätzlich nicht dem Zugriff des OPM.[503] Für Positionen im Excepted Service entwickelt jede Behörde auf der Basis allgemeiner Vorschriften eigene Einstellungsverfahren. Beschäftigte im Excepted Service sind von den Einstellungsregeln für den Competitive Service ausgenommen; sie können jedoch auch von anderen Regeln des Title 5 U.S.C. ausgenommen sein, wie z. B. von denen für Klassifikation, Bezahlung, Urlaub und Ruhestand. Die Ausnahmen sind unter vielfältigen Umständen und Gründen erfolgt, sind uneinheitlich und nicht systematisch darstellbar.[504] Im September 1999 waren 50,4 % des öffentlichen Dienstes, etwa 1,4 Millionen Mitarbeiter, im Excepted Service. Diese Zahl setzt sich zusammen aus 31,5 % Postbeschäftigten und 18,9 % anderswo beschäftigten Mitarbeitern[505]. Bleiben wieder die Postbeschäftigten außer Betracht, so gehörten 1998 23 % der Beschäftigten des öffentlichen Dienstes zum Excepted Service und zum SES.[506] Dabei können ganze Behörden, Mitarbeiter, die durch autorisierte Einstellungskompetenzen (hiring authorities) eingestellt wurden und auch bestimmte Klassen von Positionen ausgenommen sein. Zu den Behörden, deren Beschäftigte ausgenommen sind, gehören die Tennessee Valley Authority (TVA), das Federal Bureau of Investigation (FBI), die Central Intelligence Agency (CIA) und der Postservice[507], das General Accounting Office (GAO) sowie viele Arbeitsplätze in der Verwaltung von Legislative und Judikative.[508]

---

502 MSPB, Restoring Merit, S. 3; Rule of Three, S. 13 ff, vgl. auch unter Teil 2, A. II. 2.1.2

503 U. S. Office of Personnel Management, Field Office Seattle, unveröffentlichte Unterlagen

504 GAO, The Excepted Service, S. 23

505 Zahl inkl. SES, OPM, Employment And Trends, S. 9

506 OPM, Fact Book, S. 15

507 OPM,Veterans, S. 3

508 Ausführliche Liste im Internet unter: http://www.usajobs.opm.gov/b1g.htm; vgl. auch OPM, Employment And Trends, S. 9

Die Vielfältigkeit der Gründe für die Schaffung ausgenommener Positionen und Behörden zu verschiedenen Zeiten kann hier nur beispielhaft angerissen werden: Mit der Unterstellung der TVA und des Postdienstes unter den Excepted Service wurde das Ziel verfolgt, diese Behörden wie Wirtschaftsunternehmen zu führen. Der Postservice war historisch der größte und der am stärksten politischer Ämterpatronage unterliegende Beschäftigtenbereich und erst durch den Ramspeck-O'Mahoney Postmaster Act im Juni 1938 jedenfalls teilweise den Leistungsprinzipien unterstellt worden. Durch den Postal Organization Act von 1970 wurde er als unabhängige Einrichtung des öffentlichen Sektors etabliert und die Beschäftigten des Postdienstes fallen seitdem in die Kategorie des Excepted Service.[509] FBI und CIA wurden aus Gründen der nationalen Sicherheit ausgenommen; so sollte die CIA Mitarbeiter entlassen können, ohne sich dafür vor dem Mitarbeiter oder dem Merit Systems Protection Board rechtfertigen zu müssen.[510] Im Ministerium für Veteranenangelegenheiten wurden Ärzte und Krankenschwestern ausgenommen, weil nach diesen Fachkräften eine hohe Nachfrage herrschte.[511] Die Federal Aviation Administration wurde gesetzlich im Jahre 1995 ausgenommen[512], um so die Grundlage für eine höhere Bezahlung der Beschäftigten zu schaffen.[513] Es gibt (und gab) viele autorisierte Einstellungskompetenzen; die darunter eingestellten Mitarbeiter gehören ebenfalls zum Excepted Service, wie z. B. die Veterans Readjustment Act Appointments, die Panama Canal Employment Service appointing authority und der Auswärtige Dienst.[514] Wie bereits erwähnt gehören zu den ausgenommenen Kategorien (Schedules) von Arbeitsplätzen im Excepted Service die nach den Schedules A, B und C vergebenen Arbeitsplätze: Nach Title 5 CFR Abschnittt 213 ist das OPM berechtigt, Behörden und Ministerien zu Einstellungen unter den Schedules A, B und C zu autorisieren.[515] Schedule A ist eine vom OPM an die Behörden vergebene Kompetenz zur Besetzung von Positionen, die weder eine besondere Vertrauensstellung darstellen, noch politisch sensibel und nicht im SES[516] sind und für die die Durchführung von Prüfungen im Wettbewerb als nicht sinnvoll angesehen wird. Einstellungstests für diese Positionen meinen die Anwendung vorher festgelegter Qualifikationsstandards und Anforderungen des wettbewerbsorientierten öffentlichen Dienstes auf die einzelnen Bewerber, ohne dass diese miteinander konkurrieren. So werden z.B. die Positionen für Pfarrer und Juristen[517] sowie der Teilnehmer des Presiden-

509 GAO, The Excepted Service, S. 12 Anm. 9; van Riper, S. 337 f
510 GAO, The Excepted Service, S. 29
511 GAO, The Excepted Service, S. 4
512 GAO, The Excepted Service, S. 3
513 GAO, The Excepted Service, S. 6
514 GAO, The Excepted Service, S. 6
515 GAO, The Excepted Service, S. 24
516 vgl. Teil 2 B
517 GAO, The Excepted Service, S. 24; Zur Profession der Juristen in der Verwaltung bis 1970 vgl. Wollan, S. 105

tial Management Intern Program als Schedule A Positionen geführt.[518] Schedule B ist eine vom OPM an Behörden vergebene Kompetenz zur Besetzung von Positionen, die keine besondere Vertrauensstellung darstellen, nicht politisch sensibel und nicht im SES sind und für die die Durchführung von wettbewerbsorientierten Prüfungen als nicht sinnvoll angesehen wird. Einstellungen unter dieser Kompetenz müssen den grundlegenden Qualifikationsstandards genügen, die OPM für den jeweiligen Rang und Aufgabenbereich festgelegt hat. Auf diese Weise werden zum Beispiel Studenten im Rahmen besonderer Kooperationsprogramme eingestellt.[519] Diese Beschäftigten werden mit GS 5 bis GS 7 eingestellt und sind nicht Teil des Karrieredienstes, bis sie in einem Verfahren unter Wettbewerbsbedingungen nach GS 9 aufsteigen (*'conversion'*)[520]. Das Bestehen eines leistungsorientierten Wettbewerbs vor dem Einstieg in das Leistungssystem ist eine pro forma Voraussetzung: rund 97 % aller Schedule B Beschäftigten, die sich dem Test unterzogen, wurden in das Leistungssystem überführt.[521] Bei nach Schedule C vergebenen Arbeitsplätzen[522] handelt es sich um besondere Vertrauensstellungen oder politische bedeutsame Stellen oder es ist eine enge und vertrauensvolle Zusammenarbeit mit dem Behördenleiter oder anderen politischen Schlüsselfiguren gefordert.[523] Die Entscheidung, eine Position nach Schedule C zu vergeben, wird auf Antrag der Behörde vom Direktor des OPM getroffen; geregelt wird die Schedule C-Kompetenz im CFR Title 5, Abschnitt 213. Die so eingestuften Stellen fallen automatisch weg, wenn der Stelleninhaber die Position verlässt, so dass es keine vakanten Schedule C Stellen gibt.[524] Ziel der Herausnahme bestimmter Behörden, Berufsgruppen, Positionen oder Einstellungskompetenzen war zum Zeitpunkt der Regelung stets, mehr Flexibilität zu erreichen. Nicht selten fördern Untersuchungen in jüngerer Zeit zutage, dass die Gründe, die früher zur Herausnahme geführt hatten, nicht mehr existieren.[525] Will man das in einem Ministerium oder einer Behörde herrschende Personalsystem beschreiben, so ist die Identifikation des Einstellungsverfahrens und der Einstellungskompetenz nur der erste Schritt. In einer Durchsicht des Title 5 des U.S.C. und anderer Title müssen die Teile des öffentlichen Dienstrechts ermittelt werden, von denen die Behörde ausgenommen ist, und die Standards, die für diese Behörde festgelegt wurden. Ausführungsbestimmungen können wiederum im CFR zu finden sein. Zusätzlich kann das Personalsystem von Vereinbarungen mit Gewerkschaften beeinflusst sein, wie z. B. bei TVA, die mit Gewerkschaften in Angele-

---

[518] GAO, Testing, S. 7

[519] OPM, Unveröffentlichte Unterlagen

[520] Ban/Ingraham, Life after PACE, S. 708, 709; vgl. dazu oben Teil 1 B III 2.2.2

[521] MSPB, Hiring, S. i

[522] OPM, Employment And Trends, S. 9

[523] GAO, The Excepted Service, S. 24

[524] U. S. Government, Committee on Government Reform and Oversight, S. 251; GAO, The Excepted Service, S. 24

[525] GAO, The Excepted Service, S. 29 f

genheiten der Bezahlung, Stellenklassifikation und Krankenversicherung verhandelt.[526] Festzuhalten ist, dass Einstellung und Beschäftigung im Excepted Service bedeuten, dass dieses Personal nicht formell unter das vor allem in Title 5 U.S.C. geregelte Merit-System fällt; dennoch arbeitet auch dieses Personal überwiegend unter einem dem Merit-System weitgehend ähnlichen Regelwerk. 90 % aller Positionen im Bundesdienst unterfallen dem Merit-System oder einer dieser Varianten[527].

2. Das Bundespersonal in der Statistik

Der „typische" Mitarbeiter in der Bundesverwaltung war 1998 45,6 Jahre alt und seit 16,6 Jahren in der Verwaltung tätig; 40 % der Beschäftigten verfügten mindestens über den akademischen Grad eines Bachelor oder höher. 56 % der Beschäftigten waren Männer, der Minoritätenanteil betrug 29,7 % (davon 16,7 % Afro-Amerikaner). Der Behindertenanteil lag seit 1988 bei 7 %.
Die durchschnittlich bekleidete Position der Vollbeschäftigten im General Schedule lag bei GS 9,51 (1960: 6,73; 1970: 7,87: 1980: 8,16; 1988: 8,4) auf einer Skala bis GS 15 (ohne SES); in Washington D. C. bei 11,1.[528] Die weit überwiegende Mehrheit der Beschäftigten, nämlich 84,2 %, war im September 1999 unbefristet in Vollzeit tätig, 4,9 % arbeiten in Vollzeit auf befristeten Stellen, nur 6,5 % waren teilzeitbeschäftigt und 4,4 % arbeiteten unregelmäßig nach Bedarf.[529] In Washington D. C. waren 15 % der Mitarbeiter beschäftigt.[530]

II. Rekrutierung und Testverfahren

1. Vorbildung

Bereits 1887 betonte Woodrow Wilson die Unentbehrlichkeit einer Fachausbildung für die Beschäftigten des öffentlichen Dienstes:

„...The object of administrative study is to rescue executive methods from the confusion and costliness of empirical experiment and set them upon foundations laid deep in stable principle. ...It will be necessary to organize democracy by sending up to the competitive examinations for the civil service men definitely prepared for standing liberal tests as to technical knowledge. A technically schooled civil service will presently have become indispensable."[531]

---

[526] GAO, The Excepted Service, S. 34 f
[527] Lee, S. 23
[528] OPM, Fact Book, S. 26, 14
[529] OPM, Employment and Trends, S. 8
[530] OPM, Fact Book, S. 14 f
[531] Wilson, Woodrow, S. 66, 73, 78

Der öffentliche Dienst auf Bundesebene ist Arbeitgeber für Beschäftigte vieler Berufsgruppen. Ingenieure, Ärzte, Juristen und andere durchlaufen die für ihren Bereich übliche Ausbildung an den Universitäten und besonderen Schulen. In der allgemeinen Verwaltung ist das amerikanische System offen für alle Bewerber, bestimmte Vorbildungen sind je nach angestrebtem Arbeitsplatz erforderlich. Mary Alice Kline berichtete, dass nur etwa 20 % der Stellenbesetzungen bestimmte formale Bildungsabschlüsse voraussetzen. In allen anderen Bereichen sei entscheidend, ob die Bewerber die erforderlichen materiellen Qualifikationen besäßen, gleichgültig, ob sie diese in Schulen, Colleges, in der Arbeit als Freiwillige (volunteers) in einer Organisation oder an einem beliebigen Ort erworben hätten, „schließlich könne ein Revolutionär ohne formale Kompetenzen ein brillianter freier Redner sein.“[532]
Eine Einteilung in Laufbahnen wie höherer, gehobener und mittlerer Dienst oder in Statusgruppen wie Beamte, Angestellte und Arbeiter gibt es nicht.[533] Es existieren jedoch auch speziell auf eine Ausbildung im Bereich öffentliche Verwaltung zugeschnittene Ausbildungsprogramme. Bereits High-School Schülern wird mancherorts die Möglichkeit geboten, schulbegleitend Kurse zu besuchen, die allgemeine und verwaltungsspezifische Kenntnisse vermitteln und eine Einstellung in die Verwaltung bei erfolgreichem Absolvieren des Programms garantieren.[534]

1.1 Graduiertenprogramme im Bereich der öffentlichen Verwaltung

Die Universität von Pennsylvania und die Columbia Universität boten Veranstaltungen in öffentlicher Verwaltung bereits 1888 an; die Universität von Chicago berief 1899 den ersten Professor für öffentliche Verwaltung. Angebot und Nachfrage in diesem Studiengebiet stiegen mit den Anforderungen, die der öffentliche Dienst an die Bewerber stellte: 1938 wurden Personalreferate in den Bundesministerien eingerichtet und eine Eingangsprüfung für allgemeine Verwaltungspositionen eingeführt.[535] Das erste Graduiertenprogramm in Public Administration wurde in den 30er Jahren an der Syracuse University eingerichtet.[536] Im akademischen Jahr 1952/53 boten bereits über hundert Colleges und Universitäten Graduiertenprogramme in diesem Bereich an[537]. 1970 wurde von der American Society for Public Administration (ASPA) die National Association of Schools of Public Affairs and Administration (NASPAA) gegründet; diese sollte die Entwicklung von Ausbildungsprogrammen

---

532 Mary Alice Kline, OPM, Service Center Seattle, Director, im Gespräch mit der Verfasserin in Seattle/WA/USA am 14. Juni 1999
533 NASPAA, S. 292; Becker/Welz, S. 231, 238
534 Gavin, S. 5, 6; Barkume, S. 8, 9
535 Lynn, Public Management, S. 27
536 Conant/Housel, S. 5, 6
537 Van Riper, History, S. 430 f

auf Universitätsniveau im Bereich öffentliche Verwaltung fördern und Standards im Hinblick auf ihre Qualität und Struktur entwickeln. Mindestanforderungen an die zu belegende Stundenzahl und anzubietende Kernfächer wurden 1975 festgelegt. Im Jahr 2000 waren 245 Ausbildungseinrichtungen mit Schwerpunkt in der öffentlichen Verwaltung Mitglieder bei der NASPAA. Seit 1986 hat die NASPAA das Recht, Graduiertenprogramme in öffentlicher Verwaltung zu akkreditieren,[538] 1989 waren 90 Master's Programme akkreditiert.[539] Die Akkreditierung ist nicht Voraussetzung für die Mitgliedschaft in der NASPAA; 1995 waren 51 %, 2000 sind 57 % der Mitglieder von der NASPAA akkreditiert.[540] Die Akkreditierung gilt für fünf Jahre und kann erneuert werden; fehlende Akkreditierung ist kein Zeichen für die niedrige Qualität der Ausbildung an der betreffenden Hochschuleinrichtung: Im Jahre 1995 befanden sich auch die ausgezeichneten Graduiertenprogramme der Harvard JFK School of Government und der Woodrow Wilson School an der Princeton University unter den nicht akkreditierten Mitgliedern.[541] Abschlüsse können vor allem als Master of Public Administration, aber auch als Master of Public Affairs, Public Policy u.a. erworben werden.[542]

Die Entwicklung der Studentenzahlen der NASPAA-Mitglieder spiegelt die „Konjunktur" des öffentlichen Dienstes insgesamt: Während in den 70er Jahren die Zahl der Studenten von 11.000 im Jahre 1972 bis 1978 auf mehr als 28.000 anstieg, sank diese Zahl zwischen 1978 und 1982 um ca. 25 % auf rund 21.000.

Seit Ende der 80er Jahre steigen die Studentenzahlen wieder und 1993 nahmen 27.000 Studenten an Graduiertenprogrammen in öffentlicher Verwaltung teil.[543] Die Zahlen für das akademische Jahr 1997/98 zeigen, dass sich die Studentenzahlen auf diesem Niveau in etwa stabilisiert haben; in diesem Studienjahr erhielen 9.947 Studenten einen Masters-Degree (62 % Frauen, 29 % Minoritäten) und 274 (43 % Frauen, 22 % Minoritäten) ein Doctorate in Programmen für Public Administration and Affairs.[544] Diese Entwicklung der Zahlen korreliert mit den gegen die öffentliche Verwaltung gerichteten Stimmungen zunächst unter Präsident Carter (1976–1980) und verstärkt unter Präsident Reagan (1980-1988). MPA Programme richten sich an die Zielgruppe der Führungskräfte und Mitarbeiter aller staatlichen Verwaltungsebenen und der gemeinnützigen Organisationen. Sie richten sich über die Menschen hinaus, die bereits im öffentlichen Sektor tätig sind, auch an die sogenannte pre-service Gruppe, also auch an die Menschen, die noch nicht in der öffentlichen Verwaltung tätig sind und nach Erlangen eines Bachelor Grades ihre Ausbildung fortsetzen wollen.

---

538 Pugh, S. 1, 4; NASPAA, Accreditation, http://www.naspaa.org/accred.htm
539 Roeder/Whitaker, S. 512, 516
540 Conant/Housel, S. 5, 6 FN5; NASPAA, Accreditation, http://www.naspaa.org/accred.htm
541 Conant/Housel, S. 5, 6 FN5
542 zum Vergleich des Verwaltungsstudiums in den USA und in Kontinentaleuropa siehe: König
543 Conant/Housel, S. 5, 7
544 NASPAA, Enrollment and Degrees, http://www.naspaa.org/sur98-3.htm und http://www.naspaa.org/sur98-4.htm

25 % - 35 % der jährlich zugelassenen Studenten gehören dieser pre-service Gruppe an.[545] Mit diesen Zahlen deckt sich die bei der Analyse des Verwaltungspersonals der Bundesverwaltung anhand einer Stichprobe von 1 % des Personals erworbene Erkenntnis, dass 70 % der Beschäftigten mit MPA Abschlüssen diese nach Eintritt in den öffentlichen Dienst erworben hatten.[546] Für die Zulassung wird ein undergraduate Abschluß mit einer von der Schule festgelegten Mindestnote verlangt und teilweise noch ein bestimmtes Ergebnis im Graduate Record Exam.[547] Die Graduiertenprogramme werden meist von einem Institut für Politikwissenschaft angeboten, aber auch von Instituten für Public Affairs oder Sozialwissenschaft, Wirtschaftsschulen u.a.m.[548] Angeboten werden Veranstaltungen in den Bereichen öffentliche Verwaltung, Verwaltungswissenschaft, Handlungsformen öffentlicher Verwaltung, Forschungsmethoden, quantitative Analyse öffentlicher Verwaltung, Personalverwaltung, öffentliche Finanzwirtschaft, Politikanalyse, Amerikanische Politik, Wirtschaft, Computertechnik, Recht. Möglichkeiten der Spezialisierung bestehen weiter in den Bereichen Finanzen, öffentliches Management, Personalmanagement, Politik, öffentliches Gesundheitswesen, Kommunalverwaltung, Justizverwaltung[549].
Veröffentlichungen der NASPAA zeigen, daß der Anteil von Verwaltungsangehörigen mit Abschlüssen in öffentlicher Verwaltung im Bundesdienst sehr gering ist: Nur 1 % der neu angestellten Staatsdiener haben einen solchen Abschluß, im Federal senior executive - Bereich sind es 4 %[550]. Die oben erwähnte Stichprobenanalyse der Bundesverwaltung aus dem Jahre 1982 hat gezeigt, dass ein Graduiertenabschluß in Public Administration den Fortgang einer Karriere in der Bundesverwaltung positiver beeinflusst als die meisten anderen Abschlüsse auf dieser Ebene; er fördert das Fortkommen des Mitarbeiters mindestens so stark wie ein Abschluß in Business Administration.[551] Insgesamt werden aber verhältnismäßige wenige neue Mitarbeiter in die Bundesverwaltung eingestellt, die über einen Abschluß in öffentlicher Verwaltung verfügen: Während im akademischen Jahr 1988/89 etwa 8.500 Studenten Abschlüsse in öffentlicher Verwaltung erwarben, lag der Anteil der Neueingestellten mit Abschlüssen in öffentlicher Verwaltung in der Bundesverwaltung in den Jahre 1989 und 1990 unter 3 %. Die 462 Mitarbeiter mit einem Abschluß in öffentlicher Verwaltung, die in die Bundesverwaltung in den fiskalischen Jahren 1989 und 1990 eingestellt wurden, stiegen durchschnittlich auf der GS-Hierarchieebene 8,8 ein, wobei Mitarbeiter mit einem Bachelor-Grad bei 7,3 % anfingen und mit einem Masters-Abschluß bei 9,0.[552]

---

545 Conant/Housel, S. 5, 10
546 Lewis, S. 397, 412
547 Conant/Housel, S. 5, 10
548 Cleary, Masters Programs, S. 663, 664
549 Cleary, Masters Programs, S. 663, 665
550 NASPAA, S. 292
551 Lewis, S. 397, 408 ff
552 Cleary, Federal Hiring, S. 265, 266 f

1.2 Wer wird Bewerber? - Die Attraktivität der Bundesverwaltung als Arbeitgeber

Möglichkeiten und Ergebnisse optimaler Rekrutierung werden nicht nur durch Testmethoden und Anti-Diskriminierungsprogramme bestimmt, sondern grundlegend auch von den Menschen, die an einer Karriere in der öffentlichen Verwaltung überhaupt interessiert sind und sich daher dem Rekrutierungsprozeß unterziehen.
Die Entscheidung für eine Tätigkeit in der Verwaltung wird nicht nur durch Neigungen und finanzielle Erwartungen beeinflusst, sondern nicht zuletzt auch von dem Bild, das von einer Großorganisation in der Öffentlichkeit herrscht.
Je mehr fachliche und intellektuelle Fähigkeiten ein potentieller Bewerber besitzt, desto mehr Auswahl unter möglichen Arbeitgebern wird er haben, und in dieser Situation einen Arbeitgeber auszuwählen, dessen Beschäftigte ein permanent schlechtes Image ertragen müssen - verbunden mit deutlich niedrigeren Einkünften als im privaten Sektor -, führt wohl eher Verwaltungsenthusiasten zu dieser Entscheidung. Ein Collegeabsolvent beschrieb seine Gründe dafür, sich nicht für eine Tätigkeit in der Bundesverwaltung zu bewerben, wie folgt :

„Three observations on why the federal government isn't attractive: (1)...the public's attitude has been that government is the problem, not the solution. Why be part of the problem?; (2) if you're coming out of college $ 50.000 in debt, you need a job that pays enough...Federal jobs are not perceived to offer sufficient salaries, (and) (3) public perception is that the more glamorous jobs always go to political appointees, not those who work their way up through the organization. More opportunities for advancement exist in private sector job."[553]

Die Rekrutierung fähiger Arbeitnehmer, Collegeabsolventen und andere Absolventen von Graduiertenprogrammen, war denn auch in den Zeiten am erfolgreichsten, in denen die Bundesverwaltung als engagiert, aufregend und innovativ wahrgenommen wurde, nämlich im New Deal, im 2. Weltkrieg, der Kennedy-Administration und der Johnson-Administration mit dem Programm der Great Society.[554] Insbesondere in den 70er und 80er Jahren haben erfolgreiche Präsidentschaftskandidaten wie Carter und Reagan mit ihren Feldzügen gegen die Bürokratie nicht nur die Moral der bereits Beschäftigten, sondern auch die Attraktivität des öffentlichen Dienstes als mögliche Karriere erheblich vermindert[555], indem der öffentliche Dienst für fast alles, das im Government schief ging, als Prügelknabe diente - und damit das *'universal bad guy image'*[556] hatte. Berufsberater in Colleges und Universitäten stellen geringes Interesse der Absolventen an einer Tätigkeit in der Verwaltung des Bundes fest. Sie nennen als

---

[553] GAO, College Campuses, S. 13 f
[554] Fesler/Kettl, S. 121
[555] Ingraham, Federal Recruitment, S. 13, 14; Lee, S. 110
[556] Stahl/McGurrin, S. 9, 11; Cigler, S. 637, 638

Gründe für dieses Desinteresse niedrige Anfangsgehälter, die mit denen im privaten Sektor nicht vergleichbar sind, komplizierte und langandauernde[557] Bewerbungsverfahren, ineffektive Werbung und fehlende Anstrengungen im Bereich Rekrutierung durch die Bundesverwaltung, schlechtes Image von Tätigkeit und Beschäftigten in der Bundesverwaltung sowie Informationsmangel über Beschäftigungsmöglichkeiten im öffentlichen Dienst. Die Absolventen selbst begründeten die fehlende Bewerbung in der Bundesverwaltung vor allem mit einem Mangel an Information über berufliche Möglichkeiten und offene Stellen in der Bundesverwaltung, den niedrigen Anfangsgehältern, dem abschreckenden Bewerbungsverfahren und der Abwesenheit von Personalwerbern aus der Bundesverwaltung auf dem Campus.[558] Sie sahen im privaten Sektor vor allem bessere Möglichkeiten für die eigene Karriere, größere Beförderungschancen, mehr Gelegenheit zur Anwendung ihrer Ausbildung und Kenntnisse sowie zu interessanteren Aufgaben.[559] Sogar in der Gruppe derer, die bisher noch keinen Arbeitsplatz gefunden hatten, wollten sich 70 % nicht in der Bundesverwaltung bewerben.[560] Collegeabsolventen geben als Quellen für ihre Haltung nur in seltenen Fällen Informationen aus erster Hand an, für ihre Meinungsbildung sind fast ausschließlich allgemeine Beobachtungen und Überzeugungen maßgeblich, die wiederum stark davon beeinflusst werden, wie die Bundesverwaltung in den Medien dargestellt wird.[561] Die Berichterstattung aber wird sehr stark von der Haltung geprägt, die der Präsident öffentlich gegenüber der Bundesverwaltung einnimmt. Mit der öffentlichen Herabsetzung der Bundesverwaltung können Präsidenten deren Qualitäten tendenziell also auf Dauer nur verschlechtern. Die Attraktivität der Verwaltung leidet zusätzlich in Phasen, in denen in starkem Maße Personal abgebaut wird und damit langfristige Verlässlichkeit nicht gewährleistet erscheint. In einer Umfrage unter den Karrieremitgliedern des SES aus dem Jahre 1984 beantworteten 72 % der Befragten die Frage, ob sie ihren Kindern zu einer Tätigkeit im öffentlichen Sektor raten sollten, mit Nein.[562] 1988 waren nur 13 % der Karrieremitglieder des SES der Ansicht, dass sie eine Karriere im öffentlichen Sektor jungen Leuten als Berufsweg empfehlen würden.[563] Das OPM stellt viele Möglichkeiten – insbesondere über das neue Medium Internet - für an einer Beschäftigung in der Bundesverwaltung Interessierte bereit, mit deren Hilfe sie sich über die Modalitäten der Bewerbung, offene Stellen und erforderliche Kenntnisse informieren können.[564] Darüber hinaus können sich Interessierte über die allgemein vom Ministerium für Arbeit organisierten Stellen informieren, z. B. in Regi-

---

[557] GAO, College Campuses, S. 4-6
[558] GAO, College Campuses, S. 12 ff
[559] GAO, College Campuses, S. 8 ff
[560] GAO, College Campuses, S. 11
[561] GAO, College Campuses, S. 14, 18
[562] Levine, Administrative Legacies, S. 195, 202
[563] Ventriss, Challenge, S. 275, 275
[564] GAO, College Campuses, S. 16 f; OPM, Veterans, S. 12 f

onalzentren, in denen Arbeitssuchende sich beraten und registrieren lassen können, mit angeschlossener Bibliothek und Zugang zu Textverarbeitungsprogrammen zum Erstellen von Bewerbungsunterlagen (One-Stop Career Centers).[565] Während es an Informationsmöglichkeiten nicht mangelt, bestehen doch ersichtlich Schwächen darin, die verfügbaren Informationen den möglichen Interessenten zugänglich zu machen. Das OPM ist bestrebt, diese Kommunikationsschwierigkeiten zu beheben, steht aber vor dem Problem, verstärkte Rekrutierungsbemühungen mit der Tatsache in Einklang bringen zu müssen, dass die Bundesverwaltung weiterhin starken Personaleinsparungen entgegensieht.[566] In einer repräsentativen Umfrage unter den Beschäftigten der Bundesverwaltung insgesamt meinten 1992 67 %, dass sie die Bundesverwaltung als Arbeitsplatz empfehlen könnten, während es 1996 nur noch 57 % waren, obwohl auch 1996 die allgemeine Zufriedenheit mit dem Arbeitsplatz seit 1992 unverändert hoch um 70 % lag.[567]
Die Bundesverwaltung hat unter der Clinton-Administration eine Zeit ohne gezielte Angriffe auf das Verwaltungspersonal durchlebt – die Reformen der NPR sind auf Abbau bürokratischen Ballasts und Aufweichung verkrusteter Strukturen gerichtet, nicht auf die Herabsetzung des Personals. Die Zufriedenheit mit dem Arbeitsplatz ist hoch; eine Tatsache, die die Attraktivität der Bundesverwaltung als Arbeitgeberin jedoch noch nicht einmal in den Augen ihrer eigenen Arbeitnehmer zu steigern vermocht hat. Die Vermutung, dass die starken Personaleinsparungen in der Öffentlichkeit stärker wahrgenommen wurden als die übrigen Reformen und dass dies dazu geführt hat, einen Arbeitsplatz in der Verwaltung als unsicher wahrzunehmen, liegt nahe. Die Attraktivität der Bundesverwaltung als Arbeitgeberin dürfte danach erst recht nicht in den Augen der potentiellen Interessierten gestiegen sein. Das MSPB hat 1996 festgestellt, dass offenbar die durchschnittliche Qualität der Bewerber sinkt, ohne dass dies bereits bei den Einstellungen spürbar wäre, weil zur Zeit nur wenige Einstellungen durchgeführt werden. Dieser Trend kann sich bei wieder steigenden Einstellungszahlen - insbesondere bei gleichbleibend guter allgemeiner Wirtschaftslage - auf das Niveau des Bundespersonals negativ auswirken. Das MSPB mahnt daher die Förderung der Attraktivität der Bundesverwaltung als Arbeitgeberin auch in Zeiten der Personaleinsparungen an.[568]

2. Stellenbesetzungen in der Bundesverwaltung

Die Verfahren der Personalauswahl für den Bundesdienst sind vielfältig und unübersichtlich. Unterschiede liegen vor allem in der Zentralität der Entscheidungen

565 Barkume, S. 8 ff
566 GAO, College Campuses, S. 17
567 MSPB, Employee Perspectives, S. 26, 28
568 MSPB, Employee Perspectives, S. 24, 26

und den Bevorzugungsregelungen. Seit dem Civil Service Reform Act 1978 (CSRA) wurden Kompetenzen zur Durchführung von Stellenbesetzungsverfahren vermehrt insbesondere auf solche Verwaltungseinheiten übertragen, die für sie typische spezielle Kenntnisse benötigen. Stellen durften nach Prüfung der Bewerber ohne Wettbewerb auch dezentral vergeben werden, wenn die Bewerberzahl gering oder der örtliche Arbeitsmarkt leer war[569]. Ohne direkte Wettbewerbsorientierung ist auch das "*Outstanding Scholar Program*", mit dem Behörden auf Eingangspositionen Mitarbeiter einstellen können, die bestimmte hervorragende Notendurchschnitte im College hatten.[570] Spezielle Einstellungsprogramme wurden außerdem entwickelt, um die bevorzugte Einstellung bestimmter Bevölkerungsgruppen zu fördern, z.B. Behinderter oder Veteranen. Einstellungen oberhalb der Eintrittsgrade (GS 5, GS 7) konnten ebenfalls an die einzelnen Behörden delegiert werden (GS 9, 11 full performance level)[571]. Es existierten sowohl zentrale - vom OPM - als auch dezentrale - von den Behörden - entwickelte und durchgeführte Programme, mit denen Menschen - einzeln oder im Wettbewerb - für Einstiegspositionen ausgewählt und dann formal zusammengefaßt als Klasse ausgebildet wurden. Durch die in den 90er Jahren auch auf dieses Gebiet erstreckte Dezentralisierung hat sich die Lage noch einmal diversifiziert. Das OPM führte bis 1996 ca. 3/5 der Auswahlverfahren durch, die einzelnen Ministerien und Behörden führten die übrigen Tests auf der Grundlage delegierter Kompetenz durch[572]. Seitdem sind die Einstellungskompetenzen – Vorschlägen der NPR folgend – stark delegiert und dezentralisiert worden.[573] Das OPM führt weiter zentral das Presidential Management Internship (PMI) Programm durch, indem es Menschen auswählt, die ein Masters-Ausbildungsprogramm gerade abgeschlossen haben. Die beteiligten Behörden treffen als 'Endabnehmer' die endgültige Auswahl und die jungen Trainees werden sodann in verschiedenen Stationen eingesetzt und in gemeinsamen Seminaren ausgebildet[574]. Die Einstellungen in den öffentlichen Dienst und damit auch die Zusammensetzung des Personalkörpers sind immer stark von den Einstellungstests sowie von weiteren Regeln – wie der Veteranenpräferenz – geprägt worden, die im Verfahren angewandt wurden und deren Entwicklung und Auswirkungen im folgenden dargestellt werden.

2.1 Determinanten der Personalauswahl

Neben der in schriftlichen Tests und Gesprächen ermittelten Leistung oder Ausbildung/Erfahrung des Bewerbers nehmen noch andere Faktoren großen, manch-

---

569 Ban, Public Managers, S. 126
570 Ingraham, Federal Recruitment, S. 13, 15
571 Ban, Public Managers, S. 147
572 Fesler/Kettl, S. 115
573 dazu unter Gliederungspunkt A.II.2.6
574 Ban, Public Managers, S. 127 f

mal entscheidenden Einfluß auf die Auswahl. Dazu gehören vor allem gesetzlich fixierte Regeln für die Bevorzugung von Veteranen sowie Regeln zur Gleichbehandlung aller Bewerber in Verbindung mit dem Versuch, unterrepräsentierte Minoritäten und Bevölkerungssegmente stärker zu berücksichtigen[575] und damit das allgemeine Ansehen der öffentlichen Verwaltung in der Öffentlichkeit zu stärken.

2.1.1 Bevorzugung von Veteranen (Veterans' preference)

In den Vereinigten Staaten werden Veteranen bei der Vergabe von Positionen auf Eintrittsebene (*entry-level positions*) im Staatsdienst bevorzugt. Diese Praxis geht zurück auf die Zeit des Bürgerkrieges[576]. Sie wird bis heute damit begründet, dass diese Bevorzugung Personen zugute kommt, die aufgrund ihres Kriegsdienstes für die Nation eine Zeitlang nicht am zivilen Arbeitsmarkt teilnehmen konnten und in deren Schuld die Nation daher steht[577]. Zudem stellt die Präferenz einen Ausgleich für die niedrigen Militäreinkünfte dar und hilft bei der Eingliederung in das Zivilleben[578]. Bevor es überhaupt formale Auswahltests für Stellungen im öffentlichen Sektor gab, wurde schon Veteranen bei der Einstellung Priorität gegeben. Nach der Einführung des Merit-Systems und der damit verbundenen Tests durch den Pendleton Act von 1883 erhielten Veteranen Zusatzpunkte auf erzielte Testergebnisse. Nach dem 1. Weltkrieg stieg die Zahl dieser Bewerber stark an und obwohl das Bevorzugungssystem stark kritisiert wurde, wurde es im Jahre 1919 auch auf Angehörige von Veteranen (Ehefrauen, Witwen, Mütter) ausgedehnt. Kriegsversehrte Veteranen waren berechtigt, an der Spitze jeder Auswahlliste zu stehen und hielten 1923 einen Anteil von 34,12 % am Bundespersonal.[579] Der Veterans' Preference Act von 1944[580] schuf die Grundlage für die bis zum heutigen Tage bestehenden Bevorzugungsregeln. Das OPM überwacht die Beachtung der Veteranenrechte nach den Regeln der Title 5 U.S.C. und Title 38 U.S.C..Während beide Regelungen gleiche Formulierungen verwenden, werden sie doch unterschiedlich ausgelegt: Title 5 –„*Service during a war*"- legt fest, dass es sich um einen Dienst während eines Krieges gehandelt haben müsse; dies ist stets so ausgelegt worden, dass es sich um einen Krieg handeln muss, der vom Kongress erklärt worden sei. Dies ist zuletzt im Zweiten Weltkrieg geschehen. Title 38 und seine Formulierung „*period of war*" wird so ausgelegt, dass davon auch nicht erklärte Kriege wie Korea, Vietnam und der Golfkrieg erfasst

---

575 Fesler/Kettl, S. 116 f

576 Lee, S. 128

577 Ingraham, Foundation of Merit, S. 40 f

578 Lee, S. 128

579 Van Riper, History, S. 269 f

580 58 Stat. 33 (1944), abgedruckt in Mosher, Basic Documents, S. 167 ff; CSC, Biography, S. 73

werden.[581] In den zwei Jahren, die auf das Kriegsende in Japan folgten, hielten die Bewerber mit Veteranenpräferenzen einen Anteil von 57 % an den Einstellungen in die Bundesverwaltung.[582]
Im Wettbewerb um Eingangspositionen in der Bundesverwaltung erhalten Veteranen fünf Zusatzpunkte, kriegsversehrte Veteranen erhalten zehn Zusatzpunkte (Section 3); Zusatzpunkte erhalten auch Ehefrauen/-männer und Mütter von kriegsversehrten oder gefallenen Soldaten/Soldatinnen sowie die nicht wiederverheirateten Witwen und Witwer[583], wobei 1947 durch Executive Order 9829 vom 24. Februar festgelegt worden war, dass Bewerber ohne Präferenz mindestens siebzig Punkte (passing point) und die Veteranen abgestuft entsprechend weniger Punkte aufweisen mussten.[584]
Seit 1953 müssen Veteranen Einstellungstests bestanden haben, also den „passing point" erreicht haben, um in den Genuß der Zusatzpunkte zu kommen[585]. Durch Gesetz oder Verkündung durch den Präsidenten werden die Gruppen von Veteranen festgelegt, für die solche Vergünstigungen gelten, und welche Einsätze als Kriegseinsatz anerkannt werden.[586] Veteranen, die sich um die Einstellung in die Bundesverwaltung bewerben, werden in die Bewerberlisten nach ihrem Testergebnis, um die ihnen zustehenden Zusatzpunkte verbessert, einsortiert. Kriegsversehrte Veteranen mit einer Behinderung von mindestens 10 % steigen automatisch an die Spitze der Register für nicht-professionelle, nicht-wissenschaftliche Positionen unterhalb der Ebene GS 9 (Einstiegspositionen) auf.
Durch die Veterans Readjustment Appointments (VRA) war es den Bundesbehörden gestattet, nach Ermessen Vietnam und Post-Vietnam-Veteranen (Golfkrieg, nicht aber Panama und Somalia) ohne Leistungswettbewerb auf Positionen des Leistungssystems in die Bundesverwaltung bis zum Rang GS 11 einzustellen.[587] Solche Einstellungen können nach zwei Jahren zufriedenstellender Tätigkeit in Karrierepositionen umgewandelt werden.[588] Veteranen mit dem Recht auf bevorzugte Einstellung bilden in der Bundesverwaltung nach Jahrzehnten bevorzugter Einstellung eine große Gruppe: 1999 gehörten 26 % aller Mitarbeiter in der Bundesverwaltung (ohne postalischen Bereich) in diese Gruppe. 8,3 % dieser Veteranen waren Frauen, 17,0 % Kriegsversehrte (auf alle Beschäftigten bezogen

---

581 OPM, Veterans, S. 2, 4
582 Cahn, S. 9
583 GAO, Veterans' Preference, S. 2
584 Cahn, S. 121
585 Ingraham, Foundation of Merit, S. 41
586 VA, S. 2
587 Programm lief zum 31.12.1995 für Vietnamveteranen und zum 31.12.1999 für Post-Vietnamveteranen aus, die vor jeweils mehr als 10 Jahren aus dem aktiven Dienst entlassen wurden; es gilt für mindestens zu 30 % kriegsversehrte Veteranen weiter, MSPB, Competing, S. 3 FN 6, 21
588 GAO, Veterans' Preference, S. 4; OPM, Veterans, S. 8 f

also 2,2 % bzw. 4,4 %).[589] Nachdem in den 80er Jahren der Anteil dieser Gruppe Höchststände erreichte (1983: 39 %), ist er langsam und stetig zurückgegangen. Ein Grund für diesen Rückgang ist in der Tatsache zu finden, dass sehr viel mehr Veteranen das Pensionsalter erreichen, als neue Veteranen eingestellt werden. So hielten 1994 Veteranen bei Neueinstellungen einen Anteil von 14,8 %, aber einen Anteil bei den Pensionsabgängen von fast 49 %.[590] Die Bedeutung der Veteranenpräferenz in den Eingangspositionen war gleichfalls gesunken, da die Anzahl der Veteranen, die nach dem Ende zentraler Tests unter PACE bis zum Anfang zentraler ACWA Tests zwischen 1982 und 1990 von den Behörden dezentral direkt von den Colleges eingestellt wurden, gering war. Fünf-Punkte-Präferenzen werden Personen zugestanden, die im aktiven Dienst zu genau festgelegten Zeiten, z. B. im II. Weltkrieg, Korea, Vietnam, im Golfkrieg und in Einsätzen, für die eine Feldzug-Medaille ausgegeben wird (z. B. Somalia und Bosnien), gestanden haben [591]. Zehn-Punkte-Präferenzen werden an kriegsversehrte Veteranen bzw. bei deren Erwerbsunfähigkeit an deren Ehefrauen, die nicht wiederverheiratete Witwe verstorbener Veteranen und an die Mütter gefallener oder erwerbsunfähiger Veteranen verteilt.[592] Die Zahl der für eine bevorzugte Einstellung in Frage kommenden Veteranen ist infolge des Golfkrieges (1990/1992) wieder gestiegen: Während die bevorzugten Einstellungen von Veteranen unter der VRA-Berechtigung im Jahr 1990 ihren Tiefstand mit ca. 7.305 Einstellungen erreichte, stieg die Zahl über 10.701 im Jahr 1992 bis 1996 auf 12.672 an, um bis 1998 wieder leicht auf 11.839 zurückzugehen.[593] Der Anteil von Veteranen mit Sonderrechten an den Einstellungen in die Bundesverwaltung betrug im fiskalischen Jahr 1990 insgesamt 12 % und im fiskalischen Jahr 1994 14,8 %.[594] Insgesamt sank die Zahl der Personaleinstellungen in der Bundesverwaltung, so dass der Anstieg des Veteranenanteils zum einen darauf zurückgeht, dass die Behörden die geringer gewordenen Einstellungen von den oberen Rängen der Bewerberlisten vornehmen, wo sich die Veteranen wegen des Punktezuschlags häufiger befinden. Der andere Grund ist die beliebte Möglichkeit, nach der dargestellten VRA-Berechtigung außerhalb des Wettbewerbs Veteranen einzustellen.[595] Bei den bevorzugten Einstellungen von Veteranen fällt der im Vergleich zur Bundesverwaltung allgemein höhere Minoritätenanteil von z. B. 38,6 % im Jahr 1998 auf.[596] Veteranen werden vor allem eingestellt von den Verwaltungen der Armee, Marine, Luftwaffe, von anderen Verwaltungen der Streitkräfte und vom Ministerium für Veteranenangelegenheiten (Department of Veterans Affairs). Diese

---

589 OPM, Fact Book, S. 32
590 GAO, Veterans' Preference, S. 9
591 OPM, Veterans, S. 5 f; Ban/Ingraham, Life after PACE, S. 708, 712 u. FN 33
592OPM, Veterans, S. 6
593 OPM, Fact Book, S. 34
594 GAO, Veterans' Preference, S. 1
595 GAO, Veterans' Preference, S. 4
596 OPM, Fact Book, S. 34

Verwaltungszweige beschäftigten 1999 allein 67 % aller Veteranen der Bundesverwaltung, während sich die restlichen 33 % auf alle anderen Behörden verteilten.[597] Bei einer Untersuchung des Personals des OPM stellte sich heraus, dass dort Veteranen in den Hierarchieebenen GS 1-4 und 9-12 in etwa gleicher Zahl, im Senior Executive Service aber proportional öfter als Nicht-Veteranen vertreten waren. Von den Veteranen im OPM waren 80,6 % mit einer Fünf-Punkte-Bevorzugung, der Rest mit einem 10-Punkte-Zuschlag eingestellt worden.[598] Bei der Aufnahme in den SES werden Veteranen nicht bevorzugt; die meisten Mitglieder des Karriereteils haben sich aber hinaufgearbeitet und so betrug der Veteranenanteil im Jahre 1994 ca. 25 % (ca. 2000 Mitglieder).[599] Die Veteranenpräferenz wird ebenfalls nicht angewandt innerhalb der internen Beförderungsverfahren (*merit promotion procedures*) und bei diversen Sonderkompetenzen zur Personaleinstellung (z. B. *Outstanding Scholar Program*).[600] Die hohe Zahl der bevorzugten Veteranen in der Bundesverwaltung hatte auch Einfluß auf die Repräsentativität ihres Personals im Hinblick auf die Gesamtbevölkerung. Die Veteranen des 2. Weltkrieges und des Koreakrieges waren vor allem weiße Männer, so dass früher die Zusammensetzung der Bundesverwaltung mehr die des Militärs spiegelte als die der Bevölkerung insgesamt[601]. Inzwischen wird die bevorzugte Einstellung von Veteranen aufgrund des im Vergleichs zur Bundesverwaltung allgemein höheren Minoritätenanteils von z. B. 38,6 % im Jahr 1998 auf mittlere Sicht den Anteil der Minoritäten am Bundesverwaltungspersonal erhöhen. 1995 wurden Veteranen viel öfter in den SES berufen, als es ihrem Anteil an der Bundesverwaltung entsprach; sie erhielten die Hälfte aller Berufungen in den SES bei einem Anteil am Gesamtpersonal von 27,7 %. Diese Entwicklung wird vor allem darauf zurückgeführt, dass diese Veteranen sich auf der Karriereleiter hochgearbeitet haben und es zum Zeitpunkt ihres Eintritts in die Bundesverwaltung einen hohen Veteranenanteil insgesamt gab. Insgesamt nämlich sind die statistischen Beförderungsaussichten für männliche Veteranen eher schlecht - eine Tatsache, die mit dem kriegsbedingten Verzicht auf weiterführende Ausbildung und fehlende Verwaltungs-Dienstzeiten erklärt wird.[602]

Die Bevorzugung von Veteranen ist immer wieder kritisiert worden. Zum einen wird die Vergabe von Positionen im öffentlichen Dienst als Mittel der Unterstützung durch die Wohlfahrt abgelehnt; zum anderen wird den Präferenzregeln vorgeworfen, durch eine falsche Gleichstellung von Patriotismus und speziellen Fähigkeiten Sand im Getriebe des Merit-Systems zu sein.[603] Häufig wurde kritisiert,

---

597 OPM, Fact Book, S. 33

598 GAO, Veterans' Preference, S. 6

599 Carol A. Harvey, OPM, SES Services Division, Office of Executive Resources Management, Acting Chief, im Gespräch mit der Verfasserin am 21. Juni 1999

600 Mani, S. 523, 528; MSPB, Restoring Merit, S. 42 f

601 Ingraham, Foundation of Merit, S. 64

602 Mani, S. 523, 529 f

603 Cahn, S. 92, 246

dass durch die Bevorzugung der Veteranen eine Tendenz zur Benachteiligung von Frauen entstehe.[604] Die letztere Argumentation ist von Gerichten jedoch mit der Begründung zurückgewiesen worden, dass diese Bevorzugung wegen des offenen Zugangs für Frauen in das Militär der Vereinigten Staaten beiden Geschlechtern gleichermaßen zugute kommt, auch wenn in der Praxis viel mehr Männer als Frauen tatsächlich davon profitieren.[605]

Untersuchungen zeigen, dass trotz angewandter Veteranenpräferenz sowohl der Anteil von Frauen überhaupt als auch ihr Anteil in höheren Ebenen stetig gestiegen ist. Insgesamt zeigt sich, dass Frauen ohne Veteranenrechte ebenso wie Veteranen überhaupt gegenüber männlichen Nichtveteranen in den Bereichen Einkommen und Beförderung benachteiligt sind und dass die Bevorzugung bei der Einstellung den Veteranen auf lange Sicht – bei insgesamt gesunkenem Anteil am Gesamtpersonal – keinen Vorteil vor anderen Personalgruppen verschafft.[606]

Der CSRA von 1978 sah ursprünglich radikale Einschnitte in dieser Bevorzugung vor, die sich damals auch auf unbegrenzten erhöhten Kündigungsschutz erstreckte. Der Entwurf sah Zeitlimits für nicht-kriegsversehrte Veteranen vor. Im Gesetzgebungsprozess wurde dies nach starkem Widerstand der Veteranenlobby gestrichen.[607] Zu den Sonderrechten der Veteranen gehört neben der bevorzugten Einstellung auch, dass sie bei Personaleinsparungen stärkeren Schutz genießen. U.S.C. 3501-3504 bestimmt, dass Beschäftigte nach den folgenden drei Kriterien in eine Liste sortiert werden:

- Status (Karriere, bedingt Karriere, befristet)
- Veteranenrechte
- Anciennität, modifiziert durch Leistungsbeurteilung.

Innerhalb einer jeden Statusgruppe führen kriegsversehrte Veteranen die Liste an, gefolgt von Veteranen. Erst danach folgen Beschäftigte ohne Veteranenstatus. Die erforderlichen Personalentlassungen werden sodann vom Ende der Liste her vorgenommen.[608] Bei einer Analyse des Personals im OPM wurde festgestellt, dass der Veteranenanteil von 1992 bis 1994 von 17 % auf 18 % (insgesamt Bundesverwaltung: 27 %) gestiegen war, während die Zahl der Beschäftigten dieser Behörde im gleichen Zeitraum von 7.023 auf 5.618 Personen gesunken war – direkte Folge dieser Praxis bei Personalentlassungen[609].

---

604 Lee, S. 129; Ingraham, Foundation of Merit, S. 41, 43, 64

605 Personnel Administrator of Massachusetts v. Feeney, 442 U. S. 256 (1979); Attorney General of New York v. Soto-Lopez, 476 U. S. 898 (1986)

606 Mani, S. 523, 533

607 Ausnahme: Ex-Militärs im Rang eines Majors und darüber (ohne Kriegsversehrung) erhalten seit dem 01.10.1980 keine Veteranenpräferenzen, OPM, Veterans, S. 6

608 GAO, Veterans' Preference, S. 12

609 GAO, Veterans' Preference, S. 6

2.1.2 Die „Rule of Three"

Die "Rule of Three" ist eine in Title 5 U.S.C. 3318 gesetzlich normierte Regel für Personalauswahl in der Bundesverwaltung. Sie verpflichtet die auswählenden Führungskräfte dazu, ihre neuen Mitarbeiter unter den drei Bewerbern, die an der Spitze der Bewerberliste stehen, auszuwählen. Sie ist trotz ihrer gesetzlichen Fixierung als „Rule" bekannt, da sie als Vorschrift für die Personalauswahl im öffentlichen Dienst durch die Civil Service Commission bereits etabliert war, bevor sie durch den Veterans' Preference Act von 1944 Gesetz wurde. Die Dreierregel wurde bereits 1871 und damit vor Verabschiedung des Pendleton Acts von 1883 durch eine Entscheidung des Justizministers eingeführt. Im Zuge der ersten Offensive zur Einführung des Leistungsprinzips im öffentlichen Dienst hatte die Grant Commission die Verpflichtung zur Auswahl des jeweils besten Bewerbers einführen wollen; der Justizminister erweiterte diese strenge Beschränkung auf die ersten drei Bewerber. Diese erste Dreierregel ging mit der Grant Commission 1873 unter und wurde von der ersten Civil Service Commission nach 1883 zunächst als Viererregel und seit 1888 als Dreierregel angewandt. Die Rule of Three hat entscheidenden Einfluß auf die Personalauswahl, insbesondere in der Kombination mit der Veteranenpräferenz. Traditionell wurde davon ausgegangen, dass zur korrekten Anwendung der Dreierregel Bewerberlisten mit eindeutigen Reihenfolgen erforderlich sind, die mit Hilfe numerisch ermittelter Testwerte der Bewerber zusammengestellt wurden. Veteranenpräferenz wurde angewendet, indem auf die Testergebnisse die entsprechende Punktzahl addiert wurde oder die –kriegsversehrten – Veteranen sogleich an die Spitze der Liste gesetzt wurden (floating to the top). Die strikte Anwendung der Dreierregel führt zu Situationen, in denen es durch numerisches Patt der Testergebnisse zur Weglosung der überzähligen Bewerber kommt. Hält die auswählende Führungskraft dann keinen der danach übriggebliebenen Bewerber für geeignet, beginnt das gesamte Ausschreibungs- und Bewerberverfahren von neuem.[610] In einem vom OPM genehmigten Versuch ersetzte das Department of Agriculture mit Erfolg die numerische Bewertung durch die Zuordnung der Bewerber (auch Veteranen) in zwei große Kategorien nach ihrer Eignung für die Position. Innerhalb der Kategorien galten alle Bewerber als gleich qualifiziert. Veteranenrecht wurden nicht absolut, sondern nur innerhalb der jeweils nach Leistung erreichten Kategorie angewandt. Die auswählenden Führungskräfte erhielten dann eine Liste der besseren Kategorie und waren nicht auf drei Bewerber beschränkt.[611] Das MSPB empfahl bereits 1995 die Streichung der Dreierregel, die durch Kategoriebewertung und die Weiterleitung einer höheren (adequate) Zahl von Bewerbern, abhängig von zu

---

610 MSPB, Rule of Three, S. 30 f

611 MSPB, Rule of Three, S. 8

besetzender Position, geographischer und Bewerberlage und anderen Faktoren, ersetzt werden sollte [612] und wiederholte diese Empfehlung im Jahr 1999.[613]

2.1.3 Affirmative action

1971 verkündete die CSC als neue Leitidee, dass bei der Personalauswahl über die gleiche Chance auf Beschäftigung (Equal Employment Opportunity - EEO) – vergleichbar mit dem Zugang nach Art. 33 Abs. 2 und 3 GG [614]- hinaus Aktivitäten ergriffen werden sollten, um die Chancen der in der Bundesverwaltung unterrepräsentierten Gruppen Frauen und Minoritäten zu erhöhen (affirmative action). Die Bedarfsstellen sollten Pläne zur Erreichung gesteckter Ziele erarbeiten, die die Anteile dieser Minderheiten erhöhen sollten. EEO allein wurde als passiver Versuch zur Verhinderung von Diskriminierung durch Verfahren angesehen, Affirmative Action sollte aktiv auf die Realisierung einer repräsentativen Verwaltung hinarbeiten. Der Civil Service Reform Act definierte 1978 Unterrepräsentation so, dass sie gegeben war, wenn eine Minderheit in einer Kategorie des öffentlichen Dienstes weniger stark vertreten ist als es ihrem Anteil an der labor force entspricht[615]. Dieser repräsentative Ausgleich war und ist nur mit Bevorzugungen zu verwirklichen, die die Testergebnisse bis zu einem gewissen Grad modifizieren, und war daher ständig der Kritik wegen Missachtung von Merit-Prinzipien ausgesetzt[616]. 1987 war im Hinblick auf die Gesamtzahl eine Repräsentativität erreicht, jedoch waren Frauen und Minoritäten viel stärker in den unteren Positionen vertreten und nur zu jeweils 12 - 16 % in den Positionen GS 13 - 15 anzutreffen[617]. 1999 waren in der Federal Civilian Workforce 57,1 % Männer und 42,9 % Frauen beschäftigt, während die U. S. Civilian Workforce 53,7 % Männer und 46,3 % Frauen aufwies. Die Bundesverwaltung beschäftigte Minoritäten mit einem Anteil von 29,4 %, während in der Arbeitnehmerschaft der Vereinigten Staaten nur 26,4 % Minoritäten beschäftigt waren.[618] Die in der Verwaltung beschäftigten Frauen haben inzwischen in ihren Rängen stark aufgeholt: Ihr Anteil an den Spitzengraden im General Schedule hat sich von 1986 bis 1998 von 30.166 auf 89.497 und damit um 196,7 % gesteigert. Demgegenüber ist der Frauenanteil an den Ebenen GS 1 bis 4 von 216.871 auf 77.008 und damit um 64,5 % zurückgegangen. Auch auf den Ebenen GS 5 bis 8 wird ein Rückgang um 14,3 % verzeichnet, während auf den Ebenen GS 9 bis 12 ein Zuwachs von 22,7 % zu verzeichnen war. Dies ist vor dem Hintergrund der Tatsache, dass die Be-

---

[612] MSPB, Rule of Three, S. X, 20, 30 f

[613] MSPB, Delegated Examining Units, S. 13 bis 16, vgl. 2.6.3

[614] Becker/Welz, S. 231, 237

[615] Fesler/Kettl, S. 118

[616] Fesler/Kettl, S. 117

[617] Newman, Good Government, S. 9; Fesler/Kettl, S. 119 und Tabelle S. 118: Federal Civilian employment by sex and race, nach OPM 1979

[618] OPM, Fact Book, S. 48

schäftigungszahl der Frauen zwischen 1986 und 1998 um 10,5 % abgenommen hat, besonders bemerkenswert. Dennoch bilden Frauen in den Ebenen GS 1 bis 8 mit knapp 70 % immer noch die Mehrheit der Beschäftigten der niedrigen Ebenen, während sie auf den Ebenen GS 9 bis 12 einen Anteil von etwa 40 % halten und in den Spitzengraden zu 25 % vertreten sind.[619]

2.2 Testverfahren von 1883 bis 1974 im Überblick

Das durch den Pendleton Act von 1883 eingeführte Merit-System erforderte die Entwicklung von Tests für Bewerber. Der Act bestimmte, dass diese *"practical in character and related to the duties that would be performed"* zu sein hätten[620]. Die CSC entwickelte solche Tests, die bis Ende des 19. Jahrhunderts zu allgemeinen Intelligenztests weiterentwickelt wurden. In den 20er und 30er Jahren des 20. Jahrhunderts wurden verschiedene, auf die verschiedenen Wissensfelder abgestimmte Tests verwendet[621]. Während der beiden Weltkriege und des Korea-Krieges wurden viele Menschen ohne die üblichen Einstellungstests eingestellt. Die Bedeutung angemessener Testverfahren für die Qualität des öffentlichen Dienstes wurde bereits 1946 von Dimock und Dimock wieder betont:

„The future success of the merit system will depend in large part on the degree to which valid and reliable examinations can be devised to test the merits of competitors"[622]

1954 schuf Präsident Eisenhower das 'career-conditional-system' durch Executive Order und damit die Möglichkeit, Menschen drei Jahre lang zu beschäftigen und ihnen anschließend bei guter Leistung den vollen Karriere-Status zu verleihen[623]. 1954/55 setzte die CSC die Federal Service Entrance Examination (FSEE) in Kraft, um mit diesem Test College-Absolventen für alle Einstiegspositionen (bis auf Ingenieure und einige Zweige der Naturwissenschaften) auszuwählen. Rekrutierungsmitarbeiter der Behörden warben für Karrieren in der öffentlichen Verwaltung in den Colleges und Universitäten und Tausende von Positionen wurden durch das neue Testverfahren besetzt.[624]

2.3 „Professional and Administrative Career Examination (PACE)"

Die FSEE wurde bis 1974 verwendet, um dann durch die 'Professional and Administrative Career Examination' (PACE) ersetzt zu werden, die in Weiterentwick-

---

[619] OPM, Fact Book, S. 52

[620] Civil Service (Pendleton) Act von 1883, abgedruckt bei Mosher, Basic Documents, Sec. 2 Second Paragraph, S. 55, 56

[621] Ban/Ingraham, Life after PACE, S. 708

[622] Dimock und Dimock, S. 637

[623] Ingraham, Foundation of Merit ,S. 6

[624] CSC, Biography, S. 92

lung des als zu allgemein kritisierten FSEE eine genauere Auswahl der besten Bewerber für den Kandidatenpool ermöglichen sollte[625]. PACE wurde eingesetzt, um Bewerber für eine Vielzahl von beruflichen Tätigkeiten, nämlich für 127 verschiedene Positionen auf den Einstiegsebenen zu testen[626]. Bewerber wurden nicht für eine spezielle Position ausgewählt, sondern die Auswahl basierte auf dem langfristigen Potential des Bewerbers für eine Karriere im öffentlichen Dienst[627]. Lediglich ca. 7 % der Bewerber, die PACE bestanden hatten, erhielten in den 70er Jahren tatsächlich eine Anstellung[628].

2.3.1 Einstellung von Minoritäten in die Bundesverwaltung

Bei historischer Betrachtung hatte die Einführung des Merit-Systems und damit der leistungsbezogenen Einstellung aufgrund von Einstellungsprüfungen die Einstellung von Minoritäten gefördert. 1881 waren lediglich 0,57 % des Bundesverwaltungspersonals Afro-Amerikaner; nach Einführung des Merit-Systems im Jahre 1883 stieg ihr Anteil bis 1909 auf 5,86 %. Die Gesetze für den öffentlichen Dienst verboten rassische Diskriminierung nicht ausdrücklich, aber das allgemein anonymisierte und unpersönliche Einstellungsverfahren hatte eine positive Wirkung. So war z. B. bis zum Beginn der Präsidentschaft Woodrow Wilsons auch das Beifügen von Fotografien zu einer Bewerbung nur selten erforderlich.[629] In den 60er und 70er Jahren des 20. Jahrhunderts gerieten die einstmals positiven Einstellungstests des Merit-Systems wegen rassischer Diskriminierung zunehmend in die Kritik; es zeichnete sich der Beginn gerichtlicher Überprüfung der Ergebnisse von Einstellungstests ab. Die Erkenntnisse dieser Prüfung sollten entscheidenden Einfluß auf die Testgestaltung gewinnen. 1971 verbot der Supreme Court auf der Basis von Title VII des Civil Rights Act von 1964 in der Entscheidung Gripp et al. vs. Duke Power Company[630] die Verwendung von Auswahlmethoden, die nicht in Verbindung zu den zu erfüllenden Aufgaben im Job stehen (*not related to job performance*) und die rassisch diskriminieren[631]. Mit der Verabschiedung des Equal Employment Opportunity Act 1972 wurde die Geltung des Title VII auf die Beschäftigten des öffentlichen Sektors ausgedehnt[632] und damit das Verbot der Diskriminierung durch Anstellungsbehörden festgeschrieben[633].

---

625 Ingraham, Foundation of Merit, S. 61

626 MSPB, Restoring Merit, S. 1

627 Ban/Ingraham, Life after PACE, S. 708, 715

628 Fesler/Kettl, S. 119

629 Van Riper, History , S. 161 f, 241;

630 zum Sachverhalt vgl. Shafritz/Riccucci/Rosenbloom/Hyde, S. 167 ff

631 Ban/Ingraham, Life after PACE, S. 708

632 Shafritz/Riccucci/Rosenbloom/Hyde, S. 169

633 Becker/Welz, S. 231, 237;Title VII des Civil Rights Act von 1964, ergänzt durch den Equal Employment Opportunity Act von 1972, in Auszügen abgedruckt in: Stillman, S. 105

1978 wurden die 'Uniform Guidelines on Employee Selection Procedures [634] von der Equal Employment Opportunity Commission (EEOC) herausgegeben, die Maßstäbe für die Prüfung, ob ein Test benachteiligende Wirkung (*'adverse impact'*) auf eine spezielle Gruppe hatte, zur Verfügung stellten (4/5 - Regel). Nach der 4/5 - Regel war dies der Fall, wenn das Auswahlergebnis für eine Gruppe von Bewerbern (zusammengefaßt nach Rasse, Geschlecht oder ethnischer Zugehörigkeit) unter 80 % der Zahl der Gruppe mit der höchsten erfolgreichen Bewerberzahl (meist weiße Männer)[635] lag. Jedoch sollten solche Tests dennoch benutzt werden dürfen, wenn sie Fähigkeiten prüften, die in direktem Zusammenhang mit der zukünftigen Aufgabenerfüllung standen[636].

2.3.2 Der Rechtsstreit Angel Luevano et al, Kläger gegen Alan Campbell, Direktor des Office of Personnel Management, et al

1979 wurde von einigen erfolglosen Bewerbern, die Minoritäten angehörten, ein Prozeß angestrengt, in dem sie sich gegen die Verwendung von PACE mit der Begründung wandten, dieser diskriminiere bestimmte Minderheiten (adversely impacted)[637]. Laut Statistik bestanden 42 % der getesteten Weißen mit 70 % oder mehr der möglichen Punkte, aber nur 5 % Schwarze und 13 % Hispanics[638]. Darüber hinaus, so trugen sie vor, sei der Test nicht 'valid', also nicht hinreichend aufgabenbezogen, um den genannten Effekt zu rechtfertigen. Das OPM wehrte sich gegen diese Vorwürfe, aber die Carter-Administration - um die Wiederwahl besorgt - stimmte einem consent-decree (gerichtliche Anordnung unter Zustimmung der beschwerten Partei) zu, das das Auslaufen von PACE nach drei Jahren und die Entwicklung neuer Testverfahren zusagte. Dieses consent-decree wurde am 09. Januar 1981 - 11 Tage vor Ende der Carter-Administration - unterzeichnet.

2.4 Einstellungen auf Einstiegspositionen nach dem Luevano Rechtsstreit

2.4.1 Inhalt des consent-decree im Verfahren Luevano v. OPM

Die Inhalte des Gerichtsbeschlusses werden hier vergleichsweise detailliert dargestellt, weil sie bis in die Gegenwart entscheidende Teile der Neueinstellungskompetenzen in der Bundesverwaltung bilden und jüngst verstärkt in die Kritik geraten sind.[639] Der Gerichtsbeschluß wurde dahingehend interpretiert, dass nur Ein-

---

634 abgedruckt in Shafritz/Riccucci/Rosenbloom/Hyde, S. 173

635 Ross, S. 75, 80

636 Ban/Ingraham, Life after PACE, S. 708, 709; Ross , S. 80 f

637 Luevano v. Campbell (später Luevano v. Devine/Luevano-Newman), vgl. MSPB, Hiring, S. 2; Ban/ Ingraham, Life after PACE, S. 708, 709

638 Kearney/Hays, The Politics of Selection, S. 60, 69; Ban/Ingraham, Life after PACE, S. 708, 709

639 MSPB, Restoring Merit; NAPA Entry-Level Hiring

stellungsverfahren, denen die Kläger zustimmen würden, zur Besetzung der Einstiegspositionen der GS-Ebenen 5 und 7 verwendet werden könnten.[640] Durch den Gerichtsbeschluß wurde PACE nicht sofort abgeschafft, sondern es war eine Interimszeit von drei Jahren vorgesehen, innerhalb derer das OPM alternative Testmethoden entwickeln sollte. Das OPM gab jedoch unter der Reagan-Administration bereits im Mai 1982 offiziell die Verwendung von PACE auf. Der Gerichtsbeschluß autorisierte mehrere Einstellungskompetenzen zur Ergänzung der fortzusetzenden leistungsbezogenen Prüfung im Wettbewerb; das Outstanding Scholar Program und das Bilingual/ Bicultural Program wurden geschaffen und das bereits bestehende Cooperative Education Program wurde mit Zustimmung der Kläger einbezogen. Das Gericht legte den Festsetzungen des consent decree eine Lebensdauer von etwa fünf Jahren zugrunde, sie konnten jedoch auch verlängert werden. Die Inhalte des consent decree gelten jedoch auch im Jahr 2000 noch fort und werden daher im folgenden näher erläutert:

- Outstanding Scholar Programm: Dieses Programm erlaubt den Ministerien und Behörden, herausragende Collegeabsolventen mit ausgezeichneten akademischen Ergebnissen (Notendurchschnitt 3,5 auf einer Vierpunkteskala oder die obersten 10 % ihrer Abschlussklasse) einzustellen[641]. Akademische Spitzenleistungen bilden dabei das einzige Kriterium. Angehörige vieler, jedoch nicht aller Berufsgruppen können durch das Outstanding Scholar Programm eingestellt werden: Naturwissenschaftler, Ingenieure und Buchhalter werden von dieser Berechtigung nicht erfasst.[642]
- Bilingual/Bicultural Program: mit diesem Programm kann jede Position besetzt werden, die vorher durch PACE besetzt worden war. Es wird für Positionen angewandt, deren Arbeitsergebnis von dem Einsatz einer bilingualen oder bikulturellen Arbeitskraft im Bereich Spanisch/Englisch profitiert. Bewerber, die die Mindestpunktzahl eines Qualifikationstests erreicht haben und über diese besonderen Kenntnisse verfügen, können für eine solche Position von der einzelnen Behörde direkt eingestellt werden.[643]
- Cooperative Education Program: inzwischen bekannt unter der Bezeichnung „Student Educational Employment Program - Student Temporary Employment Program“, ermöglicht die berufliche Tätigkeit von College-Studenten in der Bundesverwaltung während ihres Studiums. Die Tätigkeit der Studenten wird durch ein formales Abkommen zwischen Bildungseinrichtung und Bundesbehörde als Teil der Ausbildung anerkannt. Während des Programms werden die Studenten auf einer Stelle des

---

640 MSPB, Delegated Examining Units, S. 5 ; Ban/Ingraham, Life after PACE, S. 708, 709

641 GAO, College Campuses, S. 6

642 Silverman/Miranda, S. 55,56

643 MSPB, Restoring Merit, S. 43

„Excepted Service" eingesetzt; nach ihrem Studienabschluß können sie auf einer Position des *„Competitive Service"* ohne weitere Leistungsprüfung eingesetzt werden. Die Entscheidung über diesen Einsatz liegt bei der Beschäftigungsbehörde, die ihrer Entscheidung Leistung und Arbeitsergebnisse der Studenten zugrundelegt.[644]

Jede dieser drei Einstellungskompetenzen wird ausgeübt, ohne dass Veteranenpräferenz und Dreierregel angewandt werden.[645]

2.4.2 Die Schedule B Kompetenz für Professional and Administrative Careers (Schedule B-PAC)

Im Mai 1982 gab das OPM unter der Reagan-Administration offiziell die Verwendung von PACE auf und autorisierte eine Schedule B-Kompetenz des „Excepted Service" als zeitlich begrenzte Einstellungsmethode für Stellen des „Competitive Service" bis zur Entwicklung neuer Einstellungstests, die die einzelnen Behörden und Ministerien dezentral für die Personaleinstellung verwenden konnten. Title 5 CFR Part 213 berechtigt das OPM dazu, Behörden und Ministerien zu Einstellungen unter den Schedules A, B und und C zu autorisieren.[646] Nun wurde die bisher ausschließlich im Excepted Service eingesetzte Schedule B-Kompetenz auch für die Einstellung auf Stellen mit administrativen und professionellen Tätigkeiten des Competitive Service verwendet, die früher durch die PACE besetzt worden waren. Die Ministerien und Behörden wurden von allen sonst - auch im Excepted Service - geltenden Regeln für die Einstellung neuer Mitarbeiter befreit, sie sollten nur- soweit möglich – die Veteranenpräferenz anwenden. Sie waren z. B. nicht mehr verpflichtet, vorher abstrakt festzulegen, welchen Anforderungen der Bewerber genügen und welche Qualifikationen er aufweisen muss, und Ranglisten mit Dreierregel zu führen.[647] Die so Eingestellten erhielten allerdings vorerst nicht Karrierstatus.
Am 07. Mai 1987 wurde durch Executive Order Nr. 12596 von Präsident Reagan den Schedule B-PAC Beschäftigten das Recht zugesprochen, ohne Prüfung im Wettbewerb den Karriere- oder bedingten Karrierestatus und Beförderung zu erlangen, wenn von OPM festgelegte Mindestqualifikationen vorlagen und die Leistungsbewertung dies zuließ.[648] Diese Erstreckung der Schedule B-Kompetenz auf Einstellungen für administrative und professionelle Tätigkeiten (B-PAC)

---

644 MSPB, Restoring Merit, S. 42
645 MSPB, Restoring Merit, S. 3 f
646GAO, The Excepted Service, S. 24 – vgl. oben Teil II A I 1.3
647 MSPB, Hiring, S. 5
648 Fesler/Kettl, S. 120; MSPB, Hiring, S. i

wurde 1987 gerichtlich wegen Verstoßes gegen die Leistungsorientierung des Merit-Systems für rechtswidrig erklärt.[649]

2.4.3 Administrative Careers with America – ACWA I

Das OPM entwickelte bis 1987 sechs neue Eingangstests, die etwa 52 % der früher durch PACE besetzten Positionen abdeckten[650]. Die neuen Tests waren - im krassen Gegensatz zu PACE - streng an den Voraussetzungen für die jeweilige Position orientiert[651]. Außerdem war die Rechtsprechung des Supreme Court durch die Ernennung mehrerer konservativer Richter unter der Reagan-Administration 'arbeitgeberfreundlicher' geworden und sie sah Diskriminierung nicht gegeben, wenn ein offener Test vor allem eine Gruppe von Bewerbern bevorzugte, weil das Fehlen bestimmter Qualifikationen in bestimmten Bevölkerungssegmenten nicht der Fehler des Arbeitgebers war[652]. Die Vielfalt dieser Tests sowie die stark dezentralisierten Rekrutierungskompetenzen trugen zur Flexibilisierung von Personalplanung bei, erschwerten jedoch die Übersichtlichkeit der Angebote für Interessenten und stellten die Anwendung der Merit-Prinzipien in Frage[653].
Das OPM führte von Juni 1990 bis Ende 1994 zentral landesweite Bewerbertests für Einstiegspositionen (GS 5 oder GS 7)[654] unter Verwendung des Tests *"Administrative Careers with America" (ACWA I)* durch.[655]
ACWA deckte 111 Beschäftigungsarten ab, die früher unter PACE getestet wurden und fasste diese in sechs verschiedenen Tests[656] für die folgenden Kategorien zusammen

- Gesundheit, Sicherheit, Umwelt
- Schriftverkehr und öffentliche Informationsarbeit (writing and public information)
- Wirtschaft, Finanzen, Management
- Personal, Verwaltung, Computer
- Steuern, Recht, benefits review
- Gesetzesvollzug, Untersuchungen.[657]

ACWA wurde in der Zielgruppe der College-Absolventen und Personen mit entsprechenden Abschlüssen durchgeführt, wobei zu beachten war, dass College-Absolventen auch ohne dieses Verfahren von der Behörde direkt eingestellt wer-

---

649 MSPB, Restoring Merit, S. 33, 39
650 Ban/Ingraham, Life after PACE, S. 708, 709, 713
651 Ban/Ingraham, Life after PACE, S. 708, 715
652 Shafritz/Riccucci/Rosenbloom/ Hyde, S. 170 f
653 Newman, Good Government, S. 6, 8
654 Ban, Public Managers, S. 147
655 Fesler/Kettl, S. 122
656 Daley, S. 372, 373
657 eine Liste der durch ACWA I abgedeckten Positionen findet sich in: MSPB, Restoring Merit, S. 35

den konnten, wenn sie unter das Outstanding Scholar Program fielen. Bewerber nahmen an ACWA nicht in Hinblick auf die Bewerbung auf eine bestimmte Position teil, sondern um ihre generelle Eignung für den Einsatz in der Bundesverwaltung innerhalb einer Kategorie von Arbeitsplätzen und einem weiten geographischen Feld unter Beweis zu stellen.[658] Unter ACWA wurden die Teilnehmer nach den bei einem schriftlichen Test erreichten Werten in die Rangliste eingeordnet. Der schriftliche Test bestand aus einem beschäftigungsspezifischen Teil und dem *„Individual Achievement Record"*, einem Fragebogen im Multiple Choice Verfahren. Bei der Rangvergabe anhand der erreichten Ergebnisse wurde die Veteranenpräferenz angewendet, so dass spezifische Veteranengruppen aufgrund von Punktezuschlägen oder Sonderrechten infolge Kriegsversehrung die Liste trotz ursprünglich schlechterer Testergebnisse anführten. Bei der Auswahl wurde die 'rule of three' angewandt, d.h. der auswählende Behördenleiter konnte nur unter den jeweils ersten drei Plazierten auswählen[659], wobei er einen höher plazierten Veteranen nicht zugunsten eines niedriger plazierten Nichtveteranen übergehen durfte. Hielt die auswählende Behörde die Liste für unzureichend, so konnte sie die Liste an das OPM zurückgeben und die Stelle entweder mit einer Person besetzen, die bereits in der Bundesverwaltung beschäftigt war, sie vakant lassen oder versuchen, sie durch eine andere bestehende Kompetenz zur Stellenbesetzung zu besetzen.[660] Das GAO veröffentlichte 1994 eine Untersuchung zu der praktischen Bedeutung des Testverfahrens und dessen Annahme durch die Behörden und Ministerien[661]: Nach diesen Ergebnissen hatte ACWA sich – entgegen den in den Test gesetzten Erwartungen – nicht zu einem Verfahren entwickelt, das bei den Behörden in hohem Ansehen stand. Ministerien und Behörden waren zu der Auffassung gelangt, dass sie durch andere Einstellungsmethoden ihren Bedürfnissen besser gerecht werden konnten. Im Laufe der fiskalischen Jahre 1991 und 1992 waren nur 2.797 Eingangspositionen durch ACWA besetzt worden, aber 19.406 Positionen durch andere Einstellungskompetenzen. Im gleichen Zeitraum waren weitere 15.002 Eingangspositionen intern durch Beförderung, Versetzung, Umsetzung usw. besetzt worden. Die personalverantwortlichen Mitarbeiter kritisierten vor allem den hohen Zeitaufwand von ACWA, denn sie mussten nach Erhalt der Liste vom OPM die Bewerber zunächst schriftlich zur Einsendung ihrer Bewerbung auffordern und nach Durchsicht der Unterlagen Vorstellungstermine verabreden, durchführen und auswerten sowie die Angaben zu Ausbildung und Berufserfahrung überprüfen. Diese Schritte wurden zwar im Rahmen anderer Auswahlmethoden auch unternommen, gestalteten sich aber bei ACWA besonders mühevoll, da viele der Bewerber, die sich in der Vergangenheit dem Test unterzogen hatten, in der Zwischenzeit das Interesse an einer Beschäfti-

---

[658] GAO, Testing, S. 9

[659] Ban, Public Managers, S. 124 f; Fesler/Kettl, S. 115

[660] GAO, Testing, S. 2 f

[661] GAO, Testing

gung in der Bundesverwaltung verloren hatten und entweder gar nicht oder ablehnend anworteten[662] Zudem wurde die Auswahl durch die Kombination von Dreierregel und Veteranenregeln stark beschränkt: Die Einstellung von Nichtveteranen wurde erschwert und insbesondere die von den Behörden angestrebte Förderung von Frauen verhindert, da die überwiegende Mehrzahl der die Listen anführenden Veteranen Männer waren.[663] Zwar waren nur 17 % der Bewerber, die ACWA ablegen, Veteranen – durch die beschriebenen Präferenzen führten sie jedoch 74 % der Dreierlisten, die an Behörden gesandt wurden, an. Die Kandidaten (Männer und Frauen) auf zwei Drittel aller Listen waren sämtlich Veteranen und nur ein Drittel aller Listen enthielt als Kandidatin eine Frau.[664] Die Bewerber selber waren mit dem mit ACWA verbundenen Verfahren ebenfalls nicht zufrieden. Diese Unzufriedenheit war vor allem auf fehlende Information über den Verlauf des Verfahrens zurückzuführen: Bei ACWA erfolgte die Bewerbung nicht auf eine bestimmte (vorhandene und freie) Stelle, sondern festgestellt wurde die generelle Eignung für Positionen des GS 5 und GS 7. Erreichten die Bewerber im Test sehr gute Ergebnisse, so erwarteten sie eine baldige Berücksichtigung. Es war jedoch so, dass die Testergebnisse im allgemeinen sehr gut ausfielen. Das vom OPM anhand einer zufällig ausgewählten Zahl von 306 Dreierlisten ermittelte durchschnittliche Testergebnis der Bewerber lag nie unter 90 %. Die Chance, einen Arbeitsplatz in der Bundesverwaltung über ACWA zu erhalten, war daher auch bei ausgezeichneten Testergebnissen niedrig: In der Untersuchung gaben nur 28 % der Befragten an, von einer Behörde wegen einer offenen Stelle angeschrieben worden zu sein und nur 6 % hatten eine Stelle erhalten. Einstellungsstatistiken des OPM zeigen in der Kategorie „business occupations", dass im August 1993 15.000 Menschen im Register geführt wurden, dass in dieser Kategorie in den vorhergehenden zehn Monaten nur drei Mitarbeiter aus dem Register eingestellt wurden und dass das durchschnittliche ACWA Testergebnis der im Register geführten Bewerber bei 92,5 lag.[665] Das GAO trat 1994 dafür ein, dass ACWA nicht mehr für Eingangspositionen vorgeschrieben sein sollte, und schlug vor, die bisherige Form der blinden Bewerbungen und die Herstellung eines Registers durch die Bekanntgabe der jeweiligen Vakanzen und gezielte Bewerbungen zu ersetzen. In die Liste für die auswählende Behörde sollten die nach ihrer Ausbildung, Erfahrungen und anderen spezifisch erforderlichen Qualifikationen bewerteten Interessenten, die Bewertungen von über 90 % erreichen sämtlich, im Falle weniger Bewerber auch alle Bewerber aufgenommen werden. Die Behörde sollte berechtigt sein, durch selbst durchgeführte Einstellungsgespräche den ursprünglichen Wert um bis zu 10 Punkte zu erhöhen; die Bewerber sollten die Möglichkeit haben, ihre Bewertungen durch die freiwillige Teilnahme am ACWA Verfahren

---

[662] GAO, Testing, S. 7 f
[663] GAO, Testing, S. 4
[664] GAO, Testing, S. 12
[665] GAO, Testing, S. 17

zu verbessern. Am Ende wäre die Behörde zwar immer noch an die Dreierregel gebunden, auf dieser Liste würden dann aber Kandidaten stehen, die bessere Voraussetzungen für die Stelle mitbringen.[666] Seit Ende 1994 wird ACWA I nicht mehr verwendet. Seine zentralisierte Durchführung passte nicht mehr in den neuen dezentralisierten Ansatz des Personalmanagements, außerdem wurden in der Bundesverwaltung starke Personaleinsparungen durchgeführt und wenig Einstellungen; ein Umstand, der zu noch höheren Bewerberzahlen und zu noch niedrigeren Einstellungsanteilen der erfolgreich getesteten Bewerber führte.[667]

2.4.4 ACWA II

Seit dem Aussetzen der ACWA I Tests wird ACWA II verwendet; ein Fragebogen, anhand dessen 157 Fragen sich die Bewerber in Hinblick auf ihre berufliche und persönliche Vergangenheit im Multiple-Choice Verfahren selbst bewerten. Dies ist zur Zeit das einzige Instrument, mit dem für eine Einstellung in den *„Competitive Service"* auf frühere *„PACE"* Positionen getestet wird.[668]

2.4.5 Rekrutierung akademischen Nachwuchses für künftige Führungsaufgaben – Presidential Management Internship Program (PMIP)

Präsident Carter unterzeichnete am 25. August 1977 die Executive Order 12008 und etablierte das Presidential Management Internship Program (PMIP), das mit kleinen Veränderungen (Executive Order 12364, 12645) bis heute durchgeführt wird. Es wendet sich an die Zielgruppe junger Menschen, die ihren Masters-Grad oder Doktortitel erwerben und sich für eine Karriere in der öffentlichen Verwaltung interessieren. Erstmals wurde bei der Gewinnung von zukünftigen Führungskräften besonderes Gewicht auf die Qualifikation der Bewerber im Bereich allgemeiner Führungs- und Managementqualitäten mit Schwerpunkt im Bereich der öffentlichen Verwaltung gelegt.[669] Das Programm beseitigte für interessierte akademische Nachwuchskräfte auch die Unsicherheit, die durch die Aufgabe des bis Mai 1982 benutzten Einstellungstests *„PACE"* entstanden war.[670] Das Auswahlverfahren ist vierstufig: Zunächst müssen die künftigen Führungskräfte in dem Jahr, in dem der Erwerb ihres Grades ansteht, von den Direktoren oder Dekanen ihrer Graduiertenprogramme für die Teilnahme an dem Programm nominiert werden. Der Nominierung folgt die ausführliche schriftliche Bewerbung. Der nächste Schritt ist die Einladung zu einem regionalen assessment center. Die danach empfohlenen Personen werden sodann zentral noch einmal ein-

---

666 GAO, Testing, S. 13-16
667 MSPB, Restoring Merit, S. 39
668 MSPB, Restoring Merit, S. 41
669 Campbell/Strakosch, S. 232
670 Newcomer/Johnson/Naccarato/Collie, S. 35

geladen, geprüft und ausgewählt. Die ausgewählten Nachwuchskräfte werden als Presidential Management Interns (PMI) für zwei Jahre befristet eingestellt und im ersten Jahr nach GS 9 (ca. $ 32.000) bezahlt. Nach erfolgreicher Arbeit im ersten Jahr können sie nach GS 11 (ca. $ 39.000) befördert werden. Nach Abschluß der zwei Jahre können sie Karrierestatus oder bedingten Karrierestatus erhalten und eine Beförderung auf GS 12 (ca. $ 47.000).[671] Die Nachwuchskräfte werden ihrem künftigen Einsatzort nicht zugeteilt, sondern auf einem *„Buyer's market"* oder *„Job Fair"* zusammengebracht mit den Vertretern der interessierten Behörden, eine dem öffentlichen Personalsystem ansonsten fremde Alternative.[672] Während der zweijährigen Programmdauer werden die Nachwuchskräfte vom OPM und ihren jeweiligen Behörden in Seminaren geschult und wechseln ihre Aufgabenbereiche, um möglichst breite Erfahrungen zu sammeln. Alle Ministerien und über 50 Bundesbehörden setzen die PMI ein.[673] In der ersten „Klasse" der zukünftigen öffentlichen Manager im Jahre 1978 verfügte die Mehrheit über einen akademischen Grad in öffentlicher Verwaltung. Zwei Drittel hatten einen Undergraduate-Abschluß in Gesellschaftswissenschaften, meist mit Schwerpunkt auf politischer Wissenschaft. Das Durchschnittsalter betrug 27 Jahre, der Minoritätenanteil 20 % und der Frauenanteil 46 %. Ca. 85 % der ausgewählten Bewerber traten das Programm an; ausgewählte Bewerber mit einem Grad in Business Administration hatten mit 50 % die höchste Rücktrittsquote, sie bevorzugten Stellungen in der privaten Wirtschaft.[674] Die erste umfassende Untersuchung über die Erfahrungen der Teilnehmer wurde 1987 durchgeführt. Etwa 40 % der Teilnehmer hatten nach Beendigung des Programms die Bundesverwaltung verlassen. Die Gründe für diesen Schritt korrelierten mit den neuen Arbeitsplätzen der Teilnehmer: Wer in die Privatwirtschaft gewechselt war, nannte vor allem das Ziel, marktrelevante Fähigkeiten zu entwickeln, höhere Gehälter und schnelleren beruflichen Aufstieg. Demgegenüber nannten die, die in die Kommunal- und Einzelstaatenverwaltungen gewechselt waren, vor allem die Herausforderung dieser neuen Tätigkeit. Danach war eine Gemeinwohlorientierung mit dem Wunsch nach finanzieller Verbesserung unvereinbar. Die Teilnehmer, die blieben, begründeten ihre Entscheidung mit den interessanten Aufgaben, der Möglichkeit, sinnvolle Ziele zu erreichen und Einfluß auf die Gestaltung öffentlicher Themen nehmen zu können.[675] Deutlich wurde auch, dass das Programm durch Colleges und Universitäten, die mit großem Stolz am Auswahlprozess teilnahmen, aktiv gefördert wurde. Die Graduiertenprogramme sind sogar danach eingestuft worden, wie viele Absolventen die einzelnen Hochschulen als PMI plazieren konnten.[676] Die

---

671 OPM, PMIP

672 Campbell,/Strakosch, S. 232, 233; OPM, PMIP

673 OPM, PMIP

674 Campbell/Strakosch, S. 232, 234

675 Newcomer/Johnson/Naccarato/Collie, S. 35, 37 f

676 Adams, William, S. 443-446

Zahlen der für das Programm ausgewählten Nachwuchkräfte schwanken: Unter der Clinton-Administration waren sie zunächst niedrig – zwischen 114 und 180 Personen jährlich -, stiegen aber seit 1997 an und lagen 1998 bei 343 Personen. Die meisten Finalisten stellten 1997 die University of Washington und 1998 die Indiana University, die University of Virginia und das Monterey Institute of International Studies. Am meisten PMI wurden 1998 im Ministerium für Gesundheit und soziale Dienste und in den Ministerien für Äußeres, Justiz und Handel eingesetzt.[677]

2.4.6 Sonstige Einstellungskompetenzen für Einstiegspositionen

Seit dem consent decree im Fall Luevano konnten Bewerber nicht nur durch die oben dargestellten Arten auf den Einstiegsebenen eingestellt werden; sie wurden auch durch interne Umsetzungen[678], die Veterans Readjustiment Authority oder die Returned Peace Corps Volunteer Option für den *„Competitive Service"* gewonnen. In einer Behörde konnten bis zu 35 verschiedene Kompetenzen für und Berechtigungen zu Personaleinstellungen existieren.[679] Wie sich herausstellte, kamen die Behörden und Ministerien, die viel Personal einstellten und gute Rekrutierungsmethoden und Netzwerke entwickelt hatten, mit diesen neuen eigenen Kompetenzen gut zurecht, während Behörden mit geringer Personalfluktuation und begrenzter Erfahrung mit der dezentralen Personaleinstellung unzufrieden waren.[680] Änderungen in den Einstellungsverfahren sind nicht leicht durchzusetzen, da diese Verfahren (ACWA, Outstanding Scholar) das Ergebnis eines consent decree waren und das OPM für neue Verfahren die Zustimmung der damaligen Kläger einholen muss.

2.5 Besetzung mittlerer Positionen

Die Besetzung mittlerer Positionen (GS 9 bis 12), die meist von innen erfolgt, wurde ebenfalls vom OPM geleitet. Das OPM machte freie Stellen bekannt und prüfte die Unterlagen der Bewerber. Auswahlkriterium war hier der berufliche Hintergrund des Bewerbers, Ausbildung und Erfahrung (case examining). Geeignete Bewerber wurden ohne Rangfolge im Pool geführt und bei Bedarf stellte das OPM eine Liste mit drei geeigneten Kandidaten zusammen[681].

---

677 OPM, Fact Book, S. 106
678 Ban/Ingraham, Life after PACE, S. 708, 709
679 Ingraham, Federal Recruitment, S. 13, 14
680 Ingraham, Federal Recruitment, S. 13
681 Fesler/Kettl, S. 115

2.6 Personalverwaltung nach der Umsetzung von Vorschlägen der National Performance Review

Seit seiner Einrichtung im Jahre 1978 hat das OPM die schwierige Aufgabe gehabt, die Ministerien und Behörden im Bereich des Managements der Ressource Mensch sowohl zu steuern und zu vereinheitlichen als auch ihnen zu helfen und sie zu unterstützen. Direktor James King (April 1993 bis Frühjahr 1998) trat – mit starker politischer Unterstützung und klarem Programm - seine Tätigkeit mit dem Ziel an, dass seine Behörde in der Bewegung zur Verwaltungsreform als Vorbild voranschreiten würde. Dazu gehörte vor allem auch das Ziel, die Behörde aus einer bisher zentralen Führungseinheit mit Schwerpunkt auf einheitlichen Vorgaben und Steuerung zu transformieren in eine stärker kommerziell orientierte Dienstleistungseinheit, die ihre Dienste den „Kunden" in der Bundesverwaltung verkaufen würde.[682] In seiner Mitarbeiterzahl bis 1998 um rund die Hälfte reduziert hat das OPM – im Zuge der Umsetzung von Vorschlägen der NPR von 1993 bis 1996 – viele seiner Kompetenzen in den Bereichen Rekrutieren, Testen und Einstellen delegiert; es hat nicht nur mit der Führung von zentralen Mitarbeiterregistern, sondern auch mit der Durchführung von Training und Fortbildung aufgehört und auch diese Funktionen delegiert; die Einstellungsverfahren wurden an die einzelnen Behörden und Ministerien, Fortbildung und Training an die Graduate School des Landwirtschaftsministeriums übertragen; Hintergrunduntersuchungen anlässlich der Einstellung neuer Mitarbeiter wurden einer privaten Firma übergeben.[683]

2.6.1 Dezentralisierte Personaleinstellungen

Im Jahre 1996 veränderte sich die stark zentralisierte Einstellung von Personal in die Bundesverwaltung. Vorschlägen zur Dezentralisierung der Personaleinstellung der NPR folgend bewilligte der Kongress für die Abteilungen des OPM, die für Personaleinstellungen unter wettbewerbsorientierten Leistungsbedingungen zuständig waren, nur ein um $ 40 Millionen gekürztes Budget und verlangte, dass das OPM künftig fast alle Einstellungsfunktionen an die einzelnen Ministerien und Behörden delegieren solle. Zu diesem Zweck wurden die Delegationskompetenzen des OPM gesetzlich erheblich erweitert (Title 5 U.S.C. 1104): Es wurde dem OPM gestattet, seine Dienste in Hinsicht auf Test-Entwicklung und Durchführung sowie Listenerstellung künftig den Ministerien und Behörden, die auf seine Dienste zurückgreifen wollten, in Rechnung zu stellen. 1996 delegierte das OPM die Kompetenzen für die Einstellung von Personal in den „Competitive Service" an die einzelnen Ministerien und Behörden. Seitdem sind insgesamt ungefähr 650 „Delegated Examining Units (DEU)" für die Rekrutierung, Prüfung,

682 Marshall, S. 280
683 Ban,Drivers of Change, S. 21, 28 f

Bewertung, Empfehlung und Einstellung von Bewerbern zuständig bzw. auch für die Entscheidung darüber, einzelne Aufgaben außerhalb der Behörde ausführen zu lassen (contracting-out). Die dezentralen Prüfungseinheiten sind mit Personalsachbearbeitern besetzt worden, die zuvor vom OPM für ihre Aufgabe geschult wurden. Trotz starker Personaleinsparungen in den letzten Jahren wurden auch viele neue Mitarbeiter eingestellt, allein über 60.000 Mitarbeiter im fiskalischen Jahr 1998. Die DEU haben über 60 % dieser neuen Mitarbeiter eingestellt, der Rest wurde mit speziellen Kompetenzen eingestellt, die außerhalb der tradierten Verfahren für den „Competitive Service" einstellen können.[684]
Die Dezentralisierung hat dazu geführt, dass die Personaleinstellung praktisch überall unterschiedlich durchgeführt wird. Manche DEU sind für Hunderttausende von Mitarbeitern verantwortlich, andere verwalten einen Personalkörper von einigen Hundert Menschen. Manche DEU sind zuständig für das gesamte Spektrum der Personalgewinnung, während andere nur für die Einstellung von Personal zuständig ist, dass noch nicht in der Bundesverwaltung beschäftigt ist. Manche Einheiten führen die Einstellungsverfahren selbst durch, andere haben, meist mit dem OPM, Kontrakte geschlossen und bestimmte Funktionen ausgegliedert.

2.6.1.1 Rekrutierung

Bei der Personalrekrutierung spielt das Internet inzwischen eine wichtige Rolle. Unter der Adresse www.usajobs.opm.gov. können Interessenten fast ausnahmslos die vakanten Positionen (mit Stellenbeschreibung, Anforderungsprofil, geographischem Einsatzort und Prüfungskriterien) in der Bundesverwaltung lokalisieren, die auch der Öffentlichkeit offen stehen. Dadurch werden vor allem diejenigen Interessenten erreicht, die Zugang zu einem Internet-Anschluß haben; ein Faktum, das wieder bestimmte Bewerbergruppen benachteiligt.[685] Abgeschafft wurde auch die Pflicht zur Benutzung des Formulars SF 171, dessen Ausfüllen mehrere Tage in Anspruch nehmen konnte – James King präsentierte anlässlich der Abschaffung zur Illustration dieser Tatsache sein eigenes Formular, das länger war als er selber und damit immerhin über sechs Fuß vier Inch (circa 1,93 m).[686]

2.6.1.2 Prüfung und Bewertung der Bewerber

Die Bewerber werden durch die DEU unterschiedlichen Prüfungen unterzogen. In etwa 40 % der Fälle wird ein schriftlicher Test verwendet; zum einen für Einstellungen auf Positionen der GS Ebenen 2, 3 und 4 (Einstiegspositionen für Büro und Fachpersonal), für die das OPM schriftliche Tests vorschreibt, und zum

---

684 MSPB, Delegated Examining Units, S. 1 bis 3
685 MSPB, Delegated Examining Units, S. 4 f
686 Barr, Seite A 15

anderen für Einstellungen auf GS-Positionen der Ebenen 5 und 7. Für letztere schreibt der consent-decree von 1981 des Rechtsstreits Luevano v. OPM vor, dass Bewerber nur durch Tests geprüft werden dürfen, denen die Kläger zugestimmt haben; zwei Tests, die vom OPM entwickelt wurden, nämlich AWCA und ACWA II genügen diesen Anforderungen. Diese Tests müssen unter Leitung des OPM durchgeführt werden. Die meisten DEU verwenden „unassembled examination"; dabei werden die Angaben des Bewerbers zu seiner Ausbildung und Erfahrung nach Maßstab des Anforderungsprofils der entsprechenden Position bewertet, so dass am Ende die Bewerber nach der Höhe der erreichten Punkte in eine Rangfolge gebracht werden. Das Gesetz zur Auswahl unter den besten drei Bewerbern (Title 4 U.S.C. 3318) ist immer noch anzuwenden, so dass die anderen Bewerber auf einer Empfehlungsliste an den auswählenden Vorgesetzten nicht mehr erscheinen. Die numerische Bewertung erleichtert den DEU auch die Anwendung der Veteranenpräferenz durch Aufschlag von Punkten. 687

2.6.1.3 Die Rolle des OPM bei der dezentralen Personaleinstellung

Das OPM ist den dezentralen Einheiten behilflich, indem es die dezentralen Personalverantwortlichen schult und berät und ihnen die Dienste des OPM – gegen Entgelt – zur Verfügung stellt. Alle dezentralen Personalverantwortlichen werden vor Beginn ihrer Tätigkeit vom OPM geschult, damit sie die komplexen Gesetze zur Beachtung des Merit-Systems einschließlich der Dreierregel und der Veteranenpräferenz befolgen und die Resultate dokumentieren können. Für die Anleitung vor Ort hat das OPM das Delegated Examining Manual als Nachschlagewerk für die Mitarbeiter vor Ort geschaffen und steht für die Beantwortung von Fragen zur Verfügung. Weiter überprüft das OPM die Arbeit der DEU in regelmäßigen Abständen. Eine weitere Aufgabe ist die Bereitstellung von Dienstleistungen für die DEU. Das OPM übernimmt die Rekrutierung, Prüfung und Bewertung von Bewerbern, wenn es von den Ministerien und Behörden dazu aufgefordert wird. Es entwickelt schriftliche Einstellungstests, die auf die Bedürfnisse der jeweiligen Behörde zugeschnitten sind, und stellt eigene Beschäftigte zur Beratung und Unterstützung der dezentralen Einheiten ab. Einstellungstests und andere Dienstleistungen, die über einfache Beratung und anfängliche Schulung hinausgehen, werden nur noch auf der Basis von Kontrakten mit den einzelnen Behörden entwickelt und durchgeführt.[688] All diese Dienstleistungen werden den anderen Behörden vom OPM in Einklang mit gesetzlichen Berechtigungen nach Title 5 U. S. C. 1104 (b) (4) in Rechnung gestellt. Im fiskalischen Jahr 1998 erwarben Bundesministerien und –behörden Dienstleistungen im Wert von $ 5

687 MSPB, Delegated Examining Units, S. 5
688 King, S. 21, 22

Millionen.[689] Die meisten Behörden haben darauf verzichtet, vom OPM schriftliche Tests für besonders häufig besetzte Positionen entwickeln zu lassen, vor allem wegen der Kosten, die mindestens zwischen $100.000 und $ 150.000 pro Testentwicklung liegen.[690] Die Einstellungen und die damit zusammenhängenden Aufgaben sind daher fast vollständig dezentralisiert worden.[691] In einigen Fällen aber sind die dezentralen Einheiten gezwungen, auf die kostenträchtigen Dienste des OPM zurückzugreifen: Nur das OPM darf die Testverfahren durchführen, die nach dem Luevano consent decree für Verwaltungspositionen und Fachkräfte der Ebenen GS 5 und 7 für die Erstellung der Dreierlisten erforderlich sind.[692]

2.6.2 Erfahrungen mit der dezentralen Personalrekrutierung

Die Erfahrungen mit den neuen dezentralen Kompetenzen sind – wie bereits in einer ähnlichen Lage nach dem Verbot von PACE – je nach Behörde unterschiedlich: Während einige Behörden eigene Einstellungsverfahren entwickeln, die ihren Besonderheiten besser entsprechen, haben andere die früher vom OPM durchgeführten Tests und deren Maßstäbe übernommen, andere fühlen sich immer noch zu eingeschränkt. Genaue Zahlen sind schwer zu erlangen, da auch die Dokumentationen delegiert und dezentralisiert wurden. Eine Untersuchung des MSPB ergab 1999, dass über 80 % der befragten DEU-Mitarbeiter die dezentralisierte Personaleinstellung für schnell und effektiv halten. Kaum jemand wünschte sich eine zentralisierte Personaleinstellung zurück, da dezentral hochqualifizierte Bewerber in kürzerer Zeit identifiziert werden könnten und diese den speziellen Bedürfnissen der Behörden in höherem Maße entsprechen würden. Die Kürze der Zeit vermeide frühere Probleme, als Bewerber oft bereits andere Stellungen akzeptiert hatten, wenn nach langer Zeit die Bundesverwaltung das Einstellungsverfahren abschloss. Andererseits sind insbesondere die Personalsachbearbeiter mit hohem Arbeitsanfall in Sorge um die Qualität ihrer Bewerberbewertungen. Während schriftliche Tests als gut geeignet zur angemessenen Bewertung angesehen werden, äußern die Mitarbeiter große Bedenken in Hinsicht auf die Qualität der Ergebnisse der „Unassembled examinations“, bei denen die Angaben des Bewerbers zu seiner Ausbildung und beruflichen Erfahrung anhand des Anforderungsprofils der Position (knowledges, skills and abilities – KSA) mit Punkten bewertet werden, teilweise auch durch Computereinsatz. In diesem einzelfallbezogenen Bewertungsvorgang (case-examining procedure) kann die angemessene Bewertung eines Bewerbers an vielen Faktoren scheitern: fehlende Angaben, die mangels Zeit der Personalsachbearbeiter nicht nachfordern kann, Schwierigkeiten bei der Einschätzung der beruflichen Vorerfahrungen, insbeson-

---

[689] MSPB, Delegated Examining Units, S. 6
[690] MSPB, Delegated Examining Units, S. 13
[691] Ban, Drivers of Change, S. 21, 22 f
[692] MSPB, Delegated Examining Units, S. 13

dere da durch die Personaleinsparungen in der Bundesverwaltung meist gerade die älteren erfahrenen Personalexperten die Verwaltung verlassen haben, und nicht zuletzt auch Überbewertung wegen übertrieben positiver Angaben in der Bewerbung. Die Zurückziehung des vorgeschriebenen Bewerbungsformulars für die Bundesverwaltung, SF-171-, dessen Verwendung seit Januar 1995 fakultativ ist, sollte Bewerber außerhalb der Verwaltung verstärkt zu Bewerbungen motivieren. Nach Auffassung der Personalsachbearbeiter hat dies zwar zu mehr Bewerbungen von „außerhalb“ geführt; diese Bewerber haben aber meist schlechtere Chancen, weil sie ohne Anleitung durch ein Formular – im Gegensatz zu den internen Bewerbern – nicht wissen, welche Angaben für die Einstufung in welcher Genauigkeit wichtig sind, und daher oft schlechter eingestuft werden als interne Bewerber.[693] In diesem Zusammenhang kommt die Beobachtung des MSPB zum Tragen, wonach die Stellenausschreibungen im allgemeinen den Eindruck machen, für Menschen verfasst zu sein, die bereits in der Bundesverwaltung beschäftigt sind.[694] Insgesamt beklagten Personalfachleute die gegenüber der Formularauswertung zeitaufwendigere Auswertung einer formlos zusammengestellten Bewerbung.[695] Die Führungskräfte, denen die erarbeiteten Bewerberlisten vorgelegt werden, beklagen die geringe Auswahl, die ihnen die Dreierlisten bieten; oft nutzen sie aber auch die Möglichkeiten zur gründlichen Personalsuche wegen bevorstehender Einstellungssperren nicht.[696] Wie bereits erwähnt, sind die dezentralen Personaleinheiten dazu verpflichtet, bei der Besetzung bestimmter Eingangspositionen aufgrund der Festlegungen aus dem Luevano Rechtsstreit auf die Testdurchführung des OPM zurückzugreifen. Das OPM berechnet aber pro Dreierliste etwa $ 600; eine folgenreiche Kostenentwicklung, aufgrund derer die dezentralen Personaleinheiten nach Möglichkeit ihre Büro- und Fachkräfte auf Ebene GS 5 und ihr Verwaltungspersonal/Fachkräfte auf Ebene GS 9 einstellen, um die Beteiligung vom OPM zu vermeiden[697] – eine Praxis, die langfristig wegen unnötig hoher Einstellungsebenen zu weit höheren Kosten führen wird. Angesichts der Erkenntnis des MSPB, dass Mitarbeiter, die professionelle und administrative Positionen auf der Ebene GS 7 erhielten, beruflich besser vorankamen, als Kollegen, die sogleich auf der höheren Ebene GS 9 eingestellt worden waren[698], liegt in dieser Technik zwar eine anfänglich wirksame Kostenersparnis, dauerhaft aber eine Bürde für die Zukunft. Daneben bestehen die schon früher autorisierten dezentralen Einstellungskompetenzen wie das Outstanding Scholar

---

693 MSPB, Delegated Examining Units, S. 6 bis 9
694 MSPB, Competing, S. 10
695 MSPB, SF 171, S. 4 f
696 MSPB, Delegated Examining Units, S. 10 f
697 MSPB, Delegated Examining Units, S. 13
698 MSPB, Employee Advancement, S. 4 f

Program und bevorzugte Einstellungen von Veteranen oder rückkehrenden Freiwilligen des Peace Corps weiter.[699]

2.6.3 Ansätze für Verbesserungen des dezentralen Systems

Das MSPB empfiehlt die Abschaffung der Dreierregel, da diese Regel die Auswahl sogar bei einer Vielzahl gleichermaßen qualifizierter Bewerber auf drei Bewerber einengt. Dies wird sowohl für den auswählenden Vorgesetzten als auch für die aussortierten Bewerber, die bei Qualifikationsgleichstand zur Herstellung der Dreierregel häufig auf der Basis ihrer Social Security Nummer weggelost werden, als kontraproduktiv angesehen. Die Möglichkeit, dass sich Mitarbeiter der Bundesverwaltung auf Beförderungsstellen sowohl unter internen Beförderungsverfahren (Merit Promotion Procedures) als auch in den allgemeinen DEU Verfahren doppelgleisig bewerben können – ein Umstand, der häufig dazu führt, dass auf beiden Listen die gleichen Personen vertreten sind – sollte abgeschafft werden, um auch Bewerbern von außen eine faire Chance zu geben. Darüber hinaus sollte der Anteil der schriftlichen Testverfahren dadurch erhöht werden, dass das OPM künftig darauf verzichtet, die Entwicklungskosten den Behörden in Rechnung zu stellen. Damit werde den Merit-Prinzipien besser gedient, zumal das OPM lediglich gesetzlich berechtigt, nicht aber verpflichtet sei, Kosten in Rechnung zu stellen.[700] Dazu empfiehlt das MSPB die Wiederbelebung des ACWA I Tests, der von den Behörden dezentral durchgeführt werden sollte, sowie die weitere Anwendung des schnelleren und leichter auswertbaren ACWA II Tests für die Besetzung einzelner Vakanzen; dabei sollten die anwendenden Behörden entscheiden, ob diese Tests der erste Schritt des Auswahlverfahrens sein oder erst in einem späteren Stadium durchgeführt werden sollen. Das OPM arbeitet innerhalb einer Arbeitsgruppe mit den Einzelstaaten an der Entwicklung einer neuen Generation von Tests, die die früheren PACE-Positionen betreffen werden. Die Arbeitsgruppe erstrebt insbesondere Verbesserungen mit dem Ziel der einfacheren Anwendung und Auswertung der Tests. Aussagekräftige Informationen über den Bewerber sollen möglichst direkt von der Einstellungsbehörde gewonnen werden, wobei die Testergebnisse im Idealfall simultan mit dem Testende bekannt sein sollen.[701]

2.6.4 Einstellungskompetenzen im Zwielicht - Luevano v. OPM im Lichte der Dezentralisierung des Personalmanagements

Das MSPB merkte bereits 1987 kritisch an, dass seit der problemlosen Gewährung des Karrierestatus für Schedule B Mitarbeiter nicht nur die Eingangspositio-

---

699 Kettl/Ingraham/Sanders/Horner, S. 17 ff
700 MSPB, Delegated Examining Units, S. 13 bis 16
701 MSPB, Restoring Merit, S. 24 f

nen ohne leistungsorientierten Wettbewerb, sondern auch die nach Erhalt des Karrierestatus erreichbaren Positionen der mittleren Ebene – GS 9 bis 12 – durch Menschen besetzt würden, die nicht nach der wichtigsten Leistungsregel ausgesucht worden seien, dem Merit-Prinzip 1 des Title 5 U.S.C. § 2301 (b) (1), das offenen und fairen Leistungswettbewerb vorschreibt.[702]

In einer Periode von 18 Monaten zwischen Januar 1985 und Juni 1986 lag die Beförderungsrate der Schedule B Beschäftigten, die nach Ablauf einer vorgeschriebenen Phase *(time-in grade)* auf der Einstellungsposition in GS 5 und einer Wartezeit auf dem Qualifikationsregister für GS 9 etwa ein bis zwei Jahre bis zu einem Aufstieg in die mittleren Ränge warten müssen, bei 96,8 %.[703]

Inzwischen zeigt die Beschäftigtenstatistik der Bundesverwaltung, dass der Minoritätenanteil von 24,9 % im Jahre 1984 auf 29,7 % im Jahre 1998 gestiegen ist.[704] Afro-Amerikaner sind in der zivilen Bundesverwaltung in Relation zu ihrem Anteil an der Arbeitnehmerschaft der Vereinigten Staaten mehr als ausreichend repräsentiert. Obwohl sie insgesamt nur einen Anteil von 11 % stellen, stellt diese Minderheit 17,1 % des zivilen Verwaltungspersonals auf Bundesebene. Die Hispanics sind noch unterrepräsentiert, sie stellen 10,8 % der Arbeitnehmer insgesamt, aber nur 6,4 % des Bundesverwaltungspersonals.[705]

Das MSPB empfahl im Januar 2000 die Abschaffung der beiden durch das Luevano consent decree autorisierten Einstellungskompetenzen Outstanding Scholar Program und Bilingual/Bicultural Program. Im Zuge der neuen dezentralisierten Verwaltungsstruktur und den dezentralisierten Verantwortlichkeiten der einzelnen Behörden und Verwaltungseinheiten, die auch die Verantwortlichkeit für die ethnische Zusammensetzung ihrer Arbeitnehmer enthalte, seien spezielle Kompetenzen – die unter einem zentralen Management eingeführt worden seien – obsolet. Die dezentralen Einheiten müssten künftig auch über die demographische Zusammensetzung ihrer Neueinstellungen Rechenschaft ablegen, ihre darauf bezogenen Ziele und Strategien definieren und darlegen. Diese förmlich im bundesstaatlichen Einstellungssystem etablierte Verantwortlichkeit führe dazu, dass das Luevano consent decree nicht mehr erforderlich sei, um die Aktivitäten der Bundesverwaltung zu formen und zu bestimmen. Das Board führt aus, dass diese Festlegungen von 1981 – die viel länger lebendig geblieben seien, als ursprünglich vorgesehen – inzwischen sogar zu einer Benachteiligung der Gruppen geführt hätten, zu deren Bevorzugung sie etabliert worden seien. Die Behörden hätten in ihrer Begeisterung über diese direkten Kompetenzen auf die Entwicklung neuer Tests verzichtet und die zur Ergänzung der Leistungsprüfungen eingeführten Zusatzkompetenzen als Hauptquellen für Neueinstellungen genutzt. Es habe sich aber herausgestellt, dass durch die Luevano Kompetenzen des Outstanding

---

702 MSPB, Hiring, S. 3 f

703 MSPB, Hiring, S. 12

704 OPM, Fact Book, S. 36

705 OPM, Fact Book, S. 40

Scholar Program und des Bilingual/Bicultural Program nicht vor allem die angezielten Minoritäten eingestellt würden.[706]
Das Outstanding Scholar Program sei vielmehr zur dominanten Einstellungsmethode in ehemalige PACE-Positionen geworden. Obwohl eine von drei PACE-Positionen derart besetzt worden sei, sei nur einer von zehn eingestellten Bewerbern Afro-Amerikaner und nur einer von vierzehn Hispanic gewesen. Stattdessen habe die starke Nutzung dieser Kompetenz zu einer verstärkten Einstellung von Frauen, insbesonderen weißen Frauen geführt; eine Folge, die von Luevano nicht angezielt worden sei. Die Zahl der Afro-Amerikaner, die durch wettbewerbsbezogene Leistungsprüfungen und als Outstanding Scholar eingestellt worden sei, sei gleich hoch gewesen [707]. Darüberhinaus führe das Outstanding Scholar Program zu Einstellung von College-Absolventen und entsprechender Werbung für Positionen, für die ein College-Abschluß nicht vorgeschrieben sei. Dies benachteilige Interessenten, die berufliche Erfahrung, aber keinen akademischen Abschluss vorweisen könnten. Dies sei kontraproduktiv, insbesondere angesichts der gesicherten Erkenntnis, dass ausgezeichnete akademische Noten keine auch nur im Ansatz zuverlässige Prognose für den späteren Erfolg am Arbeitsplatz abgeben könnten.[708] Wenn auch das Bilingual Program zur vermehrten Einstellung von Hispanics geführt habe, so seien doch durch die Kombinationen anderer Einstellungskompetenzen, die auf wettbewerbsbezogener Leistungsprüfung beruhen, ähnlich hohe Werte erreicht worden.[709] Beide Programme basierten nicht auf wettbewerbsbezogenen Leistungsprüfungen und verzichteten auf sonst gesetzlich vorgeschriebene Verfahrensregeln wie Veteranenpräferenz, ohne in stärkerem Maße als wettbewerbsbezogene Leistungsprüfungen zu einer Erhöhung der Minoritätenanteile beizutragen. Das Board empfiehlt daher der Justizministerin eine Beendigung des Luevano consent decree unter Hinweis auf die ermittelte Entwicklung der Einstellungspraxis der Bundesverwaltung beim Gericht zu beantragen.[710] Das Cooperative Education Program – heute bekannt unter *„Student Educational Employment Program – Student Temporary Employment Program"* wird dagegen sehr positiv beurteilt. Da die Einstellung auf einen Posten im *„Competitive Service"* auf den gezeigten Leistungen am Arbeitsplatz beruht, ist der Prognosewert für die Eignung sehr hoch.[711] Die Statistik zeigt, dass das Programm auch ein wirksames Mittel ist, den Anteil der Minoritäten langfristig weiter zu erhöhen: Im Student Temporary Employment Program für das fiskalische

[706] MSPB, Restoring Merit, S. 5 f
[707] MSPB, Restoring Merit, S. 10 f
[708] MSPB, Restoring Merit, S. 15 bis 18
[709] MSPB, Restoring Merit, S. 12 f
[710] MSPB, Restoring Merit, S. ix, 19 f; mit gleicher Richtung die Fortschreibung für die ersten drei Quartale 1999 in: MSPB, Merit-Based Hiring, S. 2 f
[711] MSPB, Restoring Merit, S. 3

Jahr 1998 werden 36.364 Teilnehmer mit einem Minoritätenanteil von 42,2 % ausgewiesen; auch der Frauenanteil war mit 57,9 % sehr hoch.[712]

2.7 *Künftige Rolle des Office of Personnel Management*

Mit dieser jüngeren Entwicklung ist innerhalb und außerhalb der Verwaltung eine neue Unsicherheit über die moderne Rolle und die Aufgaben des OPM entstanden. Zunächst beabsichtigte das OPM, zukünftig die positive Rolle eines Beraters und Trainers für die Behörden zu spielen statt Kontrollfunktionen auszuüben. Unter dem Druck des Kongresses rückte dann die Kontrollfunktion wieder stärker in den Mittelpunkt, obwohl dabei vor allem die Selbstbewertungen der Behörden die Grundlage bilden.[713] Kritische Stimmen forderten vom OPM eine neue Strategie und eine konstruktive Definition seiner neuen Aufgaben und Ziele, d. h. es sollte nicht nur definieren, wofür es künftig nicht mehr zuständig sein will, sondern auch, was in seine Zuständigkeit fallen soll. Zu diesen Zuständigkeiten sollten das Recht und die Pflicht gehören, neue dezentralisierte und behördenspezifische Personalsysteme zu lizensieren und zu überwachen und, im Falle von Verletzungen der weiter geltenden Leistungsprinzipien und der damit verbundenen Verfahren die Befugnis, der verletzenden Behörde ihre Rechte auch wieder entziehen zu können.[714] Das OPM hat inzwischen seine künftigen Tätigkeitsfelder abgesteckt. Danach verbleiben nach den Reformen drei große Bereiche, die für die zentralisierte Führung, so wie das OPM sie durchführt und anbietet, geeignet sind:

- Pflege und Erhalt historischer Werte, dazu gehört die Überwachung von auf Leistung basierenden Personalsystemen, Sorge für offene Rekrutierung und Sicherstellung der Führung durch ein Kader von Führungskräften
- Verantwortlichkeit für die Basisbedingungen für eine Tätigkeit im öffentlichen Dienst; dazu gehört die Sicherstellung der Anwendung von Veteranenpräferenzen und die ständige Anpassung der benefit packages, insbesondere der Systeme von Versicherungen und Pensionen an die modernen Entwicklungen
- Führende Rolle in der Weiterentwicklung des Managements der Ressource Mensch; dabei soll die Herstellung von Konsens über den Weg, der im Bereich der Personalführung und –verwaltung gegangen werden soll, die zentrale Aufgabe sein.

Das OPM will sich für größere gesetzliche Freiheiten der Behörden im Bereich von Bezahlungen außerhalb des General Schedule, eine Modernisierung des Klassifikationssystems und die gesetzliche Etablierung einer permanenten Abkauf/Abfindungsmöglichkeit von Behörden einsetzen, mit der reduction-in-force Verfahren vermieden werden können. Der SES soll sich noch stärker

[712] OPM, Fact Book, S. 112
[713] Ban, Drivers of Change, S. 21, 28 f
[714] Kettl/Ingraham/Sanders/Horner, S. 64 f

danach ausrichten, dass die oberste Führungsschicht Neuerungen einführt und fördert und die Mitarbeiter führt; für Führungskräfte in technischen und wissenschaftlichen Positionen soll der volle Nachweis ihrer Führungsqualitäten – wie im SES erforderlich – teilweise eingeschränkt werden.[715] Die Entwicklung ist noch offen. Zur Umsetzung sind teilweise noch gesetzliche Ermächtigungen für die angezielten Zuständigkeiten zu schaffen (flexiblere Gehaltssysteme, moderne Stellenklassifikation, Kontrollrechte)[716], teilweise wird über die weitere Privatisierung einzelner Aufgaben, wie z. B. die Pflege des Rentensystems, diskutiert. Auch dabei bliebe wieder zu klären, inwieweit Kontrollfunktionen im OPM verbleiben oder geschaffen würden.[717] Erste konkrete Schwierigkeiten mit der Rollendefinition des OPM sind absehbar: Das GAO hat bereits kritisiert, dass das OPM in der Frage der Bewältigung der bis 2005 eintretenden Pensionierungswelle im SES – obwohl zentral für den SES zuständig – den Behörden und Ministerien lediglich Assistenz bei der Planung und Vorbereitung von SES-Nachwuchsprogrammen gewähren, aber keine aktive Rolle einnehmen will, obwohl das OPM das dokumentierte Fehlen solcher Programme in den meisten Verwaltungsbereichen anerkennt. Das GAO mahnt eine aktivere Rolle des OPM in dieser Angelegenheit an.[718]

2.8 Berufliche Zeitperspektiven im öffentlichen Dienst

Auch die Einstellung zu einer beruflichen lebenslangen Laufbahn im öffentlichen Dienst hat sich verändert: Früher war es normal, dass Mitarbeiter, die auf den untersten Ebenen des General Schedule eintraten, sich langsam die Karriereleiter hocharbeiteten. Die frühere Direktorin des OPM in der Bush Administration, Constance Berry Newman, trat auf der Ebene des General Schedule 3 ein.[719] Abhängig von der jeweiligen Arbeitsmarktsituation ist es auch üblich gewesen, dass Mitarbeiter trotz hoher formaler Bildung auf niedriger Ebene im öffentlichen Dienst eintraten, um „einen Fuß in der Tür zu haben". Zunehmend wird deutlich, dass die hergebrachte Vorstellung von einem Beschäftigten, der in den öffentlichen Dienst eintritt und seine gesamte berufliche Laufbahn dort absolviert, den tatsächlichen Gegebenheiten zukünftig nicht mehr entsprechen wird. Anstatt einer *„career ladder"* zu folgen, die der Beschäftigte langsam emporkletterte, diversifizieren sich die Möglichkeiten für die Beschäftigten innerhalb und außerhalb des

---

715 Lachance, Goal Posts, S. 17 ff. Die Beschäftigten des professional and scientific service hatten bereits 1949 bei der Einbeziehung ihrer Posten in den General Schedule einen Sonderstatus verlangt, der ihre Kenntnisse und Fähigkeiten angemessener berücksichtigte, Van Riper, History, S. 462

716 Lachance, Goal Posts, S. 17, 18 f

717 Marshall, S. 280, 281

718 GAO, SES Retirement Trends, S. 8

719 Mary Alice Kline, OPM, Seattle Service Center Director, im Gespräch mit der Verfasserin am 14. Juni 1999

öffentlichen Dienstes mehr in die Richtung eines *„career lattice"*. Das OPM will sich darauf einstellen und auch die jungen Menschen gewinnen, die nicht mit der Vorstellung eintreten, ihre berufliche Laufbahn ausschließlich im öffentlichen Dienst zu verbringen.[720] Auch die bereits in der Bundesverwaltung Beschäftigten scheinen ihre beruflichen Aussichten zu überdenken: in einer repräsentativen Umfrage des MSPB 1996 gaben 22 % der Befragten an, zur Zeit mit der Suche nach einem Arbeitsplatz außerhalb der Verwaltung beschäftigt zu sein – 1992 waren dies nur 11 % gewesen. Zusätzlich wollten sich 14 % einen anderen Arbeitsplatz innerhalb der Bundesverwaltung suchen. Damit befindet sich etwa ein Drittel des Bundesverwaltungspersonals mental im Transit. Mitarbeiter begründeten diese Entscheidung mit reduzierten Möglichkeiten für eine Karriere in der Bundesverwaltung, dem Wunsch, einen weniger anstrengenden Arbeitsplatz auszufüllen und angekündigten Personaleinsparungen. Gleichzeitig stellte das MSPB fest, dass viele Beschäftigte Ängste um ihren Arbeitsplatz haben: Immerhin 27 % hielten es für wahrscheinlich, im Laufe der nächsten zwei Jahre im Zuge von Personaleinsparungen die Bundesverwaltung verlassen zu müssen. Gleichzeitig können die wichtigsten Gründe, die dazu führen, dass Mitarbeiter sich nicht um einen Arbeitsplatz außerhalb der Bundesverwaltung bemühen, das Personalmanagement im OPM nicht nur fröhlich stimmen: Wichtigster Grund war die Vermeidung von Verlusten von bereits investierten Pensionsanteilen, die nach dem inzwischen ersetzten Civil Service Retirement System bei einem Ausscheiden verloren gehen würden. Erst danach wurde Freude an der Arbeit in der Bundesverwaltung genannt.[721]

2.9 Zusammenfassung

Mit der Einführung einer ständigen Berufsbürokratie entstand die Notwendigkeit spezifischer Ausbildung und Vorbereitung auf Tätigkeiten in der öffentlichen Verwaltung. Inzwischen erfolgt eine Fachausbildung durch eine Vielzahl von Programmen und Ausbildungsgängen von Colleges und Universitäten. Jenseits der Frage der Heranbildung fachlich geeigneten Nachwuchses gestaltet sich die Rekrutierung geeigneten Nachwuchses durch die wechselvolle Stellung der Bundesverwaltung in der öffentlichen Meinung problematisch, da die Attraktivität einer Beschäftigung in der Verwaltung auch vom Ansehen und der Haltung des jeweiligen Präsidenten zur Karrierebürokratie abhängig ist. Während die positive Haltung der Administrationen Franklin Roosevelt, Kennedy und Johnson zu staatlichen Aufgaben und dem Dienst für das Gemeinwohl zu exzellenten Bewerberpools führte, hat sich die Bürokratenschelte - als fester Bestandteil der Agenda der Präsidenten Nixon, Carter und Reagan – als kontraproduktiv für die Anziehungskraft der Verwaltung als Arbeitgeberin erwiesen. Die Personaleinsparungen

---

[720] Ingraham, Federal Recruitment, S. 13, 16
[721] MSPB, Employee Perspectives, S. 22, 30 f

unter Clinton haben nicht zur Steigerung dieser geringen Attraktivität beigetragen. Im 20. Jahrhundert haben die Testverfahren, mit denen die interessierten Bewerber ausgesucht wurden, eine bemerkenswerte Entwicklung durchlaufen: Zunächst zentral und unabhängig von den Anforderungen einzelner Posten eher auf generelle Eignung konzentriert, waren sie den veränderten gesellschaftlichen Anforderungen an repräsentative Rekrutierung aus den verschiedenen Geschlechtern und ethnischen Gruppen nicht gewachsen. Die in der Folge verwendeten Methoden, immer noch zentral durchgeführt, betonten mehr die Bedeutung individueller Fähigkeiten – Sprachkenntnisse, akademische Leistungen – und strebten vor allem die Einstellung der bisher zahlenmäßig benachteiligten Minoritäten und Gruppen an. Dies ist nur zum Teil gelungen und auch dieser Erfolg ist nicht maßgeblich auf die veränderten Methoden, sondern auch auf die allgemeine gesellschaftliche Entwicklung stärkerer Beteiligung von Minoritäten und einst benachteiligter Gruppen zurückzuführen. Inzwischen sind die Testverfahren dezentralisiert worden. Damit sind bessere Möglichkeiten zur Abgleichung von Anforderungen und Bewerberpotential vor Ort, aber auch Gefahren in bezug auf die Qualität der Rekrutierung entstanden. Durch die Leistungsorientierung und Wirtschaftlichkeitsbestrebungen des OPM müssen die dezentral testenden Behörden große Summen investieren, um die für sie passenden Testverfahren vom OPM entwickeln zu lassen. Da sie keine Verpflichtung dazu trifft, besteht hier die Gefahr, aus falsch verstandener Sparsamkeit Bewerber nach nicht abgestimmten und ungeeigneten Kriterien zu rekrutieren. Dies wäre auf die Dauer teurer als die Entwicklung eines geeigneten Testverfahrens. Aber auch das OPM muß abwägen, ob die Inrechnungstellung hoher Summen für neue Testverfahren – obgleich modern und leistungsbezogen – nicht kontraproduktiv und im Ergebnis gegen die Ziele der NPR gerichtet ist, wenn die Praxis zeigt, dass die Behörden im Zweifel dann darauf verzichten. Die Bevorzugung der Veteranen bedeutet einen schweren Eingriff in die Rekrutierung nach Eignung und Leistung; die Regelung ist jedoch traditionell anerkannt und hat bisher jedem Versuch der Einschränkung wegen des hohen Einflusses der Veteranenlobby widerstanden.

Insgesamt wird die Personalrekrutierung zukünftig eine neue Richtung einschlagen: die Orientierung der Bewerber geht weg von der lebenslangen Karriere im öffentlichen Dienst und wird auch die Mitarbeiter der bisherigen Karrierebürokratie zu einer besonderen Form von „In-and-Outers“ machen, die zwischen der privaten Wirtschaft und dem öffentlichen Dienst wechseln.[722] Entsprechend müssen Testverfahren gestaltet werden: Sie müssen sowohl innerhalb als auch außerhalb der Verwaltung erworbene Kenntnisse und Erfahrungen berücksichtigen und für eine Transparenz im Bewerbungsverfahren sorgen, die Bewerbern beider

---

[722]Die Voraussetzungen für leichteren Wechsel zwischen öffentlichem und privatem Sektor wurden bereits 1984 durch Einführung eines neuen Versorgungssystems geschaffen, siehe OPM, FERS; Fesler/Kettl, S. 125

Bereiche gleichermaßen eine faire Chance bietet. Davon werden sowohl die Wirtschaft als auch die Verwaltung profitieren, weil dann der oft beschworene Antagonismus der sich angeblich eher unverträglich gegenüberstehenden Bereiche verschwinden und hoffentlich der gegenseitigen Akzeptanz der unterschiedlichen Aufgaben und daraus folgenden Notwendigkeiten unterschiedlicher Regeln und Hierarchien Platz machen wird.

III. Karriereweg in der Bundesverwaltung

1. Bedeutung formaler Vorbildung für die Karriere

Die formale Vorbildung stellt auch in der amerikanischen Bundesverwaltung, die die relative Strenge der Teilung in Laufbahngruppen nicht kennt, eine Determinante für das Fortkommen dar. Die Bedeutung einer formell hochrangigen Bildung war, wie im historischen Teil der Darstellung erläutert, zu Beginn der Union von entscheidender Bedeutung. Eine Studie von Paul van Riper und anderen zeigte 1963, dass auch 1959 der Bildungsgrad die entscheidende Größe für die Karriere im öffentlichen Dienst war. Danach hatten 1959 78 % der Führungskräfte des Karrieredienstes und 90 % der politischen Spitzenkräfte einen Collegeabschluß. 45 % der Karriereführungskräfte und 74 % der politischen Führungskräfte hatten einen höheren Grad erworben; letztere hatten einen Anteil juristischer Abschlüsse von 39,9 %.[723] Eine Studie zeigte 1982, dass die durchschnittliche Position eines Beschäftigten ohne einen Graduiertenabschluß bei GS 8 und die eines Beschäftigten mit Graduiertenabschluß bei GS 12,2 lag. Juristen führten die Liste mit einem durchschnittlichen Posten der Ebene 13,57 an, die Beschäftigten mit einem Master of Public Administration/Public Affairs folgten mit 12,45.[724]

2. Karrieremöglichkeiten und Beförderungen

In der Bundesverwaltung entwickeln die Bundesbehörden und Ministerien ihre eigenen Beförderungsprogramme im Einklang mit den Richtlinien des OPM – idealtypisch. Je nach Behörde/Ministerium und zu besetzender Position werden zur Auswahl Prüfungen durchgeführt oder es finden Beförderungen ohne vorherigen Wettbewerb statt[725]. Die überwiegende Mehrzahl der Positionen im öffentlichen Sektor wird durch Beförderungen besetzt, nicht durch externe Rekrutierung. Bereits nach der Verbesserung der Bezahlung von Spitzenpositionen und der Schaffung der Supergrades GS 16 bis 18 im Jahre 1949 durch den Classification Act war festgestellt worden, dass dadurch die Gewinnung von Spitzenkräften

---

[723] Warner/Van Riper/Martin/Collins, S. 107 bis 110, Tabelle 33 B (S. 354) und 36 B (S. 357)
[724] Lewis, S. 397, 401
[725] Lee, S. 171

von außen nicht verbessert worden war: Nur 12 % der ursprünglichen Spitzenpositionen waren mit externen Bewerbern besetzt worden, die meisten wurden von innen - aus der Bundesverwaltung heraus – durch Beförderung besetzt.[726] Dies wird unterstützt durch die Tatsache, dass für die Besetzung von Beförderungsstellen – Positionen über Einstiegsniveau – für Binnenbewerber andere Regeln gelten als bei der originären Einstellung: die „Merit Promotion Procedures". Originär – bei ursprünglicher Einstellung - wurden die Bewerber mit Punkten bewertet und nach dem erreichten Wert in eine Dreierliste eingeordnet, nachdem die Veteranenpräferenz durch Punktezuschlag angewendet worden war. Unter den Beförderungsregeln werden weder die Dreierregel noch die Veteranenpräferenz angewandt; vielmehr enthalten die Beförderungslisten alle Bewerber, die als qualifiziert eingestuft werden, in alphabetischer Reihenfolge, so dass die auswählenden Vorgesetzten eine größere Auswahl und die Bewerber eine höhere Chance haben als bei den Dreierlisten.[727] Meist wird bei Beförderungsstellen zunächst in der eigenen Verwaltungseinheit nach passenden Kandidaten gesucht, bevor die Vakanz verwaltungsintern generell bekanntgemacht wird[728]. Bis auf wenige Ausnahmen ist eine öffentliche Ausschreibung vakanter Stellen über Einstiegsniveau nicht vorgeschrieben. Die Rekrutierung von Personen, die noch nicht in der Bundesverwaltung beschäftigt sind, für Beförderungsstellen wird weiter dadurch behindert, dass für Bewerbungen von außen Listen unter Beachtung der *„Rule of Three"* und der Veteranenpräferenz angefertigt werden, während für interne Bewerber die *„Merit Promotion Procedures"* angewandt werden, bei denen beides nicht zur Anwendung kommt. Oft verwenden Führungskräfte beide Maßnahmen zur Rekrutierung nebeneinander, um zu sehen, ob auch von außerhalb geeignete Bewerber gewonnen werden können. Diese Absicht wird meist dadurch behindert, dass die bereits in der Verwaltung beschäftigten Mitarbeiter das Recht haben, sich über beide Verfahren zu bewerben, so dass sie am Ende auch sowohl auf dem Dreierzertifikat als auch der alphabetischen Liste stehen können. Dieser Effekt tritt häufig ein, weil die Verwaltungsmitarbeiter sich gezielt mit den richtigen Angaben bewerben und oft über die gesuchte Erfahrung verfügen. Kommt dann noch eine Berechtigung zu Veteranenpräferenz dazu, haben Bewerber von außen häufig keine Chance mehr, auf einer Dreierliste aufzutauchen.[729] Die Vorbereitung von Mitarbeitern der Bundesverwaltung auf die Führungsaufgaben von morgen ist schon spöttisch als „If we need them, they will come" beschrieben worden[730], mit anderen Worten: Sie läßt zu wünschen übrig. Es hat sich gezeigt, dass die Vorbereitung von Mitarbeitern der mittleren Führungsebenen auf ein mögliches Aufsteigen in den SES kaum stattfindet. Die Statuten des CSRA ver-

---

726 Huddleston/Boyer, S. 33
727 MSPB, Delegated Examining Units, S. 9 f
728 Lee, S. 172
729 MSPB, Delegated Examining Units, S. 9 f
730 Huddleston/Boyer, S. 155

pflichteten die Bundesbehörden zur Entwicklung von Programmen zur Identifizierung und Förderung von Kandidaten für den SES und ca. 50 Behörden führten solche Programme auch ein – wenn auch nur wenige sie tatsächlich durchführten. Im Zuge des Personalabbaus in der Bundesverwaltung unter der Clinton Administration haben von den unter dem Federal Workforce Restructuring Act (P.L. 103.226) angebotenen Abfindungen *(Buyout)* bei freiwilligem Verlassen der Verwaltung viele Beschäftigte Gebrauch gemacht, die im Schnitt nach GS 11 bezahlt wurden und damit auf dem Sprung in die Führungsebene waren. Dies ist eine dunkle Seite der Personaleinsparungen: es gehen auch Mitarbeiter verloren, in die Jahre der Ausbildung investiert wurde, und mit ihnen ihre Erfahrung. Insofern hat die starke Personalreduktion in den 90er Jahren auch großen Einfluß auf die künftige Führungsebene der Bundesverwaltung gehabt.[731]

3. Einfluss des Eintrittszeitpunkts auf die Karriere und die Abhängigkeit beruflichen Erfolgs von der Auswahlmethode

Wichtig wären Anstrengungen zur frühzeitigen Erkennung und Förderung von talentiertem Nachwuchs, der zu einer Zeit in die Bundesverwaltung kommt, wenn die Perspektiven günstig sind.[732] Jenseits aller Versuche, die Möglichkeiten von Fortkommen und Beförderung zu objektivieren und berechenbar zu machen, hängen Erfolg und Vorankommen nur zum Teil von den Personen ab; zu einem weiteren, wichtigen Teil sind ihre Aussichten auf Beförderung von dem Zeitpunkt ihres Eintretens in die Bundesverwaltung abhängig. Eine Analyse des Executive Inventory brachte zutage, dass das Alter, in dem die Beförderung auf eine Position des GS 15 erfolgte, vom Eintrittszeitpunkt abhängig war. Mitarbeiter, die vor der Great Depression eingetreten waren, hatten diese Position erst mit einem Durchschnittsalter von 54 Jahren und älter erreicht. Von den Mitarbeitern, die zwischen 1956 und 1971 eintraten, waren nur 14 % bei Erreichen dieser Position in diesem Alter, 45 % von ihnen waren dagegen sogar jünger als 42 Jahre.[733]
Das Fortkommen in der Bundesverwaltung ist auch abhängig von der Methode, mittels derer die Beschäftigten ausgesucht wurden. Das MSPB untersuchte 1999/2000 den Karriereweg von Beschäftigten, die zwischen 1991 und 1993 eingestellt worden waren, bis zum Ende des Jahres 1998. Die durch das PMIP eingestellten Mitarbeiter kamen beruflich am weitesten voran. Auch die Mitarbeiter, die nach dem Student Temporary Employment Program eingestellt worden waren, stiegen schneller auf als der Durchschnitt. Diese Ergebnisse bestätigten, in Verbindung mit der Tatsache, dass die ausschließlich nach ihrem Notendurchschnitt bei akademischen Leistungen nach dem Outstanding Scholar Program

---

731 Kettl/Ingraham/Sanders/Horner, S. 15
732 Huddleston/Boyer, S. 156
733 Huddleston/Boyer, S. 70

eingestellten Beschäftigten nur ein durchschnittliches Fortkommen zeigten[734], andere Untersuchungen des MSPB, die zeigten, dass PMIP und Student Temporary Employment Program gute Vorhersagen für beruflichen Erfolg erlauben, während der akademische Notendurchschnitt keine geeignete Basis für solche Einschätzungen bietet.[735] Beschäftigte, die durch Merit Promotion Procedures, also durch Beförderungen innerhalb der Bundesverwaltung auf Positionen der GS 5, 7 und 9 gelangt waren, kamen signifikant unterdurchschnittlich voran.[736]

4. Politische Aktivitäten der Beschäftigten der Bundesverwaltung

Der Pendleton Act von 1883 traf bereits Regelungen über die Unvereinbarkeit politischer Aktivitäten mit einer Tätigkeit im Bundesdienst; insbesondere war die Förderung politischer Ziele im Austausch gegen Geschenke verboten und ebenso, von den Beschäftigten politische Willfährigkeit zu verlangen. Die Regeln des Pendleton Act wurden nicht konsequent beachtet, vielmehr war ihre Anwendung von der Haltung des jeweiligen Präsidenten abhängig und es gab diverse Schlupflöcher. Insbesondere die auf nicht klassifizierten Positionen Beschäftigten waren in ihren Aktivitäten relativ frei. In den 30er Jahren des 20. Jahrhunderts waren infolge der Schaffung vieler neuer Behörden durch die Roosevelt Administration, deren Mitarbeiter auf zunächst nicht klassifizierten Positionen arbeiteten, rund 40 % - 850.000 – der Beschäftigten von Beschränkungen im wesentlichen frei. Bei den Kongresswahlen 1938 sorgten verschiedene politische Skandale dafür, die politischen Aktivitäten der Beschäftigten der Bundesverwaltung erstmals seit dem Pendleton Act systematisch zu regulieren.[737] Die Hatch Acts von 1939 und 1940 betonten die Bedeutung politischer Neutralität der Bürokratie: Die Gesetze verboten den fest beschäftigten Angehörigen der Bundesverwaltung – klassifiziert und nicht klassifiziert -, sich parteipolitisch zu engagieren, sofern es sich um die Kandidatur für Parteiämter, Aktivitäten in Wahlkampagnen und Spendensammlungen handelte. Die Ergänzung von 1940 betonte, dass ihnen ihr aktives Wahlrecht jedoch erhalten blieb. Das Verbot erstreckte sich nicht auf den Präsidenten und Vizepräsidenten sowie Personen, die aus den Mitteln des Executive Office of the President bezahlt wurden, Minister und deren Stellvertreter sowie Personen, die vom Präsidenten bestellt und vom Senat bestätigt und in der Außenpolitik oder landesweiten Durchführung von Bundesgesetzen eingesetzt waren.[738] Unter der Clinton-Administration wurde im Oktober 1993 der Hatch

---

[734] MSPB,Employee Advancement, S. 4 f

[735] MSPB, Restoring Merit, S. 3, 15 bis 18

[736] MSPB,Employee Advancement, S. 4 f

[737] Van Riper, History, S. 339-343

[738] Act to Prevent Pernicious Political Activities (1939) as Amended (1940), Hatch Acts, 53 Stat. 410 (1939), as amended by 54 Stat. 640 (1940), abgedruckt in: Mosher, Basic Documents, S. 149 ff ; Van Riper, History, S. 339 f; Fraenkel, Politisches Betätigungsrecht, S. 150, 163 ff

Act in wesentlichen Teilen neu gefasst.[739] Den meisten Beschäftigten ist danach die außerdienstliche aktive Beteiligung an Parteipolitik und politischen Wahlkampagnen, z. B. durch öffentliche Reden, Aufstellen von Plakaten, Teilnahme an Spendenveranstaltungen u. ä. gestattet; innerdienstliche politische Betätigung, in Diensträumen, Uniform, Dienstwagen oder durch Tragen politischer Anstecker bleibt verboten. Es ist untersagt, in parteipolitischen Wahlen öffentliche Ämter anzustreben.[740] Spezielle strengere Vorschriften finden Anwendung auf Beschäftigte des FBI, der CIA, Secret Service und diverser anderer Behörden, die mit Verteidigung und nationaler Sicherheit, Zoll und Steuerwesen befasst sind. Auch die Karrieremitglieder des SES werden von diesen strengeren Vorschriften erfasst (remain hatched), die unverändert eine Beteiligung an parteipolitischen Kampagnen und parteipolitischem Management verbieten. Diese dürfen folglich nicht öffentlich für bestimmte Kandidaten eintreten, keine Spenden annehmen, kein Werbematerial für Wahlzwecke verteilen und kein Amt in politischen Parteien innehaben.[741] Ausnahmen können vom OPM auf Antrag genehmigt werden, wenn in Kommunen sehr viele Gemeindebürger Beschäftigte der Bundesverwaltung sind und im Interesse der Kommune die Beteiligung dieser Bürger an der Gemeindevertretung wünschenswert erscheint.[742]

5. Warum verlassen Beschäftigte die Bundesverwaltung?

Beschäftigte des öffentlichen Dienstes verlassen die Bundesverwaltung aus Gründen, die in zwei große Kategorien fallen: entweder sie scheiden freiwillig aus oder sie werden zum Ausscheiden gezwungen.

5.1 Freiwilliges Ausscheiden

Zu denen, die freiwillig ausscheiden, gehören sowohl die Beschäftigten, die sich entschließen, in den Ruhestand zu gehen als auch diejenigen, die ihre berufliche Karriere an anderer Stelle – im privaten Sektor oder einer anderen staatlichen Verwaltungsebene - fortsetzen wollen. Die Fluktuation ist am höchsten unter den Beschäftigten mit mehr als 30 Dienstjahren und denen mit weniger als 10 Dienstjahren. Während die Eintritte in den Ruhestand für die einzelne Behörde schmerzliche Verluste sein können, so sind sie doch unvermeidlich und können als normaler Verlauf akzeptiert werden. Es ist jedoch auch hier zu bedenken, dass nicht selten Mitarbeiter, die aus der Bundesverwaltung in den Ruhestand gehen, anschließend noch bezahlte Tätigkeiten annehmen. So nahmen beispielsweise zwei Drittel der SES-Mitarbeiter, die im fiskalischen Jahr 1985 die Bundesver-

739 5 U. S. C. Sections 7321-7326 und 5 Code of Federal Regulations, Parts 733 und 734
740 OSC, Political Activity, S. 4
741 OSC, Political Activity, S. 7, mehr Informationen unter http://www.osc.gov/hatchact.html
742 OSC, Political Activity, S. 10

waltung verließen, eine bezahlte Berufstätigkeit auf, obwohl 57,4 % dieser Mitarbeiter älter als 55 Jahre alt waren.[743] Dagegen verursacht das Faktum, dass jüngere Beschäftigte die Bundesverwaltung wieder verlassen, sowohl immer neue Kosten für Personalauswahl und –training als auch Fragen nach den Gründen. Eine Untersuchung mit der Zielgruppe „freiwillig ausgeschiedene Mitarbeiter unter 45 Lebensjahren mit weniger als 10 Dienstjahren und eine vorherige Stellung ab GS 7 im professionellen oder administrativen Aufgabenbereich" ergab, dass der durchschnittliche Mitarbeiter auf den Ebenen GS 9 bis 12 ohne Leitungsfunktion gearbeitet, weniger als fünf Dienstjahre absolviert und eine gute Vorbildung hatte und keiner Minorität angehörte: Die meisten hatten Bachelorabschlüsse, ein Drittel hatte einen Graduiertenabschluss. Diese Beschäftigten gaben an, dass vor allem der Wunsch, mehr und interessantere Möglichkeiten zur beruflichen Weiterentwicklung zu haben, sie zum Verlassen des öffentlichen Dienstes bestimmt habe. Dabei meinten sie weniger Beförderungen – 82 % waren in den letzten zwei Jahren vor Verlassen des öffentlichen Dienstes befördert worden – als allgemein vielfältigere Aufgaben und mehr Mobilität. Es stellte sich heraus, dass familiär erzwungene geographische Veränderungen auch ein wichtiger Faktor waren, da die Bundesverwaltung - obwohl mit dezentralisierten Einheiten in allen Einzelstaaten vertreten – ihnen keine anderen Stellen hatte vermitteln können. Der Wunsch nach einem höheren Einkommen erreichte auf der Liste der häufigsten Gründe den fünften von sieben Plätzen. Auch hier bestätigte sich wieder, dass der Verdienst zwar ein wichtiger, nicht aber der entscheidende Faktor für den Eintritt oder das Verbleiben im öffentlichen Dienst ist[744], obwohl sich auch herausstellte, dass das durchschnittliche Einkommen sich durch die Annahme einer neuen Position außerhalb der Verwaltung um rund 32 % verbesserte. Auch von diesen Beschäftigten wurde der Mangel an Informationen und Betreuung/Koordination beklagt, insofern es um Möglichkeiten ging, Positionen – z. B. geographisch – zu verändern und trotzdem in der Bundesverwaltung zu bleiben. Da solche Möglichkeiten bestehen, ist die Vermittlung dieser Informationen auch hier ein Bereich, der verbessert werden muss. Nur 17 % der befragten ausgeschiedenen Mitarbeiter lehnten eine erneute Tätigkeit in der Bundesverwaltung in der Zukunft ab. Obwohl die meisten der befragten Personen ausgezeichnete Beurteilungen in ihrer Zeit im öffentlichen Dienst erhalten hatten, gaben knapp drei Viertel von ihnen an, dass von Seiten der Bundesverwaltung keinerlei Anstrengungen unternommen worden seien, sie von ihrem Vorhaben abzubringen. Diese Ergebnisse machen deutlich, dass die Nachwuchskräfte, die gehen, häufig die sind, die wohl am dringendsten gehalten werden müssten. Sie haben eine gute Ausbildung, zeigen gute Leistungen und sind an Weiterentwicklung und Förderung interessiert, oftmals sogar auch an geographischer Mobilität. Viele Kritikpunkte sind verbesserungsfähig, ohne daß deutliche Einkommensstei-

---

743 GAO, SES, Reasons Why Career Members Left, S. 23
744 Naff/van Rijn, S. 39, 39-42

gerungen für den öffentlichen Dienst nötig wären. Die Personalbetreuung der Beschäftigten und ein Training, das diese in die Lage versetzen würde, bestehende Möglichkeiten herauszufinden, sowie die Erkenntnis, dass es nicht ausreicht, auf gutes Personal zu hoffen, sollten dazu führen, dass die Anstrengungen nicht nur auf die Gewinnung, sondern auch auf das Verbleiben des Personals in der Bundesverwaltung gerichtet werden. Immer wieder deuten Untersuchungen darauf hin, dass das Gefühl, sinnvolle Arbeit zu leisten und Anerkennung von Vorgesetzten zu erhalten, sowie die Überzeugung davon, dass die eigene Arbeit wichtig und unverzichtbar für die Behörde ist, für die Beschäftigten meist wichtiger sind als die Höhe des Einkommens. Viele Beschäftigte könnten auch mit nicht-monetären Maßnahmen erreicht werden - daher sollte die hohe Personalfluktuation nicht in erster Linie darauf zurückgeführt werden, dass es nicht möglich sei, relevante Einkommenssteigerungen anzubieten.[745] Dies war bereits bei einer Befragung aller SES-Mitglieder, die im fiskalischen Jahr 1985 ausgeschieden waren, deutlich geworden: die drei am häufigsten genannten Gründe (Mehrfachnennungen) für das Ausscheiden waren Unzufriedenheit mit dem Spitzenmanagement (47,3 %), Unzufriedenheit mit den politischen Mitarbeitern (43,1%) und ungerechte Verteilung von Bonuszahlungen (41,4 %).[746] Eine umfangreiche Studie des MSPB zeigte 1989, dass auch bei den SES-Mitarbeitern, die zwischen dem 1. August 1988 und dem 30. Juni 1989 ausgeschieden waren, 42 % der Mitarbeiter angaben, dass sie den SES auch deshalb verlassen hätten, weil von ihren Fähigkeiten kein angemessener Gebrauch gemacht worden sei.[747]

5.2 Unfreiwilliges Ausscheiden

Beschäftigte scheiden unfreiwillig aus der Bundesverwaltung aus, indem sie entweder wegen Personaleinsparungen entlassen werden oder die Kündigung wegen mangelnder Leistung erhalten. Die dafür geltenden Regelungen unterscheiden sich in ihren Anforderungen an das einzuhaltende Verfahren.[748]

5.2.1 Personaleinsparungen (Reduction-in-force- RIF)

Beschäftigte des öffentlichen Dienstes können auch bei ausgezeichneten Leistungen entlassen – oder heruntergestuft - werden, wenn dies durch Reorganisationen ihrer Dienststelle, Arbeitsmangel, Mittelknappheit, Stellenstreichungen oder die Durchführung bestimmter Einstellungsrechte gerechtfertigt ist. Nach Angaben der Clinton Administration wurde seit 1993 die Zahl der zivilen Beschäftigten bis zum Ende des Jahres 1998 um 365.000 Positionen abgesenkt und damit das nied-

---

[745] Naff/van Rijn, S. 39, 43; MSPB, SES Views, S. 24

[746] GAO, Reasons Why Career Members Left, S. 8

[747] MSPB, SES Views, S. 1, 10

[748] OPM, Poor Performance, S. 27-29

rigste Beschäftigungsniveau seit 1933 erreicht.[749] Personalabbau ist also ein zentrales Thema im öffentlichen Dienst der letzten acht Jahre gewesen, wenn auch von den 308.000 Beschäftigten, um die die Verwaltung bis Sommer 1997 reduziert wurde, nur 10 % durch Reduction-in-Force eingespart wurden. Das OPM hat die negativen Auswirkungen der Schrumpfung durch Entlassung auf die Moral der Beschäftigten – sowohl der bleibenden als auch der entlassenen Mitarbeiter – erkannt und versucht, die Durchführung dieser Verfahren zu minimieren, indem die Einsparungen vor allem durch natürliche Fluktuation und Anreize durch Abfindungen realisiert wurden. Allein von der Möglichkeit freiwilliger Aufgabe des Arbeitsplatzes mit Abfindung machten bis Mitte 1996 ca. 128.000 Mitarbeiter Gebrauch[750], nachdem der Kongress Mitte 1994 den Federal Workforce Restructuring Act mit einem „*Buyout Plan*" beschlossen hatte, wonach Beschäftigte der Bundesverwaltung bis zu $ 25.000 bei freiwilligem frühem Verlassen der Bundesverwaltung erhalten konnten.[751] Von den 695 Karrieremitarbeitern des SES, die 1994 ruhegehaltsberechtigt den SES verließen, erhielten 121 „*buyouts*", weil ihre Behörden den – ohne starre Altersgrenze in den USA freiwilligen[752] – Eintritt in den Ruhestand forcieren wollten.[753] In den Fällen der reduction-in-force sind Entlassungen in einem Verfahren durchzuführen, dessen Regeln in Title 5 U.S.C. Section 3501-3503 festgelegt sind. Das OPM ist für die ordnungsgemäße Durchführung verantwortlich (Title 5 CFR, Part 351). In diesem Verfahren stehen alle Beschäftigte des betroffenen Bereichs untereinander in Konkurrenz um die verbleibenden Stellen. Im ersten Schritt definiert die betreffende Behörde den Teil ihrer Behörde – nach Organisation und Geographie -, in dem die Beschäftigung abgebaut werden soll und holt die Erlaubnis für den festgelegten Bereich vom OPM ein (Competitive Area). Sodann gruppiert die Behörde alle Positionen dieses Bereichs nach Ebenen, Qualifikationen, Pflichten und Arbeitsbedingungen (Competitive Level). Damit sind die Voraussetzungen geschaffen für die Herstellung einer Liste (Retention Register), in die alle Beschäftigten nach folgenden Kriterien eingeordnet werden:

Status: Die Beschäftigten werden nach ihrem Status in eine von drei Gruppen eingeordnet. Die erste Gruppe (I) bilden Beschäftigte mit Karrierestatus, die nicht mehr in der Probezeit sind. In der zweiten Gruppe (II) werden Beschäftigte mit Karrierestatus, die sich in der Probezeit befinden, zusammengefasst. Die dritte Gruppe (III) enthält alle Beschäftigten, die befristet oder unter ähnlichen Bedingungen tätig sind (non-status).

Veteranenpräferenz: Jede der drei Untergruppen wird wiederum in drei Untergruppen nach den bestehenden Veteranenrechten eingeteilt: Der ersten Unter-

---

[749] EOP, S. 32 f

[750] King, S. 21

[751] Foreman, S. 152, 161 f

[752] Schüren, S. 223, 235; ausführlicher s. unter Teil 2, B IV.

[753] GAO, SES Retirement Trends, S. 21

gruppe (Subgroup AD) gehören Beschäftigte an, die als Veteranen eine einschlägige Behinderung von mindestens 30 % aufweisen. Die zweite Untergruppe (Subgroup A) wird aus allen anderen Veteranen gebildet und die dritte Untergruppe (Subgroup B) bilden die Beschäftigten ohne Veteranenstatus.
Dienstjahre: in jeder der Untergruppen AD, A und B werden die Beschäftigten nach der Länge ihrer Dienstzeit sortiert.
Leistung: Auf Grundlage der Leistungsbeurteilungen wird den Beschäftigten zusätzliche Dienstzeit gutgeschrieben. Dabei wird der Durchschnitt der letzten drei jährlichen Beurteilungen gebildet und anschließend werden folgende Zeiten addiert: Für eine durchschnittliche Bewertung mit „Outstanding" – der besten Note – werden 20 Dienstjahre gutgeschrieben; für eine durchschnittliche Bewertung mit „Exceeds Fully Successful" werden 16 Dienstjahre gutgeschrieben und für die durchschnittliche Note „Fully Successful" werden 12 Dienstjahre addiert. Durch ausgezeichnete Leistungen können Beschäftigte also ihren Platz auf der Liste erheblich verbessern. Ist die Liste fertiggestellt, wird damit begonnen, diese von unten an abzuarbeiten, m. a. W.: Die Beschäftigten, die nach den genannten Kriterien die untersten Plätze einnehmen, werden als Erste entlassen. Dabei gelten aber die folgenden Regeln:
- Alle Beschäftigten aus der Gruppe III (ohne Status) werden vor den Beschäftigten aus Gruppe II (Status in der Probezeit) entlassen und alle aus der Gruppe II werden vor denen aus der Gruppe I (Status) entlassen.
- Innerhalb der Untergruppen AD,A und B wird B (Nichtveteranen) vor A (Veteranen) und A vor AD (kriegsversehrte Veteranen) entlassen.
- Wird von diesen Regeln abgewichen, müssen die Gründe für diese Entscheidung dem Beschäftigten mitgeteilt werden.
Die Beschäftigten, die nach der Anwendung dieser Regeln entlassen werden, haben in abgestufter Form Anspruch auf die Zuteilung anderer Positionen (Assignment Rights). Beschäftigte in der Gruppe I (Status) und II (Status in der Probezeit) haben bei Leistungsbeurteilungen, die mindestens „Minimally Successfully" sein müssen, Anspruch auf das Angebot einer anderen Position in der betroffenen Behörde, wenn sie sogenannte „bumping" oder „retreating" Rechte haben. „Bumping" Rechte bedeuten, dass der Beschäftigte verlangen kann, dass er die Position eines andereren Beschäftigten, der in einer anderen Statusgruppe oder innerhalb derselben Statusgruppe in einer niedrigeren Untergruppe ist, erhält. Die angestrebte Position muss dabei mindestens drei Monate bestehen, eine Position aus dem „Competitive service" sein, der Beschäftigte muss entsprechende Qualifikationen aufweisen und die Position muss innerhalb von drei Rängen oder Intervallen innerhalb eines Ranges der vorher bekleideten Position liegen. „Retreating" Rechte vermitteln das Recht, dass ein anderer Beschäftigter verdrängt wird, der innerhalb derselben Statusgruppe und Untergruppe weniger Dienstjahre hat Die neue Position kann bis zu fünf Ränge oder Intervalle in einem Rang niedriger sein, als die bisher bekleidete, wenn der berechtigte

Beschäftigte ein kriegsversehrter Veteran ist. Beschäftigte, die lediglich die Bewertung „Minimally Successful" erhalten haben, haben nur das Recht auf Positionen, deren Inhaber gleiche oder niedrigere Leistungsbeurteilungen haben. Beschäftigte der Gruppen I und II mit einer Leistungsbeurteilung mit der Note „Unsuccessful", die Beschäftigten der Gruppe III sowie alle Beschäftigten, die eine Position im „Excepted service" bekleiden, haben keine Rechte auf Zuweisung anderer Aufgaben, können diese jedoch nach Ermessen ihrer Behörde erhalten. Beschäftigte haben grundsätzlich das Recht auf schriftliche Kündigung und 60 Tage Kündigungsfrist. Die Entlassung kann vor dem MSPB angefochten werden. Beschäftigte der Gruppen I und II sind berechtigt, staatliche Hilfe bei der Suche eines neuen Arbeitsplatzes in Anspruch zu nehmen. Das „Interagency Placement Program" registriert auf Wunsch Beschäftigte, die von RIF Maßnahmen betroffen sind, und versucht, diese innerhalb von zwei Jahren in eine andere Bundesbehörde zu vermitteln. Die „Reemployment Priority List" führt Listen von Beschäftigten, die aus einer Behörde entlassen wurden, um diesen bei Gelegenheit freiwerdende Stellen in dieser Behörde wieder anbieten zu können. Ein entlassener Beschäftigter der Gruppe I, der eine Zuteilung anderer Aufgaben anlässlich seiner Entlassung nicht abgelehnt hat, wird für zwei Jahre auf der Liste geführt, ein Beschäftigter der Gruppe II für ein Jahr.[754] Seit 1996 sind Bundesbehörden nach Anweisung des Präsidenten verpflichtet, zuerst freigesetzte und versetzte Beschäftigte der Bundesverwaltung bei Einstellungen in Betracht zu ziehen, um die Auswirkungen der Restrukturierungen und Personaleinsparungen mit dem Ziel der Verbesserung der Verwaltungsarbeit abzufedern.[755] Das OPM gibt selber ein gutes Beispiel für die Durchführung von Reduction in force ab. Waren Anfang 1994 dort noch 7.000 Beschäftigte tätig, so hatte sich diese Zahl bis zum Ende des gleichen Jahres auf etwa 5.000 Beschäftigte verringert. Während ein großer Teil dieser Verkleinerung durch Ausnutzung normaler Mobilität und natürlicher Fluktuation möglich war, waren am Ende etwa 1.130 Beschäftigte von Entlassungen betroffen.[756] Das OPM bildete eine Reihe von Beratern aus und schuf ein Zentrum zur Unterstützung der Beschäftigten bei der Suche nach einer neuen Tätigkeit: Alle Mitarbeiter wurden auf die interne Prioritätenliste für spätere Wiedereinstellung gesetzt, ganze Ordner mit Lebensläufen wurden an mehr als 100 Bundesbehörden und Wirtschaftsunternehmen versandt, in Zusammenarbeit mit den Gewerkschaften wurden die Betroffenen umfassend informiert und unterstützt.[757] Dieses Programm war äußerst erfolgreich: Von den 1994 entlas-

---

[754] OPM, Reduction in Force; Carl Berkenwald, MSPB, Field Office Seattle, Chief Administrative Judge im Gespräch mit der Verfasserin am 21. Mai 1999

[755] OPM, Veterans, S. 4

[756] Cronin, S. 27, 30

[757] Cronin, S. 27, 28 ff

senen Mitarbeitern waren sechs Monate nach der ersten Entlassungsaktion 88 % zu ihrer Zufriedenheit untergebracht.[758]

5.2.2 Kündigung wegen mangelnder Leistung

Nach Title 5 des CFR Part 432 - Performance Based Reduction in Grade and Removal - und Part 752 – Adverse Actions - können auch Beschäftigte des öffentlichen Dienstes mit Karrierestatus wegen mangelnder Leistung entlassen werden; eine durch lange Dienstjahre erworbene Unkündbarkeit gibt es nicht. Nach 5 CFR Part 432 können Degradierung und Entlassung wegen unakzeptabler Leistung ausgesprochen werden. Das Vorliegen dieser unakzeptablen Leistung – die in dem Jahr vor offizieller Feststellung gegeben sein muß - ist vom Vorgesetzten zu beweisen. Dies kann nur anhand formaler, für die Aufgaben des Beschäftigten etablierter Leistungsstandards geschehen, die dem Beschäftigten auch mündlich vermittelt worden sind. Der Beschäftigte hat dann die Möglichkeit, innerhalb einer einjährigen Frist, seine Leistung auf ein akzeptables Niveau zu heben (Performance Improvement Plan, Opportunity Period). Das Verfahren nach 5 CFR Part 752 ermöglicht, das Verhalten auch an weniger formalen Standards als ausführlichen Arbeitsanleitungen zu messen, und schreibt keine Bewährungszeit vor.[759] Beschäftigte, die sich in der Probezeit befinden, unterfallen nicht diesem Verfahren, sie können daher leicht entlassen werden.[760]
Beschäftigte, die wegen mangelnder Leistung degradiert oder entlassen wurden, können die Entscheidung und die Verletzung von Verfahrensmängeln vor dem MSPB angreifen. Eine schriftliche Dokumentation des gesamten Verfahrens, insbesondere rechtzeitiger Beratung über die Leistungsstandards und begleitender Beratung während der Bewährungszeit, ist für die erfolgreiche Entfernung eines Beschäftigten entscheidend.[761] Der ehemalige Direktor des OPM, James B. King, hat unter Hinweis auf Zeiten starker Personaleinsparungen, in denen – wie berichtet - auch leistungsstarke Mitarbeiter entlassen werden können, deutlich gesagt, dass die Bundesverwaltung kein Platz für leistungsschwache Mitarbeiter ist.[762] Dennoch hat das MSPB festgestellt, dass Vorgesetzte immer noch vor dem Ergreifen von Maßnahmen, die zur Entlassung eines leistungsschwachen Mitarbeiters führen können, zurückschrecken. Obwohl 1996 in einer repräsentativen Umfrage 28 % der Vorgesetzten angaben, mit diesem Problem in den letzten zwei Jahren konfrontiert worden zu sein, hatten von diesen nur 30 % den Mitarbeiter innerhalb eines „Performance Improvement Plan" innerhalb des vorgesehenen Verfahrens zur Verbesserung seiner Leistung innerhalb eines Jahres aufgefordert.

---

758 Cronin, S. 27, 27, 30
759 OPM, Poor Performance, S. 29
760 OPM, Poor Performance, S. 37
761 OPM, Poor Performance, S. 30
762 King, S. 21, 22

50 % der befragten Vorgesetzten, die diese Maßnahme ergriffen hatten, sahen daraufhin eine Verbesserung, während 41 % keine Wirkung erkennen konnten. Zwar war eine Tendenz zu stärkerem Einsatz bei leistungsschwachen Mitarbeitern im Vergleich zu früheren Umfragen erkennbar, jedoch waren die Aktivitäten insgesamt eher gering – ein Ergebnis, das von den Betroffenen vor allem mit der fehlenden Unterstützung durch höhere Vorgesetzte und dem anfallenden Zeitaufwand erklärt wurde.[763]

6. Neutrale Kompetenz in der Karrierebürokratie

Die tradierte neutrale Kompetenz der Karrierebürokraten der Bundesverwaltung bedeutet nicht, daß sie sich nicht um die aktuellen politischen Bestrebungen des Präsidenten kümmern oder die Neutralität nur als Deckmantel benutzen, unter dem sie ihren eigenen politischen Neigungen bei der Erfüllung ihrer Aufgaben nachgehen können. Es bedeutet auch nicht, dass die Karrierebürokratie bedenken- und gedankenlos die Befehle der politischen Führung ausführen sollte.[764] Neutrale Kompetenz ist vielmehr, um die Worte Hugh Heclos zu verwenden,

"... a strange amalgam of loyalty that argues back, partisanship that shifts with the changing partisans, independence that depends on others."[765]

Angesichts der Bemühungen, den Berufsbürokraten in Anerkennung ihrer auch immer wieder politischen Tätigkeit mehr Halt durch ethische Konzepte und Orientierung am Gemeinwohl zu geben, ist festzuhalten, dass dies eine durchaus sinnvolle und erfolgreiche Strategie sein kann, die jedoch ständig um die Definition dessen, was Gemeinwohl ist, ringen muss und zudem nicht sicherstellen kann, dass darüber die Meinungen nicht dennoch auseinandergehen.[766] Der Versuch einer Entwicklung gemeinsamer Wertvorstellungen der Berufsbürokraten kann auf lange Sicht die eigene Überzeugung der Karrierebürokratie von den eigenen Fähigkeiten und der eigenen Bedeutung und damit ihre Professionalität nur stärken, hat aber eine Chance nur unter Administrationen, die *'bureaucrat-bashing'* nicht im Programm haben. Der immer wieder erhobene Vorwurf, die Karrierebürokratie sei für die wechselnden politischen Agenden der jeweiligen Präsidenten nicht ausreichend empfänglich, legt eine der Realität nicht angemessene Schwarz-Weiß-Sicht zugrunde. Von der Berufsbürokratie wird auch erwartet, illegalen oder unethischen Anweisungen der politischen Führung zu widerstehen.[767] Nun wird jeder politische Führer, der solcher Anweisungen nicht über-

---

[763] MSPB, Employee Perspectives, S. 14 bis 17
[764] Zuck, Education, S. 15, 16
[765] Heclo, OMB and the Presidency, zitiert in Seidman/Gilmour, Politics, Position and Power: From the Positive to the Regulatory State, 4. Auflage New York 1986, S. 73
[766] Ingraham/Ban, Models of Public Management, S. 152, 159
[767] Pfiffner, Democracy-Bureaucracy Nexus, S. 57, 62;

führt ist, weit von sich weisen, solche jemals zu geben; wahr bleibt doch, dass die Bürokratie eben nicht wie eine Maschine auf Knopfdruck tätig werden und sich durch derartige Promptheit als sehr empfänglich für die Anweisungen der Leitung zeigen soll.
Wie sich anlässlich der Watergate-Affäre gezeigt hat, sind Anweisungen des Präsidenten nicht als solche die geeignete Basis oder Rechtfertigung illegaler oder unethischer Handlungen von politischen Mitarbeitern oder der Karrierebürokratie[768] Bereits Max Weber äußerte, dass die Vorstellung, dass der Beamte im subalternen Alltagswirken aufgehe und nur der Leiter die „interessanten", geistige Anforderungen stellenden Sonderleistungen zu vollbringen habe, abwegig und nur in einem Lande möglich sei, welches keinen Einblick in die Art der Führung seiner Geschäfte und die Leistungen seiner Beamtenschaft habe. Auch Leonard D. White – selbst ein Civil Service Commissioner von 1934 bis 1937 und ausgewiesener Experte für den öffentlichen Dienst[769] - äußerte sich 1935 zu den Grundlagen für die Karrierebürokratie:

„ An Administrator must have the habit of taking responsibility. He must not shrink from making decisions. He must be prepared to give advice on the basis of his special knowledge and experience. His greatest weakness would be inability to reach a conclusion, to recommend a decision, and to stand behind the decision when once it has been made."[770]

Über den Parteien zu stehen, heißt vielmehr, außerhalb des Kampfes um eigene Macht zu stehen.[771] Dies schließt die Remonstration in fachlichen Fragen, ganz zu schweigen die Verweigerung der Ausführung von illegalen oder unmoralischen Anweisungen, nicht nur nicht aus, sondern verlangt sogar, dass der im professionellen Sinne beste und ehrliche Rat gegeben wird.[772] Dadurch wird die politische Führung des politischen Vorgesetzten nicht angetastet, denn ihm obliegt die letzte Entscheidung. Die Arbeit der Karrierebürokratie muß idealtypisch in Beratung, nicht Zwang oder Druck bestehen, sie muß nichtöffentlich und frei von persönlichen und politischen Emotionen und Präferenzen erfolgen, *„...the career man ... must be an experimentalist, not a dogmatist."*[773] Andrew Munro[774] meinte, es sei wichtig, nicht "von oben" zu leiten, sondern ein Teil des Systems zu sein – dabei müsse aber klar sein, dass er entscheide, da er auch verantwortlich sei. Er beziehe die Karrierebürokraten in die Entscheidungen so weit wie möglich ein und nehme sie zu Besprechungen mit, um sie zu motivieren und

---

768 Zuck, Education, S. 15, 16
769 Van Riper, History, S. 319
770 White, Government Career Service, S. 58
771 Weber, Max, WuG, II. Hb., S. 1062
772 Zuck, Education, S. 15, 18
773 White, Government Career Service, S. 89
774 Andrew D. Munro, Small Business Administration, Region Northwest/Arctic, Regional Advocate im Gespräch mit der Verfasserin am 25. Juni 1999

informieren. Dass die Karrierebürokratie Entscheidungen der politischen Führung beeinflussen kann, indem sie die zur Entscheidung anstehenden Probleme selbst definiert und insofern schon eine Vorentscheidung über die in Frage kommenden Lösungen und das Handlungsfeld trifft, soll hier nur erwähnt werden.[775] Dieses Phänomen ist jedoch nicht auf die Karrierebürokratie beschränkt; auch in anderen Systemen mit klaren Zuständigkeiten und Verantwortlichkeiten sowie formalisierten Entscheidungen sind Informationen, die die Führungskraft erreichen, stark aufgearbeitet. Dies ist zum Beispiel im White House Office, mit vorwiegend bis ausschließlich politischem Personal, in den Administrationen Eisenhower und Nixon deutlich geworden, die beide eine straffe hierarchische Organisation mit starkem chief of staff favorisierten. Eine „Flaschenhalsorganisation" mit hierarchisierten Entscheidungsprozessen erleichtert die Arbeit der Führungskräfte; immer aber besteht die Gefahr, dass auf diesem Weg wichtige Informationen verloren gehen.[776]

7. Fazit: Verwaltung als Profession – zwischen Managern und Fachexperten

Über die Frage, ob öffentliche Verwaltung eine Profession ist bzw. ob öffentliche Verwaltung überhaupt eine Profession sein sollte, wird in den Vereinigten Staaten seit langer Zeit ohne konsensuales Ergebnis diskutiert[777]. Es stellt sich zunächst die Frage, warum es von entscheidender Bedeutung sein soll, ob öffentliche Verwaltung eine Profession ist:

- Verwaltung wird durch das Parlament kontrolliert. Misstrauen führt in diesem Bereich nicht selten zu einem Ausmaß an Kontrolle, das sich so tief bzw. detailliert strukturiert darstellt, dass es sich auf Verwaltungsprozesse destruktiv auswirkt. Hier ist es hilfreich, durch eine Verständigung über die Anforderungen an öffentliche Verwalter die Möglichkeit zu höherer Selbstkontrolle der Profession und zur Entwicklung von 'Standesrecht' zu kommen, um so die Kontrolle von außen - bis zu einem gewissen, noch demokratieverträglichen Grad - durch Kontrolle von innen zu ersetzen[778].
- Als anerkannte Profession wäre die Verwaltung sowohl den sachlichen Angriffen wie Ressourcenverknappung für Training, Einstellung und Beförderung als auch den 'unsachlichen' Attacken auf ihr Image nicht so weitgehend hilflos ausgeliefert. Von der Gesellschaft anerkannte Professionen genießen höheres Ansehen und einen höheren Grad an Vertrauen[779]. Strategien, die darauf ausgerichtet sind, erst das Image der Verwaltung so zu beschädigen, dass ein Bild in der Gesellschaft geschaffen wird, wonach jede Veränderung die Bürokratie nur

---

[775] Hummel, S. 216 f
[776] Steinberg, S. 79 f
[777] Rabin, S. 10
[778] Rabin, S. 10
[779] Rabin, S. 10 f

verbessern kann, und dann diese 'wehrunfähige' Verwaltung nach politischen Wünschen zu formen, könnten besser erkannt und offengelegt werden. Bisher ist die zunehmende Professionalisierung der Verwaltung mit einem stetigen Verlust an Ansehen einhergegangen - dies ist das Paradox der Professionalisierung[780]. Auf der anderen Seite wird gegen zunehmende Professionalisierung eingewandt, dass Professionalismus zu nach innen gerichteter Sichtweise einlädt und - im Extremfall – die meisten Bürger ausschließt, wenn über die jeweiligen Spezialkenntnisse hinaus ein regelrechter Kanon an Spezialwissen erforderlich sein soll.[781] Dies bildet auch ein Argument gegen die Einführung bestimmter Zertifikate wie die des Certified Public Manager Program als Einstellungs- oder Beförderungsvoraussetzung; 1996 wurden diese in keinem Staat für die Einstellung oder Beförderung vorausgesetzt oder positiv in Anrechnung gebracht.[782] Diskutiert man den Grad der Professionalisierung der öffentlichen Verwaltung, so ist es sinnvoll, die betrachtete Gruppe des Personals zu definieren. Der Anteil der Beschäftigten auf Bundesebene, die aufgrund ihrer speziellen Fertigkeiten eingestellt wurden, ist in den letzten Jahrzehnten ständig gestiegen. Von den ca. 60. - 70.000 white-collar-Beschäftigten, die jedes Jahr neu in den Bundesdienst eingestellt werden, hatten 1987 nur 808 (2,7 %) einen Abschluß in PA oder Politischen Wissenschaften, 23 % besaßen Ingenieurabschlüsse und 24 % Abschlüsse in Wirtschaft und Rechnungswesen[783]. Die Mitglieder anerkannter Professionen geben die Zugehörigkeit zu dieser mit dem Eintritt in den Bundesdienst nicht auf, so dass es insofern denkbar wäre, die Debatte um die Profession Verwaltung nur auf den vergleichsweise geringen Anteil derer zu beziehen, die professionelle Verwalter (professional bureaucrats) sind und nicht auf sämtliche verwaltende Professionelle. Angehörige des Karrieredienstes in den Vereinigten Staaten zeichnen sich jedoch vor allem durch ihre Identifikation mit ihren professionellen Kompetenzen, speziellen Fähigkeiten und dem Programm, in dem sie beschäftigt sind, aus. Ihre administrativen Fähigkeiten treten dabei oft in den Hintergrund, das Erlernen dieser Fähigkeiten wird der Praxis überlassen.[784] Dabei kann sich das professionelle Selbstverständnis auch nach der Zeit und Gesellschaft prägen, in der die Entscheidung für den Eintritt in die Bundesverwaltung getroffen wurde. Ein langjähriger Karrierrebürokrat – von Haus aus Jurist – beschrieb sein Selbstverständnis mit den Worten:

„...We all begin our careers as ...librarians, lawyers, secretaries...We become public servants when we choose to direct our skills and talents toward serving our country. At that moment, our professions change! We are no longer defined by our technical skills, but rather, by a collective professional commitment to our nation – public service."

---

780 Cigler, S. 637, 646

781 Hays/Duke, S. 425, 426

782 Hays/Duke, S. 425, 429

783 Volcker Commission, S. 42 f

784 Huddleston/Boyer, S. 24 f, m. w. N.; Friedrich, Vereinigte Staaten von Amerika , S. 229, 240

Diese vorbildliche Berufssozialisation wird erklärt durch die Umstände seines Eintritts in die Bundesverwaltung:

„...Pride came easily to those of us beginning public service during the camelot years of the Kennedy administration, when service to the country was the rallying call of the president in his famous inaugural charge." Ask not what your country can do for you, but what you can do for your country".[785]

Mit der Schaffung des SES wurde ein Führungskorps geschaffen, das nicht die fachlichen spezifischen Fähigkeiten, sondern die allgemeinen Managementfähigkeiten in den Mittelpunkt stellte.[786] Damit sollte die Bedeutung fachunabhängiger Führungsqualitäten gestärkt werden, zugleich bedeutete dies auch die Stärkung der Idee einer Profession Verwaltung. Untermauert wurde diese Entwicklung noch durch die geplante künftige Mobilität der Führungskräfte, die eben nicht durch ihr spezifisches Fachwissen auf eine Behörde festgelegt sein sollten. In der Praxis hat sich gezeigt, dass dieses ausgezeichnete Konzept dadurch behindert wird, dass vor Ort meist die fachspezifischen Fähigkeiten des Bewerbers und nicht seine Managementfähigkeiten den Ausschlag geben. Folgerichtig hat sich auch nur eine geringe Mobilität ergeben.[787] Die neuesten Planungen des OPM, auf die Schaffung besonderer Dienste für besondere Fachkräfte hinzuwirken, um diese – mit spezifischem Fachwissen und weniger Managementerfahrung – zu stärken, weist darauf hin, dass die damalige Entwicklung auf der Führungsebene hin zum Generalisten sich wieder umkehrt; eine solche Tendenz schwächt auch wieder den Gedanken einer Profession Verwaltung. Auf der anderen Seite kann der anhaltende Trend zum *„Contracting Out"* dazu führen, dass in der Verwaltung weniger ausschließlich fachlich geschultes Personal gebraucht wird als vielmehr Personal, dass Kontrakte aushandeln und die privaten Vertragspartner auch überwachen und managen kann. Damit würde die Bedeutung allgemeiner Leitungsfähigkeiten gestärkt werden.[788]

B. Spitzenbürokraten in der Bundesverwaltung – Die Formung des Senior Executive Service

I. Administrative Spitzenpositionen im Civil Service von 1937 bis 1978

Durch den Classification Act von 1949 wurden fünf verschiedene Beschäftigungszweige in den „General Schedule (GS)" zusammengefasst, um Beförderungen, Versetzungen und Klassifikation zu vereinfachen. Drei bisher nicht vorhandene Spitzenpositionen – GS 16 bis 18 - wurden in die Struktur der Klassifikation

785 Edelman, S. 49
786 Pietzcker, S. 157, 167
787 vgl. Teil 2, B.V.1. und 6.
788 Kettl, Privatization, S. 254, 261 f

eingeführt[789] Nachdem sich die erste Hoover-Kommission (1947 - 1949) zu der Idee eines hochqualifizierten Verwaltungskorps nicht geäußert hatte, widmete sich 1955 die zweite Hoover-Kommission (1953 - 1955) diesem Thema ausführlich.[790] Vorgeschlagen wurde die Schaffung eines Senior Civil Service mit zunächst 1500 Mitgliedern (später 3000) mit *„personal rank status"* (Status und Rang orientiert nicht an der jeweiligen Stelle, sondern an der Person), die angemessen bezahlt, frei versetzbar und politisch neutral sein und auf Vorschlag ihrer Beschäftigungsbehörden von einem überparteilich besetzten Gremium mit Zustimmung des Präsidenten bestellt werden sollten. Die Mobilität sollte den Einsatz in Washington D.C., in dezentralen Einheiten in den Einzelstaaten und im Ausland ermöglichen. Politische Neutralität sollte dadurch gewährleistet werden, dass die Mitglieder politische Aktivitäten vermeiden und Zurückhaltung in der Öffentlichkeit üben.[791] Die Auswahl sollte nach den Kriterien Führungsqualitäten, Urteilsvermögen, Fähigkeiten im Umgang mit Mitarbeitern und Entwicklungspotential vorgenommen werden; gesucht werden sollten Generalisten und nicht Personen mit Spezialwissen.[792] Das überparteilich besetzte Gremium sollte auch zuständig sein für regelmäßige Leistungsbeurteilungen, für die Vergabe finanzieller Zulagen für hervorragende Leistungen sowie für die Entfernung von Mitgliedern bei unzureichender Leistung.[793] Diese Vorschläge der zweiten Hoover-Kommission wurden vor allem von den Beschäftigten der Karrierebürokratie sowie durch den Kongress kritisiert. Die Beschäftigten fürchteten Verluste von Arbeitsplatzsicherheit, Karriereaussichten und die Abwertung vorhandenen Spezialwissens. Der Kongress fürchtete insbesondere den Bruch langjähriger fruchtbarer Zusammenarbeit zwischen Kongressausschüssen und Karrierebeschäftigten durch die geplante Rotation, denn Spitzenbeschäftigte in Behörden und Ministerien waren - auch als Ergebnis der relativ kurzen Verweildauer der politischen Mitarbeiter - verläßliche Informationsquellen gewesen. Die Absicht, die Berufung von Personen in den geplanten Senior Civil Service ohne Bestätigung durch den Kongress vorzunehmen, erregte zusätzliches Misstrauen. Eisenhower versuchte trotzdem, die Vorschläge 1957/58 - soweit ohne Zustimmung des Kongresses möglich - durch executive orders durchzusetzen, scheiterte letzlich aber an der wütenden Reaktion des Kongresses, der kurzerhand jeglichen finanziellen Mitteleinsatz zur Umsetzung verbot.[794] 1960 wurde das Vorhaben von der Eisenhower Administration stillschweigend aufgegeben.[795] In der folgen-

---

789 Van Riper, History, S. 462

790 Huddleston/Boyer, S. 38 ff; Zweites Hoover-Committee, S. 82

791 Zweites Hoover-Committee, S. 82 bis 85

792 Huddleston/Boyer, S. 40 f; Zweites Hoover-Committee, S. 87 f

793 Mackenzie, Paradox, S. 125 ff; Huddleston/Boyer, S. 39; Zweites Hoover-Committee, S. 86 ff

794 Mackenzie, Paradox, S. 127; Huddleston/Boyer, S. 54

795 Huddleston, Government's Managers, S. 25, 41

den Zeit unternahmen die verschiedenen Präsidenten wiederholt Versuche zur Reformierung der Personalorganisation der Bundesverwaltung.[796]
Unter Johnson wurde durch Executive Order 11315 vom 17. November 1966 das Executive Assignment System für GS 16 – 18 Positionen und Stelleninhaber eingeführt. Mit diesem System wurden vor allem folgende Ziele verfolgt: Kooperative und koordinierte Personalplanung durch CSC und Bundesbehörden, verbesserte Möglichkeiten zur Identifikation herausragender Persönlichkeiten durch eine automatisierte Kartei der Mitarbeiter, leistungsbezogene Stellenbesetzung verbunden mit ausreichender Flexibilität zur Bewältigung akuter Bedarfe und limitierter Einsätze, Ermöglichung des Zugriffs auf geeignete Individuen durch die Behördenleiter, Entwicklung von Führungspersonal mit dem Ziel des Einsatzes in der gesamten Bundesverwaltung.[797] John Macy richtete gleich nach dem Inkrafttreten des Executive Assignment System das Bureau of Executive Manpower in der CSC ein, in dem Personalmanagement zentral betrieben wurde: Rekrutierung, Auswahl, Beförderung, Statusfragen, Fortbildung und Einsatz lagen damit erstmals in einer Hand – zuvor waren diese Bereiche auch in der CSC von diversen Untereinheiten wahrgenommen worden.[798] Während das EAS sich auf Stellen bezog – ca. 7.000 Mitte 1971 -, wurden durch das Executive Inventory erstmals flächendeckend Daten über die Personen gewonnen, die in der Bundesverwaltung die ranghöchsten administrativen Positionen innehatten. Dabei handelte es sich Mitte 1971 um ca. 35.000 Personen, die Positionen im GS 15 – 18 sowie vergleichbare Posten in anderen Gehaltssystemen innehatten. Jeder dieser Mitarbeiter musste einen detaillierten Fragebogen ausfüllen und selbst seine Aufgaben und Fähigkeiten beschreiben. Von November 1967 bis März 1971 war die Anfrage beim Executive Inventory für alle Bundesbehörden bei der Stellenbesetzung Pflicht, danach wurde die Anfrage freiwillig. Die CSC verglich die übermittelten Anforderungen der Position mit der Personalkartei und übersandte Namen und Daten geeigneter Personen an die anfragende Behörde. Selbst während der Zeit der Pflichtanfrage, wurden jedoch nur 15 % der Stellen in den Führungsebenen aus dem Executive Inventory besetzt, ein Phänomen, das vor allem auf die Bestrebungen der Behörden zurückgeführt wurde, einen Bewerber aus der eigenen Mitte zu befördern.[799] Das Executive Inventory hatte jedoch die CSC erstmals mit einer umfangreichen Datenbank über Ausbildung, familiären Hintergrund, Fähigkeiten und Aufgaben ihrer Spitzenkräfte versorgt. Rund 28.000 administrative Führungskräfte der GS 15 – 18, davon ungefähr 7.000 in den „*Supergrades*" GS 16 – 18, wurden so erstmals nach Vorbildung und beruflichem Werdegang analysiert. 42 % dieser Mitarbeiter hatten ihren beruflichen Weg ausschließlich in der Bundesverwaltung absolviert bei einem Eintritt unterhalb der

796 Mackenzie, Paradox, S. 128; Huddleston/Boyer, S. 54 ff
797 Huddleston/Boyer, S. 62 f
798 Huddleston/Boyer, S. 57, 63
799 Huddleston/Boyer, S. 62 ff

Einkommensebene des GS 9; 20 % waren auf den mittleren Ebenen GS 9 bis 12 eingetreten und 20 % erst auf der Führungsebene, 16 % waren „Pendler" (*in-and-outers*) und hatten mehrmals zwischen der Bundesverwaltung und anderen Arbeitgebern gewechselt. 53 % hatten ununterbrochen einer Bundesbehörde angehört und 78 % hatten ihre erste Berufung auf eine Supergrades Position aus ihrer eigenen Behörde erhalten im Durchschnittsalter von 46 Jahren. Zwei Drittel der Stelleninhaber waren zum Zeitpunkt der Untersuchung 55 Jahre oder älter. Nur 21 % der Führungskräfte beschrieben sich als allgemeine Verwaltungsführungskräfte, alle anderen sahen sich als Angehörige verschiedener Professionen: Ingenieure (18 %), Medizin (14 %), Physik (10 %), Biologie (3 %), Rechtswissenschaft (7 %), Sozialwissenschaft (6 %), Finanzmanagement (5 %), Wirtschaft und Industrie (3 %). Der allgemeine formale Bildungsstand war hoch: ca. 85 % verfügten über mindestens einen College-Abschluß und über 50 % hatten einen Masters- oder vergleichbaren oder höheren Abschluß.[800] Nixon brachte im Jahre 1971 den Vorschlag zur Einführung des Federal Executive Service (FES) vor den Kongreß. Dieser sollte aus den ca. 7.000 Mitarbeitern bestehen, die bisher in GS 16 – 18 gewesen waren, und sowohl Karriere als auch Nichtkarrierepositionen enthalten – letztere bis zu einem Anteil von bis zu 25 %; Mitarbeiter würden mit Dreijahreskontrakten beschäftigt werden. Allerdings sollte dieser Unterschied sich in der Art und Weise der Auswahl und Arbeitsplatzsicherheit, nicht aber in den Aufgaben manifestieren. Damit sollte der Erkenntnis Rechnung getragen werden, dass viele Positionen in der Führungsebene der Bundesverwaltung nicht eindeutig nach politisch/unpolitisch unterschieden werden können, sondern vielmehr auf einer Skala möglicher Arbeitsinhalte und politischer Fragen in einem Kontinuum zu sehen sind. Das Reformvorhaben verlief durch Untätigkeit beider Häuser des Kongresses im Sande.[801] Die Verantwortung für Personalmanagement im Weißen Haus wurde unter Eisenhower, Kennedy und Johnson jeweils getragen von Einzelpersönlichkeiten, die das besondere Vertrauen der Präsidenten hatten, so dass die Managementstruktur viel mehr von den Personen und ihrem Verhältnis zum Präsidenten geprägt wurde als dass die Managementstruktur Verfahren und Inhalte prägte.[802]

Nixon und Ford etablierten besondere Büros im Weißen Haus zur Durchführung und Kontrolle der Auswahl politischer Spitzenkräfte und stützten sich in Fragen des Personalmanagements auf die Vorsitzenden der CSC.[803] Bis zum Civil Service Reform Act 1978 hatte kein Reformversuch größere Auswirkungen.

---

800 Huddleston/Boyer, S. 66 f

801 Huddleston/ Boyer, S. 83 ff, 91

802 Mackenzie, Paradox, S. 135 f

803 Mackenzie, Paradox, S. 236 f

II. Administrative Spitzenpositionen in der Bundesverwaltung unterhalb des – politischen – Executive Levels vor dem Civil Service Reform Act von 1978

Der Bundesverwaltung gehörten 1976 etwa 10.800 Mitarbeiter in Managementpositionen an, davon entfielen 6 % (600) auf die Executive Level I bis V, fast alle vom Präsidenten – häufig mit Senatsbestätigung - bestellt und nur wenige mit Karrierestatus. 54 % (5.900) entfielen auf die „Supergrades", die obersten Einkommensebenen des GS (GS 16 bis 18); 11 % (1.200) arbeiteten auf Public Law Positionen und 29 % (3.100) unter anderen Systemen (Auswärtiger Dienst; Veteranenverwaltung u. a.). Die Bundesverwaltung wurde unterhalb der Executive Levels von den „Supergrades" geführt, den Einkommensebenen des GS 16 bis 18, wobei die Mehrheit der Stellen der Karrierebürokratie angehörte, ein kleinerer Teil jedoch Stellen ohne Karrierestatus waren. Zusätzlich existierten 1976 weitere Stellen mit der Wertigkeit „Supergrades", jedoch ohne Karrierestatus (noncareer): etwa 500 Stellen im Schedule A, etwa 10 im Schedule B und etwa 900 im Schedule C. Dazu kamen etwa 400 Public Law Positionen, die grundsätzlich wissenschaftliches oder spezielles Expertenwissen für den Einsatz in Forschung und Entwicklung voraussetzten (die Gehälter konnten innerhalb der Spanne der GS 16 bis 18 individuell ausgehandelt werden, etwa 75 % der Stelleninhaber besaßen Karrierestatus), sowie weitere ca. 3.500 Positionen, die durch spezielle Parlamentsbeschlüsse unter besondere Personalsysteme gestellt und zu über 80 % von Merit-Prinzipien reguliert waren[804].

Die General Schedule Supergrades wurden unter dem Executive Assignment System bewirtschaftet und vergeben; nur etwa 9 % der Stellen waren ohne Karrierestatus. Ausgenommen waren allerdings ganze Behörden, die gesetzlich außerhalb des Personalsystems standen, z. B. die Kommission für atomare Energie und die TVA sowie solche Verwaltungseinheiten, die außerhalb der Bundesverwaltung standen, wie die Verwaltungen der Legislative und Judikative und Einrichtungen wie das GAO, das Government Printing Office, die Kongressbibliothek und Gerichtsverwaltungen. Dabei wurde für Rekrutierung und Auswahl der zukünftigen „*Supergrades*" nach dem Merit-System verfahren, die CSC führte eine engmaschige Überwachung durch und jede Behörde erhielt nur einen relativ kleinen Anteil an solchen Stellen. In der Bundesverwaltung insgesamt war die CSC zur Verteilung und Zuweisung von 2.754 Stellen in den Einkommensebenen GS 16 bis 18 berechtigt – bei Geltendmachung berechtigter Bedarfe durch die Behörden und Ministerien. Nicht mehr als 25 % dieser Stellen durften dem Grad 17, nicht mehr als 12 % dem Grad 18 angehören.

Besondere Positionen, die z. B. spezielle wissenschaftliche, medizinische oder technische Kenntnisse voraussetzten, blieben bei dieser Quote unberücksichtigt oder unterfielen speziellen Quoten (insgesamt ebenfalls ca. 2.800 Positionen).

---

[804] CSC, Executive Team, S. 5; Pfiffner, Presidency in Transition, S. 1, 13

Unter der Sonderform des *„Limited Executive Assignment"* war es möglich, eine Karrierestelle der Supergrades in dringenden Fällen bis zu einer Dauer von fünf Jahren mit einer Führungskraft zu besetzen, die nicht durch das erforderliche Auswahlverfahren gegangen war.[805] Daneben existierten diverse separate Personalsysteme; das Personalmanagement sah sich Unterscheidungen nach quotierten und nicht-quotierten Stellen, Karriere und Nichtkarrierepositionen, GS 16 – 18, speziellen Personalverwaltungsautoritäten einzelner Behörden, Positionen im Merit-System und ausgenommenen (*excepted*) Positionen, Schedule A, Schedule B, Career Executive Assignments, Public Law Positionen und den Executive Levels I bis V gegenüber.[806]
Die CSC bezeichnete den Personalbereich der Bundesverwaltung als Stückwerk und Irrgarten verschiedener Personalsysteme und Befugnisse ohne zugrundeliegenden Plan, die jeweils zur Überwindung von Notfällen geschaffen worden seien und auch nach deren Erledigung fortlebten.[807]
In dieser Einschätzung kündigt sich bereits die Überzeugung der seit 1977 im Amt befindlichen Carter - Administration an, dass eine Reform des Civil Service Systems notwendig und dringend sei.

III. **Civil Service Reform Act von 1978**

Die Exekutive wird geführt vom Chief executive - auf Bundesebene der Präsident -, der die politischen Mitarbeiter der darunter angesiedelten Gruppe in der Hierarchie - Executive Schedule I bis V - selbst bestellt und über ihr Verbleiben im Job jederzeit entscheiden kann. Dazu gehören auch Minister- Secretaries -, ihre Stellvertreter und Assistenten. Direkt darunter sind in der Organisation die Führungskräfte des Karrieredienstes angesiedelt, die unabhängig von politischen Wechseln im öffentlichen Dienst verbleiben. Diese Spitzenbürokraten - ausgestattet mit solider Ausbildung und langer Erfahrung - sorgen für Kontinuität und ihnen werden häufig die meisten wichtigen Entscheidungen in Regierung und Verwaltung zugeschrieben. Sowohl Kontinuität als auch der von den politischen Kräften oft als destruktiv empfundene Fundus an Wissen und Erfahrung sorgen für Spannung[808]. Die besondere Bedeutung der Spitzenbürokraten im Feld zwischen Politik und Verwaltung führte 1978 zur Schaffung des Senior Executive Service (SES) durch den Civil Service Reform Act (CSRA).[809] Die Schaffung des SES basiert auf Vorschlägen des Federal Management Project (FMP), einer von meh-

[805] CSC, Executive Team, S. 3 f
[806] Huddleston/Boyer, S. 74
[807] CSC, Executive Team, S. 4, 7
[808] Lee, S. 175 f; Preston, S. 48
[809] CSRA abgedruckt in: Stillman, S. 133; die Ziele und Zwecke der administrativen Begleitung des SES sind in Title 5 U.S.C. 3131 gesetzlich geregelt.

reren von Präsident Carter im Jahre 1977 eingesetzten Arbeitsgruppen.[810] Der Vorsitzende der CSC und spätere erste Direktor des OPM, Alan K. Campbell, legte die Grundzüge des geplanten Reformvorhabens dem Kongressausschuß für den Postdienst und den öffentlichen Dienst vor. Er hat später beschrieben, wie er – als einstiger Professor an präzisen Ausführungen interessiert – danach freundlich vom Ausschussvorsitzenden beiseite genommen und folgendermaßen belehrt worden war: *"Professor, precision and clarity are not what this is all about. Fuzziness is. Keep it fuzzy"*.[811]
Campbell meint, dies sei ein wesentliches Charakteristikum des erfolgreichen Gesetzgebungsprozesses, das zur Beantwortung der Frage hilfreich ist, warum die meisten Gesetze auf viele verschiedene Weisen interpretiert werden können.[812] Auch Huddleston und Boyer kommen in ihrer Analyse des Entstehungsprozesses des CSRA zu dem Ergebnis, dass dieses Gesetzesvorhaben – im Gegensatz zu den beschriebenen gescheiterten vorherigen Reformvorhaben – auch deshalb Erfolg hatte, weil Kongressabgeordnete, Interessengruppen, Regierung und die betroffenen Spitzenkräfte selber im SES die Ziele verwirklicht sahen, die sie verwirklicht sehen wollten. Die Vorstellungen über den SES innerhalb der einzelnen Gruppen seien in den Jahren 1977/78 völlig verschieden gewesen. Huddleston und Boyer stellen Mutmaßungen darüber an, ob die Administration dieses diffuse Meinungsbild erzeugt habe, weil sie sich selber über die Ziele des SES nicht klar war oder weil sie dies für politisch vorteilhaft hielt.[813] Die zitierten Äußerungen von Alan K. Campbell legen die letztere Möglichkeit nahe.
Die meisten den SES betreffenden Regeln befinden sich heute in Title 5, Teil 3 Abschnitt B, Kapitel 31 II des U. S. C. und an diversen Stellen des Title 5 CFR.[814] Durch den CSRA vom 13. Oktober 1978 sind strukturelle Veränderungen herbeigeführt worden, die sowohl Organisation als auch Kompetenzverteilung und Verfahren des Personalmanagements sowie das administrative Spitzenpersonal auf Bundesebene betreffen.

1. Personalmanagement

Mit Wirkung vom 13. Juli 1979 wurden die meisten der bisher mehr als sechzig verschiedenen Stellen, die zur Ernennung und Bestellung von Spitzenkräften befugt waren, aufgelöst.[815] Die CSC wurde in zwei Verwaltungsbehörden geteilt:

---

[810] Harper, S. 267, 269

[811] Campbell, S. 27

[812] Campbell, S. 27

[813] Huddleston/Boyer, S. 107 f

[814] eine Zusammenstellung von Quellen zur Ermittlung der den SES bestimmenden Gesetze und Regelungen findet sich im Internet auf den Seiten der SEA unter http://www.seniorexecs.com/links.html

[815] Huddleston/Boyer, S. 104

(1) Office of Personnel Management (OPM) wurde geschaffen zur Unterstützung und Beratung des Präsidenten (*chief executive*) in Fragen des Personalmanagements unter der Leitung eines vom Präsidenten mit Zustimmung des Kongresses ernannten Direktors. Ministerien und Behörden führten ihre Personalverwaltung und -entwicklung unter allgemeiner Leitung des OPM und entsprechend den vom OPM entwickelten Richtlinien und Standards durch[816].
Zu den Aufgaben des OPM sollte auch die Förderung von Forschungs- und Entwicklungsprogrammen der dezentralen Verwaltungseinheiten im Personalbereich gehören. Trotz dieses Aufgabenschwerpunktes im Bereich von Forschung, Führung und Entwicklung bei weitgehender Aufgabendelegation sollten zu den nicht delegierbaren Aufgaben z.B. die Renten- und Versicherungssysteme, der Senior Executive Service (SES) und das Presidential Management Internship Program (PMIP) gehören[817]. Der Direktor des OPM war im übrigen ermächtigt - mit wenigen Ausnahmen - jede ihm übertragene oder an ihn delegierte Aufgabe wiederum an Ministerien und Behörden zu delegieren[818]. Durch die Abhängigkeit von und Verantwortlichkeit gegenüber dem Präsidenten war diese Einrichtung nun erheblich stärker auf politische Unterstützung ihrer Arbeit angewiesen[819] und wurde - wie sich gezeigt hat - gegenüber destruktiver Vereinnahmung durch die politischen Führungsinteressen anfällig.
(2) Das unabhängige Merit Systems Protection Board (MSPB) fungiert als Beschwerde- und Überwachungsinstanz in Fragen der Verletzung des Merit-Systems. Das MSPB ist ein vom Präsidenten mit Zustimmung des Kongresses eingesetztes dreiköpfiges Gremium, dessen Mitglieder überlappende siebenjährige – nicht wiederholbare - Amtszeiten haben. Nicht mehr als zwei Mitglieder derselben Partei dürfen diesem Gremium angehören. Je nach Status verfügen die Beschäftigten des öffentlichen Dienstes über abgestufte Rechte, sich durch Beschwerden gegen nachteilige Entscheidungen ihrer Behörden an das MSPB zu wenden. Das Gremium erfüllt die Aufgabe einer Berufungsinstanz für getroffene Entscheidungen der Ministerien und Behörden, hat aber auch quasi erstinstanzliche Zuständigkeiten (z. B. bei Verletzung des Hatch Act).[820] Als Berufungsinstanz kann es der betroffenen Behörde Verhaltenmaßregeln geben oder rechtswidrige Praktiken stoppen. Disziplinarrechtliche Strafen können in Form von Entlassungen, Degradierung, Suspendierung, Verweis und Sperren bis zu fünf Jahren sowie Geldstrafen bis zu $ 1.100 ausgesprochen werden. Werden die Bestimmungen des Hatch Act über die politische Betätigung von Verwaltungspersonal der Bundesverwaltung verletzt, so können Entlassungen oder – bei einstimmiger

816 Lee, S. 32,; Zuck, Education, S. 15 , 22
817 Zuck, Education, S. 15, 22
818 Lee, S. 35
819 Ingraham, Foundation of Merit, S. 77, Zuck, Education, S. 15, 21
820 MSPB, Introduction, S.5-7, 12-17

Beschlusslage – Suspendierungen nicht unter 30 Tagen ausgesprochen werden.[821] Die „Anklage“ vor dem Gremium erfolgt durch den Office of Special Counsel, eine vom MSPB unabhängige Behörde. Gegen Entscheidungen des MSPB ist grundsätzlich die Berufung zum U. S. Court of Appeals for the Federal Circuit gegeben.[822]

(3) Zusätzlich wurde die Federal Labor Relations Authority (FLRA) für die Überwachung der Beziehungen zwischen Mitarbeitern der Bundesverwaltung und Management geschaffen. Dieses überparteiliche dreiköpfige Gremium wird vom Präsidenten für eine Amtszeit von fünf Jahren nach Beratung durch den und mit Zustimmung des Senats eingesetzt und fungiert auch als Beschwerdeinstanz für Beschwerden über unfaire Arbeitsmethoden im Bundesdienst.[823]

2. SES - eine neue Führungsschicht administrativer Spitzenkräfte

Materiell enthielt die Reform neue Systeme der Leistungsbewertung, Probezeiten für neue Führungskräfte sowie die Schaffung eines Pools von Führungskräften (zwischen 6.000 und 8.000), die die obersten Einkommensebenen (bisherige GS 16 – 18 und Executive Levels IV und V) einnehmen und als Senior Executive Service (SES) eine Art elitäres Verwaltungscorps bilden. Das OPM hat gegenüber dieser Gruppe einen weiten Spielraum in Hinblick auf Belohnungen und Bestrafungen[824]. Der SES ist eine Schöpfung, durch die der Konflikt zwischen dem Einsatz von Karrierepersonal und politischem Personal durch Zusammenfassung von Mitgliedern beider Lager in einem Pool bereinigt werden sollte. Sie bilden die Hauptverbindung zwischen den politischen Spitzenpositionen und dem übrigen Bundesverwaltungspersonal.[825] Vor Einrichtung des SES war hauptsächlich der Kongress für die Entscheidungen über Anzahl, Einsatz und Bezahlung für Spitzenkräfte zuständig gewesen. Diese Tatsache beeinflusste die Berufsbürokratie auch dahingehend, dass sie sich in Hinblick auf politische Richtungen und Loyalität am Kongress orientierte. Hinzu kam, dass die politischen Spitzenkräfte in den Ministerien demgegenüber wenig Einfluß auf den Einsatz des Karrierepersonals hatten, da diese einen rank-in-position hielten, also ihr Rang mit der derzeit gehaltenen Position verbunden war und dies einen Aufgabenwechsel erschwerte.[826] Der CSRA sah für den SES eine Obergrenze von 10.777 Positionen für die Ministerien und Behörden vor, die von diesen - nach Anforderung der Stellen beim OPM - besetzt werden durften. Inzwischen sind ca. 7000 SES- Stellen besetzt, 90 % davon durch Karrierepersonal, d. h. diese verbleiben

---

[821] MSPB, Introduction, S. 18

[822] MSPB, Introduction, S. 17, 19

[823] Mackenzie, Paradox, S. 137 f

[824] Shafritz/Riccucci/Rosenbloom/Hyde, S. 21, 23

[825] OPM, Features, S. 1

[826] Marzotto/Ban/Goldenberg, S. 111, 114

auch bei Wechsel in der politischen Führung im Dienst. Die Veränderungen durch das SES-Programm lassen sich inhaltlich beschreiben durch folgende charakteristische Merkmale:
(1) Unterscheidung: Administrative Spitzenkräfte werden als spezifische Gruppe von Beschäftigten mit signifikanten Merkmalen und besonderen Rechten und Pflichten in der Bundesverwaltung anerkannt.
(2) Mobilität: Abkehr von der Tradition, das gesamte Berufsleben auch als Spitzenkraft in einer Behörde/Ministerium zu verbringen.
Erfahrungshorizont der Beschäftigten und Leistung der Behörden sollten durch regelmäßigen Kontakt mit immer neuen - nicht intern sozialisierten - Spitzenkräften gesteigert werden
(3) Leistungsanreize: ein System, das die angemessene Sanktionierung guter und schlechter Leistungen möglich macht;
(4) Kollektive Offenheit und Empfänglichkeit gegenüber der politischen Führung - Präsident und politischen Mitarbeitern -
(5) Flexibilität: Karriere und Nichtkarriere/politische Stellen wurden nicht mehr streng getrennt klassifiziert. Während einige Stellen für Karrierepersonal reserviert waren, wurden die meisten Stellen so klassifiziert, dass Mitarbeiter beider Gruppen auf ihnen eingesetzt werden konnten. Dadurch sollte das Karrierepersonal die Möglichkeit zur Ausführung interessanterer Aufgaben haben und größere Verantwortung bekommen können, ohne den Karrierestatus aufgeben zu müssen.[827]
Mit der Einführung des SES wurde auch die Entscheidung getroffen, den Schwerpunkt auf eine zur Politik offene und deren Impulse aufnehmende Verwaltungsführungsebene zu legen. Demgegenüber trat die Idee einer neutralen und unabhängigen Führungsebene unterhalb der politischen Spitzenkräfte in den Hintergrund.[828] Die Spitzenkräfte verließen – auf freiwilliger Basis - das klassifizierte System und wurden Mitglieder des SES durch individuelle Kontrakte. Mit dem Verlassen des klassifizierten Systems und Eintritt in den SES per Kontrakt erklären sich die neuen Mitglieder bereit zu mehr Mobilität und der Anwendung ihres Wissens überall dort, wo es der politischen Leitung nötig und angemessen erscheint[829]. Angesichts der Freiwilligkeit des Wechsels war die Quote derer, die aus ihren bisherigen Spitzenpositionen im General Schedule in den SES wechselten, mit 98 % sehr hoch.[830] 1994 arbeiteten 8.200 zivile Spitzenkräfte in über 70 Bundesbehörden im SES.[831] Die Einkommen wurden für etwa 90 % der neuen SES-Mitarbeiter auf das Maximum des SES-Einkommens festgesetzt (ES-3 bis 6

827 Huddleston/Boyer, S. 104
828 Pietzcker, S. 157, 169
829 Ingraham, Foundation of Merit, S. 78
830 Harper, S. 267, 270
831 Huddleston/Boyer, S. 109

einheitlich $ 47.500), um ihren vormaligen Einkommen zu entsprechen.[832] Das OPM war für die Einstellung von geeigneten Personen in den SES und die Zuweisung einer bestimmten Anzahl von Stellen an die verschiedenen Ministerien und Behörden verantwortlich; die politische Führung konnte jeweils innerhalb dieser zugewiesenen Anzahl Art und Ort des Einsatzes selbst bestimmen. Außerdem hatte die politische Führungsebene nunmehr die Möglichkeit, direkten Druck auf die Spitzenbürokraten auszuüben, z. B. über Gewähren und Versagen von Bonus-Zahlungen auf der Grundlage positiver oder negativer Beurteilungen oder durch Versetzung in ein anderes - uninteressanteres oder geographisch unbeliebtes - Aufgabenfeld: die Restriktionen und der Schutz des Merit-Systems galten nicht mehr für den SES. Der SES sieht sechs Gehaltsgruppen sowie verschiedene Beschäftigungsarten vor:

- Bestellungen von Karrierebürokraten (career appointments)
- Bestellungen von politischen Kräften (noncareer appointments)
- zeitlich begrenzte Zuweisungen (limited appointments)
- Notfall-Zuweisungen (limited emergency).

Der Anteil der politischen Ernennungen darf nicht höher als 10 % der Positionen des SES, in einer Behörde darf der Anteil nicht höher als 25 % sein. Die zeitlich begrenzten Zuweisungen sind nicht verlängerbare Bestellungen in den SES bis zu drei Jahren in eine allgemein zu besetzende SES-Stelle, die aufgrund der Natur der Arbeit auslaufen wird (Projektarbeit). Die zeitlich begrenzten Notfall-Zuweisungen sind nicht verlängerbare Vergaben von allgemeinen dringend benötigten SES Stellen bis zu einer Dauer von achtzehn Monaten.[833] Sie dürfen nicht mehr als 5 % der bundesweiten SES-Stellen ausmachen und jede Behörde hat -, auch wenn das OPM diese Stellen fallbezogen vergibt - doch einen kleinen Pool von 2 % ihrer zugewiesenen SES-Stellen für solche Zwecke.[834] Die generellen Anforderungen für den Aufstieg in den SES werden vom OPM festgelegt; genaue Anforderungsprofile erstellen die jeweiligen Behörden[835]. Die Einstufung in die Gehaltsstufen erfolgt nicht überindividuell nach einer Stellenbeschreibung bzw. den gerade ausgeführten Aufgaben und Verantwortlichkeiten, sondern orientiert sich an den persönlichen Qualifikationen und Erfahrungen des einzelnen Mitglie-des.[836] Das bisherige System des rank-in-position wurde verlassen und eine Art rank-in-person-System eingeführt, bei dem der einzelne Mitarbeiter nicht über seinen spezifischen Arbeitsplatz, sondern über eigene Qualifikationen und Erfahrungen definiert wird. Wie bereits erwähnt, darf das Wort „rank" – Rang, nicht darüber hinwegtäuschen, dass der SES ein Einheitssystem ohne innere hierarchische Ränge, wenn auch mit unterschiedlichen Einkommensebenen ist, obwohl

---

[832] MSPB, SES Pay, S. viii, 5
[833] OPM, Features, S. 2
[834] U. S. Government, Committee on Government Reform and Oversight, S. 250
[835] Preston, S. 48, 49
[836] Ingraham, Foundation of Merit, S. 79

eine Tendenz besteht, die unterschiedlichen Einkommensebenen in dieser Weise zu verwenden.[837] Angehörige der mittleren Führungsebene können in speziellen Programmen auf den Aufstieg vorbereitet werden; als neue Mitglieder haben sie eine einjährige Probezeit bis zur Erlangung des Dauer-Karrierestatus (tenure)[838] Mitglieder des SES haben Anspruch auf Mindestvergütung in Höhe des früheren GS 16 (*Senior Level*) und die Möglichkeit, bis zu 20 % dieser Basisvergütung durch Bonus oder Leistungsbelohnung zusätzlich zu erarbeiten. Bis zu 5 % des SES können jährlich noch weitere Zahlungen für besondere Leistungen erhalten. In diesem stark leistungsorientierten System ist auch der Verbleib im System von kontinuierlich erbrachten Spitzenleistungen abhängig: Eine Bewertung mit *„Unsatisfactory"* kann die Entfernung aus dem SES bedeuten, zwei Bewertungen mit *„Unsatisfactory"* in fünf Jahren erfordern zwingend die Entfernung. Ein SES Mitglied, das den SES wegen mangelnder Leistung verlassen muß, kann eine Position im GS 15 annehmen oder ohne Verlust von Rentenzahlungen in den vorzeitigen Ruhestand gehen[839], meist wird in der Praxis – in diesen seltenen Fällen - der Ruhestand gewählt.[840] 1998 waren 6.804 Mitarbeiter im SES beschäftigt; 6.010 Karrieremitarbeiter, 649 politische Mitarbeiter und 145 auf befristeten Posten.[841]

IV. SES seit dem CSRA – Carter bis Clinton

In einer gesellschaftlichen Umwelt, die immer komplexer und schneller wurde, hatte sich gezeigt, dass die ursprünglich dem Pendleton-Act zugrundelegte Überzeugung von der klaren Abgrenzbarkeit politischer und administrativer Tätigkeit so nicht mehr durchzuhalten war. Bereits der CSRA 1978 erkannte diese Veränderung für die Bundesverwaltung durch die Schaffung des SES an, für den die Wettbewerbs- und Leistungsprinzipien in anderer Weise gelten als für den Rest der Karrierebürokratie und dem sowohl originär administrative als auch originär politische Spitzenkräfte angehören. Die Entwicklung läuft darauf hinaus, dass Spitzenpositionen in der Verwaltung nicht mehr als Schnittstelle zwischen Politik und Verwaltung gesehen werden, sondern als komplizierte Geflechte mit Anteilen aus beiden Bereichen, wobei der eine oder der andere Teil - abhängig von der Position - überwiegen kann.[842] Auch wenn das Weiße Haus oder die einzelnen Ministerien und Behörden Mitarbeiter für den politischen Teil des SES auswählen, so bestimmt doch das OPM die Anzahl der SES Positionen und deren Zuord-

---

[837] MSPB, SES, Pay, S. 3

[838] Huddleston/Boyer, S. 99

[839] Michaels, S. 235

[840] Carol A. Harvey, OPM, SES Services Division, Office of Executive Resources Management, Acting Chief, im Gespräch mit der Verfasserin am 21. Juni 1999

[841] OPM, Fact Book, S. 78

[842] vgl. Michaels, S. 15

nung zu den Verwaltungseinheiten. Das Qualification Review Board des OPM überprüft mögliche Kandidaten auf ihre Eignung für eine Aufnahme in den SES.[843] In seinen Anfangsjahren wurde der SES vor allem als System voller struktureller und inhaltlicher Schwierigkeiten wahrgenommen[844]. Beeinträchtigt durch die finanziellen Einschnitte und fehlende Personalentwicklungsplanung stieß die neue Gruppe von Verwaltungsmanagern nicht überall auf freundlichen Empfang - auch eine Folge der stärkeren Betonung politischer Abhängigkeit und fehlender neutraler Kompetenz. Noch unter der Carter Administration kamen Kongress und Präsident zu dem Schluss, dass die finanziellen Möglichkeiten für den SES hinsichtlich der möglichen Bonuszahlungen zu großzügig festgelegt worden seien und der Anteil der Beschäftigten, der bei herausragenden Leistungen Bonuszahlungen erlangen konnte, wurde von 50 % auf 25 % herabgesetzt und die maximale Höhe der Zahlungen auf 20 % des Einkommens begrenzt. Danach wurden die Möglichkeiten persönlicher Karriereentwicklung beschnitten. Nach Beginn des SES-Systems im Juli 1979 blieben die Verantwortlichen der Carter–Administration nicht mehr lange im Amt; der erste Direktor des neuen OPM, Alan Campbell, verließ seinen Posten im Dezember 1980. Sein Nachfolger, der von Reagan eingesetzte Donald Devine, sah die Hauptaufgabe der administrativen Spitzenkräfte nicht in ihren herausragenden Managementfähigkeiten, sondern in ihrer Bindung an die Vorgaben des politischen Führers.[845] Er äußerte sich öffentlich abfällig über den „liberalen Mythos der neutralen Kompetenz der Karrierebürokratie“, der seit Woodrow Wilson existiere und eifrig von Interessenvertretungen – die finanzielle Interessen bei Schulung und Ausbildung von Top–Bürokraten auf Staatskosten verfolgen würden – wie der National Academy of Public Administration (NAPA) aufgegriffen würde.[846] Der konservative Ansatz begreife das Regierungs- und Verwaltungssystem als ständige Bedrohung für die menschliche Freiheit und sehe die angebliche Neutralität der Bürokratie mit ihren begleitenden Regeln als Schutz der Bürokraten gegen Verantwortlichkeit. Dabei greife die konservative Auffassung auf Max Weber und dessen Überzeugung von der Trennung der politischen und der administrativen Funktion zurück.[847] Devine legte zehn Prinzipien politischer Führung dar und stellte ein Modell des Einsatzes politischer Mitarbeiter vor, das er für erfolgversprechend hielt: nach dieser „rule of three“ sollen in jede wichtige Einheit der Verwaltung drei politische Mitarbeiter geschickt werden: Einer sollte über allgemeine Führungsqualitäten und fachliches Wissen verfügen, einer über administratives Wissen und Fähigkeiten und der dritte soll die ersten beiden daran erinnern, warum sie vom Präsidenten

[843] Michaels, S. 248
[844] Harper, S. 267
[845] Huddleston/Boyer, S. 111
[846] Devine, S. 125 126
[847] Devine, S. 125, 128 f

bestellt werden.[848] M. a. W. die ersten beiden kontrollieren die Bürokratie und der dritte kontrolliert die ersten beiden; wer den dritten kontrolliert, bleibt offen. Unter Reagan wurde ein Feldzug gegen die Bürokratie geführt, der die Moral unter den Berufsbürokraten grundlegend verschlechterte und nicht nur für den Ausstieg vieler guter Kräfte, sondern auch für den Mangel an gutem Nachwuchs verantwortlich war.[849] Charles Levine stellte fest:

"...To many citizens 'big government', 'fraud, waste and abuse', 'bureaucracy' and 'bureaucrats' are terms synonymous with a system of government - and of government spending - gone out of control."[850]

Die Strategie der Reagan Administration zur Nutzung der Mobilitätsmöglichkeiten des SES als Strafaktionen oder zur Kaltstellung führte zu Enttäuschung und Demotivation im SES[851]. 1980 wurden ca. 1.000 Spitzenkräften im SES neue Aufgaben zugewiesen, diese Zahl stieg auf 1.226 im Jahr 1982; 1.100 solcher Wechsel gab es 1983. Die geringere Zahl im Jahr des Beginns der Präsidentschaft geht auf den Umstand zurück, dass es neuen politisch bestellten Mitarbeitern gesetzlich verboten ist, innerhalb der ersten 120 Tage nach Amtsantritt Neuzuweisungen vorzunehmen. Der Anteil der Neuzuweisungen, die mit einem geographischen Wechsel verbunden waren, lag bei ca. 15 %.[852] Eine Verweigerung des Umzugs war nach den Statuten des SES zulässige Grundlage für Entfernung (removal) oder frühzeitige Pensionierung.[853] Dies waren jedoch Neuzuweisungen, Versetzungen durch Veränderungen in der politischen Landschaft bis hin zu Strafaktionen. Die durch den CSRA gleichfalls beabsichtigte Mobilität als normaler Bestandteil der Aufgaben einer Führungskraft durch Rotation auch zwischen den Behörden kam nicht in Gang. Ende 1986 führten nur vier Bundesbehörden Rotationsprogramme durch, durch die 86 SES Mitarbeiter neue Aufgaben erhielten; dies aber auch nur jeweils innerhalb derselben Behörde.[854] Viele Mitglieder des SES verließen den öffentlichen Sektor in den folgenden Jahren; mehr als 40 % der Spitzenkräfte, die im Juli 1979 in den SES gewechselt waren, hatten die Bundesverwaltung bis Ende März 1983 verlassen. Der SES hatte vor allem in den ersten Jahren unter starker Politisierung und der Rhetorik des Direktors des OPM, Donald Devine, gelitten. Für die Abwanderung war auch eine starke Unzufriedenheit mit den Einkommensverhältnissen ursächlich. Die Veränderungen, die noch unter Carter zur Absenkung der möglichen Bonusleistungen geführt hatten, wurden von vielen, die ihre relative Arbeitsplatzsicherheit aufgegeben hatten und

---

848 Devine, S. 125, 132 f

849 Volcker-Commission, S. 1

850 Levine, Administrative Legacies, S. 195, 202

851 Levine, Administrative Legacies, S. 195, 201 f

852 Goldenberg, S. 381, 396

853 Marzotto/Ban/Goldenberg, S. 15, 16

854 Huddleston/Boyer, S. 117

in den SES zu den damaligen Bedingungen – auch wegen besserer finanzieller Möglichkeiten - gewechselt waren, als Verrat empfunden.[855]
Die finanzielle Ausgangsbasis war bereits niedrig gewesen: zwischen 1969 und 1977 hatten die Spitzenkräfte der Bundesverwaltung 31 % an Kaufkraft verloren, während ihre Pendants in der Privatwirtschaft 60 % gewonnen hatten.[856] Die 1982 von Präsident Reagan eingesetzte Grace Commission erhielt den Auftrag, Verschwendung und Schwächen der Bundesverwaltung zu ermitteln und Reformvorschläge zu machen. Die Task Force kam zu dem Ergebnis, dass der SES zu groß sei und von den damals etwa 7.000 auf 1.000 bis 3.500 Spitzenkräfte schrumpfen solle, denen sodann eine Gehaltserhöhung um 20 % gewährt werden solle: zu viele von ihnen seien keine wahren Führungskräfte (*true executives*).[857]
Eine Befragung der Mitglieder des SES, die die Bundesverwaltung 1985 verließen, durch das GAO zeigte jedoch, dass finanzielle Gründe nicht unter den wichtigsten zehn Gründen für das Ausscheiden genannt wurden. Entscheidend waren danach vielmehr Ärger über Politisierung, Einmischung durch politische Spitzenkräfte und Behinderung beruflicher und professioneller Autonomie.[858] Auch andere Untersuchungen zeigen, dass administrative Spitzenkräfte am stärksten durch die Möglichkeit motiviert werden, Einfluß auf interessante administrative und öffentliche Programme und Themen ausüben zu können.[859]
Mit der neuen Direktorin des OPM, Constance Horner, verbesserte sich ab 1986 die Lage des SES schnell, die abwertende Rhetorik ihres Vorgängers wurde eingestellt: Horner setzte sich ein für die Verbesserung des Images und die Stärkung der Moral des SES. 1987 hob OPM die abstrakte Grenze für jährliche Bonuszahlungen – die bereits 1984 von 25 % auf 35 % angehoben worden war - gänzlich auf. Die jährliche Publikation zum „Status“ des SES wurde 1988 begonnen.[860]
Die Karrieremitglieder, die die Mehrheit im SES stellten, zeigten sich mit den Fähigkeiten ihrer politischen SES-Kollegen und der zunehmenden Politisierung ihrer Behörden unzufrieden, wobei diese Unzufriedenheit umso stärker ausfiel, je mehr Kontakte diese Mitglieder mit den politischen Kräften hatten.[861] Zwischen den Haushaltsjahren 1980 und 1986 stieg die Anzahl der politischen Kräfte im SES und der Schedule C Beschäftigten um 12,8 % und 13,1 %, während die Zahl der Karrierebürokraten im SES um 5,3 % sank.[862] Die weitgehende Aufhebung der Trennung der Stellenausweisungen in einen politischen und einen Karriereteil hatte es theoretisch möglich gemacht hatte, dass Karriere-SES-Mitglieder einen

---

[855] Goldenberg, S. 381, 398
[856] Huddleston, Government's Managers, S. 25, 65
[857] Zusammenfassung des Berichts der Grace Commission in: Levine, Unfinished Agenda, S. 121, 129
[858] GAO, SES, Reasons Why Career Members Left, S. 8 f
[859] Wilson,Patricia, S. 12 - 19
[860] Harper, S. 267, 271 f; Goldenberg, S. 381, 400
[861] MSPB, SES Views, S. 21
[862] GAO, Trends

politischen Aufgabenkreis – sogar einen, der die Senatsbestätigung erforderte - bekommen konnten, ohne ihren Karrierestatus aufgeben zu müssen. Im ungünstigsten Fall hätten sie anschließend eine Versetzung auf einen Posten des GS 15 zu befürchten, im allgemeinen wurde jedoch die Zuweisung einer anderen SES Position erwartet. In der Realität sah es dann aber anders aus: Zwischen 1979 und 1991 wurden nur 116 SES Karrieremitglieder auf einen politischen Posten mit Senatsbestätigung berufen. In dieser Zeit stieg die Zahl der politischen Bestellungen (politische Mitarbeiter mit Senatsbestätigung, Schedule C Mitarbeiter, SES ohne Karrierestatus) von 2.481 auf 3.062 und von den 508 Bestellungen mit Senatsbestätigung, die 1991 vorgenommen wurden, entfielen nur zwei auf SES-Mitglieder mit Karrierestatus.[863] Die Beschäftigten im öffentlichen Dienst erhielten – abgesehen von den „Nullrunden" im Jahre 1983 und 1986 Einkommenssteigerungen zwischen 3 % und 4,8 % - Im Wahljahr 1988 waren es dann nur 2 %. Bush wollte das feindliche Verhältnis, das während der Amtsperioden seines Vorgängers weitgehend zwischen Karrierebürokratie und Administration geherrscht hatte, zum Besseren verändern.[864] 1989 setzte er eine schon lange überfällige deutliche Erhöhung der SES - Bezüge durch (Ethics Act von 1989). Insgesamt erlebte der öffentliche Dienst eine Periode vergleichsweiser hoher Gehaltssteigerungen mit 3,6 bis 4,2 % Steigerung jährlich. Der SES unter Bush galt allgemein als empfänglich für politische Direktiven des Präsidenten, aber nicht übermäßig politisiert; 1989 lag die Quote der politischen SES Mitarbeiter bei 5,9 % der zugewiesenen 8.822 SES-Stellen (523 Stellen). Der Frauenanteil im SES hatte sich bis von 1979 bis 1989 verdoppelt – von 5,1 % auf 10,1 %; der Minoritätenanteil hatte sich nur geringfügig erhöht.[865] Die Abwanderungsraten hatten sich stabilisiert: zwischen 1979 und 1989 verließen durchschnittlich pro Jahr 643 Führungskräfte den SES, etwas mehr als die Hälfte davon ging in den Ruhestand. Die Zahlen waren in Wahljahren und in den Jahren, in denen Gehaltserhöhungen ruhegehaltsfähig wurden, am höchsten. Ruhegehaltsfähig werden die Gehaltserhöhungen jeweils drei Jahre nach der Erhöhung entsprechend der Regel des sogenannten *„high-3 average pay"*, dem durchschnittlich höchsten Verdienst während einer Dreijahresperiode im Verlaufe der gesamten Beschäftigungszeit[866] (z. B. verließen 10 % der Mitglieder des SES 1994 die Bundesverwaltung nach der starken Erhöhung 1991)[867]. Das System der Leistungsbewertung brachte an den Tag, dass Ministerien und Behörden bei der Bewertung sehr großzügig waren: Im Jahre 1988 lag die durchschnittliche Bewertung bei 4,43 Punkten auf einer Fünf-Punkte-Skala. Mit dieser Tatsache korrespondiert die Feststellung, dass seit 1979 nur 128 SES Mitarbeiter entlassen wurden, davon 33 wegen man-

[863] OPM, SES Status, S. 25, 27, 39
[864] MSPB, SES Views, S. 24
[865] Harper, S. 267, 274
[866] OPM, CSRS, S. 4-8
[867] GAO, SES Retirement Trends, S. 21

gelnder Leistung und 28 wegen mangelhaften Benehmens oder der Verweigerung eines geographischen Wechsels. 1989 erhielten 40 % des SES einen Bonus von durchschnittlich $ 5.478, weitere 5,4 % erhielten einen Presidential Rank Award (zwischen $ 10.000 und $ 20.000).
In die Zeit der Bush – Administration fiel die Heraustrennung einiger Behörden aus dem SES; so verließ z. B. 1990 das Ministerium für Gesundheit und soziale Dienste das System des SES und erhielt die gesetzliche Erlaubnis, bis zu 800 eigene Spitzenpositionen einzurichten mit Einkommen in der Höhe von Ministereinkünften, sowie eigene Kompetenzen bei der Einstellung, Belohnung und Versetzung von Mitarbeitern.
Der Ethics Reform Act schrieb 1989 die Notwendigkeit einer Bestätigung (*Recertification*) für alle SES-Mitarbeiter für das Verbleiben im SES im Abstand von drei Jahren vor, mit der ersten Bestätigungsrunde im Jahr 1991.[868] Die Organisation der Karrieremitglieder des SES, die Senior Executives Association (SEA), beklagte auch im Jahre 1990 die fortwährenden Versuche der Behörden und des OPM, die stärkere Flexibilität des SES zu nutzen und gleichzeitig die gegen höheres Risiko und größere Verantwortung eingetauschten Vorteile für die Karrieremitglieder beschneiden zu wollen. Die Vorwürfe richteten sich gegen den anstehenden ersten Bestätigungszyklus und auch gegen mögliche Einkommensreduktionen bei Positionswechsel, fehlende Umzugskostenerstattung und Verhinderung der Inanspruchnahme vorgesehender „sabbaticals“.[869]
Erst in der Wahlkampagne zu seiner zweiten Amtszeit - unter dem Druck fallender Umfrageergebnisse-, änderte Bush seine positive öffentliche Haltung zur Karrierebürokratie, griff auf die bewährte Technik des "*bureaucrat-bashing*" zurück, um die Zahl seiner Anhänger zu erhöhen und schlug eine Kürzung der Bezüge des SES um 5 % vor. Dadurch verlor er die Unterstützung der Karrierebürokratie und wäre im Falle einer Wiederwahl in dieser Hinsicht mit großen Problemen konfrontiert worden.[870] In der Zeit von 1986 bis 1992 stieg die Zahl der Mitglieder des SES (Karriere und politisch) in absoluten Zahlen von 6.702 auf 8.130 an (ca. 22 %). Dreiviertel dieser neuen Mitglieder wurden während der Bush - Präsidentschaft aufgenommen: In der Zeit von 1988 bis 1992 stieg die Mitgliederzahl von 7.057 auf 8.130 um 1.031 an, während gleichzeitig der Anteil der politisch bestellten Mitglieder des SES von 9,3 % auf 8,7 % sank.[871] Die Mobilität des SES war weiterhin niedrig: nur 54 Mitglieder des Karriereteils erhielten neue Aufgaben in einer anderen Behörde.[872] Damit war ein wichtiges Ziel der Reform nicht erreicht worden. Das MSPB konstatierte 1990, dass nur sehr wenige Behörden Anstrengungen gemacht haben, um Rotationen zu fördern. Zwei Behörden

---

868 Harper, S. 267. 281
869 Bonosaro, S. 14, 21
870 Michaels, S. 76
871 Ingraham/Thompson/Eisenberg, S. 263, 267
872 OPM, SES Status, S. 39

hatten Programme entwickelt, innerhalb derer SES-Mitglieder freiwillig an Rotationen teilnehmen konnten, drei Behörden hatten mit vorgeschriebenen Rotationen experimentiert, jedoch wenig Erfolg gehabt.[873] Die Beziehungen zwischen den politischen Mitarbeitern der Clinton Administration und den SES Führungskräften gelten als im allgemeinen gut.[874] 1998 und zum Ende der Clinton Administration ist das typische SES- Mitglied 52,3 Jahre alt und seit 23,1 Jahren in der Bundesverwaltung tätig. Zunehmend wichtiger wird die Bewältigung der bis 2005 anfallenden hohen Zahl von Mitarbeitern, die den SES mit Ruhegehaltsberechtigung verlassen werden. Eine verbindliche Altersgrenze für die Beschäftigten der Bundesverwaltung gibt es zur Zeit, mit Ausnahme einiger spezieller Berufsgruppen wie Fluglotsen, Polizisten, Feuerwehrleute, nicht. Die durch den Civil Service Retirement Act von 1920 eingeführte Altersgrenze von 70 Jahren wurde 1978 als generelle Altersgrenze abgeschafft, weil sie als diskriminierend eingestuft wurde.[875] Nach Auskunft des OPM liegt das durchschnittliche Eintrittsalter in den SES bei 47 Jahren; bei einer Berechtigung zum Eintritt in den Ruhestand ab 55 Jahren (bei 30 Dienstjahren)[876] und einem Durchschnittsalter von 52,3 Jahre stellt die Tatsache, dass ein Großteil des SES bereits zum Eintritt in den Ruhestand berechtigt ist – und auch jederzeit gehen könnte – bei der Planung und Nachwuchsgewinnung ein großes Problem dar, mit dem sich das GAO sowie die SEA in jüngerer Zeit verstärkt beschäftigen.[877] Zwischen 1999 und 2005 werden 71 % des SES ruhestandsberechtigt sein; das sind 20 % mehr als zwischen 1992 und 1998 und das GAO befürchtet einschneidende Verluste in der Kontinuität der Führung, institutionellem Wissen und Fachkompetenz im SES.[878] Bemerkenswert ist das hohe formale Bildungsniveau: Nur 4,4 % haben keinen Bachelor-Abschluß, immerhin 26,4 % haben einen Bachelor-Abschluß und 69 % verfügen sogar über einen höheren akademischen Abschluß (Masters: 34,3 %, medizinische und juristische Grade: 17,4 %; Doktorate: 17,3 %).[879] Im SES überwiegen bei weitem Männer, sie stellen einen Anteil von 77,6 %; der Anteil der Minoritäten ist mit 12,9 % vergleichsweise niedrig (Bundesverwaltung insgesamt: 29,7 %). Die Statistik weist 23 % des SES mit der Beschäftigung Wissenschaftler/Ingenieure, 23,5 % mit anderen Professionen und 53,5 % als administrative und andere Fachkräfte aus. Ein erstaunlich hoher Anteil der SES Mitarbeiter ist in Washington D. C. beschäftigt: 72,5 % sind dort eingesetzt, während von der Bun-

---

873 MSPB, SES Pay, S. 13

874 Aberbach, S. 162, 168; OPM/SEA, S 16 (Item # 20)

875 Schüren, S. 223, 235

876 nach dem CSRA, dem die Mehrheit der SES Mitarbeiter unterfällt; zu den Pensionssystemen des CSRA und den diesen seit 1984 ersetzenden FERS vgl. OPM, CSRS und FERS

877 SEA, Phased Retirement, S. 5

878 GAO, SES Retirement Trends, S. 2 f, 7 f, 16 f

879 Carol A. Harvey, OPM, SES Services Division, Office of Executive Resources Management, Acting Chief, im Gespräch mit der Verfasserin am 21. Juni 1999

desverwaltung insgesamt nur 15 % des Personals dort beschäftigt sind.[880] Unter Clinton hat sich – parallel zu den Personaleinsparungen insgesamt – auch die Zahl der Positionen im SES verringert: Während bei Beginn der Administration 1992 noch 8.804 SES an die Ministerien und Behörden zugewiesen waren, hatte sich diese Zahl bis 1998 auf 7.736 - 12,1 % - verringert. Die Zahl der tatsächlich besetzten Stellen ging in der gleichen Zeit von 8.200 auf 6.804 und damit um 17,1 % zurück. Dabei zeigt die Statistik auf, dass sich die interne Stellenstruktur im SES verändert hat: Der Anteil der Karrieremitarbeiter hat sich von 7.426 auf 6.010 und damit um 17 % verringert, während der Anteil der politischen SES Mitarbeiter von 704 auf 649 sank und sich damit nur um 7,8 % verringert hat. Gleichzeitig stieg die Anzahl der SES Mitarbeiter, die einen zeitlich befristeten Einsatz erhalten hatten von 70 auf 145 und damit um 107 %.[881] Die Hälfte der zugewiesenen SES-Stellen, mindestens aber 3.571 in der Bundesverwaltung, sind gesetzlich für die Besetzung mit Karrieremitarbeitern reserviert (*career reserved*) –zumeist, um Unparteilichkeit oder Vertrauen der Öffentlichkeit in die Unparteilichkeit der Verwaltung sicherzustellen. Die andere Hälfte der Stellen („*general positions*") kann mit Karrieremitgliedern, politischen Mitgliedern oder zeitlich begrenzt besetzt werden.[882] SES Mitglieder können jederzeit auch ohne ihre Zustimmung einer neuen SES Position innerhalb ihrer Behörde zugewiesen werden, für die sie qualifiziert sind. Ein Karrieremitarbeiter des SES hat Anspruch darauf, dass ihm ein anstehender Stellenwechsel mindestens 15 Tage – bei geographischen Wechseln 60 Tage – im voraus mitgeteilt wird. Wird eine neue Behördenleitung bestellt, so dürfen Karrieremitglieder innerhalb der ersten 120 Tage nicht versetzt werden. Versetzungen in eine andere Behörde müssen die Karrieremitarbeiter zustimmen; gegen ihren Willen können sie dorthin nicht versetzt werden.[883]

V. Leben und Arbeiten im SES

1. Vorbereitung auf den Eintritt in den SES – „Candidate Development Programs" für Karrieremitarbeiter

1979 etablierte das OPM „Candidate Development Programs" (CDP) mit den Zielen, kompetente Persönlichkeiten zu identifizieren, die für eine Aufnahme in den SES geeignet erscheinen, und diese Persönlichkeiten durch individualisiertes Training in ihrer Entwicklung zu fördern. OPM erwartete, dass der SES der Zukunft vor allem auch aus diesem Pool erwachsen würde.[884] In Title 5 CFR

---

[880] OPM, Fact Book, S. 76
[881] OPM, Fact Book, S. 78
[882] OPM, Features, S. 1
[883] OPM, Features, S. 2
[884] GAO, SES, Candidate Development Program, S. 8

412.104 sind gesetzliche Rahmenbedingungen für die CDP festgeschrieben; das OPM läßt den einzelnen Behörden bei der Kreation ihres speziellen Programms und der Durchführung des CDP weitgehend freie Hand.[885] Der Verlauf ist – grob beschrieben – wie folgt: Es beginnt mit der Auswahl geeigneter Persönlichkeiten unter Wettbewerbsbedingungen durch die Beschäftigungsbehörde; es folgt eine anschließende Ausbildung durch spezielle Aufgabenstellungen, Seminare usw. während eines Zeitraums zwischen einem und drei Jahren. Am Ende dieser Zeit entscheidet ein Qualification Review Board anhand festgelegter Kriterien über die Eignung des Kandidaten für eine spätere Aufnahme in den SES.[886] In dem gesamten Auswahl-, Ausbildungs- und Bestätigungsverfahren steht die Entwicklung von Führungsqualitäten und allgemeinen Managementfähigkeiten, Kommunikationstechniken und innovativem Denken im Vordergrund, da die Mitglieder der SES vielseitig einsetzbar sein müssen.[887] Geeignete Kandidaten erhalten ein Zertifikat, das sie theoretisch zu begehrten Bewerbern um die Aufnahme in den SES machen müsste: Sie haben nämlich den Prozess der Bestätigung ihrer Eignung für den SES und damit den zeitaufwendigsten Teil vor einer erstmaligen Zuweisung einer SES-Stelle bereits hinter sich, so dass bei Ausschreibung einer Stelle, für die sie die fachliche Eignung besitzen, ihre Berufung auf diese Stelle sehr kurzfristig möglich ist, da die Beschäftigungsbehörde über die rein fachliche Eignung selbst entscheiden kann. Im Department of the Interior wurde festgestellt, dass das Verfahren zur Neubesetzung einer SES-Vakanz mit einem Mitarbeiter, der am CDP erfolgreich teilgenommen hatte, nur drei Wochen dauerte, während sich die Besetzung mit einem Bewerber ohne CDP vier bis sechs Monate hinzog[888]. Es stellte sich jedoch heraus, dass das Programm nur in geringem Umfang den Nachwuchs für den SES ausbildete. In den Jahren 1982 bis 1984 wurden 87 % der erstmaligen Berufungen in den SES an Personen vergeben, die ein solches Programm nicht absolviert hatten, wohingegen weniger als die Hälfte der Mitarbeiter, die dieses Programm absolviert hatten, eine SES Stelle erhielten. Ungefähr die Hälfte der Mitarbeiter, die nach Absolvierung eines solchen Programms keine SES Stelle erhielten, bekamen stattdessen sogar eine Stelle, die weniger verantwortlich war als die, die sie für das Programm verlassen hatten.[889] Vor dem Hintergrund der Tatsache, dass das Zertifikat nur befristet ausgegeben wird – zunächst für fünf, seit 1984 für drei Jahre – ermunterte der dargestellte Befund interessierte Mitarbeiter nicht nur nicht zur Bewerbung für dieses Programm, er schreckte eher ab. Das GAO untersuchte diese Vorgänge und kam zu dem Ergebnis, dass in den Ministerien und Behörden das CDP nicht angenommen worden ist. Die Behörden waren zu der Ansicht gelangt, dass die Absolventen

---

885 OPM, CDP

886 GAO, SES, Candidate Development Program, S. 10

887 GAO, SES, Candidate Development Program, S. 10 f

888 GAO, SES, Candidate Development Program, S. 15

889 Huddleston/Boyer, S. 118

des CDP im Einzelfall nicht über ausreichende fachliche Kenntnisse verfügten, um die von ihnen zu besetzende Stelle ausfüllen zu können. Damit hat sich herausgestellt, dass die hochgesteckten Ziele des CDP der Wirklichkeit nicht standhalten können – jedenfalls nicht, solange das Bewusstsein der Mitarbeiter mit Personalverantwortung nicht für die Bedeutung und den Vorrang von Managementqualitäten gestärkt ist. Die Kandidaten für das CDP wurden wegen ihres Entwicklungspotentials auf dem Gebiet allgemeiner Führungstechniken ausgewählt. Jedoch ist bemerkenswert, dass die Behörden gerade ihre Spitzenmitarbeiter nicht zur Teilnahme an dem Programm ermutigten, da sie auf ihre Arbeitskraft nicht verzichten wollten.[890] In der Praxis hat sich erwiesen, dass im „Ernstfall" doch der Bewerber mit den besseren fachlichen Kenntnissen bevorzugt wird, der dieses Wissen meist in der gleichen Verwaltungseinheit an untergeordneter Stelle erworben hat. In der Praxis wird den Mitarbeitern also eher zugetraut, sich die erforderlichen Führungsqualitäten und Kommunikationstechniken anzueignen, als dass sie die Chance einer Einarbeitung in die fachlichen Besonderheiten erhalten.[891] Als Ergebnis kann festgehalten werden, dass der Erfolg eines solchen Programms in direktem Zusammenhang mit dem Grad an Akzeptanz bei der personalverantwortlichen Behördenleitung steht; damit ist nicht die formelle Akzeptanz, sondern die materielle Akzeptanz gemeint, die sich im Zweifel nur in der Praxis erweist. Der geringe Erfolg des CDP wurde jedenfalls teilweise auch dem OPM angelastet, das seine Rolle zu eng definiert und das Personalmanagement zu umfassend delegiert habe. Das OPM habe zu wenig zentrale Führung und Einfluß auf die Behörden ausgeübt, dies wäre für den Erfolg des CDP aber erforderlich gewesen.[892] Inwiefern sich das OPM angesichts der weiter fortgeschrittenen Dezentralisierung und Delegierung der Personalverantwortlichkeiten insgesamt bei Training und Pflege des SES - Nachwuchses wird behaupten oder seine Position verbessern können, wird sich zeigen. Das GAO hat sich in einer Studie vom Mai 2000 zum Problem der fehlenden Nachfolgeplanung in den Behörden und Ministerien angesichts der bis 2005 eintretenden Pensionierungswelle im SES bereits kritisch über die Weigerung des OPM, eine aktivere Rolle bei der Bewältigung dieser Problematik einzunehmen, geäußert.[893]

2. Anforderungsprofil für politische Kräfte

Für die Stellen des politischen Teils des SES sind keine formalen Kriterien etabliert worden. Dies steht in krassem Gegensatz zu den Nachweisen, die die potentiellen SES-Mitglieder des Karriereteils anlässlich ihrer Aufnahme in den SES

---

890 GAO, SES, Candidate Development Program, S. 13 f

891 GAO, SES, Candidate Development Program, S. 13 f

892 Huddleston, SES, S. 175, 179 f

893 GAO, SES Retirement Trends, S. 8 f

erbringen müssen.[894] Die Kommission für den öffentlichen Dienst (Public Service Panel) der NAPA hat daher jüngst in ihrer Stellungnahme zu den Vorschlägen des OPM für die weitere Entwicklung des SES vorgeschlagen, ein einheitliches Verfahren für die Auswahl der Karrieremitglieder und der politischen Mitglieder des SES einzurichten. Dieses solle die Auswahl der politischen Mitglieder nach Leistungsgesichtspunkten – so wie im Karrierebereich auch – enthalten. Politische Empfehlungen könnten weiterhin eine Quelle für Kandidaten sein, das Ziel müsse aber sein, für den politischen Teil solche Kandidaten zu finden, die in Organisationen außerhalb der Verwaltung relevante Fähigkeiten in den Bereichen Management oder Fachwissen erworben haben und zur Unterstützung der Verwaltungskräfte einbringen könnten.[895]

3. Aufnahme in den SES

Die Aufnahme in den SES erfolgt in Zusammenarbeit der einzelnen Behörde, die eine freie Position im SES zu besetzen hat, mit dem OPM. Zunächst wird die freie Stelle in der gesamten Bundesverwaltung mindestens 14 Tage bekanntgemacht und entweder für alle qualifizierten oder nur für bereits in der Bundesverwaltung tätige Personen ausgeschrieben. Nachdem die Bewerber ihre Bewerbungen der Einstellungsbehörde eingereicht haben, werden diese von einer Personalfachkraft überprüft und sodann vom Executives Resources Board anhand der spezifischen Stellenanforderungen bewertet und in eine Reihenfolge gebracht. Das Gremium spricht eine Empfehlung an den vorgesetzten Mitarbeiter aus, dem die Auswahl obliegt; dieser wählt aus und bestätigt, dass der ausgewählte Bewerber sowohl die fachlichen als auch die persönlichen Qualitäten besitzt. Die fachliche Eignung des Bewerbers für die zu besetzende Stelle wird von der Einstellungsbehörde abschließend begutachtet. Die fachlichen Anforderungen ergeben sich aus den spezifischen Stellenanforderungen, die Maßstäbe für die persönliche Eignung – die Executive Core Qualifications – sind vom OPM im September 1997 festgelegt worden:

- Leading Change and Leading People - Führungsqualitäten in bezug auf Wandel und Menschen,
- Result Driven - ergebnisorientiertes Arbeiten,
- Business Acumen - Scharfsinn im Umgang mit Ressourcen aller Art einschl. neuer Technologie,
- Building Coalitions/Communication - Fähigkeit zum Aufbau von und Arbeit in Netzwerken und zur Kommunikation.

In diesem Stadium übermittelt die Behörde die gesamten Unterlagen dem Qualifications Review Board für die Bestätigung des Vorliegens dieser Qualitäten bei dem ausgewählten Bewerber. In diesem Gremium entscheiden drei Mitglieder,

---

894 Ban/Ingraham, Short-Timers, S. 106, 119

895 Bledsoe, S. 4, 6

von denen mindestens zwei dem Karriereteil des öffentlichen Dienstes angehören, darüber, ob der Bewerber über seine fachlichen Qualitäten hinaus über die genannten Eigenschaften und Fähigkeiten verfügt, die den SES auszeichnen. Das Qualification Board hat den gesamten SES im Blick und pflegt zugleich die „SES-Unternehmenskultur“.[896] Wird der Bewerber vom Board bestätigt, weist die Behörde dem Bewerber die SES-Position zu. Wie bereits erläutert, entfällt bei ausgewählten Bewerbern, die als Absolventen des CDP im Pool geführt werden, die Überprüfung ihrer Managementfähigkeiten und das Stellenbesetzungsverfahren kann dann in kurzer Zeit abgeschlossen werden Bei der Aufnahme in den SES findet die Veteranenpräferenz keine Anwendung, dennoch betrug die Veteranenquote im SES im Jahre 1994 25 % (ca. 2000 Mitglieder), da die Mehrheit der Mitglieder sich die Karriereleiter hocharbeitet und die Veteranenpräferenz bei der erstmaligen Einstellung in die Bundesverwaltung Anwendung findet.[897] Nach der jeweiligen Bedeutung der Executive Core Qualifications in ihrer Tätigkeit befragt, bewerteten die Mitglieder des SES 1999 vor allem ihre Führungsqualifikationen und Fähigkeiten in den Bereichen Kommunikation, Netzwerkbildung und ergebnisorientiertes Arbeiten als besonders wichtig; an letzter Stelle erschien in dieser Befragung Scharfsinn in wirtschaftlichen Fragen. Lediglich 56 % gaben an, dass in ihrer Behörde/Ministerium die ECQ bei der Bewertung und Auswahl von Bewerbern für die Aufnahme in den SES eine Schlüsselrolle spielten. 40 % der Karrieremitarbeiter, aber 87 % der politischen SES-Mitarbeiter vertraten die Auffassung, dass eine verstärkte Rekrutierung von Führungskräften außerhalb der Bundesverwaltung den SES verbessern würde.[898] Wichtigstes Motiv für den Eintritt in den SES waren die herausfordernden Verantwortlichkeiten (95 %), gefolgt vom Einkommen (73 %) und der Möglichkeit, Einfluß auf die Staatsführung zu nehmen (69 %).[899]

4. Leistungsüberprüfungen im SES – Beurteilungen und Bestätigungsverfahren (Recertification)

4.1 Jährliche Beurteilungen

Häufig wird beklagt, dass die Möglichkeit politischer Spitzenkräfte mit Senatsbestätigung zur Entfernung von SES-Karrieremitglieden zu begrenzt ist. Formal scheint der Umgang mit inkompetentem Karrierepersonal nicht schwierig: Alljährlich sind die SES-Beschäftigten in ihrer Leistung in Hinblick auf zu verteilende Bonuszahlungen zu bewerten. Die letzte Leistungsbeurteilung des Karrie-

[896] OPM, SES Qualifications, S. 4
[897] Carol A. Harvey, OPM, SES Services Division, Office of Executive Resources Management, Acting Chief, im Gespräch mit der Verfasserin am 21. Juni 1999
[898] OPM/SEA, S. 19 (Item 21), 20 (Item # 27), 22 (Item # 28)
[899] OPM/SEA, S. 39 (Item # 97)

reteils des SES nach den einheitlichen Kriterien (rating levels) des OPM und den fünf Leistungsebenen # 1- Unsatisfactory, # 2 - Minimally Satisfactory, # 3 - Fully Successful, # 4 – 1st level above Fully Successful und # 5 – 2nd level above Fully Successful hat im Jahre 1995 ergeben, dass in achtzehn Ministerien und Behörden kein SES-Mitglied unter Fully Successful bewertet wurde. Dreizehn Behörden vergaben Durchschnittsnoten zwischen 4,6 und 5,0. Besonders herausragend zeigten sich die SES-Mitglieder der Air Force, bei denen von 100 Mitgliedern 99 die höchste Leistungsbeurteilung erhielten. Bei einer derartigen inflationären Vergabe von Bestnoten darf deren Aussagekraft bezweifelt werden. Inzwischen entwickeln die Ministerien und Behörden nach den Vorgaben des OPM eigene Beurteilungssysteme, die drei bis fünf Bewertungsebenen enthalten müssen. Eine Beurteilung unter „Fully Successful" ist die Basis für die Entfernung aus dem SES.[900] Falls die Behörden auch nur annähernd ihre frühere beschriebene Praxis fortsetzen, sind nicht viele leistungsbedingte Entlassungen zu erwarten. Die Tatsache, dass entsprechend der Konstruktion des SES, das Verbleiben der Mitglieder auf Beurteilungen beruht, die ihre Vorgesetzten und damit meistens politische Mitarbeiter anfertigen, hatte anfangs Befürchtungen aufkommen lassen, die Mitglieder des SES würden Gefahr laufen, „zur leistungsgesteuerten Marionette" ihrer Vorgesetzten zu werden, deren Machtbasis das Sanktionsmittel schlechter Beurteilungen und die damit verbundenen Folgen sein können.[901] Die dargestellten Zahlen zeigen, dass schlechte Beurteilungen nicht in relevanter Zahl als Druckmittel eingesetzt werden; im übrigen kann man davon ausgehen, dass die Beurteilungen nicht deshalb in dieser Breite hervorragend sind, weil inzwischen die meisten Führungskräfte der Karrierebürokratie zu willenlosen Marionetten geworden sind. Die immer wieder geäußerte Sorge ihrer politischen Vorgesetzten über die Macht der Karrierebürokratie legt davon beredt Zeugnis ab.

4.2 Bestätigungsverfahren (Recertification)

Nach den im Ethics Reform Act von 1989 festgelegten Regeln findet alle drei Jahre eine Beurteilung in Hinblick darauf statt, ob die Leistungen ein Verbleiben im SES rechtfertigen (*Recertification*). Das offizielle Festlegen von Leistungsstandards und die Feststellung, das diesen nicht genügt wurde, reicht danach formell zur Entfernung eines inkompetenten SES-Beschäftigten aus. Das Verfahren kann sich jedoch sehr langwierig gestalten, wenn sich der Betreffende dagegen wehrt, so dass die politischen Vorgesetzten in den meisten Fällen von der Feststellung der Leistungsunfähigkeit und damit einer Entfernung Abstand nehmen.[902] Bereits die nach dem ersten Bestätigungsverfahren im Jahre 1991, in dem die SES-Mitglieder auf ihre Berechtigung zum Verbleiben im SES überprüft wur-

---

900 OPM, Features, S. 4
901 Oechsler, S. 196, 210
902 Michaels, S. 229 f

den, vom OPM durchgeführte Befragung von Behördenleitungen und Spitzenkräften zeigte eine negative Bewertung dieses Verfahrens. Inzwischen ist es möglich, auf die Erfahrungen von insgesamt drei Bestätigungszyklen zurückzugreifen, da das Verfahren trotz der negativen Bewertung in den Jahren 1994 und 1997 weiter stattfand. Danach hat sich gezeigt, dass in allen drei Zyklen mehr als 99 % der bewerteten Mitglieder des Senior Executive Service (je nach Dauer der Zugehörigkeit zwischen 4.388 und 5.297) in ihrem Status bestätigt wurden; die Zahl der bedingt bestätigten – bei denen die Entscheidung über die Bestätigung um ein Jahr aufgeschoben wird - und die der nicht bestätigten Mitglieder schwankte, blieb aber durchgehend unter 1 %. (1997: 0,3 %).[903] Die jüngste Befragung des OPM nach dem Zyklus 1997 zeigt, dass die betroffenen Mitglieder des SES, ihre Vorgesetzten sowie die für die Durchführung der Beurteilungen zuständigen Kräfte die Eignung und die Auswirkung des Bestätigungsverfahrens für die eigentlich beabsichtigte Sicherstellung gleichbleibend hoher Qualität im SES noch negativer einschätzen als 1991. Die Mehrzahl der Befragten votierte für die Beendigung der Bestätigungsverfahren. Die jährliche Beurteilung wurde demgegenüber von den Beteiligten weit überwiegend als effektiv empfunden. Das OPM kam daher im September 1998 zu dem Ergebnis, dass das Bestätigungsverfahren nicht die intendierte Wirkung hat: Es habe nicht zur Verbesserung der Leistungsniveaus beitragen können.

5. Einkommen, leistungsbezogene Einkommensbestandteile und besondere Benefits

5.1 Einkommen

Die ehemaligen Einkommensebenen GS 16 - 18, sogenannte supergrades, waren im Zuge der Reform von 1978 zum SES zusammengefaßt worden. Im Zuge dieser Reform war das Gehaltssystem insoweit durch den Senior Level - ein broad pay band system - ersetzt worden, der signifikanten Leistungsbezug hatte. Innerhalb des SES existieren sechs Gehaltsstufen.[904] Die Zahlen für 1998 weisen für den SES insgesamt aus, dass 36, 5 % auf ES-4 und insgesamt 60, 7 % auf den Ebenen ES-4 bis 6 beschäftigt sind.[905]

Als grundlegende Regeln für die Gestaltung der Einkommenshöhen der Führungsebenen gelten:

a. Es muss sichergestellt werden, dass ein Karriere-Beamter ungeachtet seiner Verantwortlichkeiten kein höheres Grundgehalt als sein -

---

903 OPM, Recertification, http://www.opm.gov/ses/recert/ExSum.htm mit weiteren Angaben; OPM, Features, S. 4

904 Lee, S. 79

905 Carol A. Harvey, OPM, SES Services Division, Office of Executive Resources Management, Acting Chief, im Gespräch mit der Verfasserin am 21. Juni 1999

oft politisch bestellter - Vorgesetzter bekommt (*pay cap*).[906] Die maximalen Grundgehälter des SES, die Executive Schedules ES 5 und 6 dürfen laut gesetzlicher Festlegung nicht höher sein als das Gehalt nach Executive Schedule EX IV.

b. Das jeweilige Basisgehalt einschließlich geographischer Zuschläge darf laut Gesetz nicht höher sein als das Gehalt für den Executive Schedule EX III (1999: $125.900)[907]
c. Das Basisgehalt ES 1 muß wenigstens 120 % der Ebene des General Schedule 15, erste Stufe, betragen.[908]

Die absolute Obergrenze für die Summe aus Basisgehalt und zusätzlichen Zahlungen (geographische oder leistungsbezogene Zahlungen, Belohnungen etc.) bildet der EX I, dessen Höhe durch die jährlichen Gesamteinkünfte des Spitzenkarrieremitarbeiters nicht überschritten werden darf (1999: $ 151.800); über dieser Grenze liegende Summen werden zu Beginn des nächsten Kalenderjahres ausgezahlt.[909]
Die Behördenleiter setzen das Basisgehalt für den einzelnen Mitarbeiter des SES auf einer der möglichen Ebenen fest; dabei werden die Kriterien Qualifikation, Leistung, Aufgaben und Verantwortung der Position und entsprechende Gehälter im privaten Sektor herangezogen. Das Gehalt kann innerhalb eines Jahres auf beliebige Ebenen angehoben, im gleichen Zeitraum jedoch nur um eine Ebene abgesenkt werden. Die Absenkung darf aus Leistungs- oder auch disziplinarrechtlichen Gründen erfolgen.[910] Die Einkommenstabelle weist als Basiswerte für die Stufen im SES für das Jahr 1999 folgende Größen aus:

ES-1 $ 102.300
ES-2 $ 107.100
ES-3 $ 112.000
ES-4 $ 118.000
ES-5 $ 118.400
ES-6 $ 118.400

Diese Basiswerte erhöhen sich noch durch ortsabhängige Zuschläge zwischen 5,87 % und 13,06 % des Basisgehalts; die meisten SES- Mitglieder sind beschäftigt in der Metropolregion Washington D. C. (1998: 72,5 %) und erhalten den dortigen Ortszuschlag in Höhe von 7,87 %.[911] Durch die Kopplung der Höchsteinkommen im SES an die Höhe des Executive Schedule (EX) III gemäß Title 5

906 Lee, S. 85
907 OPM, Salary Tables, S. ii Nr. 7, 9; 165, 170; 5 U.S.C.5304(g)(2)
908 OPM, Features, S. 2
909 OPM Features, S. 3
910 OPM, Features, S. 2
911 OPM, Fact Book, S. 76; OPM, Features, S. 3

U.S.C. 5304 (g) (2) sind bei Nullrunden im Executive Schedule (EX) – wie im Jahre 1999 – gleichzeitig auch die Einkommen der Spitzenbürokraten begrenzt. In begründeten Sonderfällen können noch andere Gehälter und Zahlungen geleistet werden:

- Für Rekrutierung oder Umzüge können Bonus-Zahlungen bis zu 25 % des Basisgehalts geleistet werden, wenn damit eine nur schwer zu besetzende Position besetzt werden kann (recruitment and relocation bonus),
- Wollen Mitarbeiter mit besonders hoher oder ungewöhnlicher Qualifikation die Behörde verlassen oder ist es für die Behörde wegen besonderer Bedürfnisse grundlegend wichtig, einen Beschäftigten zu behalten, der ohne Sonderzahlung die Behörde verlassen würde, so können bis zu 25 % des Basisgehalts als zusätzliches Gehalt gezahlt werden (retention allowance),
- Für besondere Dienste, Leistungen, Vorschläge oder Erfindungen können Belohnungen gezahlt werden,
- Um außergewöhnlich hoch qualifizierte Mitarbeiter werben zu können, kann das OMB in Abstimmung mit dem OPM einem Gehalt bis zum Executive Schedule I zustimmen (1999: $ 151.800)[912].

Die SES Mitarbeiter sind mehrheitlich (51 %) mit ihrem Einkommen unzufrieden.[913] 93 % der 1999 befragten Mitglieder wünschten sich eine stärker leistungsbezogene Bezahlung, die ihrer Meinung nach Rekrutierung und Bewahrung der Qualität des SES verbessern würde.[914]

5.2 Leistungsbezogene Einkommensbestandteile, Belohnungen und Auszeichnungen

Auch für den SES – jedoch nur für die Karrieremitglieder - existieren Bonusprogramme zur finanziellen Anerkennung hervorragender Leistungen am Arbeitsplatz[915]. Leistungsbezogene Belohnungen (Performance Awards) können in der Höhe zwischen 5 % und 20 % des Basisgehalts bemessen sein und werden als Einmalzahlung geleistet. Ein Ministerium/eine Behörde kann bis zu 10 % der Summe, die jährlich an Basisgehältern für den Karriereteil des SES gezahlt werden, zusätzlich für leistungsbezogene Belohnungen einsetzen, für kleine Behörden gelten Sonderregelungen.[916] Der Anteil der SES-Karrieremitglieder, die leistungsbezogene Belohnungen erhielten, lag zwischen 1988 und 1998 zwischen 28

---

[912] OPM, Features, S. 3; OPM, Salary Tables, S. 169 f

[913] OPM/SEA, S. 37 (Item # 57)

[914] OPM/SEA, S. 23 (Item # 29)

[915] Lee, S. 86

[916] OPM, Features, S. 3

% und 40 %.[917] Karrieremitglieder können auch für besondere Leistungen über den Zeitraum der vergangenen drei Jahre „*Presidential Rank Awards*" erhalten. Die Kandidaten werden von ihrer Beschäftigungsbehörde nominiert, vom OPM überprüft und vom Präsidenten ausgewählt. Bis zu 1 % der Karrieremitglieder können die Auszeichnung „*Distinguished Executive*" erhalten - verbunden mit einer Zahlung in Höhe von 35 % ihres Basisgehalts; bis zu 5 % der Karrieremitglieder können jährlich als „*Meritorious Executive*", verbunden mit einer Zahlung in Höhe von 20 % ihres Basisgehalts, ausgezeichnet werden. Diese Auszeichnungen können Beschäftigte nur einmal in einem Zeitraum von fünf Jahren erhalten.[918] Zwischen 200 und 400 Personen jährlich haben seit 1988 die mit $ 10.000 bzw. $ 20.000 dotierten Presidential Rank Awards erhalten. Im Jahr 1998 wurden 294 Auszeichnungen verliehen, 52 „*Distinguished Executive Awards*" und 242 „*Meritorious Executive Awards*" mit einem Zahlungsvolumen von $ 3,46 Millionen. Insgesamt wurden 1998 19,76 Mio Dollar für leistungsbezogene Zahlungen an den Karriereteil des SES ausgeschüttet.[919] Bei der Beurteilung des Einkommens beider Gruppen sollte nicht die Tatsache in den Hintergrund treten, dass zwar Karrieremitglieder leistungsbezogene Zahlungen und Belohnungen erhalten können, nicht aber die politischen Mitglieder des SES. Angesichts der hohen Zahl von Karrieremitgliedern, die solche Bonuszahlungen erhält, stellen sich die Einkommensverhältnisse damit als zugunsten der Karrieremitglieder verschoben dar.[920]

5.3 Besondere Benefits im Senior Executive Service

Die Benefits für SES Mitglieder beginnen mit einer Einschränkung:
SES-Mitglieder dürfen seit 1994 nicht mehr als 90 Tage (720 Stunden) an Jahresurlaub (annual leave) in das folgende Jahr übertragen. Die nachfolgend dargestellten positiven Benefits kommen sämtlich nur den Karrieremitgliedern des SES zugute:

(1) Sabbaticals: Mitarbeiter, die bereits seit sieben Jahre in der Bundesverwaltung und seit mindestens zwei Jahren im SES beschäftigt und nicht ruhegehaltsberechtigt sind, können auf Antrag vom Behördenleiter bis zu elf Monate mit Bezügen inkl. Benefits (Versicherungen) zu Studienzwecken oder unbezahlter Erfahrung in anderen Organisationen beurlaubt werden. Der Zweck des Urlaubs ist die Weiterentwicklung des Mitarbeiters und seiner Arbeitsergebnisse; er muß erklären, dass er nach Ende des Urlaubs mindestens für zwei Jahre in der Bundesverwaltung bleibt. Dieser Urlaub darf nur einmal in zehn Jahren bewilligt werden.

---

[917] OPM, Fact Book, S. 80
[918] OPM, Features, S. 3
[919] OPM, Fact Book, S. 80
[920] MSPB, SES Pay, S. 10 FN 16

(2) Übernahme von anfallenden Umzugskosten im Falle einer Neuzuweisung von Aufgaben oder geographischen Versetzung, wenn bereits die Möglichkeit besteht, in den Ruhestand zu treten, oder diese in den nächsten fünf Jahren erreicht wird (*last move home*).
(3) Karrieremitglieder des SES, die ohne eine Unterbrechung ihres Dienstes eine politische Bestellung in eine Executive Schedule (EX) oder eine entsprechende Position akzeptieren, können auf Wunsch ihre SES Benefits, nämlich Bezahlung, Urlaub, Möglichkeiten zum Erhalt leistungsbezogener Bezahlung und Presidential Rank Awards, behalten.[921]

6. Mobilität im SES

Fritz Morstein Marx schilderte 1962 die anregende und befruchtende Wirkung eines regen Austausches fähiger Mitarbeiter zwischen dem Bureau of the Budget und den Ministerialbehörden:

„Das Budgetbüro ist hier nicht engherzig – und somit kurzsichtig. Es nimmt nicht den Standpunkt ein, dass ein solches Abfließen guter Kräfte unerwünscht sei... Die besten Köpfe sollen sich bewegen, wenn sie dazu Anlaß haben. Wenn sie ihren Arbeitsplatz wechseln, gewinnen sie neue Perspektiven.... Aus seiner Übersicht über die Bundesverwaltung kann es (das Budgetbüro) ohne Schwierigkeit selbst auf Fischfang gehen.“[922]

Derzeit ist – verglichen mit dieser Haltung – trotz aller Reformen die Bereitschaft der Mitarbeiter und der Behörden zur Mobilität eher gering. Um im Bild zu bleiben: Die Behörden fürchten offenbar, bei neuen Führungskräften plötzlich kleine Fische zu bekommen, und die Mitarbeiter haben Angst vor dem Sprung in ungewohntes kaltes Wasser. Diesen Eindruck erhält, wer sich mit der Mobilität im SES beschäftigt: Das Führungssystem des SES leidet darunter, dass sehr viele SES-Mitglieder in Washington D.C. und nur sehr wenige in den Regionen eingesetzt sind. Im September 1998 waren 72, 5 % aller Mitglieder des SES in der Metropolregion Washington D.C. eingesetzt, obwohl zur gleichen Zeit im öffentlichen Dienst der Bundesverwaltung insgesamt nur 15 % aller Beschäftigten in dieser Metropolregion beschäftigt waren.[923] Dies ist für den Anspruch des SES, Führungspersonal für die gesamte Bundesverwaltung bereitzustellen, fatal. Dort wird aber die Politik gemacht und die Tätigkeit in der Hauptstadt gilt als förderlich für die Karriere. Zum einen gibt es in der Hauptstadt mehr Stellen und zum anderen kann man dort die nötigen Kontakte leichter knüpfen. Außerhalb der

---

921 OPM, Features, S. 3
922 Morstein Marx, Sachverstand und Leitung, S. 129, 147
923 OPM Fact Book, S. 15, 77

Hauptstadt arbeiten die meisten Mitglieder des SES in den Einzelstaaten Texas und Kalifornien in großen Militärbasen. [924]
Mangelnde Mobilität kann aber auch ein Karrierehindernis für Beschäftigte in der Bundesverwaltung sein, wenn sie nicht zu Umzügen bereit sind, obwohl die Stellenverteilung an ihrem Wohnort für sie ungünstig ist.[925] Im SES gab es im Jahre 1998 insgesamt 659 Stellenwechsel ohne Wechsel der Behörde (Reassignments within an agency), nur 125 davon waren mit einem geographischen Wechsel verbunden. Versetzungen in andere Behörden kamen nur selten vor: Von den 62 Versetzungen in andere Behörden (Transfers) führten nur 9 zu einem geographischen Wechsel. Von sämtlichen 6.894 Mitgliedern des SES wechselten im Jahre 1998 nur neun Mitglieder sowohl Behörde als auch Einsatzort.[926] Das bei der Schaffung des SES verfolgte Ziel, die Mobilität der Führungskräfte zu erhöhen, ist nicht verwirklicht worden. Auch dies hat wohl als Ursache, dass Ausbau von Managementerfahrungen und Erweiterung des dienstlichen Horizonts abstrakt positiv beurteilt werden, im konkreten Fall jedoch der Wunsch der Behörde, eine fähige Führungskraft zu behalten, den Ausschlag gibt. Zudem birgt ein Umzug auch hinreichend praktische Probleme wie Beruf des Partners/der Partnerin, Schulwechsel und Hausverkauf, um die SES-Mitglieder abzuschrecken.[927] In den jüngsten Bestrebungen des OPM, den SES zu verbessern und der veränderten Umwelt in der Bundesverwaltung anzupassen, wird die Weiterentwicklung der Mitglieder durch verschiedene befristete Abordnungen oder Aufgaben, sowie Stellenwechsel innerhalb der Behörde, über Behördengrenzen hinweg, zwischen den Ebenen der Verwaltung oder sogar den Disziplinen als Ziel im Rahmen moderner Betreuung der Führungskräfte betont.[928]
Auch die Kommission für den öffentlichen Dienst (Public Service Panel) der NAPA stellt schlicht fest, dass von einer Mobilität der Führungskräfte bisher nicht die Rede sein konnte, und schlägt zur Verbesserung die Einrichtung eines überbehördlichen Ausschusses zur Sicherung der Priorität von Mobilität in der gesamten Bundesverwaltung vor. Zumindest sollte ein solcher Ausschuß helfen, geeignete SES-Positionen zu identifizieren und qualifizierte Bewerber zu empfehlen.[929] Die SES-Mitarbeiter wurden von OPM und SEA 1999 auch zum Thema Mobilität befragt; die Ergebnisse bestätigten, dass die Mobilität langfristig gering ist und in der Einschätzung der Mitarbeiter keinen hohen Stellenwert hat.

---

924 Jay Pearson, General Services Administration, Regional Administrator, Region Northwest/Arctic im Gespräch mit der Verfasserin am 16. Juni 1999

925 Mary Alice Kline, OPM, Seattle Service Center Director, im Gespräch mit der Verfasserin am 14. Juni 1999

926 Carol A. Harvey, OPM, SES Services Division, Office of Executive Resources Management, Acting Chief, im Gespräch mit der Verfasserin am 21. Juni 1999 und unveröffentlichte Unterlagen dieser Behörde

927 bestätigt durch die OPM/SEA Umfrage 1999, S. 30 (Item 38)

928 Lachance, Preparing Executives, S. 3, 5 f

929 Bledsoe, S. 4, 6

Dabei gaben 91 % an, während ihrer Dienstzeit in der Bundesverwaltung noch nie die Behörde oder das Ministerium gewechselt zu haben. Wechsel innerhalb einer Verwaltungseinheit einer Behörde/eines Ministeriums hatten 51 %, zu einer anderen Verwaltungseinheit derselben Einrichtung 33 % vollzogen. 79 % gaben an, noch nie geographisch versetzt worden zu sein. Immerhin 47 % gaben an, dass sie nicht bereit wären, als SES-Mitarbeiter den geographischen Einsatzort zu wechseln – wobei dies nach den SES-Regeln zur Entlassung aus dem SES führen würde.[930]

7. Fortbildung im SES

Sollen und wollen Führungskräfte nicht nur nominell, sondern auch inhaltlich an der Spitze des Personalkegels stehen, so ist ständige Fortbildung erforderlich. Gelegenheiten zur Fortbildung wird den SES-Mitgliedern durch Schulungen geboten; das bereits 1968 eingerichtete Federal Executive Institute (FEI) verfolgt das Ziel, die Führungsqualitäten der Spitzenkräfte fortwährend zu verbessern, und bietet ein umfassendes Programm an.[931] Für die Karrieremitglieder des SES besteht die Möglichkeit, „sabbaticals“ in Anspruch zu nehmen – Ministerien und Behörden sind danach berechtigt, bezahlten Sonderurlaub bis zu einer Dauer von elf Monaten an SES oder entsprechende Mitarbeiter mit mindestens siebenjähriger Erfahrung zu vergeben, den diese zur beruflichen Weiterentwicklung oder weiteren Studien nutzen können.[932] Die Einführung solcher „sabbaticals“ zur Verfolgung spezieller Interessen oder zum Kennenlernen ausländischer Verwaltungen wurden bereits seit den zwanziger Jahren des 20. Jahrhunderts empfohlen.[933]

Für den Wert der theoretischen Möglichkeiten der Weiterbildung ist entscheidend, in welchem Umfang tatsächlich von den bestehenden Möglichkeiten Gebrauch gemacht wird. Die Einführung der Möglichkeit der „sabbaticals“ hat nämlich nur bescheidene Auswirkungen gehabt: In der Zeit zwischen 1979 und 1987 wurden solche „sabbaticals“ nur an 22 Führungskräfte vergeben.[934] Es scheint so zu sein, dass die Behörden zwar grundsätzlich an qualifizierten und motivierten Spitzenkräften interessiert sind; entscheidend für das konkrete Verhalten im Einzelfall ist aber die Tatsache, dass bei Gewährung eines „sabbaticals“ Mittel für einen abwesenden Arbeitnehmer eingesetzt werden müssen und die – vielleicht besonders erfahrene und befähigte – Spitzenkraft mit ihrer Arbeitskraft der Behörde fehlt.[935] SES-Mitarbeiter führten für das Jahr 1998/99 vor allem an,

---

930 OPM/SEA, S. 28 (Item # 39)

931 Silverman/Miranda, S. 55, 58

932 OPM, Features, S. 3

933 White, Government Career Service, S. 64 f

934 MSPB, SES Views, S. 25

935 vgl. Bonosaro, S. 14, 21

sich durch Lektüre – fachspezifisch und im Bereich Management – fortgebildet zu haben (91 %), immerhin 75 % besuchten Management- oder Fachkonferenzen. Nur 9 % berichteten von einem Kennenlernen neuer Aufgaben innerhalb einer Rotation und 1 % hatte ein sabbatical genommen.[936]

8. Unfreiwilliges Ausscheiden aus dem Senior Executive Service

Die Verfahren unterscheiden sich bei den Mitarbeitern im politischen Teil und im Karriereteil des SES. Bei den Politischen Mitarbeitern ist das Verfahren denkbar einfach: Sie werden auf Wunsch der Behördenleitung/Ministers entlassen und sie haben keine Rechte, sich gegen eine Entlassung zu wehren.
Bei den Karriere-Mitarbeitern gestaltet sich das Verfahren schwieriger und differenzierter:

(1) In der Probezeit: Mangelnde Leistung in der Probezeit führt zum Verlassen des SES; diesen Mitarbeitern wird – sofern sie aus einer Karriereposition der Bundesverwaltung in den SES gewechselt waren – eine Position des GS 15 garantiert, wobei sie das Gehalt aus dem SES beibehalten (*fall-back rights*).

(2) Nach der Probezeit führt eine Beurteilung mit „*Unsatisfactory*" entweder zu einem Wechsel der Position innerhalb des SES oder zur Entfernung. Nach zwei Beurteilungen mit „*Unsatisfactory*" in fünf Jahren oder zwei Beurteilungen unter der Bewertung „*Fully Successful*" in drei Jahren ist das Verlassen des SES obligatorisch. Die Mitarbeiter werden anschließend auf einer GS 15 Position mit beibehaltenem SES-Gehalt eingesetzt.

(3) Im Falle von reduction-in-force wird das Register vor allem nach den Leistungsbeurteilungen erstellt. Behörden sind verpflichtet, eine SES–Führungskraft auf vorhandenen SES-Vakanzen einzusetzen, wenn die Qualifikation gegeben ist. Falls keine Vakanz existiert, versucht das OPM, die Führungskraft innerhalb von 45 Tagen an einer anderen Stelle der Bundesverwaltung unterzubringen. Falls auch dieser Versuch misslingt, ist der Führungskraft eine Position des GS 15 mit beibehaltenem SES-Gehalt garantiert.

(4) Wird eine Entfernung aus dem SES aus disziplinarrechtlichen Gründen erforderlich, so stehen dem Betroffenen keine Rechte auf anderweitige Beschäftigung zu.[937]

[936] OPM/SEA, S. 27 (Item # 37)
[937] OPM, Features, S. 4

C. Politische Mitarbeiter

I. Rekrutierung und Anforderungsprofile

1. Politische Mitarbeiter im Weißen Haus und in der Bundesverwaltung

In die Gruppe der politischen Bestellungen gehören die ranghöchsten Bestellungen – ins Kabinett – ebenso wie Bestellungen in den Mitarbeiterstab des Weißen Hauses, in den politischen Teil des SES und den Schedule C. In der Verfassung werden die politischen Mitarbeiter - genau wie ihre Kollegen aus der Karrierebürokratie - nicht explizit erwähnt; Artikel 2 Abschnitt 2 der Verfassung gibt dem Präsidenten aber die Autorität, Bestellungen (*appointments*) mit Senatsbestätigung in der Ministerialbürokratie zu machen:

"(The president) shall nominate and by and with the advice and consent of the Senate, shall appoint Ambassadors, other public Ministers and Consuls, Judges of the Supreme Court, and all other officers of the United States, whose appointments are not herein otherwise provided for, and which shall be established by law, but the congress may by law vest the appointment of such inferior officers, as they think proper, in the President alone, in the courts of law, or in the heads of departments."

Danach ist das Bestellungsverfahren ein Verfahren mit verteilten Verantwortlichkeiten in zwei Schritten: Der Präsident nominiert die Kandidaten und der Senat bestätigt die Nominierungen. Dabei versagt der Senat seine Zustimmung nur in seltenen Fällen.

2. Rekrutierung möglicher Kandidaten für politische Stellenbesetzungen - persönliche Bekannte, Parteisoldaten, Talentbank und Lobbyisten

Präsidenten müssen politische Stellen sowohl am Beginn ihrer Präsidentschaft als auch später besetzen. 1997 hatte der Präsident die Kompetenz zur Besetzung von fast 4000 zivilen Positionen, darunter die Schedule C Mitarbeiter, die politischen Stellen des SES sowie die anderen politischen Bestellungen mit und ohne Senatsbestätigung. Die Wahl zum Präsidenten der Vereingten Staaten findet immer am ersten Dienstag nach dem ersten Montag im November statt. Die Verfassung schreibt fest, dass eine Amtszeit vier Jahre beträgt (Art. II, Abschnitt 1) und einmalige Wiederwahl zulässig ist (XXII. Zusatzartikel, Abschnitt 1); die Amtseinführung findet immer am 20. Januar statt (XX. Zusatzartikel, Abschnitt 1). Anfangs sind die Schwierigkeiten am größten, da die Präsidenten selbst "Anfänger" in ihrer Aufgabe – und häufig neu in der Bundespolitik und in Washington - sind, sehr vieles in möglichst kurzer Zeit erledigt werden muss und ihre Hilfsmannschaften noch nicht zureichend organisiert sind. Andererseits ist diese Zeit des Übergangs, in der der frisch gewählte zukünftige Präsident (president-elect) in den elf Wochen vom November bis zu Vereidigung und Amtsantritt im Januar sein Team zusammenstellt, neben der möglichst vor der Wahlentscheidung schon begonnenen Vorbereitung, entscheidend für ein erfolgreiches erstes Jahr im Amt.[938] In diesen elf Wochen zwischen Wahl und Amtseinführung am 20. Januar muss sich aus der Organisation, die die Wahlkampagne führte, eine Administration entwickeln. Seit dem Presidential Transition Act von 1963 ist vorgesehen, dass Büroräume und staatliche finanzielle Mittel in Höhe von $ 2 Millionen zu diesem Zweck zur Verfügung gestellt werden.[939] In dieser Zeit ist es so nötig wie schwierig, dass fähige Kandidaten in einem geeigneten Verfahren von kompetenten Personen identifiziert und überprüft werden, die das Anforderungsprofil der zu besetzenden Positionen kennen und über die Vorstellungen des Präsidenten informiert sind. Jede Präsidentschaft wird durch die wichtigsten politischen Bestellungen beeinflusst;[940] die Beurteilung der Gesamtleistung des Präsidenten hängt auch von seiner Geschicklichkeit und seinem Urteilsvermögen in Personalsachen ab, seien es nun persönliche Auswahlentscheidungen oder Organisation effektiver Auswahl. Spätere Misserfolge und Skandale um politische Mitarbeiter fallen zurück auf den Präsidenten, dessen Wahl sie ursprünglich waren und können die gesamte Administration schwer belasten, aber die gelungene Auswahl kann auch den Glauben an und das Vertrauen in die Leistungsfähigkeit des Präsidenten erhöhen.[941] In der jüngeren Vergangenheit hat sich gezeigt, dass übereifrige politische Mitarbeiter, die unbeschadet möglicher Konsequenzen den vermeintlichen Willen ihres Präsidenten erfüllen wollen, den Ruf und die politischen Interessen eines Präsidenten in größere Gefahren bringen können als der politische Gegner selbst (z.B. die Iran-Contra-Affäre während der Reagan Administration).[942] Die Berufung in das Kabinett oder auf eine Spitzenposition in der Verwaltung ist meist nicht die Krönung einer parlamentarisch-politischen Tätigkeit; der Präsident ist nicht mit einem bereits ausgewählten und bekannten Schattenkabinett ins Amt gewählt worden, sondern muß in kürzester Zeit eine Reihe von wichtigen und für ihn in ihren Auswirkungen nur schwer kalkulierbaren Personalentscheidungen treffen, die außer von politischen noch von einer Vielzahl anderer Aspekte geprägt werden: Je nach Agenda und Lobby sind spezielle geographische, religiöse, rassische und verbandsorientierte Ansprüche mit fachlichen und persönlichen Anforderungen zu vereinbaren.[943] Seit der Gründung der Vereinigten Staaten haben politische Bestellungen und politische Mitarbeiter die Gemüter erregt: Ihre Anzahl und Aufgaben, Qualifikationen, Verhältnisse zum Weißen

---

938 Eksterowicz/Hastedt, S. 299; Pfiffner, Presidency in Transition, S. 1, 8 f; Walker, Presidential Transitions, S. 57 f

939 Walker/Reopel, S. 734, 735, 739

940 King/Riddlesperger, S. 496

941 Riddlesperger/King, S. 691, 695

942 Pfiffner, Can the President Manage the Government?, S. 1, 4

943 Steinberg, S. 94; Walker, Presidential Transitions, S. 57 f; Fraenkel, Regierungssystem, S. 744f, 746

Haus, Kongress, anderen politischen Mitarbeitern und der Karrierebürokratie, ihre Beschäftigungsdauer und - gerade in neuerer Zeit - das dem Bestellungsverfahren vorgeschaltete clearance-Verfahren unter FBI-Leitung und das Bestellungs- und Bestätigungsverfahren durch den Senat boten Anlässe für Kritik und Diskussionen.[944] Vor dem 2. Weltkrieg erfolgte die Besetzung politisch geprägter Verwaltungspositionen vor allem aufgrund von politischen Gesichtspunkten und weniger unter dem Aspekt erfolgreichen Personalmanagements. Mögliche Kandidaten fanden sich unter persönlichen Bekannten oder ergaben sich aus Empfehlungen des Kongresses. Die wichtigste Rolle bei der Auswahl fiel jedoch den politischen Parteien zu, die die Verteilung der politischen Posten übernahmen.[945] Landesweites Suchen nach geeigneten Kandidaten fand praktisch nicht statt; die Kandidaten wurden nur oberflächlich auf ihre administrativen und fachlichen Fähigkeiten hin überprüft. Die politische Zuverlässigkeit und die politische Unterstützung, die die Kandidaten besaßen, standen im Vordergrund. Praktisch durchgehend wurde eine Position für eine bestimmte Person gesucht, die politisch in der Verwaltung tätig sein sollte.[946] Seit dem Ende des 2. Weltkrieges haben neu gewählte Präsidenten sich der Aufgabe der Auswahl des politischen Personals in unterschiedlicher Weise angenommen; jedoch zeichnet sich ein deutlicher Trend hin zur Konzentration des Auswahlverfahrens im Weißen Haus selbst ab. Dazu haben die sinkende Bedeutung der Parteien für den Wahlerfolg eines Präsidentschaftskandidaten und strengere Wahlspendengesetze ebenso beigetragen wie Bestrebungen zur Stärkung der Bedeutung der Präsidenten gegenüber Kongress und Bürokratie, das rapide Wachstum der Ministerialverwaltung und die zunehmende Bedeutung von professionellem Spezialwissen [947].

Truman, Johnson und Ford erlangten die Präsidentschaft aufgrund des Todes oder des Rücktritts ihrer Vorgänger; Roosevelt, Eisenhower, Kennedy, Nixon, Carter, Reagan und Clinton folgten jeweils einem Amtsvorgänger, der einer anderen Partei angehört hatte. Aus diesen Umständen des Amtserwerbs ergeben sich bereits unterschiedliche Haltungen gegenüber politischen Bestellungen: die "Erben" übernehmen zunächst große Teile des politischen Personals ihrer Vorgänger; die neuen Präsidenten anderer politischer Couleur streben nach dem Aufbau eines eigenen und möglichst von dem vorigen verschiedenen Personalkörper. "Freundliche Übernahmen" und ein koordiniertes Gleiten von einer Präsidentschaft in eine andere haben daher Seltenheitswert.[948]

---

[944]Michaels, S. 1 f

[945]Bonafede, White House Personnel, S. 30, 35

[946]Mackenzie, Paradox, S. 113, 118

[947]Bonafede, White House Personnel, S. 30, 32 -35

[948]Bonafede, White House Personnel, S. 30, 54 f

3. Politische Mitarbeiter - eine nur oberflächlich homogene Gruppe

Politische Mitarbeiter - mit oder ohne Senatsbestätigung – sind keine homogene Gruppe, sondern können - da Kabinettsbestellungen, der Mitarbeiterstab des Weißen Hauses, der politischen Teil des SES und der Schedule C dazugehören, abhängig von ihrem speziellen Einsatzort und ihrer Aufgabe sowie ihrer Einsatzebene in der Hierarchie einer großen Zahl weiterer ihnen unterstellter politischer Mitarbeiter vorstehen oder aber auch die einzigen politischen Mitarbeiter oder Spitzenkräfte an ihrem Einsatzort sein.[949]
Das Executive Office of the President und der White House Staff sind weit überwiegend mit politisch bestellten Mitarbeitern – mit und ohne Senatsbestätigung - besetzt, wobei ranghohe Mitarbeiter im EOP als Berater des Präsidenten in verschiedenen Feldern des Politik größeren Mitarbeitereinheiten vorstehen, während Mitglieder des White House Staff als persönliche Berater den Präsidenten auf vielen Feldern weitgefächert und umfassend beraten und meist wegen der persönlichen Beziehung zum Präsidenten ausgewählt werden.[950]
Die hochrangigen politischen Mitarbeiter – zumeist politische Mitarbeiter mit Senatsbestätigung - können auf fünf verschiedenen Ebenen – Executive Schedule (EX)[951] I bis V - eingesetzt werden:
EX I stellt die höchste Stufe der politischen Bestellungen auf Bundesebene dar; Behördenleiter mit Kabinettsrang – wie die Minister oder Ministerinnen für Arbeit, Finanzen, Landwirtschaft, Auswärtiges, Gesundheit, Schulwesen; Direktor des OMB - .
EX Schedule II bekleiden die Stellvertreter der eben Genannten sowie die Leiter von Behörden ohne Kabinettsrang, wie die Leiter von National Aeronautics and Space Administration (NASA), OPM, Federal Bureau of Investigation (FBI), Federal Reserve System.
EX III ist die Ebene der Unterstaatssekretäre, der Mitglieder von Kommissionen unter einem Leiter der Ebene II und der Leiter von Behörden wie der General Services Administration, dem Peace Corps und der Federal Trade Commission.
EX Schedule IV beherbergt Mitarbeiter der Minister, Leiter großer Verwaltungseinheiten in Bundesministerien, Leiter kleiner und spezialisierter Behörden – Federal Labor Relations Board, U.S. Commission on Civil Rights -.
EX Schedule V ist die Ebene der Stellvertreter zu Ebene IV und der Direktoren kleiner Behörden – z. B. Smithsonian Astrophysical Observatory -.[952]
1999 stellte sich der EX – im Jahr einer durch Executive Order 13106 vom 07. Dezember 1998 angeordneten „Nullrunde“ - wie folgt dar:

---

949 Michaels, S. 228

950 Riddlesperger/King, S. 691, 693

951 5 U.S.C. section 5311 bildet die gesetzliche Grundlage für die Positionen des Executive Schedule (EX)

952 GAO, Turnover Rates, S. 2; Michaels, S. 240 - 242

- EX I: $ 151.800
- EX II: $ 136.000
- EX III: $ 125.900
- EX IV: $ 118.400
- EX V: $ 110.700 [953].

Auf den Ebenen dieser hochrangigen PA kontrolliert niemand deren ordnungsgemäße Einhaltung der Dienst-, Kranken- und Ferienzeiten, so dass Urlaube selbst passend gelegt werden dürfen. Die theoretische Freiheit, „nach Belieben" kommen und gehen zu können, rächt sich, wenn kein Vorgesetzter durch Genehmigung von Urlauben Verantwortung für Abwesenheiten übernimmt.[954] Im Jahre 1992 waren 141 der insgesamt 639 politischen Positionen mit Senatsbestätigung (Political/Presidential Appointees with Senate Confirmation, PAS) in unabhängigen Regulationsbehörden angesiedelt (independent regulatory agencies – IRC). Teils sind diese Bestellungen an die Amtszeiten der Präsidenten gebunden, teils werden die Bestellungen für eine festgelegte Zeit von Jahren ausgesprochen, meist zwischen vier und sechs Jahren. Bei dieser Gruppe handelt es sich zwar um Personen, die vom Präsidenten nominiert und vom Senat bestätigt wurden, jedoch unterstehen sie nicht wie die anderen PAS in der Bundesverwaltung der präsidentiellen Disziplin. Gegen Entfernung durch diesen oder den nächsten Präsidenten sind sie durch ihre fixierten Amtszeiten geschützt. Nur Rücktritt, Tod oder Amtsmissbrauch kann zum vorzeitigen Ausscheiden aus dem Dienst führen.[955] PAS in den IRC werden nach der Vorschrift bestimmt, dass eine Partei nicht mehr als eine einfache Mehrheit besetzen darf, so dass die Präsidenten sich bemühen, republikanische Demokraten oder demokratische Republikaner zu bestellen.[956]
Die Schedule C Mitarbeiter werden auf Arbeitsplätzen der Wertigkeit GS 9 bis 15 eingesetzt und können vom Chauffeur bis zum Sekretär alle Posten besetzen, für die ein besonderes Vertrauen in die Person und deren politische Zuverlässigkeit reklamiert wird.[957] Seit ihrer Einführung in den 50er Jahren ist ihre Anzahl von wenigen Hundert auf 1665 im Jahre 1986 gestiegen.[958] Es gab1993 ca. 1.700 Schedule C Mitarbeiter; die Zahl hat sich seither offenbar auf diesem Niveau eingependelt.[959] Dazu kommt noch die Anzahl der politischen Stellen im SES, 10 % der gesamten SES Stellen – also rd. 700 -, die politisch besetzt werden können. Die politischen Mitarbeiter im SES werden nach den oben unter Teil 2, B.V.5 dargestellten Gehaltsebenen bezahlt. Wie erläutert, erhalten sie auch Ortszuschläge, können dieses Gehalt aber – im Gegensatz zu ihren Kollegen aus dem

---

953 OPM, Salary Tables, S. 169 f
954 Michaels, S. 246
955 Michaels, S. 269
956 Michaels, S. 284
957 Maranto, Administrative Strategies, S. 683, 684
958 Ingraham, Building Bridges or Burning Them, S. 425, 428
959 Lee, S. 23; GAO, Political Appointees, S. 17

Karriereteil des SES – nicht durch leistungsbezogene Zusatzzahlungen oder Belohnungen weiter erhöhen.[960] Die Zahl der politischen Mitarbeiter nach Schedule C und SES ist im allgemeinen am Beginn einer Administration kleiner, da die Bestellungen eine Anlaufphase brauchen, und erreicht einen Höhepunkt im zweiten Jahr. Zum Ende einer Administration, wenn die politischen Mitarbeiter langsam die Bundesverwaltung verlassen – abhängig von der Möglichkeit bzw. Chance des Amtsinhabers auf Wiederwahl – sinkt die Zahl wieder.[961] Die Anzahl der politischen Führungskräfte und ihre Verteilung auf verschiedene Ebenen der politischen Positionen stellt sich in den einzelnen Ministerien und Behörden sehr unterschiedlich dar: Beispielsweise waren 1996 im Ministerium für Gesundheit und soziale Dienste 19 politische Mitarbeiter mit Senatsbestätigung, zwei politische Mitarbeiter ohne Senatsbestätigung, 258 SES-Karrieremitglieder, 60 politische SES-Mitglieder, 5 SES-Mitglieder mit befristeter Bestellung und 46 Schedule C-Mitarbeiter beschäftigt. In diesem Ministerium waren 1997 insgesamt 57.227 Mitarbeiter tätig.[962]

4. Möglichkeiten, Restriktionen und Loyalitätsfragen bei der Auswahl der politischen Mitarbeiter

Die Vorstellung einer „kaiserlichen Präsidentschaft", bei der der Präsident als mächtigste Person im Staat autokratisch seine politischen Mitarbeiter bestellen kann, ist unzutreffend. Ein neugewählter Präsident und sein Team müssen ständig auf Konsensbildung zwischen den Institutionen in Washington – Partei, Interessenverbänden, Kongress etc. - und den eigenen Vorstellungen hinarbeiten. Selbstverständlich ist konsensuales Handeln nicht immer möglich; unüberbrückbare Gegensätze müssen dann auch konträr ausgetragen werden. Grundsätzlich ist Konsensbildung und auch in Konfliktfällen zumindest die Bereitschaft zu Konsensbildung unverzichtbar.[963] Bei der Bestellung der politischen Spitzenkräfte stehen die Präsidenten in vielerlei Hinsicht unter Druck und sind dem Einfluss anderer Interessen ausgesetzt, müssen aber auch selber bedenken, wie sie den eigenen Zielen durch geschickte politische Bestellungen am besten dienen. Zum einen wird Druck ausgeübt von der eigenen Partei, dem Kongress und Interessengruppen; so bezeichnete Ernst Fraenkel bereits 1962 die politische Partei als clearing-Haus der Interessengruppen, deren politische Aspirationen sie koordinieren.[964] Zum anderen steht der Präsident auch ohne besondere Anstrengungen dieser Gruppierungen durch sein Wissen unter Druck, welche Gruppierungen ihn

---

960 OPM, Features, S. 3

961 GAO, Political Appointees, S. 2

962 U. S. Government, Committee on Government Reform and Oversight, S. 246; OPM, Fact Book 1998, S. 54. beide jeweils mit weiteren Verteilungslisten.

963 Eksterowicz/Hastedt, S. 299, 314

964 Fraenkel, Regierungssystem, S. 529

im Vorfeld der Wahl unterstützt und zu seinem Erfolg beigetragen haben bzw. auf welche Gruppierungen er sich im Verlaufe seiner Amtszeit besonders stützen will - auch mit Blick auf die von ihm geplanten politischen Schwerpunkte. So kann es erforderlich sein, bestimmten Gruppen durch eine Bestellung zu erkennen zu geben, dass die bisherige Politik fortgeführt oder verändert werden soll. Im Bereich der Außenpolitik kann es unverzichtbar sein, Kontinuität zu demonstrieren. Gerade Präsidenten, die ihre Wahlkämpfe als Außenseiter in bezug auf Washington geführt haben – Kennedy trotz längerer Kongresserfahrung, Carter, Reagan und Clinton als Gouverneure von Einzelstaaten ohne Erfahrung auf Bundesebene – neigen dazu, politische Bestellungen mit dem Zweck zu verbinden, Botschaften von Kontinuität, Erfahrung und Vertrauen auszusenden.[965] Beispiele dafür wurden bereits bei der Abhandlung der einzelnen Präsidentschaften genannt. Sollte eine Persönlichkeit wie der Vizepräsident von Clinton, Al Gore, zum Präsidenten gewählt werden, lägen damit in seiner Person völlig andere Umstände vor als bei vielen Präsidenten vor ihm: Der Sohn eines Mitglieds des Repräsentantenhauses und Senators hat selbst jeweils acht Jahre Erfahrungen als Mitglied des Repräsentantenhauses und als Senator gesammelt, bevor er acht Jahre Vizepräsident war, und verfügt damit über ausgezeichnete Verbindungen in Washington und erheblichen Einfluss im Kongress.[966] Es kann daher zu Bestellungen kommen, bei denen der Präsident zwar formal der verantwortliche und entscheidende Faktor ist, die sich aber aus politischen Notwendigkeiten (fast) zwingend ergeben. Die Art und Weise, wie es zu einer Bestellung kommt, ist auch für das Selbstverständnis und die Loyalitätslinien der bestellten Kraft entscheidend. Eine Spitzenkraft, deren Bestellung auf den Einfluss oder auch auf die starke Stellung ihrer Lobby als Machtbasis des Präsidenten zurückgeht, wird in Sachen Loyalität ein anderes Verhalten zeigen, als eine Spitzenkraft, die ihre Bestellung ausschließlich dem Vertrauen des Präsidenten verdankt.[967] In jeder Administration von Kennedy bis Reagan war es üblich, auch persönliche Freunde und Mitarbeiter des Wahlkampfes bei politischen Bestellungen zu berücksichtigen (*"...it's people you know".*[968]*)*: Die prozentualen Anteile dieser Mitarbeiter im Kabinett und Weißen Haus/EOP sind dabei relativ konstant geblieben:

[965]King/Riddlesperger, S. 496, 498
[966]King/Riddlesperger, S. 496, 500
[967]Mackenzie, Politics of Presidential Appointments, S. 24
[968]Bonafede, White House Personnel, S. 30, 33

Bestellungen	Kennedy	Nixon	Carter	Reagan	Bush	Clinton	Gesamt
Kabinett	10 %	25 %	9 %	23 %	36 %	21 %	22 %
(Personen)	(10)	(12)	(11)	(13)	(14)	(14)	(74)
EOP/WH	58 %	40 %	82 %	42 %	22 %	50 %	50 %
(Personen)	(12)	(10)	(11)	(12)	(9)	(16)	(70)

Die Zahlen in Klammern sind die absoluten Zahlen, auf deren Grundlage die prozentualen Anteile errechnet wurden.

Quelle: King, James D./James W. Riddlesperger Jr., Presidential Management and Staffing: An Early Assessment of the Clinton Presidency, Presidential Studies Quarterly, 1996, 26:2, S. 496, 501

Unvermeidbar ist, dass nicht nur viele zufriedene bestellte, sondern noch mehr unzufriedene übergangene Personen am Ende des Verfahrens stehen oder gar - wie Präsident Taft einmal klagte -: *"Every time I make an appointment I create nine enemies and one ingrate"*.[969] Politische Spitzenkräfte, die ihre Bestellungen nach allgemeiner Auffassung vor allem auf das Weiße Haus - und nicht auf spezielle Interessengruppen usw. - zurückführen, werden von den anderen beteiligten Machtfaktoren - Kongress, SES in den Behörden und Ministerien - eher misstrauisch betrachtet, vor allem, wenn die Bestellung nicht in Abstimmung mit dem Ministerium erfolgte. Dies führt dazu, dass gerade diese politischen Spitzenkräfte (mit Senatsbestätigung), die die größte Unterstützung des Präsidenten besitzen, wegen des ihnen gegenüber zum Ausdruck gebrachten Misstrauens am wenigsten in die Abläufe der Ministerien miteinbezogen werden und deshalb – als ‚Auge des Präsidenten' – nur wenig von dort berichten oder die Dinge verändern können.[970] Auch die politischen Bestellungen, die der Präsident nicht innerem und äußerem Druck, sondern eigenen Vorstellungen folgend vornimmt, gewährleisten nur in dem Maße Loyalität und das Teilen der politischen Zielvorstellungen des Präsidenten, wie vor der Bestellung der Bewerber das Anforderungsprofil an persönliche Eigenschaften und politische Überzeugungen fixiert wird. Dies bedarf einer gründlichen Vorbereitung und - wie bereits dargestellt – gerade daran mangelt es häufig: Entweder sind auf die Fragen künftiger Personalauswahl im Vorfeld der Wahl keine großen Mühen verwendet worden, oder es stürmen so viele Fragen auf die neue Administration ein, dass diese wesentliche Voraussetzung für den Erfolg der Administration nur wenig Aufmerksamkeit findet. So boten die frisch bestellten politischen Spitzenkräfte meist das Bild eines "government of strangers"[971]; Einzelpersonen, die nicht verbunden waren durch das Programm einer politischen Partei oder durch konsistente Auswahlkriterien.[972] Eine Ausnahme bildeten die politischen Bestellungen Ronald Reagans, der bereits während

---

[969]Bonafede, White House Personnel, S. 30, 33

[970]Mackenzie, Politics of Presidential Appointments,. S. 249

[971]Heclo, Government of Strangers

[972]Mackenzie, Politics of Presidential Appointments, S. 249 f

des Wahlkampfes mit der Personalplanung begann und einen Kriterienkatalog entwickelte, der zwar unter mancherlei Aspekten Gegenstand der Kritik sein kann, jedoch an Eindeutigkeit und Konsistenz nichts zu wünschen übrig ließ. Bei den politischen Spitzenkräften, die einer Bestätigung durch den Senat bedürfen, ist bei der Auswahl auch besonderer Wert auf die Abklärung aller potentiellen Konfliktpunkte im Vorfeld zu legen, um später lange medienwirksame Ausandersetzungen um die Eignung des Nominierten zu vermeiden. Präsidenten müssen auch entscheiden, ob und welche Kompetenzen in Sachen Personalauswahl sie mit anderen Gruppen, etwa mit den Kabinettsmitgliedern, teilen und bis zu welcher Ebene der Hierarchie hinunter sie selbst die Bestellungen kontrollieren wollen. Während sich am Anfang einer neuen Administration die Notwendigkeit ergibt, aus einer unübersichtlich großen Zahl von willigen Kandidaten in möglichst kurzer Zeit die geeigneten Leute auszuwählen, stellt sich zum Ende einer Legislaturperiode ein ganz anderes Problem: Auch dann sind - wie während der ganzen Amtsperiode - Stellen nachzubesetzen; meist zum Ende sogar noch mehr, weil dann das bekannte Phänomen der Abwanderung der politischen Spitzenkräfte in die Privatwirtschaft auftritt. Das Problem verschärft sich, wenn dem Präsidenten nur geringe Aussichten auf eine Wiederwahl eingeräumt werden. Der Pool möglicher qualifizierter Bewerber ist dann klein, niemand möchte seine berufliche Zukunft mit einer Administration verknüpfen, die voraussichtlich bald beendet ist. [973]

5. Anforderungsprofile für politische Bestellungen des Präsidenten mit und ohne Senatsbestätigung (PAS - Political appointees with Senate-Confirmation/PA - Political appointees)

Im ersten Kabinett George Washington und unter den Spitzenkräften der Verwaltung waren viele Juristen vertreten, darunter Hamilton, Jefferson, Jay, Adams, Randolph und viele weitere Mitglieder; diese Profession wurde als eine der besten Grundlagen für Erfolg im öffentlichen Leben angesehen.[974] Alexis de Tocqueville bezeichnete es 1835 - wohl auch unter dem Eindruck des neuen *„Spoils-System"* unter Präsident Jackson - als feststehende Tatsache, dass in den Vereinigten Staaten die bedeutendsten Männer selten zu öffentlichen Ämtern berufen würden und sich der Bestand der amerikanischen Staatsmänner seit einem halben Jahrhundert außerordentlich verschlechtert habe.[975] Über politische Mitarbeiter als Gruppe ist in der amerikanischen Verwaltungswissenschaft schon bissig festgestellt worden, dass sie sich auszeichnen durch den gewöhnlich anzutreffenden Mangel an Erfahrung in Parteipolitik, ihre mangelnde Vertrautheit mit den Aufgaben der ihnen zugewiesenen Behörde und den Willen, die ihnen zuerkannte

---

973 Michaels, S. 99 f

974 White, The Federalists, S. 475

975 de Tocqueville, S. 226

Macht in der Organisation zu verteidigen.[976] Ganz so trübselig sieht die Bilanz nicht aus: gute politische Verbindungen und Fähigkeiten und gute Managementfähigkeiten schließen sich nicht aus und das sehen auch die meisten Präsidenten und ihr Team so. Wichtig ist – auch um dem Druck anderer Einrichtungen und Interessenvertretungen standhalten zu können – die Festlegung der für eine Position erforderlichen Fähigkeiten und Anforderungen, bevor die Personen ausgesucht werden, um nachvollziehbare Begründungen für die spätere Auswahl zu liefern, oder wie Fred Malek, Personalchef in der Nixon Administration, sagte:

"...It's hard to go back to a Senate committee chairman and say we're not appointing your guy and we're appointing this guy and on paper they don't look too much different. But when you go back and say these are the requirements of the job and here's what your candidate has and here's the guy we want; we just have to go with our person."[977]

Das Fehlen von Beschreibungen politischer Stellen bzw. der für sie erforderlichen Qualifikationen und in ihnen wahrzunehmenden Verantwortlichkeiten hat auch die NPR als bedeutendes Hindernis auf dem Weg zu einem effektiven Verfahren zur Besetzung politischer Stellen ausgemacht.[978]

Paul C. Light hat acht Faktoren identifiziert, die für eine politische Spitzenkraft unerläßlich sind: Verhandlungsgeschick, analytische Fähigkeiten, Begabung in öffentlicher Rede und Kommunikation allgemein, Talent im Umgang mit dem Kongress, gründliches Wissen um relevante politische Themen, Vertrautheit mit den Gepflogenheiten der politischen Realität in Washington D.C., Führungsqualitäten und soziale Kompetenzen.[979] Diese Fähigkeiten bestimmen auch in großem Umfang, wie erfolgreich eine politische Spitzenkraft mit der Karrierebürokratie zusammenarbeitet und inwieweit sie die Ziele der Administration in ihrem Umfeld verwirklichen kann. In Anbetracht der durchschnittlich kurzen Verweildauer der politischen Spitzenkräfte können sie ihre Zeit in einer Behörde dann optimal nutzen, wenn sie Erfahrungen im Umgang mit Mitarbeitern aus einer Führungsposition heraus mitbringen und sich in den anfallenden Aufgaben und Themen bereits auskennen.

Politische Erfahrungen - auch im Umgang mit dem Parlament - und ein bereits erworbenes Gefühl für die Verbindung von praktisch/verwaltungstechnisch Notwendigem und politisch Machbarem erleichtern die Erfüllung der Aufgaben und den Erfolg zusätzlich.[980] Donna Shalala, seit 1993 Ministerin für Gesundheit und soziale Dienste, legte besonderen Wert auf fachliche Kenntnisse bei ihren politischen Mitarbeitern und meinte, dass die Fachexperten, die sie benannt hatte, das Potential besaßen, darüber hinaus in der Praxis gute allgemeine Management-

---

[976] Heclo, Government of Strangers, S. 79

[977] NAPA, Leadership, S. 8

[978] Gore, Creating Quality Leadership and Management, S. 24

[979] Light, When Worlds Collide, S. 156, 163

[980] Light, When Worlds Collide, S. 156, 165 f

fähigkeiten zu entwickeln.[981] Dies steht wiederum in krassem Gegensatz zu den abstrakt anders festgelegten Voraussetzungen für die Aufnahme in den SES, nach denen vor allem die allgemeinen Führungsqualitäten über den Karrieresprung entscheiden; es entspricht aber den Erfahrungen mit dem CDP, nach denen in der Praxis meist die fachlich erfahrenen Kandidaten denen mit ausgezeichneten allgemeinen Führungsqualitäten bei der Konkurrenz um die SES-Karrierestellen vorgezogen werden. Dabei können höchst unterschiedliche Persönlichkeiten auf ganz verschiedene Arten Erfolg und Mißerfolg haben: Persönlichkeiten, die stark programmatisch orientiert sind, laufen Gefahr, die Aufgaben und Ziele der Organisation insgesamt zugunsten ihrer Prioritäten aus den Augen zu verlieren. Persönlichkeiten, die vor allem Verwaltungserfahrung haben und die Behörde aus interner Perspektive gut leiten, kann es an politischer Übersicht mangeln.[982] Die Maßstäbe, nach denen politische Mitarbeiter letztlich tatsächlich ausgewählt werden, sind unheitlich und in starkem Maße von dem jeweiligen Präsidenten und den Machtverhältnissen in Washington sowie den wichtigen politischen Themen der Zeit abhängig. Je nach politischer Lage kann es auf Geschlecht, Rasse, Alter, geographische Herkunft oder soziale Kompetenzen, fachliche Kenntnisse, vorherige Verwaltungserfahrung oder die Zugehörigkeit zu bestimmten gesellschaftlichen Gruppen ankommen.[983] Jedes dieser Kriterien kann aber auch dazu führen, dass bestimmte Personen nicht geeignet erscheinen. Absolut positiv besetzte Werte gibt es bei der Auswahl nicht. Bei einer Analyse der beruflichen Hintergrundqualifikation der politischen Spitzenkräfte der verschiedenen Administrationen auf Kabinettsebene zeigt sich, dass – unabhängig von individuellen Fähigkeiten – die Präsidenten zunehmend grundlegende Entscheidungen darüber treffen, aus welchen beruflichen Feldern sie ihre Spitzenkräfte vor allem rekrutieren wollten: Während unter den Administrationen zwischen Truman und Carter die vorherige berufliche Tätigkeit der Spitzenkräfte auf die Bereiche Recht (28 %), Wirtschaft (28 %), Verwaltung (16 %), Bildungswesen (19%) und Militär (3 %) relativ ausgewogen und gleichbleibend verteilt war, bevorzugte Reagan weniger Juristen (11 %) und mehr Wirtschaftsleute (32 %) bei im übrigen gleichbleibenden Anteilen.
Clinton wählte dagegen nur jeweils 5 % praktizierende Juristen und Wirtschaftsexperten, aber 67 % aus Regierung, Legislative und Verwaltung und 11 % aus dem Bereich Bildungswesen.[984] Selbst wenn die von einer neuen Administration anzulegenden Maßstäbe festgelegt sind, sind die verantwortlichen Personalmanager meist bei der Frage, inwieweit die Kandidaten die Erwartungen erfüllen, in großem Maße auf die Beurteilungen und Einschätzungen Dritter, die der Administration oft fernstehen, angewiesen. In der Kürze der zur Verfügung stehenden

981 Shalala, S. 284, 286
982 Michaels, S. 136
983 Mackenzie, Politics of Presidential Appointments, S. 240
984 Dye, S. 693

Zeit ist es unmöglich, die Kandidaten sinnvollen Tests zu unterziehen; zudem sind die erforderlichen Fähigkeiten oft nicht so relativ leicht prüfbar, wie Maschinenschreib- oder Sprachkenntnisse.

Die NAPA ermittelte 1985 für die Jahre 1964 bis 1984 die berufliche Herkunft der politischen Bestellungen mit Senatsbestätigung und Light und Thomas zeigen für die Zeit zwischen 1984 und 1999[985], dass sich diese Verteilung seitdem kaum verändert hat, letztere Zahlen stehen jeweils in den Klammern: Viele politische Spitzenkräfte kamen von anderen Positionen innerhalb der Bundesverwaltung auf ihre politischen Posten: 40 % (35 %) hatten innerhalb der Bundesverwaltung ihre Position gewechselt. Von den 60 % (65 %), die von außen in die Bundesverwaltung gekommen waren, kamen 24 % (18 %) aus der Wirtschaft, 16 % (14 %) aus dem Bereich Wissenschaft und Forschung, 12 % (17 %) aus der Rechtswissenschaft und 7 % (8 %) aus den Verwaltungen der Einzelstaaten und Kommunen.

Die NAPA stellte fest, dass der Bildungsstand vergleichsweise hoch war: Als höchsten Abschluss verfügten 19 % über den Grad eines bachelor, 21 % hatten einen Abschluß als Master, 17 % hatten einen PhD erworben und 34 % hatten einen rechtswissenschaftlichen Abschluß.[986] Untersuchungen haben ergeben, dass sich politische Bestellungen bei Demokraten und Republikanern – unabhängig vom jeweiligen Präsidenten - in Hinblick auf Vorerfahrungen beruflicher und politischer Art und auf vorherige Beziehungen zum Präsidenten unterscheiden: Bei der Besetzung von Positionen in Kabinett, Executive Office of the President (EOP) und White House Staff wählen Demokraten eher Personen mit juristischem und akademischen Hintergrund und einem insgesamt höheren formalen Bildungsniveau als Republikaner. Demokraten achten bei der Besetzung von Positionen im EOP und White House Staff mehr auch auf eine vorherige persönliche Beziehung zum bestellten Mitarbeiter als bei der Vergabe von Kabinettsposten, während Republikaner die Prioritäten umgekehrt setzen.[987] Insgesamt lassen sich folgende Ziele feststellen, die jeder mit der Auswahl politischer Mitarbeiter betraute Personalstab des Weißen Hauses seit 1960 verfolgt hat:

- effektive Verfahren/Netzwerke zur Identifikation kompetenter Kandidaten für politische administrative Posten über den Kreis persönlicher Bekanntschaften und politischer Parteien und Interessengruppen hinaus;
- systematische Verfahren zur Überprüfung des beruflichen und persönlichen Werdeganges der Kandidaten sowie zur Abklärung der politischen Akzeptanz, die die Kandidaten voraussichtlich genießen werden;
- Schaffung von Planungskapazität, die es der Administration ermöglicht, ihren Personalbedarf im voraus festzulegen und die Suche nach möglichen Kandidaten zur Vermeidung von langen Vakanzen rechtzeitig beginnen zu lassen;

---

985 Light/Thomas, S. 18

986 Pfiffner, Orienting New Presidential Appointees, S. 142

987 Riddlesperger/King, S. 691, 693, m.w.A.

- aktive Koordination ministerieller und präsidentieller Belange und Interessen im Auswahlprozeß;

Personalressourcen in ausreichender Größe und von professioneller Qualität zur effektiven Bewältigung der genannten funktionalen Verantwortlichkeiten.[988]
Die fachlichen bzw. Managementstärken eines Bewerbers sowie seine Persönlichkeit sind dennoch nicht allein für eine erfolgreiche Arbeit als politischer Mitarbeiter ausschlaggebend. Lawrence E. Lynn hat aufgezeigt, dass es daneben auch darauf ankommt, welche Möglichkeiten zum Eingreifen sich im Rahmen der Organisationsstruktur, der politischen Wirklichkeit und anderer Faktoren bieten und welche Ziele nach der politischen Agenda mit welchen Mitteln verwirklicht werden sollen, um einen erfolgreichen Wechsel in den politischen Zielen und Veränderungen in der Behörde herbeizuführen.[989] Jenseits aller Versuche, Kriterien wie Managementfähigkeiten, berufliche Erfahrungen und geeignete Persönlichkeit für die Auswahl zu etablieren, gehört es zur Realität der politischen Stellenbesetzungen, dass es häufig vor allem darum geht, solche Menschen einzusetzen, die dem Präsidenten oder – im Falle delegierter Kompetenzen – den Kabinettsmitgliedern und Behördenchefs von früher bekannt sind. Dieses Phänomen lässt sich in allen Präsidentschaften beobachten; Truman mit den „Missouri-Cronies“, Kennedy mit der „Irish Mafia“ aus Massachusetts, Johnson mit Texanern, Nixon mit den Südkaliforniern wie Haldeman und Ehrlichman, Carter mit vielen Mitarbeitern aus seiner Gouverneurzeit in Georgia, Reagan mit Kaliforniern, Bush mit Freunden aus seiner Präsidentschaftskampagne (John Sununu und James Baker) und schließlich Clinton mit der „Arkansas-Mafia“.[990] Dieses Verfahren lässt nicht den automatischen Schluß zu, dass damit ungeeignete Mitarbeiter rekrutiert werden; häufig sind diese Mitarbeiter jedoch in der Bundespolitik unerfahren – da die Präsidenten sie aus ihrer Zeit in ihren Heimatstaaten kennen – und benötigen die wertvolle Zeit am Beginn ihrer Administration für praktisches Lernen.[991] Frederick Malek bezeichnet dies als den *„colleague approach“*, die traditionelle Methode zur politischen Stellenbesetzung, die dazu führt, dass man nicht die besten Leute, sondern die Leute bekommt, die man kennt *(you don't get the best people, you get the people you know)*. Dieses Verfahren sei konkurrenzlos schnell, schließe aber etwa 99 % aller Kandidaten automatisch von der Auswahl aus.[992]

---

[988] Mackenzie, Paradox, S. 113, 122 f
[989] Lynn, Reagan Administration, S. 339, 341 ff
[990] Eksterowicz/Hastedt, S. 299, 302; Sundquist, S. 3, 4 ; Ragsdale, S. 252 f; Malek, Hidden Tragedy, S. 64 ff
[991] Sundquist, S. 3, 5
[992] Malek, Hidden Tragedy, S. 63 f

II. Bestellungs- und Bestätigungsverfahren im Senat

Wie bereits dargelegt, gibt es verschiedene Gruppen von politischen Mitarbeitern. Die Schedule C Mitarbeiter und die politischen SES-Mitglieder, aber auch die hochrangigen Mitarbeiter des White House können vom Präsidenten ohne Beteiligung weiterer Organe bestellt werden. Für viele hochrangige Bestellungen schreibt die Verfassung der Vereinigten Staaten in Artikel 2, Abschnitt 2 jedoch die Bestätigung der Nominierungen durch den Senat vor – sogenannte „*presidential/political appointees with Senate confirmation (PAS)*".

1. Historische Entwicklung des Bestellungs- und Bestätigungsverfahrens

Das Bestellungs- und Bestätigungsverfahren mit dem Präsidenten, der Personen nominiert, und dem Senat, der diese bestätigt oder zurückweist, war eines von drei Modellen, über das die Väter der amerikanischen Verfassung nachgedacht haben. Alternativ standen die alleinige Auswahl durch den Präsidenten oder die alleinige Auswahl durch den Senat zur Debatte.[993] Die Auswahl durch ein Gremium wurde mit der Begründung abgelehnt, dass die Gefahr zu groß sei, dass persönliche und parteiische Vorlieben und Abhängigkeiten das Verfahren bestimmen könnten und die so Ausgewählten nur die Ergebnisse von Siegen einer Gruppe über die andere oder Kompromisslösungen bzw. Ergebnisse von Tauschgeschäften sein könnten – beides Varianten, bei denen Qualifikationen und Leistung der einzelnen Personen in den Hintergrund treten würden.[994]
Die alleinige Zuständigkeit des Präsidenten wurde abgelehnt, weil ohne die Möglichkeit eines Korrektivs eine zu große Gefahr in der Auswahl von Personen aus dem eigenen Herkunftsstaat, aus der eigenen Familie oder dem Freundeskreis oder dem unangemessenen Nachgeben popularistischer Forderungen gesehen wurde.[995]
In der Aufteilung der Kompetenzen wurde die ideale Lösung gesehen: Jede der durch den Senat bestätigten Personen würde die Wahl des Präsidenten und von ihm nominiert sein, wenn auch u. U. nicht immer seine erste Wahl. Alexander Hamilton erläutert die Rolle des Senats mit den Worten:

„*... To what purpose then require the co-operation of the Senate? I answer, that the necessity of their concurrence would have a powerful, though, in general, a silent operation. It would be an excellent check upon a spirit of favoritism in the President, and would tend greatly to prevent the appointment of unfit characters from State prejudice, from family connection, from personal attachment, or from a view to popularity...*
It will readily be comprehended, that a man who had himself the sole disposition of offices, would be governed much more by his private inclinations and interests, than when he was bound to sub-

---

993 The Federalist No. LXXXI (Hamilton) S. 86
994 The Federalist No. LXXXI (Hamilton) S. 86, 88
995 The Federalist No. LXXXI (Hamilton) S. 86, 89

mit the propriety of his choice to the discussion and determination of a different and independent body, and that body an entier branch of the legislature. The possibility of rejection would be a strange motive to care in proposing....
...He would be both ashamed and afraid to bring forward, for the most distinguished or lucrative stations, candidates who had no other merit than that of coming from the same State to which he particularly belonged, or of being in some way or other personally allied to him, or of possessing the necessary insignificance and pliancy to render them the obsequious instruments of his pleasure..."[996]

George Washington, erster Präsident der Vereinigten Staaten, hatte keine Schwierigkeiten bei der Besetzung hochrangiger politischer Posten und die Besetzungsverfahren waren kurz: Er wählte für die wenigen politischen Positionen in der Bundesverwaltung politische Verbündete und persönliche Freunde aus, darunter Thomas Jefferson und Alexander Hamilton. Auf diese Weise wurden bis zur Präsidentschaft Andrew Jacksons solche Posten vergeben. Mit Andrew Jackson begann im Jahre 1829 die Parteipolitik auf breiter Basis mit der Folge, dass nach einer erfolgreichen Wahl die Anhänger des Präsidenten insbesondere die ranghöheren Unterstützer seines Vorgängers in den Positionen der Bundesverwaltung in zunehmendem Maße ersetzten. Jackson nutzte die sitzungsfreie Periode des Senats für eine vorläufige Besetzung von Verwaltungsposten und zögerte die Befassung des Senats zur formalen Bestätigung so lange wie möglich hinaus. Der Senat stand seinen „Beute"-Besetzungsvorschlägen von Anfang an aus Furcht vor seiner Konzeption des Präsidenten als *„popular leader"* feindlich gegenüber, wagte aber gerade wegen dieser Popularität im Ergebnis keine Blockade.[997] Die Vergabe von Jobs im öffentlichen Bereich diente seither zur Sicherung dauerhafter Unterstützung durch die eigenen Anhänger. Mit der Verabschiedung des Pendleton Acts 1883 wurden die Anfänge einer Berufsbürokratie geschaffen. Zwar fielen ursprünglich – wie bereits unter Teil 1, B. III . dargelegt – nur wenige Positionen unter den Schutz des Merit-Systems, doch wurde diese Zahl ständig größer. In jedem Falle war dies der Anfang der Einschränkung der Patronage bei der Vergabe öffentlicher Positionen, zunächst allerdings nur im unteren Bereich der Hierarchie.[998] Das Bestellungsverfahren wurde außerhalb des Weißen Hauses geleitet und diente inhaltlich zuerst der Aufrechterhaltung des innerparteilichen Gleichgewichts. Mit den Programmen des New Deal und während des II. Weltkriegs wuchs die zivile Bundesverwaltung so enorm (1930: 601.000; 1945: 3.816.000), dass neue Wege für die Auswahl politischer Mitarbeiter gefunden werden mussten und mehr als bisher auf Kompetenz zu achten war. Eisenhower war der erste Präsident, der die Notwendigkeit einer zentralisierten Kontrolle über das Verwaltungspersonal durch Schaffung neuer Verfahren und Organisationsstrukturen erkannte und umzusetzen versuchte; jedoch erst gegen Ende seiner

---

996 The Federalist No. LXXXI (Hamilton) S. 86, 89 f
997 Van Riper S. 34 - 38
998 Mackenzie, Presidential Appointment Process, S. 37, 39

Amtszeit im Jahre 1958 wurden die Position des Special Assistant für Personalmanagement geschaffen und Anstrengungen unternommen zur systematischen Rekrutierung von Personal; sie setzten sich zunächst nicht als richtungweisend durch. Die Entwicklung weg von der parteibeherrschten Personalauswahl und –führung und hin zu einer Konzentration dieser Aufgaben beim Präsidenten machte unter den Administrationen von Kennedy und Johnson große Fortschritte. Kennedy hatte seine Nominierung zum Präsidentschaftskandidaten und den anschließenden Wahlkampf selbst organisiert und durchgeführt, ohne eine langjährige Parteikarriere absolviert oder enge Bindungen oder Abhängigkeiten zur demokratischen Partei zu haben. Er verspürte daher auch nach seiner erfolgreichen Wahl keine Verpflichtung, sich den Wünschen oder Gepflogenheiten nach Berücksichtigung innerparteilicher Ausgewogenheit und Patronage in Personalsachen zu fügen. Kennedy und sein Stab rekrutierten ihr eigenes Personal weitgehend unabhängig von der Partei und erfanden damit den modernen Bestellungsprozeß.[999] Johnson setzte diese Bestrebungen fort. Die entscheidende Wendung erfuhr der Bestellungs- und Bestätigungsprozeß unter Nixon, während dessen Präsidentschaft die noch heute bestehenden Eckpunkte des Bestellungsverfahrens festgeschrieben wurden:

- professionelle Personalsuche
- systematisierte Verfahren
- Computer-Datenbanken
- Verbindungen und Kontakte mit anderen Machtzentren im Verlaufe des Bestellungsverfahrens.[1000]

Das Bestätigungsverfahren im Senat – genau wie die FBI-Überprüfung - bezweckt, durch diese vorgeschaltete Kontrolle Inkompetenz und gesetzwidriges Verhalten im Amt in Regierung und Verwaltung zu verhindern.[1001] Die immer feinere, langwierigere und konfliktträchtigere Ausgestaltung der Bestellungs- und Bestätigungsverfahren hat sich ursprünglich anlässlich der Bestellungen auf Richterpositionen im Supreme Court entwickelt. Historisch begann das „moderne" Bestätigungsverfahren seine Entwicklung, nachdem unter Franklin Roosevelt und Eisenhower beabsichtigte Richterernennungen im Zusammenhang mit Auseinandersetzungen um die Rassentrennung heftige Kritik hervorriefen und Ursache für die Einführung öffentlicher Anhörungen vor einem Ausschuss des Senats wurden. Diese Auseinandersetzung verschob zunehmend das Bestellungs- und Bestätigungsverfahren in die politische Arena. Gleichzeitig verloren die beiden großen Parteien an Einfluß; statt ihre Mitglieder in Senat und Repräsentantenhaus noch in die Parteidisziplin nehmen zu können, profilierten sich zunehmend einzelne Mitglieder mit Einzelaktionen. Es wurde immer schwieriger für den Präsidenten, wichtige Bestellungen zuverlässig mit wichtigen Mitgliedern des

---

999 Mackenzie, Presidential Appointment Process, S. 37, 44 f

1000 Mackenzie, Presidential Appointment Process, S. 37, S. 49

1001 Twentieth Century Fund, Obstacle Course, S. 3

Kongresses abzustimmen und dann der Gruppendisziplin sicher zu sein. Erstmals unter Nixon wurde gegen eine Bestellung auf der Grundlage mangelnder Kompetenz argumentiert.[1002] Während die Parteien an Einfluß verloren, gewannen der Supreme Court durch seine Urteile, die immer öfter gesellschaftliche Grundlagenentscheidungen waren, und die Interessengruppen – zunächst insbesondere auf dem Gebiet der Bürgerrechte und Rassengleichheit - immer mehr an politischer Bedeutung. Letztere sind am Bestellungs- und Bestätigungsverfahren offiziell nicht beteiligt, aber sie haben die Macht, auch mit Hilfe der Medien, darüber zu bestimmen, wessen Bestellung herausgefordert wird.[1003] Unter den Präsidentschaften von Ford und Carter wurden die erbitterten Auseinandersetzungen von der Ebene der Bestellungen zum Supreme Court ausgedehnt auf die Bestellungen für höhere und mittlere Ebenen der Ministerialverwaltung.

2. Rekrutierung

Amerikanische Parteien und nominierte Präsidentschaftskandidaten haben keine Schattenkabinette; das Volk stimmt für einen neuen Präsidenten, ohne zu wissen, wen dieser in seiner Administration einsetzen wird.[1004] Es gilt als Zeichen unangebrachter Zuversicht, sich vor dem Wahlsieg mit den Aufgaben und Problemen eines Wahlsiegers zu befassen.[1005] Nach der Wahl des künftigen Präsidenten leitet zunächst sein Übergangs-Team die Personalauswahl, später ist das dafür eingerichtete Presidential Personnel Office (PPO) bis zur Übermittlung der Nominierung an den Senat für die Koordination und Überwachung des Verfahrens zuständig. Nach der Wahl des neuen Präsidenten werden die eingehenden Bewerbungen für politische Jobs in Zehntausenden gezählt. Sie gehen von allen Seiten ein: private Freunde und Verwandte, politische Weggefährten, einflussreiche Sponsoren, Parteimitglieder und parteinahe Organisationen, Interessengruppen usw.. Dabei kann nicht davon ausgegangen werden, dass die jeweils besten und leistungsfähigsten Personen empfohlen werden und sich empfehlen.[1006] Die Attraktivität der Bundesverwaltung als Arbeitgeberin spielt nicht nur für die Karrierebürokratie, sondern auch bei den politischen Mitarbeitern eine wichtige Rolle. Bei der Einschätzung der ihnen offenstehenden beruflichen Möglichkeiten in Regierung und Verwaltung und der Attraktivität einer solchen Tätigkeit wurden die Administrationen Franklin Roosevelt, Kennedy und zunächst auch Johnson als herausfordernde und interessante Aufgaben, mit denen viel verändert werden konnte, angesehen.[1007]

1002 Shogan, S. 87, 103 - 114

1003 Shogan, S. 87, 91

1004 Mackenzie, Presidential Appointment Process, S. 37, 51

1005 Pfiffner, Presidency in Transition, S. 1, 5

1006 Pfiffner, Presidency in Tranisition, S. 1, 5

1007 Bonafede, Presidential Appointees, S. 120 f

Die Auswahl der Mitarbeiter hängt immer stark von der Person und Vergangenheit des jeweiligen gewählten Präsidenten ab: So verfügten die Clintons über relativ viele langjährige Bekannte mit Führungs- und Politikerfahrung, während Nixon und viele andere vor allem auf Personen zugreifen mussten, die ihnen vor ihrer Bestellung nicht persönlich bekannt waren.[1008] Im einzelnen ist es in einer Übergangszeit so, dass der Präsident und einige Vertraute sich auf die Besetzung der wichtigsten Positionen konzentrieren und Personen in Betracht ziehen, die sie bereits lange kennen und die als wertvolle Ergänzung der politischen Führung angesehen werden. Gleichzeitig arbeiten andere Mitarbeiter an der Identifizierung geeigneter Kandidaten für die anderen politischen Jobs auf hoher und mittlerer Ebene. Beide Gruppen sind den enormen Bemühungen unterschiedlichster Gruppierungen und Organisationen ausgesetzt, die alle ihre Anhänger in der Administration unterbringen wollen.[1009]

Auch nach der Übergangszeit, wenn der Stab des Weißen Hauses und das Executive Office of the President strukturiert und besetzt sind und die politischen Positionen in Behörden und Ministerien einmal besetzt wurden, entstehen doch häufiger Vakanzen.

Das PPO ist dafür zuständig, die Vakanzen zu erkennen, das Anforderungsprofil für eine Neubesetzung zusammenzustellen und Namen möglicher Kandidaten zu ermitteln. Auch hier haben neben dem Präsidenten das betreffende Ministerium und einschlägige Lobbygruppen Interessen an der Beteiligung im Verfahren. Teilweise – wie bereits dargestellt – wurde in manchen Administrationen den Ministern und Behördenleitern große Freiheit bei der Auswahl nachgeordneter politischer Mitarbeiter gelassen; bei anderen Präsidenten wurde diese Aufgabe im Weißen Haus zentralisiert. In allen Administrationen jedoch finden Diskussionen zwischen dem Weißen Haus und der betroffenen Verwaltungseinheit statt, bevor ein Name oder eine kleine Liste mit Kandidaten dem Präsidenten vorgelegt wird, der der Wahl zustimmt, eine Wahl unter den vorgelegten Kandidaten trifft, weitere Informationen benötigt oder alle ins Auge gefassten Personen ablehnt.

Im 20. Jahrhundert waren wohl Eisenhower und Nixon die Präsidenten mit der geringsten Beteiligung an der Auswahl politischer Mitarbeiter; Johnson, Ford und Clinton haben sich besonders stark im Auswahlprozeß engagiert.

Im Weißen Haus werden die entsprechenden Berater des Präsidenten nach Einigung auf einen Kandidaten dann grundsätzlich mit der Frage nach möglichen Problemen befasst, bevor der Kandidat dann dem formellen Überprüfungsverfahren (Clearance) unterzogen wird, das jedoch auch bereits vor der Nominierung beginnen kann.[1010]

1008 Mackenzie, Presidential Appointment Process, S. 37, 52

1009 Mackenzie, Presidential Appointment Process, S. 37, 52

1010 Mackenzie, Presidential Appointment Process, S. 37, 53 f

3. Überprüfung und Freigabe (Clearance)

Das Stadium der Überprüfung hat keine einheitliche Zeitdauer, im Durchschnitt dauert es sechs Monate. In diesem Verfahrenstadium werden verschiedene Schritte durchlaufen: Der Kongress wird in der Form konsultiert, dass bestimmte prominente Mitglieder zu ihrer Haltung zu den ins Auge gefassten Kandidaten befragt werden; zu diesen gehören die politischen Führer der Partei des Präsidenten in Repräsentantenhaus und Senat, und die Vorsitzenden der Ausschüsse und Unterausschüssse mit Jurisdiktion über die Behörde, in der der Kandidat eingesetzt werden soll. Es handelt sich dabei nicht um ein Veto-Recht des Kongresses, sondern um einen Austausch von Informationen; mehrheitlich erfolgen pro-forma Zustimmungen.[1011] Das Federal Bureau of Investigation (FBI) führt eine umfangreiche Untersuchung durch, um herauszufinden, ob es Informationen über den Kandidaten gibt, die geeignet sind, diesen in der Öffentlichkeit zu diskreditieren und Schatten auf die Administration zu werfen. Die Durchführung dieser Untersuchung wurde durch die Executive Order 10450 von Eisenhower im Jahre 1953 vorgeschrieben. Die Untersuchungen werden im FBI von einer Untereinheit der Criminal Investigations Division durchgeführt, der „SPIN-Unit“ (special inquiries). Die Untersuchung erstreckt sich auf den Charakter des Kandidaten, seine Verbindungen, seinen Ruf und sein gesamtes Erwachsenenleben mit Betonung der jüngeren Vergangenheit. Die Untersuchung beginnt damit, dass der Kandidat sorgfältig diverse Formulare zu den genannten Themenkomplexen ausfüllt und vom FBI interviewt wird, wobei immer solchen Informationen, die ein potentielles Risiko für eine Position in Regierung oder Verwaltung bedeuten können, besondere Bedeutung zukommt. Überprüft werden die Angaben, die der Kandidat zu seiner Ausbildung und erworbenen akademischen Graden gemacht hat; die früheren Wohnorte werden aufgesucht und frühere Nachbarn ebenso befragt wie frühere Arbeitgeber oder Geschäftspartner; eventuelle Kontakte mit Behörden werden überprüft auf Konfliktpotential. Falls der Kandidat früher bereits in Regierung, ziviler Verwaltung oder Militär beschäftigt war, werden die entsprechenden Unterlagen herangezogen.[1012] Jay Pearson, der vor seiner politischen Bestellung vom FBI überprüft worden war, meinte, dass Freunde, Nachbarn, Verwandte, Kollegen und frühere Arbeitgeber befragt worden seien; er sei auch auf seine Kreditfähigkeit und seinen Verkehrsregisterauszug überprüft und nach Drogenkonsum befragt worden. Für ihn – unverheiratet und kinderlos – sei die Überprüfung nicht schlimm gewesen; seiner Meinung nach leiden verheiratete Personen mit Kindern oder Personen mit früheren Scheidungen mehr unter der Befragung, die sich dann auch auf diese Felder erstrecke. Nach Krankheiten sei er nicht gefragt worden. Trotzdem sei er mit dem Gefühl aus der Überprüfung

---

[1011] Mackenzie, Presidential Appointment Process, S. 37, 54 f
[1012] Mackenzie, Presidential Appointment Process, S. 37, 55 ff

gekommen: „You have to be squeaky-clean".[1013] Finanzielle Verhältnisse werden in Hinblick auf unangemessene Schulden oder ungehörige Transaktionen überprüft. War der Kandidat früher einmal in psychiatrischer oder psychologischer Behandlung oder Beratung, so werden Berichte über seine geistige und seelische Gesundheit überprüft; ansonsten ist die medizinische Geschichte des Kandidaten nicht Gegenstand der Untersuchung. Die FBI- Untersuchung soll nicht länger als 25 bis 35 Tage dauern, kann aber je nach der Anzahl der zu überprüfenden Fragen und der Schnelligkeit der eingehenden Berichte sehr viel längern dauern. Gesammelte Ergebnisse werden sukzessive an das Weiße Haus weitergegeben. Nach Beendigung der Untersuchung wird das Gesamtergebnis an das Office of the Counsel to the President zur Auswertung übersandt, dieses fasst die Ergebnisse für das Personnel Office zusammen. Nur in Fällen von besonderer Bedeutung gehen hochrangige Berater und der Präsident die Akte durch. Die Ergebnisse unterliegen dem Datenschutz, sie werden vom Privacy Act geschützt und sind im allgemeinen von der Offenlegung nach dem Freedom of Information Act ausgenommen. Mit Genehmigung des Präsidenten können sie allerdings einzelnen Senatoren und Mitarbeitern des Ausschusses, der für die Bestätigung zuständig ist, übermittelt werden.[1014] Eine weitere sorgfältige Überprüfung des persönlichen Hintergrunds und der finanziellen Verhältnisse des Kandidaten wird vom Office of the Counsel to the President durchgeführt. Auch diese Untersuchung beginnt für den Kandidaten mit dem Ausfüllen diverser Formulare und dem Beantworten von Fragen zu der Beteiligung an zivil- und strafrechtlichen Verfahren, zu Geschäftspartnern, in der Öffentlichkeit getätigten kontroversen Stellungnahmen und anderen Informationen, die sich als schädlich für den Kandidaten oder den Präsidenten erweisen könnten, falls sie veröffentlich würden. [1015] Dies alles wahrheitsgemäß zu beantworten, ist auch bei besten Absichten in Ansehung der Fragen fast unmöglich; beispielhaft sei hier folgende Frage zitiert:

„ Have you ever had any association with any person or group or business venture which could be used, even unfairly, to impugn or attack your appointment?" [1016]

Niemand kann mit absoluter Sicherheit ausschließen, dass auch eine unschuldige Unternehmung benutzt werden kann als Grundlage für medienwirksame Attacken. Ergebnisse dieser internen Untersuchung des Weißen Hauses werden nicht veröffentlicht.

Durch den Ethics in Government Act von 1978 wurde dem Verfahren eine weitere Variante der Überprüfung hinzugefügt. Der Counsel of the President sorgt

---

[1013] Jay Pearson, General Business Administration, Field Office Seattle, Regional Administrator, im Gespräch mit der Verfasserin am 16. Juni 1999

[1014] Mackenzie, Presidential Appointment Process, S. 37, 55 ff

[1015] Mackenzie, Presidential Appointment Process, S. 37, 57

[1016] Mackenzie, Presidential Appointment Process, S. 37, 57 m. w. B.

dafür, dass Bestellungen des Präsidenten nicht mit den Gesetzen über Interessenkonflikte kollidieren. Formulare sind auszufüllen, die nach der Überprüfung durch den Counsel in die zukünftige Behörde des Kandidaten übersandt und dort vom zuständigen Mitarbeiter für Ethikfragen bearbeitet werden. Ziel des Unterfangens ist herauszufinden, ob finanzielle Beteiligungen und Aktivitäten des Kandidaten mit den gesetzlichen Regelungen über Interessenkonflikte kollidieren, die für alle Mitarbeiter im öffentlichen Bereich gelten, bzw. mit speziellen Ethik-Regelungen im zukünftigen Tätigkeitsbereich. Werden dabei potentielle Interessenkonflikte ermittelt, so berät der zuständige Mitarbeiter den Kandidaten über Maßnahmen zur Beseitigung der Probleme. Die Unterlagen werden zusammen mit einer Stellenbeschreibung und einer Stellungnahme zur Frage möglicher Interessenkonflikte bzw. entsprechender Lösungsvorschläge oder -mitteilungen dem Office of Government Ethics (OGE) übersandt. Das OGE überprüft diese Unterlagen und – ist kein Interessenkonflikt erkennbar – übersendet sie, bei Bestellungen mit Senatsbestätigung mit eigener Stellungnahme, dem zuständigen Senatsausschuß.[1017] Von den Bestellungen des Präsidenten, die zwischen Juni 1979 und Dezember 1984 erfolgten, hatten lediglich 32,8 % keine Interessenkonflikte finanzieller Natur zu lösen; 32,3 % mussten Aktien oder andere Besitztümer verkaufen und 40,9 % Positionen in Aktiengesellschaften oder anderen Organisationen aufgeben.[1018] Ärger, Verzögerung und intensives Medieninteresse haben dazu geführt, dass Clinton versuchte, mögliche Kandidaten bereits vor ihrer Nominierung durch Verlautbarung ihrer möglichen Nominierung im Vorfeld einem Probelauf öffentlicher Kritik auszusetzen, um sich später Schlimmeres zu ersparen (public vetting). Dies hatte jedoch auf alle Beteiligte negative Auswirkungen: Jene wurden in den meisten Fällen unnütz der öffentlichen Kritik unterworfen und Clinton erwarb das Image, entscheidungsschwach in Personalsachen zu sein.[1019]

4. Senatsbestätigung

4.1 Verfahren

Der Präsident übermittelt dem Senat die Nominierung und eine Zusammenfassung der Ergebnisse der FBI-Untersuchung, nicht jedoch die gesammelten Daten. Die Nominierung wird im Senat verlesen, erhält eine Nummer und wird in den Ausschuss verwiesen, der für das Ministerium oder die Behörde der angestrebten Position zuständig ist. Die Verfahrenschritte in den einzelnen Ausschüssen sind zumeist informell, d. h. nicht schriftlich festgelegt. Die meisten Ausschüsse haben jedoch im Laufe der Zeit Strukturen für die Bearbeitung der vorgelegten Fälle

[1017] Mackenzie, Presidential Appointment Process, S. 37, 58 f
[1018] Mackenzie, Presidential Appointment Process, S. 37, 60
[1019] Shogan, S. 87, 92 f

entwickelt: Ungefähr die Hälfte der Ausschüsse verlangt das Ausfüllen von Fragebögen durch den Nominierten vor der Beratung der Nominierung; knapp die Hälfte der Ausschüsse räumt Ausschussmitgliedern die Möglichkeit ein, dem Nominierten Fragen zu stellen, die dieser schriftlich beantwortet. Nur zwei Ausschüsse führen gewohnheitsmäßig unabhängige Untersuchungen bei Nominierten durch (Judiciary und Rules and Administration); dies sind auch die einzigen Ausschüsse mit speziellen Mitarbeitern, die mit dieser Aufgabe betraut sind. Einige andere Ausschüsse führen Überprüfungen angegebener Referenzen durch oder sammeln zusätzliche Informationen im Bedarfsfall; die meisten Ausschüsse verlassen sich jedoch auf den ausgefüllten Fragebogen und die Unterlagen des OGE.[1020]

Fragen, die etwa danach forschen, welche Informationen aus seinem beruflichen oder persönlichen Hintergrund den Nominierten in Verlegenheit bringen würden, sind angesichts der Tatsache, dass die ausgefüllten Formulare anlässlich der Anhörung offen – auch für die Presse – ausgelegt werden, nur schwerlich offen zu beantworten.[1021] Frühere Nominierungen, die schließlich scheiterten wegen negativer Informationen, die in der FBI Untersuchung nicht aufgeführt waren, haben im Senat die Überzeugung von der Notwendigkeit erneuter, eigener Untersuchungen genährt.[1022] Alle Ausschüsse halten Anhörungen ab, die Zahl variiert mit der Anzahl der vorgelegten Nominierungen und deren Bedeutung.[1023]

Anhörungen der Nominierten in den Ausschüssen laufen unterschiedlich ab. Im allgemeinen finden sie in entspannter Atmosphäre statt, können den Charakter eines Bewerbungsgesprächs haben oder werden vom Ausschuß dazu genutzt, dem zukünftigen politischen Mitarbeiter die Haltung des Ausschusses oder des Kongresses zu bestimmten Fragen zu vermitteln.[1024] Die Anhörung ist aber auch der Verfahrensschritt, der bei Nominierten die meisten Beschwerden verursacht: Entweder läuft sie so oberflächlich und schnell ab, dass die Betroffenen sie als Farce empfinden oder sie wird von Senatoren als Bühne zur Beurteilung der politischen Leistung der derzeitigen Administration genutzt und steht dann oft in keinem Zusammenhang mit den Qualifikationen des Nominierten.[1025] Seit der Nixon–Administration hatte der Senat die Praxis entwickelt, viele wichtige politische Bestellungen im roll-call[1026] Verfahren abzuhandeln. Zwischen 1969 und 1989 wurden 59 % aller Nominierten in diesem Verfahren überprüft, während in der Zeit zwischen 1945 und 1968 nur 7 % aller Verfahren so durchgeführt wurden. Roll-Call Verfahren tragen nicht unerheblich zur Verlängerung des Verfah-

---

1020 Deering, S. 100, 101-109

1021 Michaels, S. 264

1022 Mackenzie, Presidential Appointment Process, S. 37, 61

1023 Deering,, S. 100, 110

1024 Mackenzie, Presidential Appointment Process, S. 37, 63 f

1025 Deering, S. 100, 111

1026 Eine Abstimmung, bei der jede(r) Senatorin/Senator ihre/seine Stimme öffentlich nach namentlichem Aufruf abgibt.

rens bei. Nicht nur muss ein Tag abgewartet werden, an dem die meisten oder alle Senatoren anwesend sind (legislative day), sondern oft geht den Abstimmungen eine lange Debatte im Plenum voraus oder die Verfahren werden auf Betreiben einzelner Senatoren auf Eis gelegt (on hold).[1027]
Von den Clinton–Nominierungen wurde nur die designierte Justizministerin Janet Reno in diesem, im Ergebnis einstimmigen Verfahren, überprüft; dies war weniger von Problemen in ihrer Person bestimmt als davon, dass die beiden zuerst ins Auge gefassten Personen zurückgezogen werden mussten. Möglicherweise ist dies ein Zeichen dafür, dass der Senat wieder zu den Gebräuchen zurückkehrt, die vor Watergate üblich waren, und sich so das Verhältnis zwischen Präsident und Senat weiter entspannt.[1028]

4.2 Warum scheitern Nominierungen im Senat?

Der Senat hat zwischen 1965 und 1994 mehr als 95 % der wichtigen politisch nominierten Kandidaten bestätigt.
Diese sehr hohe Quote wird davon überdeckt, dass die wenigen Fälle, in denen eine Bestätigung versagt wird, sich oft wochenlang und unter erheblichem Medienaufgebot hinziehen. Als 1989 der Senat die Bestätigung des von Bush nominierten John Towers zum Verteidigungsminister verweigerte, stellte dies die erste verweigerte Kabinettsnominierung seit dreißig Jahren dar.[1029] In einer Minderheit von Fällen nehmen Senatoren Anstoß an den Ansichten oder den Erfahrungen einzelner Nominierter. Diese Fälle erregen am meisten Aufsehen in der Öffentlichkeit. Als wichtige Bestellungen – Grundlage dieser Zahlen – gelten neben Nominierungen im Justizbereich – nämlich zum Supreme Court und zum U. S. Court of Appeal - die Executive Level 1, 2 und 3 im Federal Executive Schedule (EX) bis auf die Positionen in den „inneren Kabinetten“ (Verteidigung, Justiz, Außen und Finanzen), die auch Level 4 Positionen enthalten.[1030] Wird eine Nominierung dem Senat zugeleitet und bekannt, so formieren sich rasch die Reihen der Kritiker. Statistiken zeigen, dass es am erfolgreichsten ist, die Nominierung zu Fall zu bringen, wenn das Verfahren noch im Stadium der Beratung in den Ausschüssen ist: Mehr als drei Viertel der erfolglosen Nominierungen scheiterten in diesem Stadium.[1031]
Nominierungen werden im allgemeinen aus Gründen angegriffen, die einer der folgenden Kategorien unterfallen:

- angebliche Rechtsverletzungen
- mangelnde Qualifikationen

[1027] Deering, S. 100, 113
[1028] King/Riddlesperger, S. 496, 506
[1029] King/Riddlesperger, S. 496, 505
[1030] Krutz/Fleisher/ Bond, S. 871, 874
[1031] Krutz/Fleisher/Bond, S. 871, 875

- extreme Ansichten – konservativ oder liberal.

Soll eine Nominierung zum Scheitern gebracht werden, so werden zunächst einer oder mehrere Gründe aus den obigen Kategorien vorgebracht und versucht, die Senatoren von der Berechtigung der Kritik zu überzeugen. Die einschlägigen Verfahrensregeln im Senat erlauben eine unbegrenzte Debatte und die Prärogative, eine Nominierung aufzuhalten. Auf jeden Fall geht die Absicht immer dahin, die Nominierung im Ausschussstadium scheitern zu lassen, da eine Entscheidung über die Nominierung, wenn sie das Stadium der Entscheidung im Plenum (floor decision) erreicht hat, eine Mehrheit im Senat erfordert. In jüngerer Zeit wird der Grund des ideologischen Extremismus immer „beliebter": Zwischen 1981 und 1994 wurden 20 Fälle aus diesem Grunde von Senatoren kritisiert, während es zwischen 1965 und 1980 nur vier waren. Dabei werden angeblich extrem konservative Ansichten (Nominierungen unter Reagan) genauso kritisiert wie angeblich extrem liberale Überzeugungen (Nominierungen unter Clinton).[1032] Besondere Schwierigkeiten erwachsen aus der Tatsache, dass die Gründe, die im Bestätigungsverfahren eine Nominierung zum Kippen bringen können, nicht voraussehbar sind. Die oben beschriebene sorgfältige – mehrfache – Überprüfung kann die unter jeder Administration vorkommenden spektakulären Fälle der Ablehnung auch deshalb nicht verhindern, weil gerade in den Bereichen unmoralischen Verhaltens, angeblicher Rechtsverletzungen und extremer Ansichten die Maßstäbe nicht starr feststehen, sondern auch Verhaltensweisen, die bisher noch nie kritisiert worden waren, plötzlich als untragbar für politische Bestellungen gelten können. Präsident Clinton scheiterte mit zwei Kandidatinnen für das Amt der Justizministerin, weil bei beiden die Beschäftigung illegaler Haushaltshilfen erstmals zum Thema gemacht wurde (Nannygate) – eine Frage, die vorher noch nie eine Rolle gespielt hatte. Die zunächst nominierte Zoe Baird hatte die Beschäftigung einer illegalen Einwanderin und die Nichtzahlung der Sozialversicherung in der Überprüfung durch das Weiße Haus offenbart, die Information war auch an das FBI und den zuständigen Senatsausschuss weitergegeben worden – niemand glaubte, trotz dieser als rechtsverletzend eingestuften Handlungen, dass sich dies als Hindernis für ihre Bestätigung erweisen könnte. Die Information geriet durch ein „Leck" an die Öffentlichkeit und die Nominierung musste wegen des großen negativen Aufsehens in der Bevölkerung zurückgezogen werden.[1033] Eine weitere neue Entwicklung – unterstützt durch die moderne Technik und die Datenbanken – ist die Überprüfung aller Texte, die ein Nominierter je veröffentlicht bzw. Interviews, die er gegeben hat. Während diese Überprüfung bisher nur für Nominierungen zum Supreme Court üblich war, wurde bei den ersten Bestellungen unter Clinton eine derartige Prüfung erstmals auch für andere politische Bestellungen durchgeführt: Sie führte zum Scheitern der Nominierung von Lani

1032 Krutz/Fleisher/Bond, S. 871, 872

1033 Shogan, S. 87, 141 ff

Guinier (extrem liberale Ansichten).[1034] Der frühere politische Mitarbeiter der Republikaner, Mitchell Daniels, fasste die Risiken für eine Nominierung mit den Worten zusammen: *„no issue is too small, no sin too antique"*, um die Grundlage für eine Ablehnung der Nominierung zu sein.[1035] Neben den individuellen Nominierungen sind noch andere Faktoren in der Frage des Erfolgs von Nominierungen von Bedeutung. So werden 97 % der Nominierungen bestätigt, wenn der Kongress in beiden Häusern von der Partei des Präsidenten kontrolliert wird; die Zahl sinkt auf 94 % bei gespaltener Kontrolle.[1036] Nominierungen, die zum Ende der Amtszeit eines Präsidenten erfolgen, unterliegen einer größeren Gefahr des Scheiterns, als die, die am Anfang einer Amtsperiode überstellt werden.[1037] Insgesamt schwanken die Bestätigungsquoten in den einzelnen Präsidentschaften zwischen 99 % bei Johnson – der wahrscheinlich von den Folgen des Kennedy-Attentats profitierte - und 92, 6 % unter Ford, der unter den Folgen des Watergate-Skandals litt. Clinton hatte in seinen ersten beiden Amtsjahren 1993 und 1994 eine Erfolgsrate von 97 %.[1038] Anstrengungen der Präsidenten, im Vorfeld und nach erfolgter Nominierung die Bedeutung der Bestätigung für die Administration zu betonen, erhöhen die Erfolgsaussichten der Nominierung im Bestätigungsverfahren.[1039] Auch im Fall öffentlichkeitswirksam vorgebrachter Kritik hängt es wesentlich von der Person des Präsidenten und dem Maß seiner Unterstützung für seine Nominierung ab, ob der Widerstand erfolgreich ist. Schließlich ist die nominierte Person ausgewählt worden, weil sie als willkommene Ergänzung der politischen Führungsschicht erscheint und mit dem Präsidenten in ihren Überzeugungen übereinstimmt. Wird sie abgelehnt, wird damit auch der Präsident herausgefordert. Reagan und Bush haben auch in einigen stark kontroversen Fällen an der Nominierung festgehalten, um zu zeigen, dass es auch um ihre Auffassungen geht, die auf dem Prüfstand stehen, und damit letztlich auch aus machtpolitischen Erwägungen. Clinton ist in seiner ersten Amtsperiode dadurch aufgefallen, dass er im Prozess der Nominierung und Bestätigung bei schwierigen Fällen wenig Rückgrat zeigte und er hat sich damit weit über die Tatsache scheiternder Nominierungen hinaus geschadet.

Im Fall Lani Guinier, nominiert für die Abteilung Bürgerrechte im Justizministerium und gescheitert an der Kritik ihrer liberalen Ansichten, hat er seine ausgewählte Kandidatin nicht nur nicht unterstützt, sondern ihr auch die Reaktion auf geäußerte Kritik untersagt, was nicht nur zu dem Scheitern der Nominierung,

---

[1034] Mackenzie, Presidential Appointment Process, S. 37, 70 f; Krutz/Fleisher/Bond, S. 871, 873 u. 877

[1035] Mackenzie, Presidential Appointment Process, S. 37, 71

[1036] Krutz/Fleisher/Bond, S. 871, 875

[1037] Krutz/Fleisher/Bond, S. 871, 878

[1038] Krutz/Fleisher/Bond, S. 871, 875

[1039] Krutz/Fleisher/Bond, S. 871, 878

sondern auch zu einer erheblichen Verschlechterung der Beziehungen seiner Administration zu den Liberalen und der Bürgerrechtsbewegung führte.[1040]

5. Dauer des Bestellungsverfahrens und die Folgen

Als die Union noch jung war, behielten die neuen Präsidenten die meisten Spitzenkräfte ihrer Vorgänger; viele Spitzenstellen gab es ohnehin nicht. John Adams führte nach seinem Amtsantritt im April 1797 bis Januar 1798 weniger als 50 politische Bestellungen durch, 43 davon im Januar. Jefferson ernannte nach seiner Amtsübernahme im März 1801 bis Jahresende nur sechs Personen.
Andrew Jackson führte dagegen 68 Bestellungen in seinen ersten neun Amtstagen durch; wohl auch ein Grund dafür, dass er als großer Veränderer in der Bundesverwaltung in die Geschichte eingegangen ist.[1041] Seitdem haben sich das Bestellungsverfahren und die Anzahl der zu besetzenden politischen Stellen stark verändert. Je weiter das 20. Jahrhundert voranschritt, desto länger brauchten Präsidenten, um die politischen Spitzenpositionen zu füllen. So dauerte es vom Tag der Inauguration bis zur Senatsbestätigung in der Administration Kennedy durchschnittlich 2,38 Monate, unter Nixon 3,39 Monate, unter Carter 4,55 Monate, unter Reagan 5,30 Monate, unter Bush 8,13 und unter Clinton 8,53 Monate.[1042] Lange Verfahrensdauern nach der Nominierung sind ungünstig für die Administration und das Ministerium, da es den noch nicht bestätigten politischen Kräften an der nötigen Autorität und Berechtigung zur Führung fehlt. Sie sind auch ungünstig für den einzelnen Nominierten in der Warteschleife, der meist nach seiner Nominierung seinen privaten und beruflichen Schwerpunkt in die Hauptstadt verlagert, ohne jedoch vor der offiziellen Bestätigung bezahlt zu werden oder in den Genuss der benefits zu kommen, die mit der Beschäftigung im Staatsdienst verbunden sind und zu denen auch die Krankenversicherung gehört – für die ganze Familie.[1043] Verzögerungen entstehen einmal durch die Schwierigkeit, dass das Übergangs–Team des neugewählten Präsidenten in den zweieinhalb Monaten von der Wahl bis zur Inauguration auch in Sachen Personalauswahl ein überwältigendes Pensum zu erledigen hat. Für die Bush-Administration ergab sich z. B. die Notwendigkeit, 70.000 eingesandte Bewerbungen (45.000 nach Aussortieren von Duplikaten) sichten und überprüfen zu müssen.[1044] Das Übergangs-Team von Clinton hatte mit ca. 15.000 Bewerbungen wöchentlich umzugehen. Auf der anderen Seite tragen immer langwierigere Verfahren im Senat zu

---

[1040] Shogan, S. 87, 144 ff

[1041] Aronson, S 160 f

[1042] Mackenzie, Presidential Appointment Process, S. 37, 72

[1043] Mackenzie, Presidential Appointment Process, S. 37, 64 f

[1044] Pfiffner, Bush Presidency, S. 64, 68

den Vakanzen bei und verhindern einen reibungslosen Übergang zwischen zwei Administrationen.[1045]

Bei Clinton verlängerte zunächst die Strategie der ethnischen Vielfalt, der repräsentativen Geschlechterbeteiligung und der angemessenen Berücksichtigung geographischer Herkunft das Verfahren; am Ende seines ersten Amtsjahres hatte er mit 499 im Senat bestätigten politischen Mitarbeiter weniger Verfahren zum Abschluß gebracht als Reagan (662) oder Carter (637) im vergleichbaren Zeitraum. Politische Spitzenkräfte der Clinton Administration äußern sich über Dauer und Qualität des Bestätigungsverfahrens überwiegend kritisch; nur während der Jahre 1993/1994, nach bewältigter Amtsübernahme und vor den Skandalen, die unter anderem die Wahlkampffinanzierung zum Gegenstand hatten und dem Verfahren zur Amtshebung zwischen 1995 und 1999, verbesserte sich das Verfahren.[1046]

Bush lag zwar mit 432 noch unter dem Wert von Clinton, hatte das Amt aber von einem Parteifreund übernommen und initiierte weder einen grundlegenden Politikwechsel noch den sofortigen großflächigen Austausch politischer Mitarbeiter.[1047] Präsidenten wollen - wenn auch in unterschiedlicher Intensität - der Ministerialbürokratie ihren politischen Stempel aufdrücken. Dies können sie vor allem durch den Einsatz ihrer politisch bestellten Kräfte erreichen; es ist daher vorteilhaft, die Positionen so schnell wie möglich zu füllen, denn solange die Positionen vakant sind, werden die Ministerien von der Karrierebürokratie geleitet, d. h. sie sind weitgehend von Neutralität beherrscht. Ronald Reagan hat die Nichtbesetzung von Stellen nicht nur zur Erhöhung des Anteils von politischen Stellen im SES eingesetzt, sondern auch zur Disziplinierung aufmüpfiger Kabinettsmitglieder, indem er im Department of Health and Human Services Vakanzen nicht füllte, um die Ministerin zu 'bestrafen'- den Aufgaben und Zielen dieses Ministeriums stand er ohnehin negativ gegenüber.[1048]

6. Rolle der Medien im Bestellungsverfahren

In der Übergangszeit von der alten Administration zur neuen Administration bilden Personalfragen – auch mangels anderer interessanter Sachthemen – immer den Mittelpunkt des Interesses. Interne Auseinandersetzungen, Kandidaten für politische Posten und Mitarbeiter des Übergangsteams stehen so im Rampenlicht.[1049] Wird von Personen oder Gruppierungen Kritik an einer Nominierung geäußert, so wird diese aufgegriffen, die zuständigen Senatoren werden damit konfrontiert und ihre Stellungnahmen veröffentlicht.

[1045] Deering, S. 100, 113

[1046] Light/Thomas, S. 16

[1047] Aberbach, S. 162, 171

[1048] Pfiffner, Nine Enemies and One Ingrate, S. 60, 62

[1049] Eksterowicz/Hastedt, S. 299, 312; Walker/Reopel, S. 735, 736

Die Medien verbreiten so die Kritik und spitzen die Konflikte noch zu; sie sind aber meist nicht für den Funken verantwortlich, der die Auseinandersetzung entzündet, und haben selten eigene Interessen im Kampf gegen ein Bestätigungsverfahren. Ihre Rolle reflektiert vielmehr die Veränderungen im politischen System und die Tricks der Interessengruppen.[1050] Über die zur Verfügung stehenden Datenbanken wird nach früheren Äußerungen und Texten der Betreffenden geforscht, die – und sei es verkürzt und aus dem Zusammenhang gerissen – Stoff für Kritik bieten könnten. In Talk Shows wird landesweit über das vermeintlich unethische Verhalten oder die „falschen Ansichten" der Nominierten diskutiert.[1051] So nahm einer der Wortführer im Widerstand gegen die Bestätigung Zoe Bairds, Ralph Nader, nach eigener Schätzung an ca. sechzig Talk-Shows teil, in denen die Nominierung diskutiert wurde.[1052]

7. Das Bestellungsverfahren in der amerikanischen Diskussion

Diverse Arbeitsgruppen und Wissenschaftler kamen bei ihren Untersuchungen des Bestätigungsverfahrens zu dem Ergebnis, dass das Verfahren, so wie es sich entwickelt hat, dazu beiträgt, das Vertrauen in Regierung und Verwaltung, für dessen Schaffung und Sicherung es gedacht war, zu unterminieren.[1053]
In ihrer Befragung der Bush-PAS stellte Judith Michaels fest, dass das Verfahren zur Überprüfung der PAS – durchgeführt durch das FBI – eine speziell abschreckende Wirkung auf potentielle PAS hat.[1054] Das Wissen um das lange, ermüdende und teilweise kontrovers in der Öffentlichkeit ausgetragene Verfahren hält viele fähige und engagierte mögliche Kandidaten für politische Posten von der Annahme einer Tätigkeit in der Bundesverwaltung ab. Dies wirkt sich schädlich auf die Qualität der Bundesverwaltung aus, in der politische Mitarbeiter die politischen Leitlinien für Behörden und Ministerien definieren und umsetzen, die Berufsbürokratie führen und anleiten und dafür sorgen sollen, dass die Berufsbürokratie offen und empfänglich für die politischen Vorstellungen des jeweiligen Präsidenten ist.[1055] Light und Thomas beschreiben das Bestellungs- und Bestätigungsverfahren als zerrüttet, weil die beiden Ziele, die die Gründerväter bei der Etablierung verfolgt hatten, nämlich schnelle Nominierungen durch den Präsidenten und rasche Bestätigungen im Senat, heute beide weit verfehlt werden.[1056] Mehrfach wurde daher seit 1985 eine Reform des Verfahrens in Form von signi-

---

[1050] Shogan, S. 87
[1051] Mackenzie, Presidential Appointment Process, S. 37, 70
[1052] Shogan, S. 88, 142
[1053] Twentieth Century Fund, Obstacle Course, S. 3; NAPA, Leadership; Michaels, S. 209 f, m. w.N.
[1054] Michaels, S. 209 f
[1055] Twentieth Century Fund, Obstacle Course, S. 4
[1056] Light/Thomas, S. 20

fikanten Vereinfachungen und Verbesserungen vorgeschlagen. Die Hauptkritikfelder waren und sind:

- Mangelnde Qualifikation der politisch Bestellten: Zu viele politische Bestellungen in die höchsten Positionen würden ausschließlich aufgrund „politischer Erwägungen“ getroffen, d. h. zur Belohnung von Mitarbeitern der Wahlkampagne bzw. von Organisationen, die sie unterstützt haben, oder zur Befriedung von Interessengruppen.[1057]
- Langsamkeit des Bestätigungs- und Bestellungsverfahrens: In den beiden letzten Übergängen Reagan-Bush und Bush-Clinton hat es von der Inauguration an durchschnittlich acht Monate gedauert, bis die politisch nominierten Mitarbeiter vom Senat bestätigt waren. Im Vergleich dazu hat eine Bestätigung bei Kennedy im Jahre 1961 weniger als zweieinhalb Monate gedauert. Dies sind nicht nur für die führerlose Bundesverwaltung, sondern auch für die Menschen, die in dieser Weise in der Warteschleife gehalten werden, unhaltbare Zustände.[1058] Erschwerend kommt hinzu, dass die Personalplanung für eine künftige Administration zu spät – häufig erst mit Nachdruck nach erfolgreicher Wahl – begonnen und gewöhnlich in Aufwand und Bedeutung unterschätzt wird.[1059]
- Mangelnde Orientierung neuer politischer Mitarbeiter: Viele der neuen politischen Mitarbeiter sind ohne Erfahrung in der öffentlichen Verwaltung und oft neu in Washington D. C.. Dennoch werden sie, kaum dass sie ihre Zusage gegeben haben, bei der Aufgabe, sich privat und beruflich in ihrem neuen Umfeld zu orientieren, sich selbst überlassen und unter starke Anspannung gestellt. Dadurch wird die Lernkurve der neuen Mitarbeiter abgeflacht und die Leistungsfähigkeit der neuen Administration weiter beeinträchtigt.[1060] Dazu kommt, dass gerade im ersten Amtsjahr eines Präsidenten statistisch die Chancen für die Durchsetzung neuer legislativer Vorhaben hoch sind und das Verhältnis zu Kongress und Presse vergleichsweise gut ist. Die allgemeinen politischen Verhältnisse werden zur Zeit der Midterm-Elections – Kongresswahlen in der Mitte der Amtsperiode, bei denen Präsidenten traditionell Sitze ihrer Partei im Kongress verlieren - oder dem Herannahen des nächsten Präsidentschaftswahlkampfs schwieriger.[1061] Der Verlust wertvoller Handlungsmöglichkeiten im ersten Jahr mangels funktionsfähiger Mannschaft ist daher besonders ungünstig.
- Steigende Politisierung des Bestellungs- und Bestätigungsverfahrens: Eines der Hauptprobleme des Verfahrens ist der erkennbare Anstieg der

---

[1057] NAPA,Leadership S. 7 f
[1058] Twentieth Century Fund, Obstacle Course, S. 5
[1059] NAPA, Leadership S. 9
[1060] NAPA, Leadership, S. 19; Light/Thomas, S. 7
[1061] Walker/Reopel, S. 734, 737 ff

Politisierung. Von den Nominierten der Reagan Administration waren fast 20 % der Auffassung, dass das Verfahren zu stark politisiert war, obwohl sie von einem Senat bestätigt wurden, der in republikanischer Hand war. Die zunehmende Zahl von roll call Verfahren und die Möglichkeit, Bestätigungsverfahren auf Veranlassung einzelner Senatoren unbegrenzt auf Eis legen zu können, sind symptomatisch für den Gebrauch von Bestätigungsverfahren als „Geiseln“ für andere und inhaltlich völlig verschiedene politische Auseinandersetzungen.[1062] Das Bestätigungsverfahren schreckt gerade die Personen ab, die eigentlich rekrutiert werden sollen: Die für die Personalauswahl verantwortlichen Berater der Präsidenten haben immer öfter Schwierigkeiten damit, ihre erste Wahl zur Annahme einer Position in der Administration zu bewegen, weil das Bestätigungsverfahren als Hindernisrennen gilt, in dem eher nach Schuld als nach Unschuld gesucht wird, und Privatleben und guter Ruf beschädigt, kurz die Kandidaten durch die Mangel gedreht werden.

- Das Bestätigungsverfahren ist für die Nominierten oft beleidigend: Die Untersuchung des FBI dringt in sehr persönliche Felder ein und bezieht auch viele Menschen des persönlichen und beruflichen Umfelds mit ein. Erreicht das Verfahren das Stadium der Senatsbestätigung, so folgt eine weitere Untersuchung und unter Umständen ein Verbreiten vermeintlicher oder wahrer dunkler Punkte aus der eigenen Vergangenheit – wobei das eine so schädigend für die Person sein kann wie das andere.[1063]
- Das Bestätigungsverfahren ist zu umständlich und langwierig: Viele Formulare und Untersuchungsinhalte sind nicht für das öffentliche Interesse erforderlich. Das Verfahren müsste vereinfacht und wieder mehr auf Fragen des öffentlichen Interesses konzentriert werden[1064]. Auf besonderes Unverständnis stiess das Formular SF 278 (Executive Personnel Financial Disclosure Report), das zur Offenlegung der finanziellen Verhältnisse verwendet wird.

Es ist schwierig, aussagekräftiges Datenmaterial zu der Frage zu gewinnen, wie hoch der Prozentsatz der Personen ist, die eine Bestellung in ein öffentliches Amt bereits im Vorfeld offizieller Verfahren wegen der FBI-Untersuchung, der finanziellen Überprüfungen und des möglichen Ungemachs ausschlagen.
Die Twentieth Century Fund Task Force kam in ihrer Untersuchung zu der Erkenntnis, dass viele hochqualifizierte Persönlichkeiten Nominierungsanfragen des Präsidenten ausgeschlagen hatten, weil sie sich dem Nominierungs- und Bestätigungsverfahren und den damit verbundenen Gefahren für ihre Privatsphäre

---

1062 Deering, S. 100, 113, 117; Mackenzie, Presidential Appointment Process, S. 35, 76 f; Bonafede, Presidential Appointees, S. 120, 128 f

1063 Twentieth Century Fund, Obstacle Course, S. 1, 6 f

1064 Twentieth Century Fund, Obstacle Course, S. 1, 7

und ihren Ruf nicht aussetzen wollten.[1065] Insgesamt ist der Eindruck entstanden, dass Differenzen zwischen den politischen Ansichten nicht auf diesem Feld, sondern mit Angriffen auf den Charakter und persönlichen Diskreditierungen ausgetragen werden. Dies beschädigt nicht nur die Nominierten und den Präsidenten, sondern auch das öffentliche Wohl und Interesse, da viele geeignete Kräfte nicht bereit sind, ihre Fähigkeiten in den öffentlichen Dienst einzubringen. Eine Entwicklung hin zu mehr anständigem und respektvollem Umgang miteinander im Nominierungs- und Bestätigungsverfahren ist erforderlich.

Vorgeschlagen wurden im wesentlichen folgende Vereinfachungen und Reformansätze:

- Absenkung der Zahl der politischen Bestellungen des Präsidenten zur Verringerung der auf jeder Administration lastenden Aufgabe der raschen Besetzung vieler politischer Jobs, die zu langen Vakanzen, einem Führungsvakuum in der Bundesverwaltung und zur Frustration unter dem Karrierepersonal führt. Dadurch würden auch wieder mehr Anreize inhaltlicher Art durch anspruchsvollere Aufgaben und Aufstiegsmöglichkeiten für Karrierepersonal geschaffen.[1066] Obwohl das System der politischen Bestellungen im Grundsatz unterstützt wird, wird zu Bedenken gegeben, dass die zahlenmäßige Ausdehnung der politischen Kräfte nicht zu proportional mehr Erfolg und Leistung führt, sondern dass im Gegenteil grundsätzliche Vorteile dieses Systems bei zu starker Ausdehnung sich in ihr Gegenteil verkehren können, insbesondere bei Verschiebungen zu Lasten des Karrierepersonals, das so von der Entscheidungsfindung isoliert wird.[1067] Empfohlen wird auch die Absenkung der Zahl der politischen Bestellungen, die eine Senatsbestätigung erfordern, und deren Konzentration auf hochrangige Positionen.[1068]
- Beginn der Personalplanung für die künftige Administration bereits kurz nach der Nominierung der Präsidentschaftskandidaten, finanziert durch entsprechende Bundesmittel[1069]: Die Kandidaten der großen Parteien für die Präsidentschaft sollten bereits nach ihrer Nominierung durch die Partei mit der Etablierung eines Stabes mit der Aufgabe der Identifikation und Sammlung möglicher politischer Mitarbeiter und dem Kontaktaufbau mit den zuständigen Verwaltungseinheiten beginnen, um eine möglichst rasche und reibungslose Übergangs-Zeit nach gewonnener Wahl zu fördern.[1070] In der Übergangs-Zeit und bis sechs Monate nach Amtseinführung sollte befristet eingestelltes Personal die für Personalauswahl zustän-

---

[1065] Twentieth Century Fund, Obstacle Course, S. 74
[1066] NAPA, Leadership, S. 3 f, 29
[1067] NAPA, Leadership, S. 3 f, 28 f
[1068] Twentieth Century Fund, Obstacle Course, S. 1, 8 f
[1069] NAPA, Leadership, S. 9 f
[1070] Twentieth Century Fund, Obstacle Course, S. 1, 16 f

digen Einheiten (PPO, Counsel to the President's staff, Office of Government Ethics (OGE)) bei ihren Aufgaben unterstützen; ein gutes Verhältnis zu den Medien sollte frühzeitig etabliert werden.

- Die FBI Untersuchung sollte für einige Bestellungen ganz abgeschafft und für die anderen erheblich überarbeitet werden. Statt lediglich zwischen einer Namensüberprüfung und einer „full field investigation" wählen zu können – mit dem Ergebnis, dass alle wichtigen Bestellungen durch die umfassende Untersuchung gehen müssen - sollten Zwischenstufen eingeführt werden, die in ihrem Umfang der Bedeutung der angestrebten Position entsprechen.[1071] Nur für Positionen, bei denen die nationale Sicherheit betroffen ist, sollte sie unverändert beibehalten, für die meisten aber nur in abgeschwächter Form durchgeführt werden.[1072]
- Vereinfachung der Vorschriften zu Interessenkonflikten im finanziellen Bereich und ein einheitlicher Satz von Formularen zur Überprüfung des persönlichen, finanziellen und beruflichen Hintergrunds, insbesondere Überarbeitung des Formulars „SF 278", mit dem über 70 % der desiginierten politischen Mitarbeiter Probleme haben.[1073] Die Verwendung unterschiedlicher Formulare durch das Weiße Haus, die einzelnen Ministerien und Behörden, das FBI, das OGE und die Senatsausschüsse verlängert das Bestätigungsverfahren, zumal die Angaben – etwa über die finanziellen Verhältnisse – meist jeweils in unterschiedlicher Aufbereitung gemacht werden müssen.[1074]
- Einführung neuer politischer Mitarbeiter durch das Presidential Personnel Office in ihr neues Umfeld, Hilfe bei der Orientierung und fortlaufende Begleitung zur Vermittlung der aktuellen politischen Ziele und der von ihnen zu spielenden Rolle: In der Praxis werden designierte politischer Mitarbeiter, sobald sie ihr Einverständnis mit ihrer Bestellung erklärt haben, sich selbst überlassen. Sowohl in Hinblick auf die organisatorischen und familiären Probleme (Wohnung, Schulwechsel, Beruf des Partners etc.) als auch die des Berufs (Formulare im Bestätigungsverfahren, Einarbeitung in der Behörde) findet durchweg keine Begleitung durch erfahrene Mitarbeiter statt. Jedoch stellen sich die meisten Probleme und Fragen den neuen Mitarbeitern in gleicher Weise, so dass die Einrichtung einer zuständigen Kontakt- und Betreuungsstelle im PPO empfohlen wird, um die Dauer und den Stress des Wechsels zu reduzieren und Kontakte zur vorgesehenen Behörde herzustellen. Die Projektgruppe der NAPA empfahl daher bereits 1985 neben der Kontaktgruppe

---

[1071] NAPA, Leadership, S. 11 f

[1072] Twentieth Century Fund, Obstacle Course, S. 1, 11; Deering, S. 100, 118

[1073] NAPA, Leadership, S. 13 f

[1074] Twentieth Century Fund, Obstacle Course, S. 1, 13 f; NAPA, Leadership, S. 17 f; Light/Thomas, S. 21 f im Weißen Haus die Erstellung und Verteilung entsprechender Informationen und den Aufbau eines Informationssystems, das den politischen Mitarbeitern die Ziele des Präsidenten und ihre Rolle bei der Verwirklichung dieser Ziele in ihrer Behörde vermitteln könnte.[1075] Inzwischen hat es sich die im April 2000 gegründete Presidential Appointee Initiative zum Ziel gesetzt, rechtzeitig für den Ende 2000 bevorstehenden Amtsübergang einen „Survivor's Guide for Presidential Nominees" herauszugeben, der vor allem die dringend benötigten Informationen über das Verfahren, die Formulare, den Umgang mit Medien und den Umzug nach Washington bereitstellen soll.[1076] Die Berichte mehrerer politischer Mitarbeiter der Clinton –Administration (ohne Senatsbestätigung) werfen ein Schlaglicht auf die Art und Weise, in der der begleitende Kontakt mit der Zentrale und den Zielen des Präsidenten gewährleistet wird: Der Behördenleiter der General Services Administration für die Region pazifischer Nordwesten/Alaska, Jay Pearson, nannte als seine Kontakte: tägliches briefing im Internet, zusammengestellt vom associate administrator in Washington D.C., vierteljährliches Führungstreffen der Behördenleiter der dezentralen Standorte der jeweiligen Behörde (field offices) und jährliches Treffen der dezentralen Führungskräfte in Washington D.C. Robert Santos, Secretary's Representative der Region Northwest/ Alaska des Ministeriums für Wohnungsbau und Stadtentwicklung erläuterte, er stehe in täglichem Kontakt mit dem Minister in Washington per e-mail, habe wöchentliche Konferenzgespräche per Telefon mit Führungskräften in Washington D.C., einmal monatlich eine telefonisches Konferenzgespräch mit dem Minister in Washington D.C., alle ein bis drei Monate treffe er diesen persönlich. Ein- bis zweimal im Jahr treffe er auch den Präsidenten, allerdings formal und nicht im Rahmen von Fachgesprächen. Chuck Clarke, Regional Administrator der Environmental Protection Agency für die Region Nordwest/Alaska, trifft sich alle zwei bis drei Monate mit Mitarbeitern der Washingtoner Zentrale; häufiger finden auch Treffen aller Regionalleiter mit der Zentrale zu bestimmten Themen statt. So oft es sein Reisebudget erlaubt, reist er nach Washington D.C.[1077]

- Zurückführen der Vorschriften über das Verhalten früherer politischer Mitarbeiter in beruflichen Tätigkeiten nach dem Verlassen des öffentlichen Dienstes aus dem Strafrecht in das Zivilrecht: Die gültigen Normen – Ethics in Government Act von 1978 - sollen das Nutzen von internen

---

[1075]NAPA, Leadership, S. 19 ff

[1076] Presidential Appointee Initiative, http://www.appointee.brookings.org/survivorsguide_all.htm

[1077] Gespräche der Verfasserin: mit Jay Pearson am 16. Juni 1999, mit Robert Santos und Chuck Clarke am 24. Juni 1999 in ihren Amtssitzen in Seattle/Washington. Zur Region X - Nordwesten/Alaska - gehören die Einzelstaaten Oregon, Idaho, Washington und Alaska.

Kenntnissen aus der Zeit im öffentlichen Dienst im Rahmen einer späteren Tätigkeit im privaten Bereich, also Bereicherung und unfaires Verschaffen von Vorteilen verhindern. Die Task Force sieht die meisten Verstöße als Ergebnis von Unsicherheiten über die Grenzen des Erlaubten an; die unklaren Regeln wirkten abschreckend für potentielle politische Mitarbeiter und sollten in den zivilrechtlichen Bereich mit Schwerpunkt auf Beratung zurückgeführt werden.[1078]

- Die Überprüfungen ins Auge gefasster Kandidaten sollten zumeist von einem einzurichtenden behördenübergreifenden Ausschuss überwacht und begleitet werden, dessen Arbeit jeweils nach der Auswahl, also vor der Überprüfung und Nominierung eines potentiellen Kandidaten beginnen würde. Das Nominierungs- und Bestätigungsverfahren leidet bisher darunter, dass an ihm zu viele Organisationseinheiten beteiligt sind, die jeweils eigene Ziele verfolgen. Dadurch fällt mehrfache Arbeit an und die potentiellen politischen Mitarbeiter werden dabei nicht betreut und laufen Gefahr, den Überblick zu verlieren. Die Mehrzahl der Überprüfungen würde dieser Ausschuss mit seinem Personal selbst durchführen – die FBI Prüfung wäre nach den Vorschlägen der Task Force auf sicherheitspolitisch bedeutsame Nominierungen beschränkt – und die Ergebnisse nach positivem Abschluss mit der Nominierung dem zuständigen Senatsausschuß übermitteln. Vor allem aber würde der neue Ausschuss den zukünftigen politischen Mitarbeitern in jedem Stadium beratend und helfend zur Seite stehen und sowohl beim Ausfüllen der Formulare als auch der Orientierung in der neuen Stellung helfen.[1079]
- Beendigung der „Geiselnahme" politischer Nominierungen in Senatsausschüssen: Das Recht, dass einzelne Senatoren eine Bestellung aufhalten können, muss näher definiert werden, um die in jüngerer Zeit vermehrte Nutzung als „Geiselnahme" der Bestellung auf quasi unbegrenzte Zeit – durchaus auch aus Gründen, die mit dem Nominierten persönlich nicht zusammenhängen – zu unterbinden. Maßnahmen gegen dieses strategische Verhalten – ein Missbrauch der ursprünglichen Intention – wurden bereits von der Projektgruppe der NAPA im Jahre 1985 empfohlen, die Task Force unterstrich die Notwendigkeit erneut im Jahre 1996.[1080] Für Bestätigungsabstimmungen im Plenum sollte die einfache Mehrheit im Senat von 51 Stimmen genügen und die zulässige Dauer eines Bestätigungsverfahrens im Senat nach Übermittlung der Nominierung sollte gesetzlich fixiert werden, um ein Benutzen von schwebenden Bestätigungsverfahren als Verhandlungsmaterial in politischen Verhandlungen zu anderen Themen zu verhindern. Öffentliche Anhörungen im Bestäti-

[1078] Twentieth Century Fund, Obstacle Course, S. 1, 12 f

[1079] Twentieth Century Fund, Obstacle Course, S. 1, 14 ff

[1080] NAPA, Leadership, S. 18; Twentieth Century Fund, Obstacle Course, 17 f gungsverfahren sollten nur bei Zweifeln an der Person des Nominierten angesetzt werden.[1081] Sensible Fragen zu einzelnen Nominierten sollten zunächst in nichtöffentlicher Sitzung diskutiert werden. Im Fernsehen übertragene Anhörungen, in denen der Nominierte harten Attacken auf seinen Charakter ausgesetzt wird, hielten viele geeignete Persönlichkeiten davon ab, eine Nominierung zu erwägen.[1082]

- Kurze Beschäftigungszeiten der politischen Mitarbeiter belasten das Weiße Haus mit der Rekrutierung von neuen Mitarbeitern und bewirken lange Vakanzen wegen der Dauer des Nachbesetzung. Ein Mittel zur Verlängerung der Beschäftigungszeiten wäre die Gewährung finanzieller Zulagen als Anreiz zum Verbleiben im öffentlichen Dienst. Dadurch könnte auch die Perspektive der politischen Mitarbeiter vorteilhaft verändert werden, die wegen ihrer kurzen Beschäftigungszeiten kurzfristig orientiert sind und leicht die Langzeitfolgen ihrer politischen Ziele aus den Augen verlieren.[1083]

8. Bewertung des Verfahrens

Die Bestellungs- und Bestätigungsverfahren sind sehr umfangreich und im Durchschnitt zu langwierig; sie erlegen den Kandidaten lästige Berichtspflichten auf, zwingen sie zur Offenbarung gerade solcher Informationen, die intim oder potentiell peinlich sein können und fordern die Offenlegung ihrer finanziellen Verhältnisse. Dies alles wirkt auf beruflich erfolgreiche Spitzenkräfte, die unter Umständen sowieso einen ansehnlichen Teil ihres bisherigen Einkommens durch die Beschäftigung im öffentlichen Bereich verlieren, wenig einladend. Die Unsicherheit, ob ihre Nominierung auch bestätigt wird, trifft auch das persönliche Umfeld; die Regelungen für die Zeit nach der Tätigkeit im öffentlichen Bereich sind unklar. Dennoch wird es schwer sein, das Verfahren zu reformieren. Zum einen sind viele dieser Vorsichtsmaßnahmen und Vorschriften aus rationalen Gründen eingeführt worden: Fälle von Korruption, mangelnder Qualifikation und Aufdeckung verflochtener finanzieller Interessen haben dem Prüfungsverfahren im Laufe der Zeit immer weitere Nuancen hinzugefügt. Auch Light und Thomas räumen ein, dass das Bestätigungsverfahren nicht leicht sein sollte, denn sonst hätten die Verfassungsväter kein komplexes System der gegenseitigen Kontrolle der Gewalten gewählt.[1084]

Die Fragmentierung der Gesellschaft, die auch vor den großen Parteien nicht haltgemacht hat, der gewachsene Einfluss des Supreme Court auf die gesellschaftliche Entwicklung und die aufstrebenden Interessengruppen werden ein

---

[1081] Twentieth Century Fund, Obstacle Course, S. 1, 18 ff

[1082] Twentieth Century Fund, Obstacle Course , S. 1, 20 f

[1083] NAPA, Leadership, S. 5

[1084] Light/Thomas, S. 15

Zurückkehren zu den alten „unkomplizierten" Verhältnissen nicht erlauben. Interessengruppen haben seit 1955 zunehmend an Einfluss auf die administrativen Ziele und Handlungen gewonnen, hauptsächlich wegen ihrer Aktivitäten und Erfolge in gerichtlichen Verfahren.[1085] Die Überzeugung vom rechtmäßigen Handeln im öffentlichen Dienst – ohne genaue Kontrolle und ohne Zwang der Offenlegung privater und finanzieller Verhältnisse – ist der Gesellschaft nicht grundlos abhanden gekommen. Seit Watergate ist es gerade vielen Pressevertretern ein Anliegen, Missstände bei politischen Mitarbeitern aufzudecken und, wenn möglich, zu verhindern.

Ebenso wird es schwer fallen, die Nutzung des Verfahrens als Schauplatz für die Austragung von Konflikten zu verhindern, die mit dem Nominierten oft wenig zu tun haben. Die Demokraten etwa, die den Senat seit 1986 kontrollierten, mussten politisch akzeptieren, dass sie Reagans Gesetzesvorhaben wenig entgegenzusetzen hatten; zum Ausgleich benutzten sie ihre Mehrheit zum Widerstand gegen seine Nominierungen.[1086] Obwohl diese Austragung von Konflikten im Wege der Verlagerung auf das Gebiet des Bestätigungsverfahrens seit den Tagen der Präsidenten Adams, Jefferson und besonders Jackson Tradition hat[1087], schürt diese Strategie vor allem politische Aggressionen und ist als destruktiv abzulehnen. Das Engagement von Interessengruppen findet sowohl in der Weise statt, dass Nominierte, die ihrer Sache schaden oder nutzen können, kritisiert oder unterstützt werden, als auch in der Form, dass von anderer Seite vorgebrachte Kritik von ihnen – so sie in der Sache betroffen sind – unterstützt werden muss, wollen sie nicht an Bedeutung verlieren. Zudem ist das Verfahren von Anfang an als ein politischer Prozess konzipiert.[1088] Der Senat sollte auch darüber wachen, dass die Bestellung von Personen, denen die fachliche und politische Qualifikation für ihr Amt fehlt, nicht stattfindet. Es wäre wenig realitätsnah zu verlangen, dass der Senat und die Senatoren das Bestellungsverfahren nicht in gewissem – allerdings nicht regelhaft destruktivem – Umfang als politische Bühne nutzen. Dennoch sollten die beteiligten Organe die Überlegungen, denen Alexander Hamilton Ausdruck gegeben hatte, nicht gänzlich aus den Augen verlieren: Die Möglichkeit, dass der Kongreß die Kompetenz zur Bestellung erhält, wurde gerade verworfen, damit nicht die Frage, wer die höchsten politischen und administrativen Tätigkeiten im Land unter dem Präsidenten ausüben soll, zur Profilierung Einzelner oder zum Bezahlen alter Rechnungen genutzt wird. Ergebnisse, wie sie teilweise unter Clinton zu beobachten waren, sind nicht im Sinne der Verfassung, wenn Menschen, die die liberalen Auffassungen des Präsidenten teilen, zurückgewiesen oder gar nicht erst nominiert werden, weil die Administration zu viel Angst vor dem öffentlichen Spektakel hat, das die Opposition oder einzelne Mitglieder des

---

1085 Congressional Research Service, S. 69 f

1086 Shogan, S. 87, 123

1087 Aronson, S. 160 f

1088 Deering, S. 100, 116

Senats entfachen könnten, obwohl diese u. U. gar nichts gegen die einzelne Person, sondern etwas gegen den Präsidenten haben oder damit auf ganz anderen Politikfeldern etwas erreichen möchten. Dann besteht die Gefahr, dass Personen nominiert werden, die sich mit ihren Ansichten möglichst wenig exponiert haben (am besten noch gar nicht öffentlich hervorgetreten sind) und zweifellos nicht die interessantesten und geistig fortschrittlichsten Kräfte sind, die das Land zu bieten hat, oder dass solche Personen nominiert werden, die nicht die Ansichten des Präsidenten teilen, sondern die der einflussreichsten Senatoren. Schließlich sollte doch die Beteiligung des Senats nach Alexander Hamilton eine im allgemeinen ruhige und stille Angelegenheit sein, die ihre größte Wirkung dadurch entfaltet, dass der Präsident seine Nominierungen in dem Wissen vornimmt, dass er von einem unabhängigen Gremium kontrolliert werden wird.

III. Einsatz politischer Mitarbeiter in der Bundesverwaltung

1. Machtstrategien

Präsidenten waren zu allen Zeiten erfinderisch in dem Bestreben, die Ministerialbürokratie für ihre Ziele erfolgversprechend einzusetzen oder ihre fachliche Beteiligung zu vermeiden.[1089] Aus den angewandten Methoden bei den bisherigen Versuchen zur "Zähmung der Bürokratie"lassen sich mehrere Strategien ableiten, die teilweise auch kombiniert eingesetzt wurden:
(1) Politisierung der Bürokratie
(2) Entpolitisierung der Bürokratie
(3) Zentralisation im Weißen Haus.

1.1 Politisierung der Bürokratie

Die Kontrolle der Bürokratie durch den Präsidenten geschieht in der Praxis in der Weise, dass politisches Personal - auch bis tief in die Karrierebürokratie hinein - als Vertreter des Präsidenten dessen politische Grundsätze und Ziele einbringt und umsetzt und das Weiße Haus engmaschige Kontrollen über die Behörden ausübt. Politisierung ist motiviert durch den Wunsch der politischen Führung und ihrer politischen Mitarbeiter, angestrebte Ziele und Veränderungen in kürzester Zeit, nämlich noch während ihrer eigenen, meist recht kurzen Beschäftigungszeit, durchzusetzen. Während das politisch motivierte Personal den Präsidenten und sein politisches Team als einzig zur Festlegung politischer Ziele Berechtigte ansieht, gibt es andere, die dem Kongress als Legislative, der Judikative und auch der Karrierebürokratie aus dem Gedanken der Gewaltenteilung heraus diese Rechte zusprechen. Die Karrierebürokratie neigt eher dazu, die neu gewählten politischen Führer und ihr politisches Personal als Störfaktoren zu begreifen, die

---

1089 Ingraham/Thompson/Eisenberg,, S. 263

sorgfältig vorbereitete Programme und Vorschriften mit ihren neuen und unter Umständen gegensätzlichen Vorstellungen über den Haufen werfen und dabei oft nur einen Bruchteil der in der Karrierebürokratie vorhandenen fachlichen Kompetenz haben.[1090] Bei der Politisierung ist die entscheidende Frage nicht die nach dem Ob, sondern die nach dem Maß, in dem die Politisierung stattfindet. Starke Politisierung war für Präsidenten nicht zwangsläufig positiv.

Unbedingte Loyalität zu den Zielen und Programmen des Präsidenten läßt auch die Prüffunktion des Karrierepersonals entfallen. Wird der dort versammelte Sachverstand aus Angst vor politisch abweichend agierenden Bürokraten ausgeschaltet, können Präsidenten, die meist zwar über Ideen, nicht aber über Fähigkeiten zur realistischen Einschätzung von Praxisnähe und Folgen geplanter Maßnahmen verfügen, schwere Niederlagen aus einer zu stark politisierten Bürokratie heraus erleiden.[1091]

Hugh Heclo gibt zu bedenken, dass in einer stark politisierten Bürokratie die Berufsbürokraten ihr Leitbild der objektiven Loyalität und Empfänglichkeit für die politischen Leitvorstellungen der Administration aufgeben können, um in der Folge sich nur auf ihr eigenes Netzwerk zu verlassen, oder die entgegengesetzte Möglichkeit wählen: genauso unbedingt loyal zu sein, wie die politischen Kräfte und dabei aber wertvoller, weil sie über das Funktionieren der Verwaltung im Bilde sind. Dies könne zu verstärkter bürokratischer Macht führen, sei aber für das Konzept des öffentlichen Dienstes insgesamt schädlich.[1092]

Eine besondere Form des Umgangs mit der Berufsbürokratie im Rahmen fortschreitender Politisierung ist das *"Mushroom-Management"* oder *„jigsaw puzzle management“*, so genannt, weil es Untergebene im Dunkeln hält, indem nur Teile wichtiger Informationen weitergegeben werden und die Richtung, die das Ministerium einschlagen will, den nicht-politischen Personalteilen nicht eröffnet wird: Das Karrierepersonal arbeitet jeweils an kleineren Einzelfragen, erhält aber nie einen Überblick über das gesamte Bild.[1093]

1.2 Entpolitisierung und Entbürokratisierung

Die Bürokratie der Bundesverwaltung und die durch den demokratisch gewählten Präsidenten bestellten politischen Mitarbeiter führen nicht nur eine Koexistenz, sie beeinflussen, kontrollieren und verflechten sich. Dabei kann es zu einer Bewegung der Entpolitisierung und Entbürokratisierung kommen. Entpolitisierung ist das Ergebnis eines Prozesses, in dem politische Mitarbeiter in ihren Behörden zu Mikromanagern werden, sich tief in die Erledigung der täglichen und Routinearbeiten hineinziehen lassen und sich so den Zielen und Wünschen

---

[1090] Michaels, S. 52

[1091] Aberbach/Rockman, Mandates or Mandarins?, S. 606, 610; Michaels, S. 55

[1092] Heclo, Government of Strangers, S. 76

[1093] Pfiffner, Political Public Administration, S. 352, 355 ihrer Behörde mehr verpflichtet fühlen als dem Präsidenten. Politische Mitarbeiter, die sich Erfahrung und Langzeitperspektive des Karrierepersonals zu eigen machen, setzen sich dem Vorwurf aus, das 'haltlose bürokratische Treiben unbeeinträchtigt von demokratischer (sprich: politischer) Kontrolle zu unterstützen'.[1094] Entbürokratisierung kann sich in der Ministerialverwaltung ausbreiten, wenn das Weiße Haus auf die Distanzierung der politischen Mitarbeiter mit Versuchen zur Ausübung stärkerer Kontrolle über die Karrierebeschäftigten reagiert und diese anfangen, ihren beruflichen Standard der neutralen Kompetenz zu verlassen und sich mehr mit den Vorstellungen der politischen Mitarbeiter zu identifizieren. In dieser Konstellation tauschen Karrierepersonal und politische Mitarbeiter tendenziell ihre Rollen. Bei dem hier Beschriebenen handelt es sich nicht etwa um eine unbedingt zu vermeidende Entwicklung; vielmehr kommt es auf den Grad der Ausprägung des Aufeinanderzubewegens an.[1095]

1.3 Zentralisation der Macht im Weißen Haus - Bürokratisierung der Präsidentschaft

Präsidenten waren seit Franklin D. Roosevelt in wachsendem Maße an der Zusammenziehung von Macht im Weißen Haus interessiert. Roosevelt war der erste Präsident, der sich in inhaltlichen Fragen nicht mehr nur auf sein Kabinett stützte, sondern an andere Institutionen (Bureau of the Budget) direkt herantrat. Für die Erledigung wichtiger neuer Aufgaben - mit seinen Programmen des New Deal zur Überwindung der Arbeitslosigkeit der Great Depression reichlich vorhanden - aber wählte Roosevelt den Weg der Schaffung neuer Behörden.
Eine entscheidende politische Frage für jeden Präsidenten ist, ob die Position des Chief of staff des Weißen Hauses besetzt wird, wenn ja, welche Person gewählt wird und welchen Kurs diese Person einschlägt. Die Position stellt hohe Anforderungen an den Inhaber und seine Fähigkeiten; gleichzeitig ist es die Position, die am häufigsten mit Personen besetzt wurde, die über keinerlei Kontakte in Washington und Erfahrungen in der Bundespolitik verfügten:
Im White House Office war Roosevelt sein eigener chief of staff.[1096]
Unter Truman wurde der EOP erstmals so besetzt, dass dort Spezialisten für die verschiedenen Felder eingesetzt wurden und die Generalisten verschwanden.[1097]
Eisenhower etablierte die formale Position des Stabschefs mit den Aufgaben, den stark vergrößerten und komplexeren Stab des Präsidenten zu überwachen und zu koordinieren, und wählte den Gouverneur von New Hampshire, Sherman Adams, einen Mann mit militärisch harschen Umgangsformen, der als Puffer zwischen dem Präsidenten und der Welt außerhalb des Oval Office fungierte und den

---

[1094] Michaels, S. 177
[1095] Michaels, S. 58 f
[1096] Pfiffner, Presidency in Transition, S. 1, 10
[1097] Michaels, S. 59 f

Zugang zu Eisenhower auch für Minister streng limitierte.[1098] Seit den 60er Jahren ist zu beobachten, dass die Zentralisierung der Kontrolle der Bürokratie zunehmend im Executive Office of the President und speziell im White House Office stattfindet.[1099] Einen großen Entwicklungsschub erfuhr die Belegschaft des Weißen Hauses unter Kennedy, der die Auffassung vertrat, dass das Weiße Haus für wichtige Themenkomplexe immer auch einen eigenen Experten im Team haben müsse.[1100] Die Präsidenten Kennedy und Johnson haben die Position des Stabschefs nicht besetzt. Nixon - in Sachen Misstrauen gegen die Ministerialverwaltung ein pathologischer Fall - vertraute nur seinem Mitarbeiterstab im Weißen Haus, so dass aus diesem Stab heraus bei Entscheidungen auch Kabinettsmitglieder übergangen und Anweisungen direkt an niederrangige politische Mitarbeiter gegeben wurden; er bestellte H. R. Haldeman, Werbefachmann und Wahlkampfmanager zum Stabschef, der das Weiße Haus mit eiserner Hand leitete.[1101] Die aggressive und exzessive Rolle des White House staff unter Nixon führte dazu, dass seine Nachfolger bis zur zweiten Amtszeit Ronald Reagans keinen starken Chief of staff mehr hatten.[1102]

Nachdem Gerald Ford die Beteiligung des Weißen Hauses an Koordination und Interventionsmaßnahmen zurückgeführt hatte, gerieten die Leitungsfunktionen des Weißen Hauses unter Jimmy Carter wieder in Schwierigkeiten; sie galten als chaotisch und inkonsequent. Ford und Carter haben zunächst versucht, ohne Chief of staff auszukommen, sahen aber schließlich ein, dass sie nicht ohne eine Person zurechtkamen, die die Arbeit der Hilfsmannschaften und Berater des Präsidenten koordinierte und Kontakte und Zugang zum Weißen Haus kontrollierte. Nachdem Ford und Carter die Position zunächst formell und materiell unbesetzt gelassen hatten – eine Folge der negativen Erfahrungen mit den Möglichkeiten dieser Position unter Nixon und mit Haldeman – wurden zumindest die materiellen Aufgaben doch wieder zugewiesen: Carter ernannte 1979 Hamilton Jordan offiziell zum Chief of staff. Die „spokes-of-the-wheel“ Organisation erwies sich jedoch nicht als erfolgreich.[1103]

Reagan stellte Ideologie und Loyalität in den Vordergrund. Kompetenz war zweitrangig, abweichende Meinungen unerwünscht. Mit den nach diesen Vorgaben ausgewählten Kabinettsmitgliedern hatte Reagan dann ein entspanntes und kollegiales Verhältnis. Politische Mitarbeiter wurden auf seine politischen Vorstellungen "eingeschworen" und betrachteten sich als Repräsentanten des Präsidenten in den Ministerien und Behörden, nicht umgekehrt. Sein Mitarbeiterstab im Weißen Haus übernahm zunächst vor allem Koordinationsaufgaben; James

---

1098 Pfiffner, Chief of Staff, S. 77, 79 f

1099 Pfiffner, Presidency in Transition, S. 1, 9 f

1100 Newland, Reagan Agenda, S. 135, 138

1101 Pfiffner, Chief of Staff, S. 77, 83 f; King/Riddlesperger, S. 496, 501 f

1102 Pfiffner, Presidency in Transition, S. 1, 10 f

1103 Pfiffner, Presidency in Transition, S. 1, 10 und Chief of Staff, S. 77 f

Baker als Chief of staff verstand und bewegte sich als neutraler Vermittler und übte seine Rolle effizient und ohne öffentliches Aufsehen aus. Reagan geriet aber in Schwierigkeiten, als Baker zu Beginn seiner zweiten Amtszeit die Position mit Donald Regan, bisher Secretary of treasury, und damit auch das Operationsmodell seines Mitarbeiterstabes tauschte. Regan gerierte sich als dominanter Chief of staff, der auf Kosten des Kabinetts und im Umgang mit seinen Mitarbeitern einen eher befehlenden als koordinierenden Stil pflegte, der nicht ohne Wirkung blieb: Die von ihm aus dem Finanzministerium mitgebrachten Mitarbeiter wurden im Weißen Haus wegen ihres unterwürfigen Verhaltens Regan gegenüber allgemein als „die Mäuse" (the Mice) bekannt.[1104] Nach dem Rücktritt Regans 1987 im Zuge der Iran-Contra Affäre kehrte Reagan zum Stil der Koordination zurück.[1105] George Bush wählte Männer und Frauen mit hoher Kompetenz und langjähriger Regierungserfahrung in sein Kabinett. Sein Mitarbeiterstab im Weißen Haus war kompetent und übte - jedenfalls zu Beginn seiner Administration - weder Druck noch Kontrolle auf das Kabinett und die Ministerien aus,[1106] er wählte John Sununu, einen ehemaligen Gouverneur von New Hampshire.

Adams, Haldeman, Regan und Sununu als offizielle Chiefs of staff wiesen eine – wie sich herausstellte – für diese Position unglückliche Tendenz zu dominantem Verhalten auf und waren unfähig, in der politischen Atmosphäre und Realität Washingtons effektiv zu arbeiten.[1107] Sie befleißigten sich rauher Umgangsformen und waren von ihrer eigenen Bedeutung so überzeugt, dass sie sich nicht nur bei Mitgliedern der eigenen Administration, sondern auch bei Kongressabgeordneten unbeliebt machten und ein schlechtes Verhältnis zur Presse hatten. Oftmals umgaben sie sich – unfähig, intelligente Mitarbeiter als potentielle Konkurrenten und Kritiker in ihrer Nähe zu ertragen – mit willfährigen Untergebenen.[1108] Chiefs of staff, die über ausgedehnte Erfahrung in Washington verfügten und meist erst zum Ende der Amtszeit bestellt wurden, waren insgesamt erfolgreich, so z. B. Richard Cheney und Howard Baker in den Administrationen von Ford und Reagan.

Die Geschichte der politischen Bestellungen auf dieser Position ist nicht nur ein gutes Beispiel dafür, wie Präsidenten unter missglückten politischen Bestellungen leiden können – herausragendes Beispiel bleibt Nixon mit Haldeman -, sondern auch dafür, dass aus der Geschichte selten gelernt wird – jedenfalls nicht im Fall der ersten Bestellung des Chief of staff unter Clinton. Wie bereits erwähnt, bestellte Clinton zunächst seinen langjährigen Freund, Thomas L. MacLarty, zum Chief of staff. MacLarty wies als Erfahrung im politischen Bereich eine Legislaturperiode im Parlament des Einzelstaates Arkansas und die Mitarbeit in mehre-

---

1104 Pfiffner, Chief of Staff, S. 77. 87
1105 Pfiffner, Presidency in Transition, S. 1, 10 f
1106 Michaels, S. 64 f
1107 Pfiffner, Chief of Staff, S. 77, 78 f, 80
1108 Pfiffner, Chief of Staff, 77, 87, 93, 98

ren politischen Wahlkämpfen auf und damit eine bestenfalls minimale Erfahrung mit Washingtoner Politik und hatte daher kein eigenes politisches Programm, was eher als positiv angesehen wurde. Es erwies sich rasch, dass das Weiße Haus nicht effektiv arbeitete und ein erfahrener Koordinator fehlte. Nach 17 Monaten wurde MacLarty zum Berater des Präsidenten „befördert" und Leon Panetta – auf verschiedenen Posten in der politischen und Regierungsarbeit erfahren – zum Chief of staff bestellt. Unter Panetta wurden die Kontakte zum Kongress verbessert und die Entscheidungsstrukturen im Weißen Haus geordnet.[1109] Fortschreitende Zentralisierung im Weißen Haus zeigt sich auch in der Personalauswahl. Während in den 50er und 60er Jahren assistant secretary Stellen durch die zuständigen Kabinettsmitglieder besetzt wurden, begann das Weiße Haus in den 70er Jahren mit der eigenen Auswahl für diese Stellen; seit den 80er Jahren kontrolliert das Weiße Haus die Besetzung aller Ebenen einschließlich der politischen Stellen des SES und der Schedule C – Mitarbeiter.[1110] Auch unter Clinton wurde die Praxis der Reagan-Bush Ära, über die Rekrutierung und Bestellungen politischer Mitarbeiter zentral im Weißen Haus zu entscheiden, beibehalten.[1111]

1.4 Bewertung

Bürokratisierung der Präsidentschaft ist eine potentiell gefährliche Strategie, da dann die Verantwortung für desaströse Ergebnisse nicht nur formal politisch, sondern auch materiell-organisatorisch direkt beim Präsidenten liegt. Sicherer - aus Sicht des Präsidenten - ist es, die Bürokratie durch ideologisch "einwandfreie" politische Kräfte zu lenken, die die Berufsbürokratie kontrollieren, und selbst gegenüber den Ministerien eine angemessene Distanz einzuhalten.[1112]
Das Beispiel der Entwicklung des Bureau of the Budget (BOB) - heute Office of Management and Budget (OMB) - zeigt, dass die schleichende Übernahme einer ehemals mit fachlicher Orientierung und neutraler Kompetenz von der Karrierebürokratie geleiteten Behörde durch politische Mitarbeiter, die nach anderen Kriterien ausgesucht werden und agieren, zu einem existentiellen Verlust der Glaubwürdigkeit führen und diese Behörde dann ihre Funktion für den Präsidenten kaum noch erfüllen kann: Als Bill Clinton in einer Rede zur Lage der Nation über die Haushaltsentwicklung sprach, legte er seinen Ausführungen zur zukünftigen Planung des Budgets die Zahlen des Kongresses zugrunde, nicht die des OMB.[1113] Der sich verstärkende Trend, die Personalauswahl für praktisch alle politischen Stellen aus dem Weißen Haus heraus zu kontrollieren und zu bestimmen, zeugt von einer Verschiebung der Prioritäten: Während früher den Kabi-

---

1109 King/Riddlesperger, S. 496, 501 f
1110 Pfiffner, Presidency in Transition, S. 1, 13 f
1111 Eksterowicz/Hastedt, S. 299, 311
1112 Michaels, S. 67
1113 Michaels, S. 70 ff, 77

nettsmitgliedern das Recht zugebilligt wurde, die ihnen unmittelbar unterstellten hochrangigen politischen Mitarbeiter selbst aussuchen zu können, wird jetzt das Ziel der Schaffung höchster politischer Loyalität zum Präsidenten vorangestellt bzw. der Präsident möchte auf alle verfügbaren Stellen – auch als jederzeit verfügbares Gut – zurückgreifen können.
Festzustellen ist, dass die Personalauswahl für die politischen Stellen stark im Weißen Haus konzentriert ist und dass die Anzahl sowie die Durchdringung der gesamten bürokratischen Hierarchie mit politischen Stellen stetig stark zugenommen hat. Damit einher ging zur Bewältigung der zunehmenden Aufgaben eine starke Ausdehnung des Mitarbeiterstabes des Weißen Hauses.
Ob durch diese Entwicklungen die Qualität der politischen und verwaltungstechnischen Handlungsfähigkeit – einschließlich notwendiger Binnenkommunikation zwischen den unterschiedlichen Mitarbeitergruppen – über die Vermittlung eines subjektiven Gefühls erhöhter Loyalität und Sicherheit der jeweiligen Administration hinaus – objektiv verbessert wird, ist zweifelhaft und wird im folgenden näher beleuchtet.

2. Politische Mitarbeiter – Zahlen in der Expansion

2.1 Bürokratisierung im Weißen Haus

Die Ausdehnung der Bürokratie beginnt bereits vor dem erfolgreichen Wahlergebnis und dem Einzug ins Weiße Haus: Von 1952 bis 1980 sind die Mitarbeiterzahlen, die den Übergang der Administration vorbereiten, von 100 unter Eisenhower bis auf 1550 unter Reagan gestiegen. Die Kosten sind im gleichen Zeitraum von $ 400.000 unter Eisenhower auf $ 3 Millionen unter Reagan gestiegen. Unter Bush und Clinton sind Kosten wie Mitarbeiterzahlen wieder gesunken.[1114]
1988 waren ungefähr 30 Gruppierungen bereit, dem president elect bei seiner Übergangszeit ins Weiße Haus behilflich zu sein – oft nicht ohne eigene Interessen, denn im Rahmen ihrer Hilfe soll häufig das von ihnen vertretene Thema – Handel, Umwelt, Frauenförderung etc. – besonders in den Mittelpunkt gerückt werden.
Während Präsidenten einerseits dieser Hilfe bedürfen, ist erkennbar, dass die Fülle an Informationen frühzeitig und effektiv in geordnete Bahnen gelenkt und priorisiert werden muss, soll der Überblick und vor allem die Fähigkeit, nach den vorhandenen informationellen Bedürfnissen aus diesem Fundus auszuwählen, nicht verloren gehen. Dazu sind Arbeitstechniken erforderlich, die nicht erst nach erfolgreicher Wahl, sondern bereits während des Wahlkampfes – bei notwendig offenem Wahlausgang – beginnen müssen (Preelection Transition Efforts) - im Idealfall nach der Nominierung des Präsidentschaftskandidaten.[1115] Ein struktu-

---

[1114] Eksterowicz/Hastedt, S. 299, 316
[1115] Eksterowicz/Hastedt, S. 299, 316 f, Walker/Reopel, S. 734, 735 f

rell angelegter Konflikt zwischen den Ressourcen für den Wahlkampf – ohne Wahlerfolg nützt auch die beste Vorbereitung auf die Übergangszeit nichts – und den Ressourcen für die Übergangsplanung – ohne Übergangsplanung kann der Wahlerfolg ins Leere verpuffen – ist die Folge. Eine rasche Besetzung der politischen Mitarbeiterstellen ist auch deshalb wichtig, weil möglichst rasch nach dem Amtsantritt eine effektive Arbeit beginnen muss, wenn die Präsidentschaft erfolgreich sein soll; erfahrungsgemäß lassen sich neue Gesetzesvorhaben am leichtesten in der ersten Hälfte der Amtsperiode durchsetzen und alle Präsidenten seit Roosevelt 1934 haben bei den Midterm – Kongresswahlen Sitze ihrer Partei verloren (mit der Ausnahme Clinton 1998). Inhaltlich effektiv kann aber umso schneller gearbeitet werden, desto eher die hochrangigen politischen Mitarbeiter bestellt und eingearbeitet sind.[1116]

2.2 Entwicklung der Zahlen der politischen Mitarbeiter im allgemeinen

Politische Spitzenkräfte führen die Ministerien und Behörden. In der Verfolgung und Durchsetzung ihrer Ziele sind sie gegenüber der Karrierebürokratie wegen ihrer vergleichsweise kurzen Verweildauer im Nachteil: 70 % der Karrierebürokratie gehören ihrem Ministerium oder ihrer Behörde seit mehr als zehn Jahren, 50 % seit mehr als 20 Jahren an.[1117]

Die Entwicklung, besser: das Anwachsen des Anteils politischer Spitzenkräfte in der Ministerialverwaltung ist untrennbar mit der Entwicklung - und dem Wachstum – der Karrierebürokratie und der Entwicklung der öffentlichen Verwaltung in den Vereinigten Staaten allgemein verbunden. Die Wachstumsphasen in den Weltkriegen und in den Programmen des New Deal (Roosevelt) und der Great Society (Johnson) haben auch die Zahl der politischen Spitzenkräfte anwachsen lassen. In neuerer Zeit sind dann die Möglichkeiten, politische Bestellungen bis tief in die Hierarchie hinein durchführen zu können (Schedule C) und die Spitzengruppe der Karrierebürokratie in die politische Loyalität einzubinden (SES), erweitert worden. Dies spiegelt die Diskussion darum, wie Ministerialverwaltung sein soll, wider: Immer zwischen der Forderung nach einer Betonung der Neutralität und der Frage nach der politischen Loyalität gegenüber dem demokratisch gewählten Führer der Exekutive. Ende der 60er Jahre waren etwa 1.200 politische Posten in der Ministerialverwaltung des Bundes zu besetzen, Anfang der 90er Jahre waren es bereits rund 4.000 Posten.

Nicht nur die Zahlen haben sich erhöht: Die politischen Stellenbesetzungen gehen seit der Einführung des Schedule C durch Eisenhower im Jahre 1953 auch tiefer in die Hierarchie hinein. Es ist sehr schwierig, exakte Zahlen für die Entwicklung der Zahlen politischer Stellenbesetzungen zu nennen: Zum einen greifen die verschiedenen Quellen auf unterschiedliche Definitionen politischer Posten zurück,

---

[1116] Walker/Reopel, S. 735, 737

[1117] Volcker-Commission, S. 215

zum anderen nimmt die Zahl der politischen Posten eine zyklische Entwicklung im Verlaufe einer Administration: niedrig am Beginn und Ende einer Präsidentschaft, hoch in der Mitte.[1118] Die Zahl der fünf hochrangigsten politischen Bestellungen (secretary, deputy secretary, under secretary, assistant secretary, deputy assistant secretary) ist von 196 zu Beginn der Kennedy Administration im Jahre 1961 auf 786 unter der Clinton-Administration 1993 gestiegen.[1119] 1992 waren insgesamt 3466 vom Präsidenten bestellte politische Mitarbeiter tätig (presidential appointees), davon 1515 mit Senatsbestätigung.[1120] Die Größe des Executive Office of the President (bzw. der entsprechenden Vorgänger) hat sich seit Beginn der Dokumentation für die Amtszeit des Präsidenten Calvin Coolidge 1924 bis 1928 stark verändert. Die folgenden Zahlen geben die während der Amtszeit durchschnittliche Gesamtzahl der EOP-Verwaltungsmitarbeiter an, die Zahlen in Klammern sind die Mitarbeiter, die im White House Office tätig waren: Coolidge beschäftigte insgesamt 133 Mitarbeiter (53); diese Zahlen sanken sogar unter Hoover und Roosevelt leicht ab, bis sie ab 1938 anstiegen und 1945 – kriegsbedingt - eine Mitarbeiterzahl von 174.138 (61) erreicht wurde. Truman senkte nach Kriegsende die Zahl wieder ab und verzeichnete in seiner zweiten Amtszeit zwischen 1949 und 1953 einen Durchschnitt von 1.269 (256). Eisenhower verdoppelte in seiner zweiten Amtszeit die während seiner ersten Amtszeit eingesetzte Mitarbeiterzahl von 1.229 (295) auf 2.357 (408) und die Zahl stieg – nach einer Absenkung während der Kennedy Administration – unter Johnson auf 3.839 (304). Nixon – mit seinem Willen zur Schaffung einer Gegenbürokratie aus dem Weißen Haus heraus - hob die Mitarbeiterzahl auf 5.142 (491). Unter Ford ging die Zahl erstmals wieder unter 2.000 zurück; seitdem hat sich die Mitarbeiterzahl auf 1.600 bis 1.700 Mitarbeiter eingependelt. Clinton beschäftigte in den Jahren von 1993 bis 1995 durchschnittlich 1.683 (415) Mitarbeiter.[1121] Bei der Betrachtung des Anstiegs von politischen Bestellungen mit Senatsbestätigung ist zu beachten, dass die Präsidenten dem Senat schon immer sehr viele Nominierungen zur Bestätigung vorgelegt haben, die über wenig politische Relevanz verfügen. Die meisten Nominierungen betreffen die Ernennungen von Offizieren in den Streitkräften, die sowohl pro forma Nominierungen als auch pro forma Bestätigungen darstellen. Von den bis zu 60.000 Nominierungen, die Präsidenten seit Truman jedes Jahr dem Senat zugeleitet haben, sind nur etwa 2.000 in eigentlichem Sinne politische Bestellungen. Die Zahl der hochrangigen politischen Bestellungen ist noch geringer.[1122] Die Zahl der politischen Stellen steigt jedoch nicht nur in absoluten Zahlen an. Auch der Anteil politischer Stellen an den Stellen in der Bundesministerialverwaltung insgesamt hat sich erhöht. Vor allem die

---

[1118] Michaels, S. 113
[1119] Light, Thickening Government, S. 190-92
[1120] Mackenzie, Presidential Appointment Process, S. 37, 43
[1121] Ragsdale, S. 257-260
[1122] Ragsdale, S. 253 f, 281 f

Leitungsfunktionen in den Ministerien und Behörden sind von der Karrierebürokratie in den politischen Bereich abgewandert. Durch den SES ist es möglich, Stellen mit Personen aus der Karrierebürokratie und mit politischem Hintergrund zu besetzen.

2.3 Bewertung des Anstiegs der politischen Stellen in der Bundesministerialverwaltung

Der Anstieg der politischen Stellen wird in der amerikanischen Verwaltungswissenschaft allgemein negativ beurteilt. Durch diese Ausdehnung entstehen lange und häufige Vakanzen wichtiger Positionen bis zur Beendigung des Auswahlprozesses und durch kurze Beschäftigungszeiten. Die Zahl der politischen Stellen sollte vor allem aus drei Gründen verringert werden:
Verwaltungen und insbesondere die Karrierebürokratie können neue politische Impulse nur dann kompetent und zügig umsetzen, wenn sie nicht bei jedem politischen Wechsel komplett ihrer Führung beraubt werden. Übermäßig viele politische Stellenbesetzungen laufen den Interessen der Präsidenten zuwider, die damit nicht immer mehr Kontrolle über die Verwaltung gewinnen, sondern sich mit jeder neuen Schicht politischer Mitarbeiter den Zugriff auf die Verwaltung und deren Kontrolle erschweren, denn die Erhöhung der Zahl politischer Posten in der Hierarchie durch Vertiefung und Erweiterung führt auch zu einer Art Inflation und Wertminderung, weil der Umstand, eine politische Bestellung zu erhalten, objektiv an Wert verliert und die Möglichkeiten einer solchen Position geringer werden.[1123] Durch die Erweiterung der Schedule C Beschäftigten sind auch Positionen in mittleren und niedrigen Rängen in den politischen Bereichen überführt und aus dem Merit-System herausgenommen worden. Dadurch ist es den politischen Spitzenkräften möglich geworden, praktisch in der gesamten Hierarchie auf Beschäftigte aus dem "eigenen Lager" zurückgreifen zu können - notfalls unter Übergehung der Karrierebürokratie. Hier liegt eine weitere Gefahr zur Verschlechterung des Verhältnisses beider Gruppen.[1124] Verdichtung der politischen Führungslinien und geringere Beteiligung der Karrierebürokratie an wichtigen Leitentscheidungen über die künftige Arbeit in den Ministerien verringert ihre Motivation und Bereitschaft, sich für Probleme dieser Tragweite zu interessieren, sich über die politischen Fragen der Aktualität und Durchsetzbarkeit bestimmter Lösungen sowie der Reaktionen beteiligter Interessengruppen Gedanken zu machen und sie in die Vorbereitungen einzubeziehen. Damit wäre durch das vermeintlich notwendige Mittel der verstärkten politischen Kontrolle der Karrierebürokratie deren Notwendigkeit erst hergestellt worden.[1125] Das White House Personnel Office ist wegen der Anforderungen bei der Besetzung der vielen politi-

[1123] Michaels, S. 143
[1124] Ingraham, Building Bridges or Burning Them, S. 425, 426
[1125] Heclo, The In-and-Outer-System, S. 195, 202

schen Positionen nicht mehr zu einem angemessenem Personalmanagement in der Lage, so dass Vakanzen von 15 bis 20 % bestehen.[1126] Außerdem ist den Interessen des Präsidenten nicht immer dadurch gedient, dass er „seine" Leute überall – und möglichst bis tief in die Hierarchie hinein – in allen Behörden sitzen hat. Diese Leute mögen ihm im besten Falle zur Dankbarkeit verpflichtet sein (oder der sie unterstützenden Interessengruppe, dem Kongress oder einer Person), häufig sind sie in der Bundesverwaltung und ihrem speziellen Aufgabenkreis, in dem sie Führungsaufgaben wahrnehmen sollen, unerfahren und verfügen über keinerlei institutionelles Gedächtnis – ein Umstand, der häufig positiv mit der Versicherung umschrieben wird, diese Leute brächten frischen Wind in die Verwaltung. Das Phänomen der Verdichtung der Ministerialbürokratie durch die ständige Hinzufügung politischer Positionen erhöht und verstärkt die Zahl der zu beteiligenden Führungsebenen und führt so nicht zu mehr effektiver politischer Kontrolle, sondern zu verlangsamten Hierarchieleitern und mühsameren Abstimmungsverfahren.[1127] Nicht zuletzt wird die Karrierebürokratie um interessante Aufstiegsmöglichkeiten gebracht und die Attraktivität einer beruflichen Laufbahn in der Bundesverwaltung vermindert. Auch der Präsident – und nicht zuletzt das Wahlvolk - würde oftmals davon profitieren, könnten in der Sache kompetente und kritische Karrierebürokraten ihr Wissen in den Entscheidungsprozess einbringen.[1128]

3. Politische Mitarbeiter untereinander

Politische Spitzenkräfte bilden keine homogene Gruppe. Einige haben ihre Posten vornehmlich aufgrund ihrer fachlichen Fähigkeiten, andere wegen ihrer politischen Verbindungen erhalten. Sodann sind sie auf unterschiedlichen Hierarchieebenen tätig. Folglich ist das Verhältnis unter ihnen auch nicht durchgängig gut. Sogar bei den politischen Bestellungen Reagans, die gemeinhin als die am meisten homogenen gelten, stellten Ban und Ingraham fest, dass größere Spannungen zwischen den politischen "Fachkräften" und den politischen "Politkräften" bestanden, weil letztere unter großem politischen Druck standen und inhaltlich wenig Kenntnisse hatten - die Zusammenarbeit wurde dadurch erheblich erschwert. Dies wurde insbesondere über die politischen Kräfte auf niedrigerer Ebene - ohne Senatsbestätigung - geäußert.[1129] Light und Thomas stellten fest, dass nur 11 % der befragten Spitzenkräfte aus den Reagan/Bush/Clinton Administrationen glaubten, dass unter ihren Kollegen des EX I bis IV die besten und

---

1126 Pfiffner, Democracy-Bureaucracy Nexus, S. 57, 63

1127 Light, When Worlds Collide, S. 156, 157

1128 Huddleston/Boyer, S. 154; Pfiffner, National Performance Review, S. 41; Volcker-Commission, S. 215 f

1129 Ban/Ingraham, Short-Timers, S. 106, 118, 121

geeignetsten Kräfte tätig waren.[1130] PAS arbeiten nicht selten auf unterschiedlichen Hierarchiebenen in einer Behörde eng zusammen. Konfliktpotential birgt immer wieder die Frage nach dem Recht eigener Personalauswahl. Abhängig vom jeweiligen Präsidenten haben Kabinettsmitglieder – auf der obersten Stufe der PAS – unterschiedliche Kompetenzen zur Auswahl ihrer eigenen nachgeordneten politischen Spitzenkräfte gehabt. Je weiter es die Executive Levels nach unten geht, desto weniger Einfluß haben die PAS im allgemeinen auf die Auswahl ihrer Assistenten und Mitarbeiter. Das Verhältnis der politischen Kräfte untereinander wird oft von der Tatsache beherrscht, dass ihre kurze Verweildauer die Entwicklung guter kollegialer Arbeitsbeziehungen erschwert. Darüber hinaus müssen sie im politischen und bürokratischen Tagesgeschäft nicht selten, indem sie die Interessen ihrer Ministerien vertreten, gegen einen politischen Kollegen antreten, der auf der Gegenseite steht. Die relativ große Anonymität untereinander führte in den 70er Jahren zu der Bezeichnung *"Government of Strangers"*. Seitdem hat sich die Lage jedoch insofern verändert, als durch die Amtszeiten von Reagan und Bush und nach diesen durch die Amtszeiten von Clinton die Machtphasen einer politischen Partei relativ lang geworden sind. Wechsel finden nicht mehr in so rascher Reihenfolge statt, wie es bis dahin der Fall gewesen war, so dass sich die Verbindungen und Erfahrungen der politischen Kräfte unter- und miteinander über längere Zeit entwickeln konnten.[1131] Die hergebrachten Grenzen innerhalb der verschiedenen Ressorts, dem Executive Office of the President (EOP) und dem White House staff sind zunehmend unschärfer geworden, da die traditionelle Organisation der Bundesverwaltung der modernen Realität ressortübergreifender Probleme, etwa im Bereich Umwelt, der in Vorhaben vieler Ressorts eingreifen kann, nicht mehr entspricht. Dies zieht eine vermehrte ressortübergreifende Zusammenarbeit und die dafür notwendige Teamfähigkeit nach sich.[1132]

4. Amtsdauer politischer Mitarbeiter

4. 1 Amtsdauer politischer Mitarbeiter - feste Größen oder auf der Durchreise?

Die Verweildauer politisch bestellter Kräfte ist kurz. Dies ist eine insgesamt zutreffende Feststellung, auch wenn die Verweildauer auf den verschiedenen Hierarchiestufen unterschiedlich ist und sich auch die Länge der überhaupt in der Verwaltung verbrachten Zeit in den Administrationen unterscheidet. Die Länge der Verweildauer hat Auswirkungen auf das Verhältnis der politischen Kräfte zum Karrieredienst, dessen Mitglieder regelhaft viel längere Beschäftigungszeiten aufweisen. Für den Zeitraum Juli bis Dezember 1979 – während der Carter-Administration - wurde festgestellt, dass die Verweildauer auf den politischen Stel-

[1130] Light/Thomas, S. 8 f

[1131] Michaels, S. 146

[1132] King/Riddlesperger, S. 496, 497

len des SES bei ca. 20 Monaten lag, während die Verweildauer bei politischen Bestellungen mit Senatsbestätigung ungefähr 31 Monate betrug. Bundesweit lag die Verweildauer bei 40 % der politischen Positionen unter einem Jahr. Während der Reagan-Administration war in jedem Jahr im Durchschnitt ein Drittel der politischen Stelleninhaber damit beschäftigt, die Position innerhalb der Bundesverwaltung zu wechseln oder die Bundesverwaltung ganz zu verlassen.[1133] Die kurze Beschäftigungsdauer der politischen Spitzenkräfte hat gewissermaßen Tradition: In den Administrationen von Roosevelt bis Johnson blieben nur 52 % der politischen Spitzenkräfte mit Senatsbestätigung zwei Jahre in ihrem Ministerium, 29 % blieben mehr als drei Jahre und 14 % blieben vier Jahre oder mehr.[1134] Die Entwicklung der Beschäftigungszeiten in den Administrationen geht zu immer kürzeren Zeiten hin: Die durchschnittlichen Beschäftigungszeiten der politischen Spitzenkräfte mit Senatsbestätigung lagen unter Johnson noch bei 2,8 Jahren, bei Nixon bei 2,6 und bei Ford (kurze Amtszeit) bei 1,9 Jahren. Unter Carter verblieben diese Kräfte durchschnittlich 2,5 und bei Reagan 2,0 Jahre.[1135] Das GAO untersuchte 1994 die Verweildauer der politischen Mitarbeiter während des Zeitraums vom 01. Oktober 1981 bis zum 30. September 1991 anhand der Amtszeiten von insgesamt 940 politischen Mitarbeitern, die auf insgesamt 409 politischen Stellen des Executive Schedule (EX) ohne festgelegte Amtszeit eingesetzt gewesen waren und fand heraus, dass deren durchschnittliche Verweildauer bei 2,1 Jahren lag und rechnerisch zwei bis drei verschiedene Mitarbeiter in dieser Zeit auf einer Position tätig gewesen waren. Dabei fiel auf, dass die jeweils kürzesten Amtszeiten und die häufigsten Wechselquoten in den Bundesbehörden mit Kabinettsrang zu verzeichnen waren.[1136] Von diesen Positionen sahen 18 jeweils mindestens fünf Amtsinhaber. Die freiwerdenden Stellen wurden sehr unterschiedlich schnell neu besetzt: in acht ausgewählten Behörden lag die Spannbreite zwischen nahtloser Neubesetzung und einer Vakanz von 33 Monaten; die durchschnittliche Vakanz dauerte zwischen sechs und zwanzig Monaten.[1137]

4.2 Auswirkungen der kurzen Verweildauer der politischen Kräfte auf das Verhältnis zur Karrierebürokratie

Für den Karrieredienst, der aufgrund seiner langen Verweildauer in der Verwaltung über die besten Fachkenntnisse verfügt und das institutionelle Gedächtnis der Behörde bildet, bedeutet jede neue politische Spitzenkraft die erneute Einarbeitung einer oftmals bisher fachlich unkundigen Person ohne vorherige Verwaltungserfahrung und damit eine zusätzliche Belastung. Je höher die Person in der

---

[1133] Ban/Ingraham, Short-Timers, S. 106, 112 bis 114; Volcker-Commission, S. 215
[1134] Ingraham, Building Bridges or Burning Them, S. 425, 428 f
[1135] Brauer, Tenure, S. 174 f
[1136] GAO, Turnover Rates, S. 3, 5
[1137] GAO, Turnover Rates, S. 7 f

Hierarchie angesiedelt ist, desto schwieriger ist es für die Karrierebürokraten, da dann diese Person zwar eingearbeitet werden, gleichzeitig aber auch Leitungsfunktionen wahrnehmen muss. Politische Mitarbeiter mit Senatsbestätigung – ungeachtet ihrer speziellen Aufgabe – werden durchgehend mit der Wahrnehmung von Schlüsselpositionen auf der Führungsebene betraut, um eine wichtige Rolle im Management von Bundesbehörden zu spielen und dort zur Erreichung der von der Administration gesetzten Ziele aktiv beizutragen. Diese Rolle verlangt ein Mindestmaß an Stabilität und Kontinuität in der Führung.[1138] Erfahrungsgemäß dauert es ungefähr ein Jahr, bis eine politische Spitzenkraft thematisch so eingearbeitet ist, dass sie selbständig Entscheidungen treffen kann, die auch innovativ und kreativ sein können. Daher sorgen die kurzen Verweildauern dafür, dass bei den immer neuen Kräften im Durchschnitt Unwissen und oft auch Vorurteile und Misstrauen gegenüber dem 'allwissenden' Karrieredienst den Alltag im Ministerium bestimmen.[1139] Die kurzen Beschäftigungszeiten der politischen Spitzenkräfte führen dazu, dass das dauerhaft beschäftigte Personal nicht nur in einer Übergangszeit von einer Administration zur nächsten, sondern in seinem Nahbereich während der ganzen Präsidentschaft recht viele - für die Behörde - bedeutsame Wechsel erlebt und in jeweils neuen Anlernphasen Arbeitsbeziehungen aufbauen muss.[1140] Zusätzlich erschweren neben immer neuer Einarbeitung und mangelnder Kontinuität in der Führung die langen Verfahrensdauern zur Neubesetzung, d.h. die ausgedehnten Vakanzen - auch „gaposis“ (gap = Lücke) genannt[1141] -, das reibungslose Arbeiten und machen Verbesserungen in der Führung schwierig bis unmöglich.[1142] Kontinuität und institutionelles Gedächtnis sind durch die strategische Politisierung der administrativen Führungsebenen ausschließlich unter den Karrierebürokraten und damit meist auf den mittleren und unteren Hierarchieebenen zu finden. Die Auswechslung wird so konsequent durchgeführt, dass es z. B. fünf Jahre nach Beginn des SES Systems im OPM niemanden mehr gab, der mit der Erarbeitung des ursprünglichen Modells befasst gewesen war.[1143] Die Untersuchung des GAO zur Kürze der Amtsdauer und Häufigkeit der Wechsel in Kabinettsministerien zeigt, dass gerade in den zentralen, besonders wichtigen Behörden die geringste Kontinuität der Führung besteht.[1144] Ban und Ingraham stellten fest, dass in der Reagan-Administration die politischen Spitzenkräfte, die für den Wechsel verantwortlich sein sollten, gerade in den Ministerien, die nach der Agenda des Präsidenten die größten Veränderungen in ihren Zielen und Aufgaben erfahren sollten - Housing and Urban

---

[1138] GAO, Turnover Rates, S. 6 f

[1139] Ban/Ingraham, Short-Timers, S. 106, 114

[1140] Maranto, Familiarity, S. 249, und Waterman, S. 170

[1141] NAPA, Leadership, S. 5

[1142] Gore, Creating Quality Leadership and Management, S. 25

[1143] Michaels, S. 164

[1144] GAO, Turnover Rates, S. 3

Development sowie OPM - die kürzeste Verweilauer hatten und daher wohl am wenigsten für die Herbeiführung ernsthafter und dauerhafter Veränderungen geeignet waren.[1145] Nicht nur die Karrierebürokraten sehen die kurzen Verweildauern als Belastung; auch die politischen Spitzenkräfte können in ihrem Eifer zur Veränderung und ihrem Reformdrang durch die Erkenntnis gebremst werden, dass sie wohl in ihren Ministerien die für effektive Reformen erforderliche Wissensebene gerade dann erreichen, wenn sie auf einen neuen Posten wechseln oder die Bundesverwaltung ganz verlassen.[1146] Auch die Ziele, die sich die politischen Kräfte setzen, und die Kontrollmechanismen, denen sie unterliegen, werden von ihrer voraussichtlichen Verweildauer auf der jeweiligen Position bestimmt, denn der nur kurzzeitig Beschäftigte muss sich andere - nämlich möglichst kurzfristig erreichbare - Ziele setzen als jemand, der für die gesamte Legislaturperiode planen kann. Andererseits ist jemand, der nach einer "Stippvisite" die Behörde wieder verlassen wird, eher zum Eingehen von Risiken bereit, da er nicht mehr da ist, wenn sichtbar werdende Fehler wieder behoben werden müssen.[1147] Hugh Heclo hat dazu geäußert, daß es kein sichereres Rezept für Fehlschläge gibt, als die persönliche Zukunft einer Person von dem Schicksal der Projekte zu trennen, mit deren Leitung sie befasst ist:

"...To ask temporary political appointees to superintend most of the major operations of the SES system is approximately comparable to entrusting the family heirlooms to a two-year-old.."[1148]

Sie müssen sich nicht nur über die langfristigen Folgen ihres Umgangs mit dem Karrierepersonal keine Gedanken machen, es kann für sie persönlich rational sein, der Institution - und einem eventuellen Nachfolger unter einer anderen Administration – einen langfristigen Schaden zuzufügen[1149] Durch die allzu raschen Wechsel der politischen Spitzenkräften kann der durch ihren Einsatz erwünschte erhöhte Einfluß der politischen Führung auf die Verwaltung effektiv minimiert werden. Jedoch wird der erwünschte "frische Wind" und die unbefangenen Perspektiven, die das politische Personal in die Verwaltung bringen soll, unterhalb einer gewissen Schwelle von Fachwissen und Erfahrung - in der Mitarbeiterführung und bei den politischen Realitäten in Washington - zur Farce, wenn diese positiven Elemente sich nicht in neue praxisnahe Vorstellungen umsetzen lassen.[1150]

Sogar Fred Malek, der unter Präsident Nixon sich eher als Gegner der Spitzenbürokraten einen Namen gemacht hatte, beklagte 1996, dass Präsidenten und politi-

---

[1145] Ban/Ingraham, Short-Timers, S. 106, 114 f

[1146] Heclo, Government of Strangers, S. 110

[1147] Heclo, The In-and-Outer System, S. 195, 208; Pfiffner, Democracy-Bureaucracy Nexus, S. 57, 60

[1148] Heclo, Government of Enemies, S. 12, 13 f

[1149] Heclo, Government of Enemies, S. 12, 14

[1150] Ingraham, Building Bridges or Burning Them, S. 425, 426

sche Mitarbeiter sich zunehmend auf kurzfristig erreichbare politische Belange konzentrieren statt auf längerfristig angelegte substantiierte Initiativen – wenn er dies auch vor allem der gewachsenen Bedeutung der Medien und einer gesunkenen öffentlichen Aufmerksamkeitsspanne zuschreibt.[1151]
Auch die NPR unter der Leitung von Vizepräsident Al Gore nannte im September 1993 politische Wechsel als Hauptursache für den Mangel an Führung in den obersten Rängen der Bundesverwaltung.[1152] Zu bedenken ist jedoch, dass die Zahlen über die Verweildauer für sich genommen noch kein realistisches Bild von den Folgen der kurzen Beschäftigungszeiten geben: Ein weiterer wichtiger Faktor ist die Verwaltungserfahrung, die die politischen Spitzenkräfte (PAS) bereits vor ihrer Bestellung sammeln konnten und die für die Schnelligkeit der Einarbeitung und Orientierung bedeutsam ist. Der Umfang vorangegangener Verwaltungserfahrung unterscheidet sich in den Administrationen. Light und Thomas warnen vor den Folgen, die sich daraus ergeben können, dass Präsidenten davon ausgehen können, dass sich politische Spitzenkräfte mit vorheriger Verwaltungserfahrung und Wohnsitz in Washington im Bestätigungsverfahren und in der Verwaltung schneller und besser zurechtfinden und einarbeiten; es sei fraglich, ob diese Personen noch der Vorstellung der Väter der Verfassung von den politischen Spitzenkräften entsprächen.[1153] Ausgeprägte zwischenmenschliche Fähigkeiten und in der Verwaltung erworbene Führungsqualitäten können auch deshalb ein wichtiger Faktor sein, weil im öffentlichen Bereich Mitarbeiterführung in größerem Maße als im privaten Bereich von der Fähigkeit abhängt, die Mitarbeiter zu begeistern und ihre Fähigkeiten anzuerkennen. Anders als im privaten Bereich stehen andere Möglichkeiten der Motivation nicht in ausreichendem Maße zur Verfügung.[1154] Häufige Vakanzen in politischen Führungspositionen sind immer schwierig zu kompensieren, besonders intensiv wirken sie sich in Administrationen aus, die der Karrierebürokratie besonders stark misstrauen und sie daher an politischen Planungen nicht beteiligen. Werden das Denken in langfristigen Zeiträumen und Bemühungen um Verbesserungen von Inhalten und Verfahren dagegen für originäre Aufgaben gerade auch der Karrierebürokratie gehalten, so ist die Lücke nicht so groß und kann nach einer Neubesetzung des politischen Postens leichter wieder geschlossen werden.[1155]

4.3 Gründe für die kurzen Beschäftigungszeiten

Für die Kürze der Beschäftigungszeiten gibt es viele Gründe. Manche PAS kommen in ihre Positionen, um bestimmte Ziele zu verwirklichen, und verlassen diese

---

[1151] Malek, Key Nixon Initiatives, S. 25, 26
[1152] Gore, Creating Quality Leadership and Management, S. 2
[1153] Light/Thomas, S. 18 f
[1154] Light, When Worlds Collide, S. 156, 165 f
[1155] White, Government Career Service, S. 88

wieder, nachdem dies gelungen ist. Andere können aus persönlichen oder finanziellen Gründen die Tätigkeit in der Bundesverwaltung nicht fortsetzen.
Der Ehrgeiz, während der Präsidentschaft „ihres“ Präsidenten noch vorankommen zu wollen, kann ebenfalls zum Verlassen der besetzten Position führen und erst recht die Absicht, Verbindungen, die in der Bundesverwaltung geknüpft wurden, noch während dieser Zeit, in der sie den höchsten Wert besitzen, außerhalb der Bundesverwaltung - in der Wirtschaft oder in Interessenverbänden - zukunftsträchtig und finanziell lohnend zu nutzen.[1156]
Die berufliche Umwelt der hochrangigen politischen Mitarbeiter mit Senatsbestätigung wurde von der NAPA in ihrem Abschlußbericht zur Lage des Bestätigungsverfahrens und der politischen Mitarbeiter 1985 als Mischung von Stimulierung und Aufregung beschrieben, die aber von unzureichenden Möglichkeiten des Vorankommens, zu geringer finanzieller Kompensation, einem oft überwältigendem Gefühl der Isolation vom Präsidenten und einer praktisch nicht vorhandenen Zeit für persönliche und familiäre Belange bestimmt wird.[1157]
Statistisch sind ausschlaggebend der bisherige Berufsweg, Alter, Zeitpunkt der Bestellung, das relativ niedrige Einkommen im öffentlichen Dienst, hohe soziale Kompetenzen, Nähe zur republikanischen Partei und die wöchentliche Arbeitszeit.[1158] Dabei treffen kurze Beschäftigungszeiten mit geringerem Lebensalter, höherem erreichbaren Einkommen im privaten Sektor, einem hohen Maß sozialer Kompetenzen, Nähe zur republikanischen Partei und hohen wöchentlichen Arbeitszeiten zusammen. Längere Beschäftigungszeiten werden mit vorangehender Verwaltungserfahrung in Einzelstaaten und Kommunalverwaltungen und mit der noch verbleibenden Amtszeit des Präsidenten verbunden: Je länger es noch bis zum Ende der Legislaturperiode dauert, desto länger bleiben auch die politischen Kräfte.
Joyce erklärt die kurze Verweildauer der politischen Spitzenkräfte (PAS) mit vier Faktoren:
(1) Die Einkommen sind zu niedrig, um die politischen Kräfte im öffentlichen Bereich zu halten.
(2) Die politischen Verwaltungsspitzen sind überarbeitet.
(3) Das Verhältnis der politischen Kräfte zur Karrierebürokratie ist unbefriedigend.
(4) Politisch bestellte Spitzenkräfte fühlen sich der Tätigkeit im öffentlichen Bereich nicht innerlich verpflichtet.[1159]
Insbesondere die Höhe des Einkommens beeinflußt die Entscheidung über Eintritt und Austritt politischer Spitzenkräfte im öffentlichen Bereich. Die Zahl derer, die einen Eintritt wegen drohender erheblicher Einkommensverluste nicht in Betracht

---

1156 Michaels, S. 207
1157 NAPA, Leadership, S. 21 f
1158 Brauer, Tenure, S. 175 - 177; Joyce, S. 127, 140, 141
1159 Joyce, S. 127, 143

ziehen oder ablehnen, läßt sich schwer erfassen, obwohl der Bericht der NAPA über die Lage der politischen Spitzenmitarbeiter 1985 davon ausgeht, dass die Ablehnung einer politischen Spitzenstellung in der Verwaltung aus finanziellen Erwägungen zu den wichtigsten Ablehnungsgründen gehört.[1160] Jedoch wurde ermittelt, daß 55 % der bestellten Spitzenkräfte (PAS) durch die Bestellung finanzielle Opfer zu erbringen hatten, Ende 1999 äußerten dies allerdings nur noch 26 %.[1161] Obwohl diese Personen bereit waren, diese Opfer zu bringen, werden sie im Laufe der Zeit anfälliger für lukrative Angebote aus dem privaten Bereich. Knapp 17 % erfuhren durch die Bestellung eine Erhöhung ihres Einkommens, während sie für 46 % keinen Unterschied machte.[1162] In der Befragung der NAPA im Jahre 1985 gaben 33 % der befragten 1287 politischen Spitzenkräfte der Administrationen von 1964 bis 1984 an, dass sich ihre Einkommen durch die Annahme der politischen Beschäftigung verbessert hätten; 38 % hatten Einkommensverluste hinnehmen müssen und 29 % hatten eine jährliche Einbuße von mehr als 10.000 Dollar erlitten.[1163] Dennoch wird nicht selten das Bild politischer Spitzenkräfte gezeichnet, die nach Washington D.C. kommen, um durch gutes Tun besser zu verdienen (*come to do good and end up doing well*). Zwischen 1969 und 1985 fiel das reale Einkommen der Spitzenverwaltungskräfte um fast 40 %;[1164] dies steht im zeitlichen Zusammenhang mit den bereits dargestellten sich verkürzenden Beschäftigungszeiten. Vergleichsweise geringe Bezahlung und fehlende benefits für Positionen in der Verwaltung mit hohem Stresspotential führten daher auch im Bereich der politischen Mitarbeiter zu einer stillen Krise im öffentlichen Bereich: Geeignete Kräfte werden von der Annahme von Positionen im öffentlichen Bereich abgehalten, verlassen ihn frühzeitig, kommen nicht zurück und tragen dazu bei, unter den politischen Kräften für eine gewisse soziale Homogenität zu sorgen, da die Bedingungen für eine Beschäftigung im öffentlichen Bereich vor allem für Personen annehmbar sind, die entweder über Privatvermögen verfügen oder keine familiären (sprich finanziellen) Verpflichtungen haben.[1165]

Die NAPA empfahl zur Verbesserung der Beschäftigungszeiten und auch der finanziellen Lage die Ausschüttung von Bonuszahlungen in Höhe von 10 % ihres Jahreseinkommens an politische Mitarbeiter mit Senatsbestätigung, die mehr als drei Jahre in der gleichen Position arbeiteten.[1166] Bemerkenswert in diesem Zusammenhang ist, dass unter der Bush Administration nach langen und zähen Verhandlungen im Jahre 1990 – nach der Entkopplung der Gehälter des EX und

---

1160 NAPA, Leadership, S. 24

1161 Light/Thomas, S. 6

1162 Brauer, Tenure, S. 186

1163 NAPA, Leadership, S. 23 f

1164 Michaels, S. 129; NAPA, Leadership, S. 22

1165 Brauer, Tenure, S. 192-193; Bonafede, Presidential Appointees, S. 120, 134

1166 NAPA, Leadership, S. 22

ES von den Abgeordnetengehältern - ein finanzielles Ausgleichsjahr („*catch-up-year*“) für die politischen Spitzenkräfte mit Senatsbestätigung und im SES durchgesetzt wurde, durch das die Betroffenen zwischen 22,2 und 29,5 % mehr Gehalt erhielten. Danach erhielten sie wieder die normalen Gehaltssteigerungen zwischen 3 und 4 % jährlich. Im Jahre 1996 betrugen die Einkommen per Jahr der PAS zwischen $ 108.200 und $ 148.400 und die des SES zwischen $ 94.800 und $115.700. Aufgrund dieser Einkommensverbesserungen konnte auch mit einer längeren Beschäftigungsdauer der Betroffenen gerechnet werden, da das Ruhegehalt nach den drei Beschäftigungsjahren mit dem höchsten Einkommen berechnet wird.

4.4 Möglichkeiten und Probleme der Verlängerung der Beschäftigungszeiten politischer Mitarbeiter

Neben der Möglichkeit, das Verbleiben der politischen Mitarbeiter in ihren Positionen durch finanzielle Anreize zu steigern, hat es auch Versuche seitens der Präsidenten gegeben, zur Verlängerung der Beschäftigungszeiten ihrer politischen Spitzenkräfte beizutragen. Ronald Reagan unternahm allerdings keine Versuche, die Beschäftigungszeiten seiner politischen Spitzenkräfte zu verlängern; Jimmy Carter und George Bush ersuchten ihre politischen Spitzenkräfte darum, für die Dauer der gesamten Legislaturperiode auf ihren Posten zu bleiben – ihre PAS blieben durchschnittlich auch länger als die von Reagan. Nach den Erfahrungen mit den kurzen Beschäftigungszeiten der politischen Spitzenkräfte in der Reagan Administration lag auch dem Senat daran, diese Zeiten zu verlängern: Senator John Glenn – Vorsitzender des Governmental Affairs Committee - machte es zur Gewohnheit, mit den nominierten Persönlichkeiten während der Anhörung zu ihrer Bestätigung durch den Senat diese Frage anzusprechen und sie darum zu ersuchen, für die gesamte Amtsperiode des Präsidenten auf ihrem Posten zu bleiben.[1167] Die NAPA empfahl eine verstärkte Mobilität der politischen Mitarbeiter auf verantwortungsvollere und besser dotierte politische Posten, statt bei Vakanzen auf immer neue Mitarbeiter zu setzen. Sie versprach sich längere Beschäftigungszeiten durch verbesserte Aufstiegschancen für politische Mitarbeiter und dadurch eine Entlastung des Weißen Hauses im Bereich Personalauswahl.[1168] Das System der - mehr oder weniger - kurzen Beschäftigungszeiten ermöglicht - gerade, weil es sich nicht um langfristige Festlegungen handelt - die Akzeptanz finanzieller Opfer, geographischer Umzüge und extremer Arbeitsbelastung (*"come in, burn out, move on"*).[1169]

Eine Angleichung der Beschäftigungszeiten der politischen Spitzenkräfte an die Amtsperioden des Präsidenten hätte nicht nur Vorteile: Die Schwierigkeiten,

---

[1167] Michaels, S. 206

[1168] NAPA, Leadership, S. 25

[1169] Heclo,The In-and-Outer System, S. 195, 207

einen Anschlussjob zu finden, würden verstärkt, da alle gleichzeitig auf den Stellenmarkt kämen. Die Einführung von Wartezeiten und anderen ethischen Sperrfristklauseln für politische Spitzenkräfte, bevor sie wieder in dem Themenbereich ihrer ehemaligen Behörde tätig werden dürften, würde dafür sorgen, dass ihre Kontakte und Kenntnisse erheblich an Wert verlören und sie finanzielle Einbußen in Kauf nehmen müssten[1170] – ein Faktum, dass zurückwirken würde auf die Rekrutierung neuer PAS am Anfang einer Administration oder bei zwischenzeitlich erforderlichen Neubesetzungen.

5. Zukünftige Beschäftigungen der politischen Mitarbeiter als Determinanten ihrer vorangehenden Arbeit im öffentlichen Bereich

Immer wieder wird die Sorge geäußert, dass die beruflichen Zukunftsplanungen der politischen Mitarbeiter ihr Verhalten im öffentlichen Bereich bestimmen - nicht unbedingt zum Vorteil der zu erledigenden Aufgaben. Hochrangige politische Mitarbeiter verlassen dabei ihre Tätigkeit in der Verwaltung, um in solchen Organisationen oder Unternehmen eine Stellung anzunehmen, deren Tätigkeitsfeld sie in der Verwaltung reguliert haben oder mit denen Verträge abgeschlossen wurden (*revolving door*).[1171] Besonders beliebt scheinen Posten im Bereich Lobbying für ausländische Staaten zu sein, die sich für ehemalige politische Spitzenkräfte wegen der erworbenen Kontakte zu Kongress und Regierung anbieten. Während dies im Einzelfall zu Besorgnis Anlaß geben kann, sind die Fälle in absoluten Zahlen wohl eher gering: Das GAO stellte 1992 fest, dass von 5650 früheren politischen Spitzenkräften, die den öffentlichen Bereich zwischen 1986 und 1991 verlassen hatten, 82 Personen solche Positionen im Lobbying angenommen hatten.[1172] Das Drehtür– Phänomen wird insgesamt kritisch gesehen, insbesondere die Schnelligkeit, mit der der Rollentausch häufig durchgeführt wird und wegen der Gefahr dadurch entstehender Interessenkonflikte. Es wurde daher 1985 von der Projektgruppe der NAPA das gesetzliche Verbot von Verhandlungen politischer Mitarbeiter über künftige Beschäftigungen außerhalb der öffentlichen Verwaltung, während sie ihre öffentliche Tätigkeit ausüben, empfohlen, um nahtlose Rollentausche zu reduzieren und den negativen Eindruck zu vermeiden, der entstehen kann, wenn Mitglieder der Verwaltung sich aus dieser Position der Stärke heraus ihren späteren Job suchen. Gleichzeitig trug diese Empfehlung aber auch der Tatsache Rechnung, dass politische Mitarbeiter, deren Beschäftigungszeit in der Verwaltung von vornherein zeitlich begrenzt ist, sich legitimerweise Gedanken um ihre berufliche Zukunft machen – ihre besten Berufsaussichten außerhalb der Verwaltung liegen meist weiterhin in dem The-

---

[1170] Michaels, S. 208

[1171] NAPA, Leadership, S. 16; zur Problematik bereits 1935 Friedrich, Responsible Government Service, S. 37 f

[1172] Michaels, S. 133

menbereich, den sie verlassen und aus dem sie nicht selten vorher gekommen waren.

Empfohlen wurde – das gesetzliche Verbot flankierend – die Gewährung finanzieller Unterstützung bedürftiger politischer Ex-Mitarbeiter für eine Übergangszeit von drei Monaten.[1173]

Durch den Ethics in Government Act (1978) und den Ethics Reform Act (1989) wurden Regeln für ethisches Verhalten der politischen Kräfte festgelegt.[1174] Mit Amtsantritt erließ Präsident Clinton am 20. Januar 1993 mit Executive Order 12834 Vorschriften für ethisches Verhalten politischer Kräfte in der Bundesverwaltung, die Restriktionen für das Verhalten nach der politischen Arbeit in Regierung und Verwaltung festschrieben. Betroffen waren politische Kräfte, deren Grundgehalt mindestens dem des EX V entsprach: Sie hatten diese Regelungen durch Unterschrift anzuerkennen; diese wurden sodann Teil des Arbeitsvertrages. Nach Abschnitt 1, Nr. 1 bis 4 wurden Lobbying und das Repräsentieren von Firmen oder ausländischer Länder/Parteien während eines Zeitraums von fünf Jahren nach Beendigung der öffentlichen Tätigkeit im Bereich des einstigen Tätigkeitsfeldes grundsätzlich untersagt; für Beschäftigte im Bereich des EOP konnte das Verbot sich auf alle Bereiche erstrecken, mit denen sie näher befasst gewesen waren.[1175]

Zukünftige Beschäftigungen sind auch für die der Bundesverwaltung angehörenden politischen Mitarbeiter ohne Senatsbestätigung von Bedeutung.

Politische Mitarbeiter ohne Senatsbestätigung, also Personen, die zum Nichtkarriereteil des SES gehören oder unter der Schedule C Kompetenz eingestellt wurden, haben die Möglichkeit, sich für eine Position im regulären Karrieredienst bzw. für den Karriereteil des SES zu bewerben und ihre Qualifikation im leistungsorientierten Wettbewerb nachzuweisen. Hat die Bewerbung Erfolg, wechseln sie in den Karriereteil (conversion). Politische Mitarbeiter, die im Büro des Präsidenten oder des Vizepräsidenten tätig waren, dem Stab des Weißen Hauses angehörten oder in der Verwaltung von Legislative oder Judikative beschäftigt waren, sind berechtigt, sich um eine Postition im Karrieredienst zu bewerben, ohne sich einer Leistungsprüfung im Wettbewerb unterziehen zu müssen. Dieses Recht wird – entsprechend 5 CFR Abschnitt 315.602 - Beschäftigten eingeräumt, die mindestens zwei Jahre im Weißen Haus tätig waren und festgelegte Qualifikationen für die Karriereposition aufweisen.

Darüber hinaus räumt der Ramspeck Act von 1949 (Title 5 U.S.C. 3304 (c)) Beschäftigten, die mindestens drei Jahre in der Verwaltung des Kongresses oder

---

1173 NAPA, Leadership, S. 16

1174 Ethics in Government Act, P. L. 95-5.21, Ethics Reform Act, P. L. 101 – 194; Zusammenstellung grundlegender Regeln in: Twentieth Century Fund, Obstacle Course, S. 79 f (Appendix)

1175 Executive Order 12834 vom 20. Januar 1993, "Ethics Commitments By Executive Branch Appointees" mindestens vier Jahre als Sekretär oder Justizangestellter in der Judikative tätig waren, die Möglichkeit ein, ohne wettbewerbsorientierte Leistungsprüfung in den Karriereteil zu wechseln, wenn der Verlust des bisherigen Arbeitsplatzes nicht freiwillig war, die neue Stelle innerhalb eines Jahres nach dem Verlust des bisherigen Arbeitsplatz zugewiesen wird und bestimmte – auf der Karriereposition – erforderliche Qualifikationen vorliegen. Eine Übernahme darf nur in eine Stelle unterhalb der Ebene des SES erfolgen.[1176] In der Zeit zwischen dem 01. Oktober 1984 und dem 30. Juni 1994 wurden 1.090 ehemalige politische, parlamentarische und Justiz-Mitarbeiter in den Karriereteil übernommen. 552 wurden nach den Vorschriften des Ramspeck Act übernommen und 502 wechselten aus dem Schedule C und dem politischen Teil des SES auf Karrierestellen. Von den 1.090 Übernahmen erfolgten 42 in den Karriereteil des SES; die restlichen Personen wurden in Positionen der Ebene GS 15 und niedriger übernommen, wobei die Ebene bei Übernahmen nach dem Ramspeck Act und bei ehemaligen Mitarbeitern des Weißen Hauses durchschnittlich bei GS 12, insgesamt bei GS 13 lag.[1177] Es ist wenig überraschend, dass die Zahlen der Übernahmen nach dem Ramspeck Act für ehemalige Beschäftigte des Kongresses und in der Judikative in den Jahren am größten sind, die auf bundesweite Wahlen folgten: Wechsel in den Reihen der Kongressabgeordneten gehen mit Wechseln in den Reihen ihrer Mitarbeiter einher. Bei den Übernahmen der Schedule C Mitarbeiter und SES Mitglieder des politischen Teils zeichnet sich ein Trend zu erhöhten Wechselbemühungen in den Karriereteil in den beiden letzten Jahren einer Administration ab, so geschehen 1987/88 (Reagan) und 1993/94 (Bush). Dies ist eine Möglichkeit für politische Mitarbeiter, ihre berufliche Laufbahn in der öffentlichen Bundesverwaltung, unabhängig von politischen Entwicklungen, fortzusetzen. Dem entspricht die Beobachtung, dass in den ersten zwei Jahren einer neuen Administration relativ weniger Wechsel stattfinden.[1178] Diese Wechsel aus politischen Positionen auf Positionen des Karrieredienstes sind ein sensibles Gebiet, da leicht der Verdacht aufkommen kann, dass die für andere Bewerber geltenden Prinzipien nicht beachtet wurden. In einer Stichprobe gelangte das GAO 1992 zu der Erkenntnis, dass von 46 überprüften Wechseln in sieben Ministerien und Behörden 37 ordnungsgemäß durchgeführt worden waren, während neun Verfahren den Eindruck erweckten, dass dem Bewerber ungerechtfertigte Vorteile zugesprochen worden oder Merit-Prinzipien nicht beachtet worden waren - immerhin eine Quote von knapp 20 %.[1179] Bereits zwischen Januar 1987 und Juni 1988 hatten zehn untersuchte Behörden über 34 von 87 Übernahmen nicht offiziell berichtet.[1180]

[1176]GAO, Career Appointments 1995, S. 1 f, 4
[1177]GAO, Career Appointments 1995, S. 2, 4, 6
[1178] GAO, Career Appointments 1995, S. 2 f, 5
[1179] GAO, Career Appointments 1992, S. 3 ff
[1180] GAO, Information on Appointees, S. 2, 7 f

6. Entfernung politischer Mitarbeiter

Der Kompetenz des Präsidenten zur Bestellung politischer Spitzenkräfte entspricht seine Kompetenz, diese Kräfte auch wieder zu entfernen. Dies kann aus den verschiedensten Gründen erforderlich werden und muss gut bedacht sein, weil die Entfernung einer politischen Spitzenkraft häufig ein schlechtes Licht auf den Präsidenten wirft, weil er sie einst auswählte und nun einen Missgriff einräumen muß. Auf der anderen Seite kann die Entfernung einer politischen Spitzenkraft, die durch den Einfluß einer spezifischen Lobby ihren Posten erhalten hatte, zu Missstimmungen im Verhältnis des Weißen Hauses zu dieser Lobby führen. Manchmal werden Entfernungen erforderlich, die der Präsident zwar noch formal ausspricht - wenn ihm ein Rücktritt nicht zuvorkommt-, die jedoch durch äußere Geschehnisse und nicht durch einen Vertrauensverlust begründet werden.[1181] Die meisten PAS arbeiten nicht im engsten Umfeld des Präsidenten. Gründe, die eine Entfernung rechtfertigen könnten, werden daher meist von anderen übergeordneten PAS bemerkt. Soll eine Entfernung erfolgen, so beginnt das Verfahren damit, dass der Behördenleiter und der Personalchef zum Leiter des PPO gehen und von dort zum Chief of staff des Weißen Hauses. Im allgemeinen sind die Entlassungsgründe im Bereich der Persönlichkeit oder der politischen Überzeugung des Betroffenen zu finden. Dem Betroffenen wird meist eine andere politische Position auf einer etwas niedrigeren Ebene angeboten. Manchmal wird eine Rückstufung auf einen politischen Posten des SES angeboten, die meist abgelehnt wird. Der Entscheidung über die anstehende Entlassung eines PAS folgt die intensive Suche nach einem Nachfolger, der im Idealfall ohne zwischenzeitliche Vakanz bereitsteht.[1182]

D. Beziehungen zwischen Karrierebürokraten und politischen Spitzenkräften

I. Determinanten im Verhältnis politischer Mitarbeiter zur Karrierebürokratie

1. Sinn- und Zweckmodelle beim Einsatz politischer Kräfte

In ihrer Untersuchung über politische Mitglieder des SES haben Ingraham und Ban[1183] drei grundsätzliche Modelle der Motivation für politische Bestellungen erkannt, die auch für die politischen Bestellungen außerhalb des SES mit und

---

1181 Michaels, S. 107 f

1182 Michaels, S. 270 f

1183 Ban/Ingraham, Short-Timers, S. 106

ohne Senatsbestätigung gelten[1184] und die für das Verhältnis der Bestellten zur Karrierebürokratie von großer Bedeutung sind:

1.1 Bestellung zur Bezahlung politischer Schulden (political payoff model)

Eine solche Bestellung wird motiviert durch die Notwendigkeit, eine Gruppe oder eine Person, die für den Erfolg des Präsidenten unverzichtbar war, zufriedenzustellen. Die auf diese Weise Bestellten sind die am schwersten zu kontrollierenden politischen Spitzenkräfte, weil sie ihre primäre Machtbasis und ihren Rückhalt nicht im Präsidenten, sondern in der entsprechenden Organisation oder Einzelperson sehen, der sie ihre Bestellung materiell verdanken und für die sie im Extremfall die Rolle von „Insidelobbyisten" übernehmen[1185]. Diese Kräfte repräsentieren in ihrem Wirken und ihren Zielen daher mehr die Ziele der entsprechenden Organisation bzw. Einzelperson als die des Präsidenten und können ein hervorragendes Verhältnis zur Karrierebürokratie ihres Ministeriums aufbauen, wenn dort ähnliche Ziele verfolgt werden.[1186]

1.2 Schattenpolitiker/politische Karrieristen (shadow government, political careerists)

Die politischen Spitzenkräfte sind hier von Haus aus Akademiker, Mitarbeiter des Kongresses, Mitglieder der Karrierebürokratie - zusammengefasst Personen, die das Engagement in öffentlichen Angelegenheiten zu ihrer beruflichen Karriere gemacht haben und die als Angehörige anerkannter Professionen dazu neigen, Wissen und Erfahrung der Karrierebürokratie als wertvoll anzuerkennen und deren Mitglieder gut zu behandeln.[1187]

1.3 Gegner-Modell (counterstaffing)

Bei diesem Modell werden von einer Administration bewusst politische Kräfte in Ministerien und Behörden eingesetzt, die entgegengesetzte Ziele verfolgen, um die Zielrichtung des Ministeriums oder der Behörde radikal zu verändern.
Häufig verfügen sie über wenig fachliches Wissen - dies gilt als Stärke, da sie sich in ihrem neuen Tätigkeitsfeld an keinerlei Loyalitäten oder Interessengruppen gebunden fühlen. Wenig überraschend ist dies die Gruppe mit dem schlechtesten Verhältnis zur und dem größten Misstrauen gegenüber der Karrierebürokratie. Politische Mitarbeiter, die auf dieser Basis eingesetzt werden, wechseln häufig ihren Arbeitsplatz, um zu vermeiden, dass sie sich im Laufe der Zeit mit

---

1184 Michaels, S. 105
1185 Eschenburg, S. 12
1186 Ban/Ingraham, Short-Timers, S. 106, 109 f
1187 Ban/Ingraham, Short-Timers, S. 106, 110

den Zielen der Behörde stärker identifizieren als mit der politischen Agenda der Administration. Dies war das typische Modell für politische Bestellungen unter Reagan: Eingesetzt, um das Steuer herumzudrehen, verfügten diese Personen oft über wenig Fachkenntnisse (die sie nur 'unnütz und falsch' beeinflußt hätten) und mit der Karrierebürokratie sollten und wollten sie gerade nicht vertrauensvoll zusammenarbeiten.[1188]

2. Grad der Zielkongruenz

Neben diesen Modellen ist auch das Ausmaß an Zielkongruenz eine entscheidende Größe für die Beziehungen zwischen politischen Mitarbeitern und Karrierebürokraten. Stimmen die Ziele der politischen Mitarbeiter mit denen überein, die die Behörde bisher verfolgt hat, mit der „Mission", die für die Karrierebürokratie die Grundlage für ihre Arbeit bildet, so werden die beiderseitigen Beziehungen weit unbelasteter begonnen als bei großen Differenzen.[1189] Da unterschiedliche Behörden zu unterschiedlichen Zeiten auch unterschiedliche Ziele verfolgen, kann es über die Beziehungen zwischen politischen Mitarbeitern und Karrierebürokratie in derselben Administration kein einheitliches Urteil geben. Beispielsweise hat sich gezeigt, dass unter Beschäftigten in Behörden, die vor allem Dienstleistungen erbringen, die Auffassung vorherrscht, dass Regierung und Verwaltung sich in hohem Maße an der Bereitstellung von sozialen Diensten beteiligen sollten. Diese Behörden bergen bei einer politischen Führung durch Anhänger der republikanischen Partei, die es traditionell als die Pflicht der Bürger ansehen, selber für ihre soziale Sicherheit zu sorgen, tendenziell hohes Konfliktpotential, das von den individuellen Eigenschaften und den Führungsqualitäten einzelner politischer Führungskräfte unabhängig ist.[1190] In der Reagan-Administration wurde dies besonders deutlich: Reagan und seine politischen Mitarbeiter lehnten die Auffassungen der meisten Karrierebürokraten von den grundsätzlichen Aufgaben ihrer Behörde in den Bereichen staatlicher Eingriffs- und Leistungsverwaltung ab. Untersuchungen zeigen allerdings, dass sich die Beziehungen zwischen den politischen Kräften und Karrieremitarbeitern nach schlechtem Beginn im Laufe der Zeit stetig verbesserten. Dagegen wurden staatliche Einrichtungen, die sich mit Verteidigung befassten, stark unterstützt und die Beziehungen zwischen politischen Mitarbeitern und diesem Teil der Karrierebürokratie gestalteten sich von Anbeginn erfreulich.[1191]

1188 Ban/Ingraham, Short-Timers, S. 106, 110 f

1189 Maranto, Familiarity, S. 247, 249 f, 263

1190 Aberbach/Rockman, The Nixon Administration Bureaucracy, S. 456, 462

1191 Maranto, Familiarity, S. 247, 253

3. Der „Cycle of Accommodation" oder: Wie schnell werden die Qualitäten von Berufsbürokraten entdeckt?

Immer wieder ist beobachtet worden, dass der anfänglichen Feindseligkeit oder dem Misstrauen der politischen Mitarbeiter gegenüber der Karrierebürokratie in vielen Fällen ein Zyklus der Gewöhnung und Anpassung folgt, der etwa zwei bis drei Jahre dauert. Dieser Prozess hat allgemein eine höhere Wertschätzung der Karrierebürokraten und gegenseitigen Respekt und gegenseitiges Vertrauen zum Ergebnis.[1192] Ein prominentes und extremes Beispiel für diese Entwicklung bietet John Ehrlichman, der zunächst die Beziehungen zur Karrierebürokratie mit einem Guerillakrieg *(guerilla warfare)* verglichen hatte und später äußerte, dass der Ausschluss der Karrierrebürokratie von politischen Beratungen ein großer Fehler der Nixon Administration gewesen sei, da die Karrierebürokraten über Expertenwissen verfügten und für Regierungsprogramme breite Unterstützung gewinnen könnten.[1193]
Insbesondere die Frage, wer sich im Verlaufe dieser sich verbessernden Beziehungen eigentlich an wen gewöhnt, hat den politischen Spitzenkräften Kopfzerbrechen bereitet. Einerseits kann die Verbesserung eintreten, weil sich die politischen Spitzenkräfte an die kollektiven Werte der Karrierebürokratie und deren Ziele anpassen, quasi eingemeindet werden. Dies ist für die politischen Spitzenkräfte eine beängstigende Vorstellung und gerade die Reagan – Administration hat darauf geachtet, dieses Ergebnis möglichst zu vermeiden. Andererseits ist es auch möglich – insbesondere, wenn politische Spitzenkräfte längere Amtszeiten haben -, dass die Vorstellungen von den Aufgaben der Behörde durch neue politische Mitarbeiter so grundlegend und erfolgreich verändert werden, dass das Verhältnis beider Gruppen sich verbessert.[1194] Die Frage der Zielkongruenz ist also für die Beziehungen zwischen politischen Mitarbeitern und der Karrierebürokratie eine wichtige Determinante. Selbst in konfliktgefährdeten Behörden wird es aber von der Art der Grundeinstellung, oder deutlicher: von den Vorurteilen, die die neuen politischen Mitarbeiter hegen, abhängen, wie rasch und auf welche Weise der Anpassungsprozess vor sich geht. Insofern ist es – unabhängig vom Programm des Präsidenten und dem Grad der Zielkongruenz – sinnvoll, politische Mitarbeiter auf den Umgang mit der Karrierebürokratie und die Bewältigung von Konfliktsituationen vorzubereiten.[1195] Allerdings ist – wie bereits erwähnt - bei der Analyse der Möglichkeiten politischer Kontrolle über die Karrierebürokratie immer zu bedenken, dass der Präsident und sein Team ebensowenig wie die Karrierebürokratie die alleinigen Faktoren für die Gestaltung der Realität sind, son-

---

1192 Pfiffner, Democracy-Bureaucracy Nexus, S. 57, 60; Maranto, Familiarity, S. 247, 248
1193 Pfiffner, Democracy-Bureaucracy Nexus, S. 57, 60
1194 Maranto, Familiarity, S. 247, 248 f
1195 Maranto, Familiarity, S. 247, 263

dern dass sich noch weitere diverse einflussreiche „Mitspieler" in Gestalt von Kongress, Interessengruppen, Medien usw. an der Gestaltung beteiligen.

II. Kontrollstrategien

In der amerikanischen Verwaltungswissenschaft werden in der Frage der Beziehungen zwischen politischen Spitzenkräften und Berufsbürokraten vor allem folgende Modelle unterschieden:

1. Strenge Trennung zwischen politischen und administrativen Funktionen – Kollisionskurs

In diesem Modell werden die Entscheidungen durch politische Spitzenkräfte getroffen; die Aufgabe der Berufsbürokraten ist es, Wissen und Erfahrung in der Umsetzung anzubieten, jedoch selbst keine sachbezogenen Positionen im Entscheidungsprozeß zu vertreten.[1196] Die Szenarien setzen die Kollision der beiden Welten der politischen Spitzenkräfte und der Berufsbürokraten als unvermeidlich voraus, da beide Lager unterschiedliche Ziele und Perspektiven verfolgen. Dabei kann eine feindselige Haltung gegenüber der Bürokratie in aberwitzigen Kontrollversuchen, ständigem Kampf oder Resignation einer Seite enden.[1197]

2. Modelle der gegenseitigen Anerkennung und Ergänzung

Werden nicht die Gegensätze Politik-Bürokratie in den Mittelpunkt allen Handelns gestellt, sondern die jeweiligen Kenntnisse anerkannt, führt dies jedenfalls zu einer günstigen Ausgangsposition für die künftige Zusammenarbeit. Dabei gibt es verschiedene Vorstellungen davon, welche Ideologie und Arbeitsweise die Karrierebürokratie auszeichnen sollte.

2.1. Neutrale Kompetenz oder empfängliche Kompetenz?

Neutrale Kompetenz - die der Karrierebürokratie zugedachte Grundhaltung in einem Modell relativ strenger Trennung von Politik und Verwaltung - ist die Fähigkeit und Möglichkeit, staatliche Verwaltungsarbeit kenntnisreich und nach Maßgabe objektiver Standards und nicht nach persönlichen, parteigebundenen oder anderen Bindungen auszuführen. Eine so tätige Karrierebürokratie bietet die gebotene Stabilität und das institutionelle Gedächtnis gegenüber den rasch wechselnden politischen Spitzenkräften.[1198] Das Modell erkennt an, dass die politischen Spitzenkräfte, Kabinettsmitglieder und Behördenleiter, das Recht haben

---

[1196] Ingraham/Ban, Models of Public Management, S. 152, 153
[1197] Lorentzen, S. 5, 8; Pfiffner, Political Public Administration, S. 352, 355
[1198] Ingraham/Ban, Models of Public Management, S. 152, 159

müssen, einige Positionen mit unmittelbarer Verantwortung mit Personen zu besetzen, die ihr persönliches und politisches Vertrauen genießen und meist ihrer Partei angehören. Die Aufgabe dieser politischen Kräfte besteht vor allem in der Unterstützung ihres politischen Vorgesetzten, sie stehen in Kontakt mit politischen Beratern und der Legislative. Sie vertreten die Position ihres Vorgesetzten und sind für vertrauliche politikbezogene Missionen zuständig.
Die Karrierebürokratie hat grundlegend andere Aufgaben. Ihre Aufgaben und Interessen sind langfristiger und breiter angelegt, insgesamt weniger personalisiert. Sie führt vor allem beschlossene Programme und Gesetze aus. Aufgrund ihrer langjährigen Befassung mit den jeweiligen behördlichen Aufgaben kann sie die Programme, die sie ausführt, aus der Perspektive von Experten sehen und insofern – und da könnte man ihre Arbeit politisch nennen – ist sie in der Lage, vor dem Hintergrund ihrer Spezialkenntnisse und ihrer Erfahrungen mit der Ausführung der Programme, mögliche Schwachstellen zu erkennen, Verbesserungsvorschläge zu erarbeiten und sie den politischen Mitarbeitern zur Kenntnis zu bringen. Karrierebürokraten verbindet in der Regel keine persönliche freundschaftliche oder parteibezogene Beziehung mit ihren politischen Vorgesetzten, sie sind kraft Amtes zu ihrer Beratung und Unterstützung berufen. In diesem Modell zeigt die Karrierebürokratie Loyalität gegenüber der politischen Führung, die wiederum auf diese Loyalität vertraut und sie auch in ihrer Funktion als Kritik als hilfreich anerkennt.[1199]
Auch der 'realpolitische' Ansatz von Hugh Heclo geht davon aus, dass politische Spitzenkräfte und Berufsbürokraten sich und ihre jeweiligen - und entgegengesetzten - Fähigkeiten und Ziele brauchen, um optimale fachliche und persönliche Ergebnisse zu erhalten. Daher betont er die Vorteile, die beide Seiten davon haben, zu einer gegenseitig erfreulichen Beziehung zu kommen, ohne dass Vorurteile oder programmatische Behandlungskonzepte die Oberhand gewinnen.[1200]
Leonard D. White merkte an, dass es die Gruppe der administrativen Experten besonders schwer habe, weil sie – im Gegensatz zu anerkannten Professionen wie den Ingenieur-, Rechts-, und Naturwissenschaften – nicht über einen als wissenschaftlich anerkannten organisierten Wissensbereich verfüge. Ein solcher Wissensbereich entschärfe das Problem der Loyalität, da es um eindeutig beantwortbare Fachfragen im technischen Sinne gehe. Ob ein Verwaltungsexperte pflichtgemäß den bestmöglichen Rat auf der Basis umfangreicher Information gebe und ein ausgewogenes Urteilsvermögen in administrativen Fragen zeige, sei sehr viel schwieriger nachvollziehbar.[1201] Nur am Rande soll erwähnt werden, dass dieses Problem für Juristen in der Verwaltung auch nicht geringer ist, da ihr „wissenschaftlich anerkannter organisierter Wissensbereich“ mit Antworten von quasi wissenschaftlicher Genauigkeit für viele Fragen, die sich im Verwaltungsalltag

[1199] White, Government Career Service, S. 81, 83
[1200] Heclo, Government of Strangers, S. 220 f, 233
[1201] White, Government Career Service, S. 85 f

zwischen politischen Vorgesetzten, Bürgern und Parlament nach bestem Mitteleinsatz und Rechtmäßigkeit stellen, oft nicht aufwarten kann. Insofern ist das Problem zwar richtig erkannt, jedoch nicht eingrenzbar auf Personen mit fehlender vor dem Eintritt in die Verwaltung erworbener Zugehörigkeit zu einer anerkannten Profession. Andere sehen 'responsive competence' als zentral bedeutende Grundhaltung der Karrierebürokratie. Diese Kompetenz dient der loyalen Unterstützung der politischen Kräfte und steht diesen bei Bedarf und auf Wunsch zur Verfügung. Mit diesem Modell ist eine stärkere politische und präsidentielle Kontrolle der Karrierebürokratie verbunden.[1202] Teilweise werden auch Management-Fähigkeiten als zentrale Faktoren angesehen: danach wird davon ausgegangen, dass 'gute' Management-Fähigkeiten im öffentlichen Sektor die Orientierung am Gemeinwohl enthalten.[1203] Die hinzukommenden politischen Mitarbeiter werden kaum Probleme im Umgang mit den Berufsbürokraten ihrer Behörde haben, wenn zwischen beiden Gruppen Zielkongruenz besteht.[1204] Positivere Grundhaltungen können aber auch – wie beschrieben - zu einer 'Eingemeindung' der politischen Kräfte durch die vorgefundene Bürokratie führen.

2.2. Kontrolle der Karrierebürokratie von innen – Entwicklung ethischer Grundsätze

Eine verstärkte Betonung „ethischer“ Anforderungen an die Berufsbürokraten erkennt die Unmöglichkeit der scharfen Abgrenzung von Politik und Verwaltung an und versucht, das Problem politischer Macht der Bürokraten - denen die entsprechende demokratische Legitimation fehlt - durch die Setzung ethisch-moralischer Normen, die die Berufsbürokraten binden sollen, zu entschärfen.[1205] Bereits im Jahre 1940 merkte Carl Friedrich an,

„...Responsible conduct of administrative functions is not so much enforced as it is elicited. But is has been the contention all along that responsible conduct is never strictly enforceable, that even under the most tyrannical despot administrative officials will escape effective control – in short, that the problem of how to bring about responsible conduct of the administrative staff of a large organization is, particularly in a democratic society, very largely a question of sound work rules and effective morale." [1206]

Huddleston und Boyer vertreten die pessimistische Auffassung, dass sich die Idee von Führungskräften in der Bundesverwaltung mit Karrierestatus erst dann erfolgreich werde umsetzen lassen, wenn die amerikanische politische Theorie

---

1202 Ingraham/Ban, Models of Public Management, S. 152, 153
1203 Ingraham/Ban, Models of Public Mangement, S. 152, 158 f
1204 Maranto, Familiarity, S. 247, 250 f, 263
1205 Ingraham/Ban, Politics and Merit, S. 7, 10, 11 f
1206 Friedrich, Public Policy, S. 197, 203

einen Platz und eine Berechtigung für ihre Existenz – ungewählt und politisch nicht gebunden – gefunden habe.[1207]

III. Politische Mitarbeiter, Karrierebürokraten und die Aussichten für ein konstruktives Miteinander

Die Administrationen haben neben ihrer sonstigen politischen Agenda auch alle eine Vorstellung davon, wie Bürokratie und Bürokraten funktionieren, wie sie zu behandeln, reformieren und kontrollieren sind. Max Weber hat das Problem so formuliert:

„Weil spezialisierte Fachkenntnis in zunehmendem Maße Grundlage der Machtstellung der Amtsträger wird, so war die Art, wie man Fachwissen verwerten und dabei doch nicht zu dessen Gunsten abdanken, sondern die eigene Herrenstellung wahren könne, schon früh Gegenstand der Sorge des ‚Herrn'."[1208]

Die Programmatik der Administrationen zur Wahrung und Festigung ihrer Herrschaftsstellung, die von daher determinierte Auswahl der politischen Spitzenkräfte und ihr Umgang mit der Berufsbürokratie hat in weiten Teilen das Klima, die Beziehungen zueinander und zu einem nicht geringen Teil den Erfolg einer Administration bestimmt. Viele neue Administrationen haben – besonders nach einer vorhergehenden längeren Herrschaft der gegnerischen Partei – ihr Amt mit großem Misstrauen gegen die Berufsbürokraten der Ministerialverwaltung angetreten. Dies ist auch kein Phänomen der neueren Zeit, sondern lässt sich in zunehmendem Maße seit 1883 beobachten, dem Zeitpunkt, in dem mit Verabschiedung des Pendleton Act das Merit-System für die Bundesverwaltung eingeführt wurde: Präsidenten wollten sichergehen, dass die Karrierebürokratie nach ihren politischen Prinzipien handelten und sahen dies nur gewährleistet, wenn die Ämter von ihren Anhängern, nicht von ihren Gegnern besetzt wurden.[1209] Je mehr Berufsbürokraten durch das Civil Service System geschützt wurden, desto mehr Misstrauen schien seitens einer neuen Administration, die umso weniger „eigene" Leute unterbringen konnte, angebracht; vor allem vor dem Hintergrund der Tatsache, dass Präsidenten, die anfangs das übliche Misstrauen gegen die vermeintlich gegnerischen Bundesbürokraten gehegt hatten, zum Ende ihrer Amtszeiten und mit der Höchstzahl eigener Unterstützer in den Rängen der Bundesverwaltung immer wieder große Teile dieser bis dato noch nicht unter dem Merit-System stehenden Hierarchien formell „eingemeindeten". Die Qualität der Karrierebürokratie wird durch dieses Verhalten nicht erhöht; gesteigert wird in

[1207] Huddleston/Boyer, S. 145
[1208] Weber, Max, WuG, II. Hb, S. 732
[1209] Eschenburg, S. 26 f

jedem Fall aber der Grad des Misstrauens der nachfolgenden Administration und es beginnt eine qualitative Spirale nach unten.[1210]
Es gab Administrationen, die mit der Vorstellung einer strikten Trennung von politischen und administrativen Entscheidungen und Aufgaben angetreten sind. Diese Gruppe ist – betrachtet man den Amtsantritt – recht groß, die einzelnen Administrationen haben jedoch unterschiedliche Entwicklungen genommen: Teilweise haben sich die Ressentiments im Laufe der Zeit aufgelöst und es wurde ein entspannteres Verhältnis zur Berufsbürokratie hergestellt. Dazu gehören die Administrationen Eisenhower und Franklin Roosevelt. Während Eisenhower die Anzahl der möglichen politischen Bestellungen erhöhte und durch die Autorisierung des Schedule C auch formalisierte und auf neuen Ebenen ermöglichte, vermied Roosevelt offene Konflikte durch die Schaffung neuer Ministerien zur Durchführung seiner Programme des New Deal und umging so die übernommene Ministerialverwaltung. Eine ähnliche Strategie wandte Johnson mit der Schaffung neuer Organisationen für die Umsetzung seiner Programme der Great Society an.[1211] Misstrauen gegenüber der Ministerialbürokratie ist also nicht einer der beiden großen Parteien allein zuzuschreiben, jedoch gehört zur Doktrin der Republikaner die Reduktion der Rolle von Staat und Verwaltung in der Gesellschaft und daher sind sie programmatisch „natürliche Feinde" der Ministerialbürokratie. Dazu gehörten die Administrationen Eisenhower, Nixon und Reagan.[1212] Sie waren bemüht – und darin auch recht erfolgreich - um die Erhöhung der Zahl der politisch besetzbaren Positionen und die Vertiefung solcher Posten in die Hierarchie hinein und die Verdrängung bestenfalls neutraler, jedenfalls nicht politisch betont loyaler Karrierebürokraten als Entscheidungsträger und die medienwirksame Verschlechterung des Ansehens des öffentlich beschäftigten Personals. Fehlende kollegiale Zusammenarbeit, frustrierte Beschäftigte, hohe Personalabgänge aus dem öffentlichen Sektor und zunehmende Machtlosigkeit des öffentlichen Sektors - auch Verschlankung genannt - schrieben sie sich nicht als Misserfolge, sondern als endlich erreichte Ziele auf die Fahnen. Diese Haltung hat sich im Verlaufe der Amtszeiten teilweise geändert und entspannt - so zum Beispiel bei der Eisenhower Administration, die in der zweiten Amtsperiode die anfangs eher feindliche Haltung gegen die Ministerialbürokratie ablegte.[1213] Teils hat diese Haltung auch zur starken Schwächung der Administrationen beigetragen – so bei Nixon und Carter. Unter Reagan hat diese Haltung dazu geführt, dass der öffentliche Dienst geradezu ausgeweidet zurückblieb - die erfolgreiche Wiederwahl war hier jedenfalls nicht der Beweis für vernünftiges Umgehen mit der realen Notwendigkeit einer funktionierenden und motivierten öffentlichen Verwaltung in der Langzeitperspektive. Reagan hat gezeigt, dass die bei den politischen

---

[1210] Sundquist, S. 3, 7

[1211] Maranto, Administrative Strategies, S. 683

[1212] Maranto, Administrative Strategies, S. 683

[1213] Maranto, Administrative Strategies, S. 683, 684

Spitzenkräften oft gerügte Kurzzeitperspektive, die dazu verführt, nur die Folgen zu bedenken und für wichtig zu halten, die sich während der eigenen, kurzen Amtszeit auswirken können, auch für einen Präsidenten gelten kann: Reagan war im Umgang mit den Beschäftigten seiner Bundesverwaltung sein eigener oberster 'short-timer', ohne Berücksichtigung der Langzeitfolgen seiner zerstörerischen Anti-Bürokratenkampagne. Mit der Einführung des SES unter Carter wurde erstmals versucht, das Spannungsverhältnis von Karrieredienst und politischen Mitarbeitern anzuerkennen und dadurch zu entschärfen, dass Angehörige beider Gruppen in einem Spitzenkader zusammengefasst wurden.[1214] Angesichts der Probleme, die bis heute den Umgang beider Gruppen bestimmen, haben sich diese Hoffnungen nicht erfüllt. Dabei können die Gründe dafür nicht allein in der Idee und Konzeption des SES gesucht werden. Die Anerkennung, dass fachliche Kompetenzen, Führungsqualitäten, Teamfähigkeit und politisches Bewusstsein sich auf den ranghohen Positionen der Bundesverwaltung immer vereinigen müssen und sich jeweils in einem Kontinuum nur graduell je nach Position unterscheiden, ist in jedem Fall ein Schritt in die richtige Richtung. Zu bedenken ist, dass der SES bald nach der Einführung unter der Reagan Administration Zeiten durchlebte, in denen das Klima die Herstellung entspannter Beziehungen zwischen Bürokraten und politischen Mitarbeitern nicht förderte. Unter Bush wurde das ramponierte Image der Bundesverwaltung vorsichtig restauriert. Die Notwendigkeit einer erfolgreichen Zusammenarbeit zwischen politischer und berufsbürokratischer Verwaltung wurde anerkannt, so dass der ganze Zugang von Anfang an ein anderer, nämlich ein positiver war. Clinton ist nicht mit dem Programm angetreten, der Bürokratie zu schaden und diese empfindet das auch nicht so. Zwar sind unter Clinton starke Personaleinsparungen durchgeführt worden; jedoch ist aber besonders an der positiven Moral des Bundesdienstes, dem gemeinsamen Dienst für das Gemeinwohl, gefeilt worden. Donna Shalala, seit 1993 Ministerin für Gesundheit und soziale Dienste, schrieb, dass Vertrauen zwischen politischer Führung und Karrieremitarbeitern dadurch geschaffen werde, dass die politischen Mitarbeiter von der Erfahrung und dem institutionellen Gedächtnis der Karrieremitarbeiter profitieren; sie habe bei ihrer ersten personellen Entscheidung einen Karrieremitarbeiter des SES auf eine politische Position bestellt, um den Karrieremitarbeitern ihre Prioritäten zu signalisieren. Sie empfindet die politische Arbeit als ständige Möglichkeit zum Begehen politischer Fehler und vertraut auf die Karrieremitarbeiter, die versteckte Minenfelder aufdecken können, wenn sie nicht nur zur Ausführung beschlossener Programme, sondern auch im Vorfeld beteiligt werden.[1215]

Behördenleiter Jay Pearson berichtete, dass er von Beginn an auf darauf geachtet habe, Teil seiner Behörde zu sein, und einen offenen Umgang mit seinen Karrieremitarbeitern bis zum gemeinsamen Mittagessen gepflegt habe, weil seiner Mei-

---

[1214] GAO, SES Opinions, S. 2

[1215] Shalala, S. 284, 286

nung nach seine Mitarbeiter nur in guter und entspannter Atmosphäre wagen würden, notwendige Risiken bei Entscheidungen einzugehen. Wesentlich sei das Finden von Lösungen, nicht das Bemängeln von Fehlern: Kunden und Mitarbeiter müßten zufrieden sein. Jay Pearson, vor seiner politischen Bestellung Leiter eines Restaurants, leitete die erste Wahlkampagne von Bill Clinton im Staate Washington und ist davon überzeugt, dass die Fähigkeiten und Ziele, die im Management erforderlich sind, im öffentlichen und privaten Sektor gleich seien: Warenqualität sowie Kunden- und Mitarbeiterzufriedenheit.[1216]
Behördenleiter Robert Santos, der vor der Übernahme seines jetzigen Postens viele Jahre Executive Direktor einer gemeinnützigen Organisation aus dem Bereich Stadtentwicklung war, betont, wie wichtig es für ihn gewesen sei, vorher durch enge Kontakte mit der Verwaltung die Existenz und Bedeutung offizieller und inoffizieller Entscheidungsträger und die Arbeitsweise von Bürokratien kennenzulernen. Nur mit Politik, ohne Wissen, Erfahrung und Kontakte im eigenen Verwaltungsbereich könne man als politischer Mitarbeiter wenig erreichen und stehe in seiner Behörde in keinem guten Ansehen.[1217] Eine vom OPM und SEA durchgeführte Befragung der SES Mitarbeiter ergab 1999, dass 78 % der Karrieremitarbeiter und 89 % der politischen Mitarbeiter in der Clinton-Administration meinten, dass in ihrer Behörde/Ministerium Karrieremitarbeiter und politische Mitarbeiter zur Förderung und Erreichung der Ziele ihrer Verwaltungseinheit kooperieren würden.[1218] Die Möglichkeit, im idealen Fall hochqualifizierte Persönlichkeiten als Leiter der Verwaltungseinheiten an strategisch bedeutsamen Positionen einzusetzen, sie kurzfristig umsetzen und so in den Verwaltungen Schwerpunkte setzen und verschieben zu können, ist insgesamt positiv zu beurteilen. Die politischen Kräfte, die in ihren Zielvorstellungen und Schwerpunktsetzungen jedenfalls mit jeder neuen Administration wechseln, bringen oft frische Ideen und die Vorstellungen der demokratisch gewählten politischen Führung in die vom politischen Tagesgeschäft weitgehend unabhängig existierende Karrierebürokratie. So können nicht nur die Beschäftigten der Karrierebürokratie - auch durch neue Anregungen aus der Wissenschaft und Forschung - motiviert werden, auch die politischen Spitzenkräfte können von dem Wissen der Verwaltungsexperten profitieren und die so gewonnene bzw. verbesserten Fähigkeiten nach ihrer Zeit im öffentlichen Bereich zum Nutzen der Privatwirtschaft einsetzen.[1219]

[1216] Jay Pearson, General Services Administration, Field Office Seattle, Regional Administrator, im Gespräch mit der Verfasserin am 16. Juni 1999

[1217] Robert D. Santos, Secretary's Representative, U. S. Department of Housing and Urban Development, Region Northwest/Alaska, im Gespräch mit der Verfasserin am 24. Juni 1999

[1218] OPM/SEA, S. 16 (Item # 20)

[1219] Brauer, Tenure, S. 193

E. Politische Mitarbeiter und Karrierebürokratie in der „neuen Verwaltung" („Reinvented Government")

I. Neuer Rahmen für die Bundesverwaltung und die Auswirkung auf die Beschäftigten – der Unternehmergeist oder wie zeigt man „entrepreneurial spirit"?

1. Wirtschaftsunternehmen Bundesverwaltung

Im Zentrum der Neuausrichtung der Bundesverwaltung nach den Zielen der NPR steht die Orientierung an erfolgreichen Wirtschaftsunternehmen und die Übertragung dort angewandter Erfolgskonzepte auf die Bundesverwaltung. Vizepräsident Gore meint, dass von der Bundesverwaltung fast alle Mittel und Techniken adaptiert und zur Verbesserung benutzt werden können, die Wirtschaftsunternehmen zum Erfolg verholfen haben.[1220] Janice Lachance, Direktorin des OPM, beschreibt den Trend für das neue Jahrtausend als *"Adapt or be pushed aside"*[1221]. König schildert „Reinventing Government" als die Umstellung des Staatssektors auf (Quasi-)Märkte und (virtuellen) Wettbewerb, Unternehmertum und Kundschaft.[1222] Erfolgreiche Modelle des Personalmanagements aus der Privatwirtschaft können nicht unverändert in den öffentlichen Personalsektor übertragen werden. Es klingt banal, gerät zur Zeit aber manchmal in Vergessenheit: Leitung und Handlungsweisen der Bundesverwaltung sind in mancher Beziehung dem Umgang mit Geschäftsinteressen in der Privatwirtschaft unterlegen und in anderer Beziehung überlegen.[1223] Huddleston und Boyer merken dazu an,

„*...The Government of the United States is not – and should not be construed as – USA, Inc. The lines of authority in a set of agencies necessarily entangled in the web of democracy cannot be made as neat and tidy as those to be found in IBM or AT&T. Anyone who believes that the president sits at the apex of "his" bureaucracy, issuing unchallengeable commands to "his" administrative agencies, should check with Congress and the courts. Moreover, sharp dinstictions between executive and nonexecutive jobs are difficult to discover in a system that primarily makes policy rather than breakfast cereal or automobiles."*[1224]

Ähnliche Gedanken brachten Teilnehmer eines Symposiums, das sich mit den Veränderungen des öffentlichen Dienstes beschäftigte, zum Ausdruck: Wirtschaftsunternehmen können ihre eigenen Ziele formulieren, die sich an Profitfähigkeit und Effizienz orientieren und anpassen; sie können nach eigenen Maß-

---

1220 Gore, Businesslike Government, S. 9
1221 Lachance, Colleagues, S. 1
1222 König, S. 11
1223 Friedrich, Responsible Government Service, S. 4
1224 Huddleston/Boyer, S. 120

stäben Qualität, Dienstleistungen und angestrebten Profit festsetzen und sind nur ihren Aktionären verantwortlich, wohingegen die Bundesbehörden in einem politischen Umfeld geformt werden und handeln müssen, in dem Ziele, Erfolgsmaßstäbe und Schichten von Verantwortung und Legitimation oft doppeldeutig und unklar sind. Politischen Konsens zu erzielen hinsichtlich der Behördenziele oder der Mittel, diese zu erreichen, ist häufig schwierig und kann auf logischen Grundlagen basieren, die in der Welt der Wirtschaft nicht zur Anwendung gelangen würden.[1225] Unter der Überschrift *„Attitudes Necessary for a Federal Career"* beschrieb Stephen Gould im Jahre 1962 die Unterschiede zwischen den abstrakten Entscheidungsdeterminanten im öffentlichen und privaten Sektor wie folgt:

„As a Federal employee you will be obligated to make decisions that represent the best interests first of the public, then of your agency, and lastly of your immediate office or yourself. The man in industry thinks of the effect of his negotiating, or advertising, and in order to improve his company's position. He does not concern himself primarily with what is best for his industry and certainly assumes little personal responsibility for acting in the public interest."[1226]

Die Antwort auf die Frage, ob sich die Geschäftswelt an der Verwaltung oder die Verwaltung an der Geschäftswelt orientieren sollte, hat sich im Laufe der Jahrzehnte mit dem Zeitgeist verändert. Carl J. Friedrich stellte 1973 fest, dass viele Amerikaner sich vom Staat Hilfe gegenüber dem Versagen der Geschäftswelt erhoffen, die ihre Angelegenheiten „in nachlässiger, unsystematischer Weise managt", insbesondere im Bereich des Umweltschutzes.[1227] Zu Beginn des neuen Jahrtausends herrscht dagegen ein Trend zur Privatisierung öffentlicher Aufgaben. Statt der Verwaltung erfolgreiche Wirtschaftsunternehmen global als Vorbilder aufzuzeigen, denen es nachzueifern gilt, müssen spezifische Aufgaben und Kompetenzen der Verwaltung formuliert, diskutiert und in ihren neue Rolle systemkonform eingeordnet werden.

Sollte die Verwaltung ihre Beschäftigten in Fragen der Arbeitsplatzsicherheit wie ein privates Unternehmen behandeln? Kann eine Verwaltung erfolgreich arbeiten, in der ihre Beschäftigten nicht mehr das Ideal verfolgen, dem Gemeinwohl zu dienen, sondern vorrangig darauf abzielen, durch Leistungen, die von den Vorgesetzten hoch bewertet werden, Leistungszulagen zu erreichen? Zu diskutieren ist, wie es mit den Pflichten und Aufgaben der Verwaltung steht, die ihr kraft Verfassung, wie z. B. die Verteidigung, oder im öffentlichen Interesse obliegen. Insbesondere letztere, zu denen die Aufgaben des sozialen Ausgleichs, sozialer Wohnungsbau, Krankenversicherung für Einkommensschwache sowie alte und behinderte Menschen und das Schulwesen gehören, sind meist die Aufgaben, die unter einer Profitorientierung und mit Mitarbeitern, die vor allem an finanziellem

---

[1225] GAO, Transforming The Civil Service, S. 9 f; Zuck, Education, S. 15, 18

[1226] Gould, S. 23

[1227] Friedrich, Stellung und Aufgaben des öffentlichen Dienstes, S. 248, 255

Gewinn interessiert sind, nicht zu erfüllen wären. Aufgaben wie die bereits genannten sozialen Aufgaben sowie Umweltschutz, Lebensmittel- und Drogenkontrolle fallen denn auch in die Bereiche, in denen Wirtschaftsunternehmen sich mangels Gewinnaussicht wohl kaum betätigen würden. Sie müssen es auch nicht tun – weder Bevölkerung noch Verfassung, politische Führer oder moralische Erwartungen erwarten es von ihnen. Ändern sie ihre wirtschaftlichen Ziele in Anpassung an den freien Markt, so sind sie verantwortlich allein ihren Aktionären, für die meist die Erzielung von Gewinn im Vordergrund steht. Die Bundesverwaltung wird – bei allem Unternehmergeist – so nicht agieren können: Sie ist gegenüber den gewählten Volksvertretern verantwortlich für die korrekte Ausführung der Gesetze und kann daher nicht in gleicher Weise ausschließlich ergebnisorientiert arbeiten, weil ihre Arbeit und Pflichten auf gesetzlichen Grundlagen fußen, die zwar im vorgeschriebenen Verfahren geändert, jedoch nicht nach der Vorstellung der Behördenleiter und politischen Manager ignoriert oder gedehnt werden dürfen.[1228] Vizepräsident Gore beschreibt die Pflicht der Behörden, ihre Fortschritte der Öffentlichkeit vorzustellen, als das Pendant zum Rechenschaftsbericht des Vorstands an die Aktionäre in der Privatwirtschaft.[1229] Dabei wird die Komplexität der Zusammensetzung der staatsbürgerlichen „Aktionäre“ der Verwaltung verwischt; auch die Maßstäbe, nach denen Erfolge beurteilt werden, sind keineswegs einheitlich, sondern häufig eine Frage der – unterschiedlichen - politischen Richtungen.

2. Die Orientierung am Kunden – welcher Bürger soll es denn sein?

„Put the Customer First“ meint die Orientierung am Kunden, für die Verwaltung bedeutet es die Orientierung am Bürger. Präsident Clinton erließ 1993 eine Executive Order mit der Anweisung an die Verwaltung, Kunden zu identifizieren, ihre Bedürfnisse zu erheben und zu analysieren und danach Standards zu etablieren, anhand derer die Resulte begutachtet werden.[1230]

Soll die Orientierung der Verwaltung am Bürger als Konsumenten von Verwaltungsleistungen und –programmen ausgerichtet werden, so stehen viele Verwaltungszweige vor der Frage, nach welchen Bürgerinteressen sie sich bei konkurrierenden Interessen richten sollen. In Bereichen des Umweltschutzes (ökonomische/ökologische Interessen), Bewirtschaftung öffentlicher Ländereien (Viehzucht/Wasserwirtschaft), Lebensmittel- und Arzneimittelkontrolle (Konsumenten/Profitinteressen) sind dabei Entscheidungen zu treffen, bei denen die Vorgabe der Orientierung an Konsumenten kein zureichendes Kriterium ist. Auch die Orientierung am eigenen Budget (Welche Maßnahme ist billiger?) oder an künftigen Steuereinnahmen (Welche Interessengruppe zahlt mehr?) hat ihre Schwierigkei-

---

1228 Moe, S. 111, 115
1229 Gore, Businesslike Government, S. 103
1230 Executive Order 12862 vom 11. September 1993

ten.[1231] Solche Probleme erkennt auch die NPR an, indem Vizepräsident Gore erklärt, dass Partnerschaft und geteilte Verantwortlichkeiten zwischen öffentlichem und privatem Sektor viele Probleme lösen könnten; Regierung und Verwaltung hätten jedoch die grundlegende Pflicht, den Markt zu überwachen. In bundesgesetzlich geregelten Bereichen wie Lebensmittelkontrolle und anderen, müsse strenger Gesetzesvollzug das Mittel der Wahl sein.[1232] Manche halten die Kundenorientierung und die neuen Rechte der Beschäftigten in der politischen und exekutiven Realität für undurchführbar. Eine deregulierte Verwaltung setze danach grundlegende Übereinstimmungen in fundamentalen politischen Fragen voraus. Einen solch grundlegenden Konsens über die Richtlinien der Politik gebe es aber in der amerikanischen Bundespolitik nicht. Daher würden sich die entscheidenden Gruppen bemühen, die Kontrolle zu erlangen, auszuüben und zu erweitern, um ihre jeweiligen politischen Vorstellungen durchzusetzen. [1233] Mit Blick auf die ausschließliche Orientierung an der Kundenzufriedenheit als Erfolgsmaßstab für die Arbeit der Behörde wird kritisiert, dass dabei ökonomische Werte den Wert rechtmäßigen Handelns ersetzen würden.[1234] Die Zweifel an der demokratischen Qualität der Reformen werden nicht von allen geteilt. Donald Kettl hält Kundenorientierung als Schlüsselprinzip auch für die öffentliche Verwaltung für machbar und rechtmäßig und die Schwierigkeiten mit diesem Ansatz für das Ergebnis von Mängeln in der intellektuellen Erneuerung in der Verwaltung.[1235] Auch er räumt aber ein, dass die Definition der jeweiligen Kunden und ihrer Wünsche in der Verwaltung wegen der diversifizierten Kundenvielfalt schwierig ist und Kundenorientierung leicht für politische Zwecke eingesetzt werden kann.[1236]

Zu bedenken ist auch, dass die heutigen Wirtschaftsunternehmen ihre Erfolge gerade in einer Umwelt erzielen, in der sozialer Ausgleich – Erfüllung nicht unmittelbar profitabler Aufgaben – durch die Mitarbeiter der öffentlichen Verwaltung und den Einsatz von Steuergeldern gerade hergestellt bzw. im Rahmen des Möglichen angestrebt wird. Eine andere Frage ist, wie es mit dem Erfolg dieser Unternehmen stünde, wenn die Verwaltung diese Aufgaben nicht mehr erfüllen und die soziale Unterstützung einkommensschwacher Bevölkerungsschichten aufgegeben würde. In verbindender Zusammenschau kann akzeptiert werden, dass beide, Wirtschaftsunternehmen, die sinnvoll und erfolgreich mit stark verengter Sichtweise nur ihre Ziele sehen, und die öffentlichen Verwaltungen mit integrierter Sichtweise, mit anderen Verantwortlichkeiten, mit demokratisch legitimierten und vorgeschriebenen Aufgaben, jeweils unverzichtbare Spieler in

[1231] Pfiffner, National Performance Review, S. 41, 51

[1232] Gore, Businesslike Government, S. 100

[1233] Aberbach, S. 162, 181; Wilson, James Q, Reinventing Public Administration, S. 667, 673

[1234] Moe, S. 111, 114 f

[1235] Kettl, Building Lasting Reform, S. 9, 53, 56

[1236] Kettl, Building Lasting Reform, S. 9, 59 f

einem gesellschaftlichen Ökosystem sind. Das schließt Anpassungen an neue Entwicklungen und Aufgaben sowie teilweise Zusammenarbeit und Übernahme von bewährten Praktiken des jeweils anderen nicht aus, bewahrt jedoch davor, dem jeweils anderen unkritisch und systemschädigend die eigenen Spielregeln überzustülpen.

3. „Contracting-Out" und „hohler Staat"

„Contracting-Out", das so auch in die neue deutsche Verwaltungssprache Aufnahme gefunden hat, besagt, dass die Verwaltung Aufgaben und Leistungen, die bisher mit eigenen Bediensteten und Sachmitteln erfüllt und erbracht wurden, vertraglich an private und gemeinnützige Organisationen vergibt, die diese Aufgabe und Leistungen in Submission erfüllen. Hinter dieser Idee steht die Vorstellung, dass Bürger identisch sind mit Konsumenten und dass Effektivität, Effizienz und Zufriedenheit der Konsumenten auch für die Verwaltung die entscheidenden Maßstäbe bilden. Das Verwaltungspersonal steht dabei latent unter dem Verdacht, diese Ziele nicht anzustreben und statt dessen seine eigenen Interessen auf Kosten der Steuerzahler zu verfolgen.[1237]

Amerikaner haben traditionell eine Abneigung gegen große Verwaltungsorganisationen, haben aber seit den Tagen Franklin D. Roosevelts und Lyndon B. Johnsons die Nutzung vieler staatlicher Programme schätzen gelernt. Donna Shalala, seit 1993 Ministerin für Gesundheit und soziale Dienste, fasste diese paradoxe Haltung so zusammen: *„Keep your bureaucratic hands off my Medicare"*.[1238]

Versuche, öffentliche Aufgaben durch private Firmen durchführen zu lassen, sind nicht neu. 1967 hatte die CSC die Rechtmäßigkeit bestimmter Kontrakte angezweifelt, weil die beauftragende Behörde und das Personal des Vertragspartners in einem so engen Arbeitgeber-Arbeitnehmer-Verhältnis zueinander standen, dass die Commission durch dieses Modell eine Umgehung der Vorschriften für die Einstellung von Personal im öffentlichen Dienst gegeben sah und die Vergabe öffentlicher Aufträge und die private Ausführung bisher öffentlicher Dienstleistungen für unangemessen erklärte, wenn die Behörde die privaten Arbeitnehmer direkt überwacht, wenn die Arbeit in Verwaltungsräumen oder unter Verwendung sachlicher Verwaltungsmittel erledigt, sie für lange Zeit – über ein Jahr - vereinbart wird oder Tätigkeiten betrifft, die zu den Kernaufgaben der Behörde gehören, oder wenn sie zu Doppelarbeit mit öffentlichen Bediensteten führt.[1239] Das GAO untersuchte die Frage, welche Funktionen zu den originären Staats- und Verwaltungsaufgaben gehören, und kam zu keinem konsensualen Ergebnis.[1240] Damit

---

1237 Milward, S. 41,42 f

1238 Shalala, S. 284

1239 CSC, Biography, S. 120 f

1240 Milward, S. 41, 55

scheidet dieses Kriterium zur Differenzierung der durch Verträge ausgliederbaren Aufgaben aus. Donald Kettl bemerkte 1991, dass heute meist die Vorstellung im Vordergrund stehe, mit dem „Contracting Out“ könne Geld gespart und die Flexibilität erhöht werden, wobei letzteres eine Verschlüsselung des Wunsches sei, die Gesetze für den öffentlichen Dienst und die Gewerkschaften des öffentlichen Dienstes auszuschalten sowie die Regeln des Beschaffungswesens der öffentlichen Hand zu umgehen. Da die Personalkosten den Löwenanteil der Kosten ausmachten, gehe es im Grunde bei der Frage der Personaleinsparungen um die Frage der Beschäftigten im öffentlichen Dienst.[1241] Das "Contracting-out" in der amerikanischen Bundesverwaltung hat in der Carter Administration an Bedeutung gewonnen und seit 1980 stark zugenommen; das Auftragsvolumen ist von 1980 - $ 100 Milliarden (billions)- auf $ 170 Milliarden im Jahre 1990 gestiegen. 1986 wurden bereits 20 % aller Bundesausgaben für 20 Millionen Kontrakte ausgegeben[1242]. Während der Reagan Administration legte das OMB im Rundschreiben A 76 fest, dass alle neuen Aktivitäten der Bundesverwaltung an private Anbieter vergeben werden müssten, es sei denn, deren Preise seien unangemessen hoch oder die Aktivitäten berührten die nationale Sicherheit. Nach diesem Rundschreiben waren die Beschäftigten der Bundesverwaltung verpflichtet, im Kampf um ihre eigenen Positionen mitzubieten, indem sie auflisten mussten, wie hoch die Kosten für die Erledigung ihrer Aufgaben seien. Unterboten private Anbieter diese Kostenaufstellung um wenigstens 10 %, wurde die Aufgabe privat vergeben. Durch diese Praxis wurde die Moral der Beschäftigten drastisch verschlechtert, wenn auch die Zahl derer, die die Bundesverwaltung durch A 76 verlassen mußten, gering war: Eine Befragung von 2.535 Beschäftigten, die ihre Position so verloren hatten, ergab 1985, dass 74 % von ihnen andere Positionen in der Bundesverwaltung gefunden hatten.[1243]

Die Entwicklung hin zu einer – im Verhältnis zur Gesamtzahl des Verwaltungspersonals - zahlenstarken mittleren Führungsebene scheint dabei eher Ergebnis als Grund für das durch das starke contracting-out hervorgerufene und intensiv kritisierte "hollow government" zu sein. Die mittlere Ebene fungiert zunehmend als Kontrolleurin und Verwalterin der Vertragsunternehmer, während die untere Ebene weitgehend abgebaut wird.[1244] Die Zahl der Arbeiter fällt drastisch. Während 1955 noch 30,7 % aller Beschäftigten in der Bundesverwaltung in diese Kategorie fielen, waren dies 1984 noch 15,7 % und 1998 noch 13 %; der Anteil der Arbeiter in der Arbeitnehmerschaft der USA insgesamt fiel zwischen 1955 und 1985 nur um ein Viertel auf 48 % aller Beschäftigten.[1245] Auch die Stellenpyramide hat sich entsprechend stark verändert: In den 50er Jahren glich die

[1241] Kettl, Privatization, S. 254, 255 f, 259
[1242] Kettl, Privatization, S. 254, 255
[1243] Kettl, Privatization, S. 254, 257 f
[1244] Light, Thickening Government, S. 16 f; Durst/Patterson/Ramsden, S. 362, 363 f
[1245] Kettl, Privatization. S. 254, 260; OPM, Fact Book, S. 14

Stellenverteilung einer Pyramide mit relativ wenigen Spitzenkräften, einer größeren Zahl von Angehörigen der mittleren Führungsebene und sehr vielen Beschäftigten auf der Ausführungsebene (*front-line-employees*).
In den 70er Jahren sah das Schaubild eher wie ein Zirkuszelt aus: eine wachsende Anzahl von politischen und Karriere-Spitzenkräften, eine große Zahl von Mitgliedern der mittleren Führungsebene und Fachleuten und sinkende Zahlen auf der Ausführungsebene. In den 80er und 90er Jahren setzte sich die Entwicklung fort hin zu einem Pentagon - noch mehr Spitzenkräfte, fast ebensoviel mittleres Führungspersonal wie Beschäftigte der Ausführungsebene.
Bei sich linear fortsetzenden Trends geht die Entwicklung zum Kreis, mit sehr wenig Beschäftigten auf der Ausführungsebene, riesigen Zahlen im Managementbereich einschließlich technischen Fachleuten und einer großen Gruppe von Spitzenkräften. Das Anwachsen der mittleren Ebene läßt sich vor allem auf die zunehmende Einstellung von Angehörigen anerkannter Professionen in die Bundesverwaltung zurückführen, die infolge der gestiegenen Anforderungen an fachliche Spezialkenntnisse gebraucht werden und die höher klassifizierte Positionen einnehmen als bisher die Arbeiter und Verwaltungsbeschäftigten.[1246] Der "verschwundene" Rest der Pyramide existiert in anderer Aufmachung weiter: nicht mehr in Gestalt von Beschäftigten der Bundesverwaltung, aber in Gestalt von Angestellten der Vertragsunternehmen, gemeinnütziger Organisationen und Behörden der Städte und Gemeinden, die die früher von der Bundesverwaltung erbrachten Dienstleistungen und Aufgaben übernommen haben. Die Schließung von Teilen der Bundesverwaltungen 1995/1996 im Rahmen der Auseinandersetzungen um das Budget trugen dazu bei, das Ausmaß des „contracting out“ zu offenbaren, da während der Schließung nicht nur die Beschäftigten der Bundesverwaltung keine Dienstleistungen mehr erbrachten, sondern auch viele andere – scheinbar private – Organisationen bedroht waren, die zu einem erheblichen Maße oder ausschließlich von bundesstaatlichen Zahlungen abhängig waren, eine Erkenntnis, die Donald Kettl, Patricia Ingraham u. a. 1996 dazu veranlasste zu bemerken:

„... It would be easy to conclude that we have met the bureaucracy and, to stretch a point, it is us. These events highlight the complex question of the degree to which the public sector is already privatised – and the private sector governmentalized".[1247]

Bei der Verlagerung von Aufgaben in den privaten Bereich, die zum unverzichtbaren Leistungspaket des Staates gehören, kann die Erledigung der Aufgaben zwar privatisiert werden – jedoch die Bundesverwaltung und der öffentliche Etat

---

1246Light, Thickening Government, S. 14 ff
1247 Kettl/Ingraham/Sanders/Horner, S. 48 f; vgl. auch Kettl, Building Lasting Reform, S. 9, 51

werden immer als eine Art Rückversicherung und Garantie bestehen bleiben: eine Privatisierung der Profite verbunden mit einer Verstaatlichung des Risikos.[1248] Jay Pearson steht einer Behörde vor, die traditionell Dienstleistungen für andere Bundesbehörden auf den Gebieten Gebäudeverwaltung und –unterhaltung, Beschaffung und Telekommunikation erbringt. Seine Behörde steht mit privaten Anbietern im Wettbewerb, die anderen Bundesbehörden sind als „Kunden“ frei in ihrer Auswahl des Anbieters. Die Vorgabe für seine Behörde sei, wie ein privater Anbieter zu agieren; daran werde er aber ständig durch immer neue Vorgaben des Kongresses gehindert, die private Betriebe nicht beachten müssten. Schreibe seine Behörde Leistungen aus, so stehe er unter dem Zwang, dem billigsten Angebot den Zuschlag geben zu müssen. Darunter leide die Qualität und er sei oft unsicher, ob die Billiganbieter überhaupt zur Aufgabenerfüllung in der Lage seien. Der Trend gehe zum „contracting-out“; dies sei zwar wegen der geschmolzenen Personaldecke häufig erforderlich, er halte es aber für keine gute Idee, es sei weniger verlässlich. Die Öffentlichkeit traue den Privaten aber mehr zu und akzeptiere dafür sogar höhere Preise – auch wenn die entsprechenden öffentlichen Beschäftigten vorher angeblich wegen der Kosten eingespart worden seien.[1249] Die Praxis des „contracting out“ zieht viel Kritik auf sich. Es wird als schwierig angesehen, Arbeitnehmer privater Firmen zu kontrollieren, deren vorrangige Interessen dem Wohlergehen ihrer Firma und nicht dem Gemeinwohl gelten.[1250] Der Supreme Court hatte sich dahingehend festgelegt, dass private Organisationen nur dann für die Garantie der in der Verfassung festgelegten Rechte verantwortlich sind, wenn sie unter direkter Befehlsgewalt des Staates handeln. Damit könnten die bürgerlichen Rechte der Leistungsempfänger in Privatisierungsprogrammen stark eingeschränkt werden.[1251] Allerdings verändert sich auch die Rechtsprechung mit der gesellschaftlichen Umwelt und der Supreme Court hat 1996 mehrfach entschieden, dass auch bei unabhängigen Vertragspartnern der Bundesverwaltung die Parteizugehörigkeit oder politische Ansichten nicht als Einstellungs- oder Kündigungsgründe verwendet werden dürfen.[1252] Gewarnt wird vor den noch unbekannten Folgen, die eine Übernahme auch der Kernfunktionen einer Behörde durch private Organisationen haben kann, die im Fallbeispiel der EPA Programme so intensiv betreuten, dass sie für Behördenvertreter Vermerke anfertigten, Stellungnahmen für den Kongress vorbereiteten und gesetzliche und internationale Regelungen entwarfen; offenbar übernahmen sie sogar die Aufgabe der Arbeitsanleitung und –überwachung anderer Vertragspartner.[1253] Dies wäre ein

---

[1248] Moe, S. 111, 113

[1249] Jay Pearson, General Services Administration, Field Office Seattle, Regional Administrator im Gespräch mit der Verfasserin am 16. Juni 1999

[1250] Milward, S. 41, 44

[1251] Sullivan, S. 461, 464, 466; Kettl, Privatization, S. 254, 260

[1252] Schultz/Maranto, S. 197, 214

[1253] Milward, S. 41, 46

interessantes Feld für weitere Untersuchungen, da hier der Frage nachgegangen werden könnte, ob sich auch in diesem formell privaten Bereich eine Hierarchie aufbaut, die mit ihren Problemen sich von der ersetzten öffentlichen Hierarchie kaum noch unterscheidet, weil auftretende Koordinationsnotwendigkeiten zur Ausbildung ähnlicher Regeln und Verfahren führen.

II. Kontrolle und Verantwortlichkeit in der „neuen Verwaltung" – Fragen der demokratischen Legitimation

Die Clinton Administration hat die Verbesserung des öffentlichen Dienstes hoch angesiedelt, indem Vizepräsident Al Gore sich als Leiter der NPR damit maßgeblich und medienwirksam befasste. Nahezu alle Vorschläge der NPR sind mit der Verschiebung von Autorität von zentralen Einheiten wie dem OPM auf die einzelnen Ministerien und Behörden und Linienführungskräfte verbunden.[1254]
Die Umsetzung dieser Vorschläge lässt nicht nur die Frage nach der Einhaltung und der Zukunft der Merit-Prinzipien lauter werden. Zur Einhaltung der Merit-Prinzipien soll das neue Office of Merit Systems Oversight and Effictiveness im OPM für das Gleichgewicht zwischen Flexibilität und Beachtung der Kernprinzipien des öffentlichen Dienstes sorgen, indem es in dreigleisiger Zielorientierung den Ministerien und Behörden Hilfestellung und Beratung gibt, Gelegenheiten zur Verbesserung des Personalmanagements in der Bundesverwaltung aufzeigt und mit einem 100köpfigen Mitarbeiterstab sieben bis acht Bundesbehörden zum Schutz der Leistungssysteme jährlich kontrolliert.[1255]
Nicht beantwortet ist bisher die Frage nach Kontrolle und Verantwortlichkeiten in der „neuen Verwaltung" – die Frage nach der demokratischen Legitimation, der Gestaltung des Verhältnisses zwischen politischen Mitarbeitern und Karrierebürokraten sowie der ihnen in einem neuen System dezentraler Verantwortlichkeiten, verstärkter Bürgerorientierung und entbürokratisierten Verfahren zugedachten Rolle und Aufgaben.

1. Parlamentarische Kontrolle und die „ neue Verwaltung"

Wenn auch die Möglichkeiten und die erhöhte Flexibilität neuer Wege und Modelle – auch bei Übernahme aus dem privaten Sektor – nicht bestritten werden, so können immer weitergehende Verschiebungen aus dem Regelwerk und der Kontrolle des öffentlichen Dienstes heraus doch ernste Fragen nach dem Verhältnis von effektiver Leistung, demokratischer Kontrolle, Verantwortlichkeit und Einhaltung angemessener Verfahren aufwerfen.[1256] Werden staatliche Programme verändert oder eingestellt, so stellen sich sofort Fragen nach der demo-

---

[1254] King, S. 21, 22
[1255] MSPB, Evaluation,, S. V, 3 f; King, S. 21, 22
[1256] Ban, Drivers of Change, S. 21, 33

kratischen Legitimation der Entscheidungsträger und den sozialen und gesellschaftlichen Folgen dieser Entscheidung.[1257] Die zunehmende Delegation von Entscheidungen auf das Verwaltungspersonal verändert die nicht nur tradierten, sondern auch rechtlich fixierten Aufgaben der Beschäftigten des öffentlichen Dienstes, die den Willen des Volkes umsetzen sollen, wie er sich in den Entscheidungen der Volksvertretung äußert.[1258]

Viele Vorhaben der NPR sind ohne die Zustimmung des Kongresses nicht durchzuführen, weil sie das Budgetrecht berühren oder Veränderungen im System der Klassifikation des Bundespersonals erfordern. Nicht wenige Reformvorhaben sind geeignet, die Macht des Parlaments über Struktur und Zusammensetzung der Bundesverwaltung zu verringern.[1259] Die Reformer zielen auf eine Verschiebung der parlamentarischen Zuständigkeiten in die Exekutive und innerhalb der Exekutive bis tief in die Hierarchie hinein; das Parlament steht im Mittelpunkt, wenn von Überregulierung und Mikromanagement die Rede ist.[1260]

Aber nicht nur die anfängliche Zustimmung des Parlaments ist von Bedeutung; abzuwarten bleibt auch, ob die parlamentarische Reaktion auf zu Tage tretende Schwächen und Skandale unter neuen teamorientierten, dezentralisierten Strukturen zu einer Rückführung in alte Strukturen führen wird.[1261] Die NPR hat dieses Problem erkannt und betont, dass es nötig ist, auf die Vorschläge der Arbeitnehmer zu hören und sie für Innovationen zu belohnen, anstatt sie für Fehler zu bestrafen.[1262]

James Q. Wilson legt in seiner Stellungnahme zu den Zielen der NPR dar, dass die Dezentralisierung von Entscheidungen und die Delegation von Rechten auf Beschäftigte, die sich in der Hierarchie weiter unten befinden, für eine langfristig erfolgreiche Arbeit Vorgesetzte und Führungskräfte, Interessenvertretungen, Medien und ein Parlament voraussetzt, die dazu bereit sind, einem Beschäftigten einen „ehrlichen Fehler" zu vergeben, den er in der Anstrengung beging, das Richtige zu tun. Das Entstehen einer solchen vergebenden und verzeihenden – „fehlerfreundlichen" - politischen Umwelt hält nicht nur Wilson im Ergebnis für mehr als unwahrscheinlich.[1263]

Donald Kettl resümiert,

„not all federal managers wanted to be empowered. Being empowered meant taking risks, and the reinventers could offer little more than broad assurances that employees would not be punished if "empowered" behavior produces criticism".

1257 GAO, Transforming The Civil Service, S. 12 f

1258 Moe, S. 111, 112

1259 Kettl, Building Lasting Reform, S. 9, 69

1260 Kettl, Building Lasting Reform, S. 9, 32

1261 Schultz/Maranto, S. 197, 212; Guy, S. 113, 133 f

1262 Gore, Businesslike Government, S. 28, 48

1263 Wilson, James Q., Reinventing Public Administration, S. 667, 671; Aberbach, S. 162, 181, Romzek, S. 193, 215

Kettl meint weiter, dass viele Beschäftigte, die im übrigen auch schon viele Reformversuche hatten kommen und gehen sehen, nicht bereit waren, ihren Arbeitsplatz mit einer risikoreichen neuen Art der Aufgabenerfüllung zu gefährden, wenn "Empowerment" ihnen als verdeckte Bedrohung ihrer Stellen erschien.[1264] Schließlich wurden zur gleichen Zeit große Personaleinsparungen angekündigt.

Immerhin verhält es sich so, dass der NPR Report so weit geht, im Interesse der guten Sache – nämlich der Erzielung guter Resultate – die behördeninterne Dienstaufsicht (*Inspectors general*) zu kritisieren:

" ...the IG staffs often develop adversarial relations with agency managers – who, in trying to do things better, may break rules".[1265]

Gesetze und Regeln scheinen in diesem Kontext nicht mehr die entscheidende Größe zu sein.[1266] Der Kongress hat der NPR bisher die erforderliche gesetzliche Unterstützung gegeben. Gesetze wie der Government Performance and Results Act (GPRA) und der Federal Workforce Restructuring Act sind beschlossen und umgesetzt worden. Der Kongress hat sogar die zunächst vorgesehenden Personaleinsparungen von 252.000 auf 292.000 Mitarbeiter erhöht, war jedoch nicht bereit, inhaltliche Beschlüsse zu der Frage, in welchen Verwaltungsbereichen diese denn erfolgen sollen, zu fassen. Für einige parlamentarische Ausschüsse hat sich durch die neu aufgeworfenen Fragen der Leistungsbeurteilungen und des neuen Beschaffungswesens ihr Gewicht und die Bedeutung der Mitglieder im Parlament erhöht.[1267] Die hierarchischen Ketten der Verantwortung und demokratischen Legitimation können Beschäftigte dazu verpflichten, schwierige Entscheidungen nicht allein zu treffen, sondern sie Vorgesetzten vorzulegen, die sie vielleicht wieder Vorgesetzten vorlegen und so den Entscheidungsprozeß verlängern. Während es sinnvoll es, diese Verfahrensdauern nur in berechtigten diffizilen Fällen in Kauf zu nehmen, so ist diese Technik nicht zur Abschreckung von Bürgern gedacht, sondern zur Sicherstellung angemessener Verfahren und des Zugangs zu Programmen, Mitteln und materieller Richtigkeit. In den Worten von Donald Kettl:

„Where do procedural due process and proper administrative safeguards become red tape?".[1268]

[1264] Kettl, Building Lasting Reform, S. 9, 21 f

[1265] NPR, From Red Tape to Results, S. 38

[1266] Moe, S. 111,115

[1267] Kettl, Building Lasting Reform, S. 9, 70 f; Foreman, S. 152, 159 bis 162

[1268] Kettl, Building Lasting Reform, S. 9, 10

2. Politische Mitarbeiter und die Karrierebürokratie in der „neuen Verwaltung“

In der „neuen Verwaltung“ wird auch das Verhältnis zwischen politischen Mitarbeitern und Karrierebürokratie neu definiert werden müssen – obwohl der Terminus Definition für etwas, das auch bisher relativ konturenlos war, gewagt erscheint. Mit mehr Entscheidungsbefugnissen versehene Karrierebürokraten scheinen nicht mehr in der Hierarchie automatisch weiter unten und politische Mitarbeiter nicht ohne weiteres weiter oben zu stehen. Mit der zunehmenden Dezentralisierung und den erwünschten Folgen von gesteigerter Bürgernähe, Flexibilität und Vor-Ort-Management sinken der Bedarf nach und die Möglichkeit zu unmittelbarer Steuerung und Kontrolle und steigt die Notwendigkeit größeren Vertrauens in die Prämisse, dass politische Mitarbeiter und Karrierebürokratie das Richtige wollen – bei allen Problemen der inhaltlichen Definition. Damit müssen politische Mitarbeiter und Karrierebürokraten umgehen lernen.[1269] Die Clinton Administration hat gute Beziehungen beider Gruppen auch stets als grundlegend wichtig für eine effektive Führung der Verwaltung angesehen.[1270] Dazu ist erforderlich, dass der öffentliche Dienst wieder mehr Unterstützung in der Bevölkerung findet; und auch darauf zielen die Vorschläge und Maßnahmen der NPR ab.[1271] Neben dem Umgang mit neuen Entscheidungsbefugnissen der Karrierebeschäftigten wird auch die propagierte Kundenorientierung die Aufgaben der politischen Mitarbeiter verschieben können: Die NPR vermittelt das Bild homogener Kundenwünsche, die die Verwaltung lediglich abfragen und denen sie dann entsprechen muss. Homogene und kompatible Bedürfnisse und Wünsche des Bürgers=Kunden gibt es auf den meisten Feldern öffentlichen Engagements aber nicht; die NPR gaukelt insofern eine Simplizität von Programm- und Gesetzesvollzug vor, die es nicht gibt. Sie wirft auch die Frage auf, welche Rolle ein Präsident als Spitze der Exekutive noch haben kann, wenn er einer „neuen Verwaltung“, die durch die Wünsche der Kunden modelliert wird, vorstehen soll.[1272] Daran schließt sich die weitere Frage, welche Rolle die politischen Mitarbeiter eines solchen Präsidenten noch spielen werden. Wird es zukünftig die Hauptaufgabe der politischen Mitarbeiter sein, die politische Botschaft der Agenda des Präsidenten in die Behörden zu tragen, welchen Kundeninteressen der Vorrang zu geben ist? Dürfen oder müssen die mit mehr Rechten ausgestatteten Karrierebürokraten diesen Botschaften entsprechen?

Was geschieht in einer Verwaltung, deren Verfahren von all den verlangsamenden Richtlinien zur Gewährleistung fairer Verfahren und materieller Gleich-

1269 Ingraham/Thompson/Eisenberg, S. 263, 271; Shalala, S. 284, 287 f

1270 Gore, Creating Quality Leadership and Management, S. 24

1271 King, S. 21, 22

1272 Aberbach, S. 162, 181

behandlung („*red tape*") befreit ist, wenn Präsidenten beginnen, nicht das ‚Richtige' zu wollen?

Mikromanagement durch den Kongreß hat schließlich deshalb begonnen, weil Präsidenten die mit großzügigen Ermessensspielräumen ausgestatteten Programme ihrer Vorgänger bis zur Unkenntlichkeit verändert haben.

F. Zusammenfassung und Thesen

1. Die amerikanische Bundesverwaltung befindet sich seit der Schaffung einer Karrierebürokratie im Jahre 1883, die nach im Wettbewerb erbrachten Leistungen ausgewählt wird, in einem Spannungszustand zwischen politischen Mitarbeitern und Karrierebürokraten. Dieser Spannungszustand hat sich mit dem ideologischen und zahlenmäßigen Erstarken der Karrierebürokratie im Laufe der Zeit verstärkt.

2. Das Ansehen der Karrierebürokratie hat dadurch gelitten und das Misstrauen ihr gegenüber ist dadurch gewachsen, dass die neutrale Kompetenz zwar offiziell eine erstrebenswerte Eigenschaft war, jedoch fast alle Präsidenten bemüht waren, die neutrale Kompetenz gegen politische Loyalität der Karrierebürokraten gegenüber der Person oder dem Programm des Präsidenten auszutauschen. Zu diesem Zweck sind immer wieder viele der ursprünglich als politische Mitarbeiter eingestellten Kräfte zum Ende der Herrschaft einer Partei in die Karrierebürokratie „überführt" worden.

3. Das Merit- oder Leistungssystem der Karrierebürokratie enthält verschiedene Elemente, die mit einer Eignungsprüfung für die Aufgaben des öffentlichen Dienstes nur noch entfernt vereinbar sind: die Besetzung der Eingangspositionen nach Maßstäben, die sich ohne weitere Prüfung ausschließlich an den akademischen Vorleistungen oder der Zugehörigkeit zu der Sprachkultur einer Minderheit orientieren, mögen der Erhöhung bestimmter Minderheitenquoten und einer vereinfachten direkten Einstellung dienen, nicht aber der Gewinnung der qualifiziertesten Kräfte.

4. In der amerikanischen Karrierebürokratie hat die gesetzlich vorgeschriebene Präferenz von Veteranen bei Einstiegspositionen einen starken Einfluß auf die Zusammensetzung der Beschäftigten. In der Veteranenpräferenz liegt eine gesetzlich anerkannte Einschränkung des Leistungsprinzips in Anerkennung der dem Land geleisteten Dienste und zum Ausgleich der dadurch erfahrenen Nachteile auf dem Arbeitsmarkt.

5. Das Konzept des Senior Executive Service (SES) sah stärkere Flexibilität, eine Mobilität auch über Behördengrenzen hinweg und dadurch auch eine verbesserte Führung in der Bundesverwaltung vor. In der Praxis sind recht konstant etwa 72 % der Spitzenkarrierebürokraten in der Hauptstadt tätig, obwohl nur etwa 15 % der Beschäftigten der Bundesverwaltung insgesamt dort beschäftigt sind. Sehr wenige Mitarbeiter kommen also in den Genuß starker Führung, während die meisten Mitarbeiter – über die USA verteilt – nur wenig Management erfahren.
Wie sich gezeigt hat, ist die Mobilität im SES immer noch gering, innerhalb von Behörden (geographischer Wechsel) und auch zwischen Behörden. Dahinter ver-

birgt sich rationales Verhalten der Spitzenbürokraten insofern, als die Karrieren zum einen vor allem in der Hauptstadt gefördert werden und zum anderen vor allem innerhalb einer Behörde – und dann aufgrund von Spezialwissen und nicht aufgrund von allgemeinen Führungsqualitäten - stattfinden. Sollen Flexibilität und Mobilität nicht nur formal für wichtig erklärt, sondern auch in der Realität erreicht werden, so müssen den Betroffenen und den Entscheidungsträgern in den Behörden Anreize dafür geboten werden. Solange Dienst im „Field Service“, in dezentralen Zweigen von Bundesbehörden und Wechsel der Behörden materiell vor allem Karrierehindernisse bedeuten, wird auf diesen Gebieten eine Verbesserung nicht stattfinden.

6. Bei der Betrachtung der Rekrutierung der Gruppe der politischen Mitarbeiter und der Spitzenkarrierebürokraten, die sich mit dem Ziel erfolgreicher Ergebnisse zusammenfinden müssen, fällt auf, dass beide Gruppen mit großer Sorgfalt, wenn auch mit vollständig unterschiedlichen Prämissen ausgewählt werden.
Für die Auswahl von Spitzenkarrierebürokraten existieren offizielle und inoffizielle Auswahlkriterien. Während die offiziellen Kriterien besonderen Wert auf allgemeine Führungsfähigkeiten legen und damit die Erhaltung eines elitären Managerzirkels im öffentlichen Dienst betonen, legen die Behörden in der Praxis den Schwerpunkt auf fachliche Spezialkenntnisse. Die offizielle Philosophie des Spitzenkorps geht damit an den Präferenzen der Praxis vorbei.
Für die Auswahl der politischen Spitzenmitarbeiter gibt es eine unübersehbare Anzahl von Kriterien, die unter einzelnen Präsidenten für den Erfolg oder Misserfolg ausschlaggebend sein können. Die Vergabe politischer Spitzenposten ist im Laufe der Zeit komplizierter geworden, da zunehmend mehr Interessengruppen eine Stimme in der Administration haben wollen und die Medien inzwischen eine bedeutende Rolle im Bestätigungsverfahren im Senat spielen.

7. Die komplizierteren Mechanismen der Besetzung politischer Posten verhindern den Aufbau simpler Loyalitätsmodelle. Politische Spitzenkräfte, die ihre Bestellung lediglich formell dem Präsidenten, materiell aber einer Lobby, Bürgerrechtsgruppe oder mächtigen Einzelpersonen verdanken, folgen anderen Loyalitätslinien als der zum Weißen Haus

8. Am Bestätigungsverfahren für politische Spitzenkräfte im Senat sind inzwischen weit mehr Spieler als die verfassungsrechtlich normierten, nämlich Präsident, Nominierter und Senat beteiligt. Die modernen Möglichkeiten zur Überprüfung des gesamten Lebens der Nominierten einschließlich ihrer gesprochenen Worte und geschriebenen Texte, gefährden die Wahl innovativer Personen, die sich in ihrem bisherigen Berufleben in der Öffentlichkeit auch kontrovers bewegt haben und fördert tendenziell den Erfolg von Personen, die möglichst wenig kontrovers in Erscheinung getreten, aber auch wenig profiliert sind. Vor allem die

abschreckende Wirkung spektakulär gescheiterter Bestätigungsverfahren ist gefährlich, weil sie schon im Vorfeld zur Ablehnung einer Nominierung durch potentielle Kandidaten führen kann.

9. Trotz großer Unterschiede der einzelnen Präsidentschaften, der Zeitgeschichte und der jeweiligen Probleme und Programme, durchlaufen politische Mitarbeiter in ihrer Haltung zur Karrierebürokratie im allgemeinen einen Anpassungs- und Gewöhnungsprozess, der mit Ablehnung und Misstrauen beginnt und sich im Verlaufe von zwei Jahren in Respekt und Vertrauen verwandelt.

10. Die durchschnittliche Amtszeit der politischen Spitzenkräfte ist mit etwa zwei Jahren sehr kurz und verhindert Kontinuität sowie das Wachsen von Kenntnissen und institutionellem Gedächtnis in der Führung. Immer neue Vakanzen führen zu einem Vakuum in der Führung; wiederholte Einarbeitungen und die erneut erforderliche Überwindung von Vorbehalten politischer Kräfte binden in erheblichem Umfang Arbeitszeit in der Karrierebürokratie.

11. Je stärker das klassische anfängliche Misstrauen neuer Präsidenten gegenüber der Karrierebürokratie zu immer neuen Schichten und höheren Zahlen politischer Mitarbeiter mit dem Ziel effektiverer Kontrolle der Karrierebürokratie geführt hat, desto mehr sind die Aussichten für Spitzenkarrierebürokraten, selber herausfordernde Positionen einnehmen zu können, gesunken. Auch die National Partnership for Reinventing Government hat das Problem der oft angeratenen Reduzierung der Zahl politischer Mitarbeiter nicht angefasst.

12. Unattraktive Karriereaussichten, das immer noch beschädigte Ansehen der Karrierebürokratie in der öffentlichen Meinung, die relativ niedrigeren Gehälter und die jüngsten starken Personaleinsparungen lassen die Bundesverwaltung für Nachwuchskräfte als wenig attraktive Arbeitgeberin erscheinen; ein Umstand, der angesichts der in naher Zukunft anfallenden Pensionierungen zunehmend Sorge bereitet. Gerade bei reduzierten Beschäftigtenzahlen ist auf die Qualifikation und Tüchtigkeit der verbleibenden Beschäftigten gesteigerter Wert zu legen.
Auch in Zeiten starker Personaleinsparungen muß daher weiter an der Verbesserung des Ansehens und positiver Rekrutierung gearbeitet werden.

13. Im Lichte der jüngsten Entwicklungen der Bundesverwaltung im Zuge der Reformen der National Partnership for Reinventing Government (NPR) haben sich die Entscheidungsstrukturen stark verändert. Die Folgenbetrachtung von Dezentralisierung, Deregulation und Orientierung am Kunden ist vernachlässigt worden, weil die Strategie der NPR die künftigen Ziele bereits im Holzschnitt dargelegt hat. Die Kundenorientierung als Maßstab für Verwaltungshandeln wird die Bundesverwaltung inhaltlich sowie in ihrer formellen und informellen Hier-

archie neu formen. Politische Mitarbeiter als Vertreter des Präsidenten vor Ort stehen Karrierebürokraten gegenüber, die nicht nur im allgemeinen über ein institutionelles Gedächtnis und höhere Fachkenntnisse verfügen, sondern auch über mehr Entscheidungsbefugnisse und determinierte Aufgabeninhalte, von denen nun nicht mehr behauptet wird, dass sie die Agenda des Präsidenten spiegeln, sondern die – objektiven – Bedürfnisse der Kunden/Bürger. Dies stellt den Kampf um die Kontrolle der Karrierebürokratie auf eine neue Stufe: Die Nachfolger von Clinton – insbesondere, wenn einmal der Wechsel wieder zur Republikanischen Partei erfolgt ist – stehen vor der undankbaren Aufgabe, behaupten zu müssen, dass die objektive Ausrichtung am Kunden eine trickreiche Verfestigung der Bevorzugung der Parteipolitik der Demokraten ist. Eine solche Situation ist nicht vollkommen neu: Auch nach Roosevelt und Truman stand Eisenhower vor einer Karrierebürokratie, die sich zwar als neutrale Bürokratie verstand, aber sowohl persönlich als auch programmatisch in den neu geschaffenen Behörden für die inzwischen quasi in Zement gegossene Politik der demokratischen Partei stand.

14. Die NPR unterscheidet sich von praktisch allen vorherigen Verwaltungsreformen dadurch, dass sie nicht dazu beitragen wollte, dass die Macht des Präsidenten als Führer der Exekutive und die Möglichkeiten der Kontrolle der Bürokratie erweitert werden. Die NPR unter Clinton/Gore kann auch als subtile ideologische Unterwanderung der Bundesverwaltung durch scheinbare Objektivierung gesehen werden – die Machtlosstellung des Präsidenten und seiner politischen Mitarbeiter durch scheinbar verobjektivierte Kundenorientierung und Delegation von Rechten tief in die – von Zielen der demokratischen Partei geprägte - Karrierebürokratie hinein -, vor allem von einem Nachfolger als Führer der Exekutive, der einer gegnerischen Partei angehört.

15. In der neuen reformierten Verwaltung hat das bisherige Muster der Strategien in Parlament und Medien, mit administrativen Fehlern und Skandalen umzugehen, indem Schuldige – möglichst Einzelpersonen – identifiziert und zur Rechenschaft gezogen werden und sodann eine Flut von Vorschriften zur stärkeren Regulierung des betroffenen Bereichs mit dem Ziel künftiger Vermeidung der Probleme ergeht, keinen Platz mehr. Ob mit der Umsetzung dezentraler Entscheidungsarbeit in einer deregulierten Verwaltung auch eine politische Kultur geschaffen wird, die bei administrativen Fehlern nicht in den tradierten Umgang mit Fehlern zurückfällt und die Veränderungen damit rückgängig macht, ist noch offen

Literaturverzeichnis

Aberbach, Joel D., The Federal Executive under Clinton, in: Campbell, Colin/Bert A. Rockman (Hrsg.), The Clinton Presidency, First Appraisals, New Jersey 1996, S. 162, *zitiert als: Aberbach*

Aberbach, Joel D./Rockman, Bert A., Clashing Beliefs Within the Executive Branch: The Nixon Administration Bureaucracy, in: The American Political Science Review, vol. 70, 1976, S. 456, *zitiert als: Aberbach/Rockman, The Nixon Administration Bureaucracy*

Aberbach Joel D./Rockman, Bert A., Mandates or Mandarins? Control and Discretion in the Modern Administrative State in: PAR 48, 2 (März/April) 1988, S. 606. *zitiert als: Aberbach/Rockman, Mandates or Mandarins?*

Adams, William C., Reputation, Size, Student Success in Public Administration/ Affairs Programs in: PAR, Sept./Okt. 1983, S. 443, *zitiert als: Adams, William*

Arnold, Peri, Making the Managerial Presidency, Comprehensive Reorganization Planning 1905 – 1996, 2. überarbeitete Auflage Kansas 1998, *zitiert als: Arnold*

Aronson, Sidney H., Status and Kinship in the Higher Civil Service: Standards of Selection in the Administrations of John Adams, Thomas Jefferson and Andrew Jackson, Cambridge, Mass. 1964, *zitiert als: Aronson*

Ball, Moya Ann, The Phantom of the Oval Office: The John F. Kennedy Assassination's Symbolic Impact on Lyndon B. Johnson, His Key Advisors, and the Vietnam Decision-Making Process, in: Presidential Studies Quarterly 1994, vol. XXIV, Nr. 1, S. 105, *zitiert als: Ball*

Ban, Carolyn, How Do Public Managers Manage ? Bureaucratic Constraints, Organizational Culture, and the Potential for Reform, San Francisco 1995, *zitiert als: Ban, Public Managers*

Ban, Carolyn, Reinventing The Federal Civil Service: Drivers of Change, in: PAQ, Frühjahr 1998, S. 21, *zitiert als: Ban, Drivers of Change*

Ban, Carolyn/Ingraham, Patricia W., Retaining Quality Federal Employees: Life after PACE, in: PAR, Mai/Juni 1988, S. 708-718, *zitiert als: Ban/Ingraham, Life after PACE*

Ban, Carolyn/Ingraham, Patricia W., Short-Timers, Political Appointees Mobility and Its Impact on Political-Career Relations in the Reagan Administration, in: Administration & Society, vol. 22 No. 1, Mai 1990, S. 106, *zitiert als: Ban/Ingraham, Short-Timers*

Ban, Carolyn/Riccucci, Norma M. (Hrsg.), Public Personnel Management: Current Concerns - Future Challenges, New York, London 1991

Barkume, Megan, Career Guidance from the Federal Government: Helping Workers Help Themselves, in: U. S. Department of Labor, Occupational Outlook Quarterly, Winter 1998/99, S. 8, *zitiert als: Barkume*

Barr, Stephen, Adieu, SF-171 –, in: Washington Post, 09. Mai 1994, Seite A 15 zitiert nach: Kettl, Donald F./John J. DiIulio Jr. Inside the Reinvention Machine, Appraising Governmental Reform, Washington D. C. 1995, S. 25, *zitiert als: Barr*

Becker, Bernd/Wolfgang Welz, Verwaltung und Vollzug, in: Jäger, Wolfgang/Wolfgang Welz, Das amerikanische Regierungssystem, München 1995, S. 231, *zitiert als: Becker/Welz*

Bledsoe, Ralph, NAPA Panel Comments on OPM Proposals for SES, in: The Public Manager, Herbst 1998, S. 4, *zitiert als: Bledsoe*

Bonafede, Dom, The White House Personnel Office from Roosevelt to Reagan, in: Mackenzie, G. Calvin (Hrsg.), The In-and-Outers, Presidential Appointees and Transient Government in Washington, Baltimore 1987, S. 30, *zitiert als: Bonafede, White House Personnel*

Bonafede, Dom, Presidential Appointees: The Human Dimension, in: Mackenzie, G. Calvin (Hrsg.), The-In-and-Outers, Presidential Appointees and Transient Government in Washington, Baltimore 1987, S. 120, *zitiert als: Bonafede, Presidential Appointees*

Bonosaro, Carol, Statement of the President of the Senior Executives Association Hearing Before the Subcommittee on the Civil Service Of the Committee on Post Office and Civil Service, House of Representatives, 101st Congress, On H.R. 5322, 25. September 1990, *zitiert als: Bonosaro*

Brauer, Carl M., Presidential Transitions: Eisenhower through Reagan, New York 1986, *zitiert als: Brauer, Presidential Transitions*

Brauer, Carl, Tenure, Turnover, and Postgovernment Employment Trends of Presidential Appointees, in: Mackenzie, G. Calvin (Hrsg.), The-In-and-Outers, Presidential Appointees and Transient Government in Washington, Baltimore 1987, S. 174, *zitiert als: Brauer, Tenure*

Brauer, Carl, John F. Kennedy, The Endurance of Inspirational Leadership, in: Greenstein, Fred I., Leadership in the Modern Presidency, Harvard 1988, S. 108, *zitiert als: Brauer, Kennedy*

Brown, Dee, The Gentle Tamers, Lincoln 1958, S. 45 f, *zitiert als: Brown*

Brownlow Committee (The President's Committee of Administrative Management), Report of the Committee, Washington D.C. 1937, in Auszügen abgedruckt in: Mosher, Frederic C., Basic Documents of American Administration 1776-1950, Holmes & Meier Publ. Inc, New York Londond 1976, S. 110, 116, *zitiert als: Brownlow Committee*

Butterworth, Gary, Metzger, Carl J., Training: The Critical Success Factor for the Results Act, in: The Public Manager, Frühjahr 1998, S. 35, *zitiert als: Butterworth/Metzger*

Cahn, Frances T., Federal Employees in War and Peace, Washington D. C. 1949, *zitiert als: Cahn*

Campbell, Alan K., The Original Version of the SES...Revisited, in: The Public Manager, Frühjahr 1996, *zitiert als: Campbell*

Campbell, Alan K., Strakosch, Lynn D., The Presidential Management Intern Program: A new approach to selecting and developing America's future Public Managers, in: PAR, Mai/Juni 1979, S. 232-236, *zitiert als: Campbell / Strakosch*

Cigler, Beverly A., Public Administration and the Paradox of Professionalization, in: PAR, Nov./Dez. 1990 (50th Year), S. 637 – 653, *zitiert als: Cigler*

Cleary, Robert E., What do Public Administration Masters Programs look like? Do they do what is needed? in: PAR, Nov./Dez. 1990 (50th year), S. 663-673, *zitiert als: Cleary, Masters Programs*

Cleary, Robert E., Federal Hiring of Graduates of Political Science and Public Administration Programs, in: Political Science & Politics, Juni 1993, S. 265, *zitiert als: Cleary, Federal Hiring*

Clinton, William J., Remarks in an Interview with Members of the Wisconsin press, 20. Juli 1993, in: Weekly Compilation of Presidential Documents vom 26. Juli 1993, S. 1391, über: http://frwebgate5.access.gpo.gov/cgi-b...D=3667615806+0+0+0&WAISaction=retrieve , *zitiert als: Clinton*

Cole, Robert L., Caputo, David A., Presidential Control of the Senior Civil Service: Assessing the Strategies of the Nixon Years, in: The American Political Science Review, vol. 73, 1979, S. 399, *zitiert als: Cole/Caputo*

Conant, James K., Housel, Steve, MPA and CPM Programs, in: Review of Public Personnel Administration, Herbst 1995, S. 5, *zitiert als: Conant/Housel*

Congressional Research Service Library of Congress, The Federal Executive Establishment: Evolution and Trends, prepared for the Committee on Governmental Affairs, United States Senate, Mai 1980, *zitiert als: Congressional Research Service*

Cozzetto, Don A., Pedeliski, Theodore B., Tipple, Terence J., Public Personnel Administration, New Jersey 1997, *zitiert als: Cozzetto, Pedeliski, Tipple*

Cronin, Michael, OPM's Experience with Career Transition Programs, in: The Public Manager, Sommer 1997, S. 27, *zitiert als: Cronin*

Daley, Dennis, Merit Systems Protection Board: A Report to the President and the Congress, in: PAR, Juli/Aug. 1991, vol. 51, No. 4, S. 372-375, *zitiert als: Daley*

Deering, Christopher J., Damned If You Do and Damned If You Don't: The Senate's Role in the Appointments Process, in: Mackenzie, G. Calvin (Hrsg.), The In-and-Outers, Presidential Appointees and Transient Government in Washington, Baltimore, 1987, S. 100, *zitiert als: Deering*

Devine, Donald J., Political Administration: The Right Way, in: Rector, Robert/Michael Sanera, Steering the Elephant, New York 1987, S. 125 ff, *zitiert als: Devine*

DiIulio Jr., John J., Works Better and Costs less? Sweet and Sour Perspectives on the NPR , in: Kettl, Donald F./John J. DiIulio (Hrsg.), Inside the Reinvention Machine, Appraising Governmental Reform, Washington D. C., 1995, S. 1, *zitiert als: DiIulio*

Dimock, Marshall Edward, Dimock, Gladys Ogden, American Government In Action New York 1946, 2nd Printing 1947, *zitiert als: Dimock und Dimock*

Dunlop, Becky Norton, The Role of the White House Office of Presidential Personnel in: Rector, Robert/Michael Sanera, Steering the Elephant, New York 1987, S. 145, *zitiert als: Dunlop*

Durst, Samantha, Patterson, Patricia M., Ramsden, John J., Impacts of Traditional Explanatory Factors on Average Grad Increases, in: U. S. Cabinet-level Departments , PAR, 49 (Juli/August) 1989, S. 362, *zitiert als: Durst/Patterson/Ramsden*

Dye, Thomas R , The Friends of Bill and Hillary, in: Political Science & Politics, Dezember 1993, S. 693, *zitiert als: Dye*

Edelman, Lester, Pride in Public Service, in: The Public Manager, Frühjahr 1997, S. 49, *zitiert als: Edelman*

Eksterowicz, Anthony J., Hastedt, Glenn, Modern Presidential Transitions: Problems, Pitfalls, and Lessons for Success, in: Presidential Studies Quarterly, 28:2 (Frühjahr) 1998, S. 299, *zitiert als: Eksterowicz/Hastedt*

Eschenburg, Theodor, Ämterpatronage, Stuttgart, 1961, *zitiert als: Eschenburg*

Executive Office of the President, Office of Management and Budget, A Citizen's Guide To The Federal Budget, Fiscal Year 2000, Washington D. C. 1999, *zitiert als: EOP*

Federalist, The, No. LXXVI (Alexander Hamilton), in: Hamilton, Alexander/Madison, James/Jay, John, The Federalist, A Commentary on the Constitution of the U. S., Band II , New York/London 1901, S. 86, *zitiert als: The Federalist, No. LXXVI (Hamilton)*

Fesler, James W., Kettl, Donald F., The Politics of the Administrative Process Chatham, New Jersey 1991, *zitiert als: Fesler/Kettl*

Fish, Carl R., Removal of Officials by the Presidents of the United States, American Historical Association Annual Report, I (1899), S. 67, *zitiert als: Fish, Removal*

Fish, Carl Russell, The Civil Service and the Patronage, New York 1905, *zitiert als: Fish, Patronage*

Foreman Jr., Christopher H., Reinventing Politics? The NPR meets Congress, in: Kettl, Donald F./DiJulio Jr., John J. (Hrsg.), Inside the Reinvention Machine, Washington D. C. 1995, S. 152, *zitiert als: Foreman*

Fraenkel, Ernst, Leben und Werk von Carl Schurz (1953), in: Ernst Fraenkel, Gesammelte Schriften, Band 4 Amerikastudien, Hrsg.: Hubertus Buchstein und Rainer Kühn unter Mitarbeit von Cord Arendes und Peter Kuleßa, Baden-Baden 2000, S. 142, *zitiert als: Fraenkel, Carl Schurz*

Fraenkel, Ernst, Freiheit und politisches Betätigungsrecht der Beamten in Deutschland und den USA (1954), in: Ernst Fraenkel, Gesammelte Schriften, Band 4 Amerikastudien, Hrsg.: Hubertus Buchstein und Rainer Kühn unter Mitarbeit von Cord Arendes und Peter Kuleßa, Baden-Baden 2000, S. 150, *zitiert als: Fraenkel, Politisches Betätigungsrecht*

Fraenkel, Ernst, Der öffentliche Dienst in den Vereinigten Staaten von Amerika (1963), in: Ernst Fraenkel, Gesammelte Schriften, Band 4 Amerikastudien, Hrsg.: Hubertus Buchstein und Rainer Kühn unter Mitarbeit von Cord Arendes und Peter Kuleßa, Baden-Baden 2000, S. 879, *zitiert als: Fraenkel, Der öffentliche Dienst*

Fraenkel, Ernst, Das amerikanische Regierungssystem (zuerst 1960), Zweite Auflage 1962, die um Korrekturen und Ergänzungen Fraenkels ergänzt wurde, in: Ernst Fraenkel, Gesammelte Schriften, Band 4 Amerikastudien, Hrsg.: Hubertus Buchstein und Rainer Kühn unter Mitarbeit von Cord Arendes und Peter Kuleßa, Baden-Baden 2000, S. 441, *zitiert als: Fraenkel, Regierungssystem*

Friedrich, Carl Joachim, Responsible Government Service under the American Constitution Monograph 7 , Special Study for the Commission of Inquiry on Public Service Personnel, New York 1935, *zitiert als: Friedrich, Responsible Government Service*

Friedrich, Carl Joachim, Public Policy and the Nature of Administrative Responsibility , in: Public Policy, Harvard University Press, 1940, S. 3 – 24, nachgedruckt in: Mosher, Frederick C., Basic Literature of American Public Administration, 1787–1950, New York 1981, S. 197, *zitiert als: Friedrich, Public Policy*

Friedrich, Carl J., Vereinigte Staaten von Amerika, in: Studienkommission für die Reform des öffentlichen Dienstrechts, Band zwei, Recht und System des öffentlichen Dienstes, Baden-Baden 1973, S. 229, *zitiert als: Friedrich: Vereinigte Staaten von Amerika*

Friedrich, Carl Joachim, Stellung und Aufgaben des öffentlichen Dienstes in den Vereinigten Staaten von Amerika, in: Studienkommission für die Reform des öffentlichen Dienstrechts, Band zwei, Recht und System des öffentlichen Dienstes, Baden-Baden 1973, S. 248, *zitiert als: Friedrich, Stellung und Aufgaben des öffentlichen Dienstes*

Garnett, James, Operationalizing the Constitution Via Administrative Reorganization: Oilcans, Trends, and Provers, in: PAR, Jan./Feb. 1987, S. 35 ff, *zitiert als: Garnett*

Gavin, Frank, Public Service Academies: The Time is right, in: The Bureaucrat, Sommer 1990, S. 5 – 7, *zitiert als: Gavin*

Goldenberg, Edie N, The Permanent Government in an Era of Retrenchment and Redirection, in: Salamon, Lester M./Michael S. Lund, (Hrsg.), The Reagan Presidency and the Governing of America, Washington D.C. 1984, S. 381 ff, *zitiert als: Goldenberg*

Goodnow, Frank J., Politics and Administration, New York 1900, Neudruck New York 1967, *zitiert als: Goodnow*

Gore, Al, Creating A Government That Works Better & Costs Less, Creating Quality Leadership and Management, Accompanying Report of the National Performance Review, Washington D. C., September 1993, *zitiert als: Gore, Creating Quality Leadership and Management*

Gore, Al, Businesslike Government, Lessons Learned From America's Best Companies, Washington D. C., Oktober 1997, *zitiert als: Gore, Businesslike Government*

Gould, Stephen, A definitive study of Your Future in Federal Government New York 1962, *zitiert als: Gould*

Greenstein, Fred I., The Presidential Leadership Style of Bill Clinton: An Early Appraisal, in: Political Science Quarterly 108 (1993/94), S. 589 f, *zitiert als: Greenstein*

Groszyk, Walter, Implementation of the Government Performance and Results Act of 1993, in: Organisation for Economic Co-Operation and Development (OECD), Occasional Papers No. 9, Performance Management in Government, Paris 1996, S. 71, *zitiert als: Groszyk*

Guy, Mary E., REGO, Organizational Architecture, and Reality, in: International Journal of Public Administration, vol. 20, No. 1, S. 113, *zitiert als: Guy*

Hamilton, Michael S., The Career Service And Presidential Transition: From Bush to Clinton to National Performance Review, in: Public Administration Quarterly, Frühjahr 1996, S. 52, *zitiert als: Hamilton, Michael*

Harper, Kirke, The Senior Executive Service After One Decade, in: Ingraham, Patricia W./Rosenbloom, David, The Promise and Paradox of Civil Service Reform, S. 267 ff, *zitiert als: Harper*

Hays, Steven W., Duke, Bruce, Professional Certification in Public Management: A Status Report and Proposal, in: PAR, Sept./Okt. 1996, vol. 56, No. 5, S. 425, *zitiert als: Hays/Duke*

Hays, Steven W., Kearney, Richard C. (Hrsg.), Public Personnel Administration, Problems and Prospects, 2. Auflage, Englewood Cliffs, New Jersey 1990

Heclo, Hugh, OMB and the Presidency – The Problem of 'Neutral Competence', in: The Public Interest, No. 38, Winter 1975, zitiert in: Seidman, Harold/Gilmour, Robert, Politics, Position and Power: From the Positive to the Regulatory State, 4. Auflage New York 1986, S. 73, *zitiert als: Heclo, OMB and the Presidency*

Heclo, Hugh, A Government of Strangers, Executive Politics in Washington, Washington D.C. 1977, *zitiert als: Heclo, Government of Strangers*

Heclo, Hugh (Hrsg.), The Illusion of Presidential Government, Boulder/Colorado 1981

Heclo, Hugh, A Government of Enemies? in: The Bureaucrat, Herbst 1984, S. 12 – 14, *zitiert als: Heclo, Government of Enemies*

Heclo, Hugh, The In-and-Outer-System: A Critical Assessment, in: Mackenzie, G. Calvin, The-In-and-Outers, Presidential Appointees and Transient Government in Washington, Baltimore 1987, S. 195, *zitiert als: Heclo, The In-and-Outer-System*

Henry, Laurin, The Presidency, Executive Staffing and the Federal Bureaucracy, in: Wildavsky, Aaron (Hrsg.), The Presidency, Boston, 1969, S. 529, *zitiert als: Laurin*

Hoogenboom, Ari, Outlawing the Spoils: A History of the Civil Service Reform Movement 1865 – 1883, Urbana, Illinois 1961. *zitiert als: Hoogenboom*

Hoover-Commission, (The Commission on Organization of the Executive Branch of the Government), Concluding Report, Washington D. C. 1949, in Auszügen abgedruckt in: Mosher, Frederick C., Basic Documents of American Administration 1776 – 1950, Holmes & Meier Publ.Inc, New York London 1976, S. 205, *zitiert als: Erste Hoover Commission*

Hoover-Commission (Commission on Organization of the Executive Branch of the Government, Personnel and Civil Service), A Report to the Congress, Washington D. C. 1955, in Auszügen abgedruckt in: Stillman, Richard J., Basic Documents on American Public Administration since 1950, New York 1982, S. 82, *zitiert als: Zweite Hoover Commission*

Huddleston, Mark W., Background Paper, in: The Government's Managers, Report of the Twentieth Century Fund Task Force on the Senior Executive Service, New York 1987, S. 25 ff, *zitiert als: Huddleston, Government's Managers*

Huddleston, Mark W., The Senior Executive Service: Problems and Prospects for Reform, in: Ban, Carolyn/Riccucci, Norma M. (Hrsg.), Public Personnel Management: Current Concerns - Future Challenges, New York, London 1991, S. 175, *zitiert als: Huddleston, SES*

Huddleston, Mark W., Boyer, William W., The Higher Civil Service in the United States, - Quest for Reform -, Pittsburgh 1996, *zitiert als: Huddleston/Boyer*

Hummel, Ralph P., The Bureaucratic Experience, 3. Auflage, St. Martin's Press New York 1987, *zitiert als: Hummel*

Ingraham, Patricia W., Building Bridges or Burning Them? The President, the Appointees, and the Bureaucracy, in: PAR, Sep./Okt. 1987, S. 425-435, *zitiert als: Ingraham, Building Bridges or Burning Them*

Ingraham, Patricia W., Federal Recruitment Revisited, in: The Bureaucrat, Herbst 1990, S. 13 – 17, *zitiert als: Ingraham, Federal Recruitment*

Ingraham, Patricia Wallace, The Foundation of Merit, Public Service, in American Democracy, Baltimore, Maryland 1995, *zitiert als: Ingraham, Foundation of Merit*

Ingraham, Patricia, Ban, Carolyn, Models of Public Management: Are They Useful to Federal Managers in the 1980s? in: PAR 46, 2 (März/April) 1986, S. 152, *zitiert als: Ingraham/Ban, Models of Public Management*

Ingraham, Patricia W. Ban, Carolyn, Politics and Merit: Can They Meet in A Public Service Model?, in: Review of Public Personnel Administration 8, 2, Frühjahr 1988, S. 7, *zitiert als: Ingraham/Ban, Politics and Merit*

Ingraham, Patricia W., Romzek, Barbara S. and Associates, New Paradigms for Government, Issues for the Changing Public Service, San Francisco 1994

Ingraham, Patricia W., Rosenbloom, David H. (Hrsg.), The Promise and Paradox of Civil Service Reform, Pittsburgh and London 1992

Ingraham, Patricia W., Thompson, James R., Eisenberg, Elliot F., Political Management Strategies and Political/Career Relationships: Where are we now in the Federal Government? in: PAR, Mai/Juni 1995, vol. 55, No. 3, S. 263-272, *zitiert als: Ingraham/Thompson/Eisenberg*

Jackson, Andrew, President Jackson's Spoil Doctrine in his Message to the Congress of December 8, 1829, in: Richardson, James D. (Hrsg.), United States. Presidents. A compilation of the Messages and Papers of the Presidents of the United States 1789 – 1897, Volume 2, Washington D.C., 1898, S. 442, *zitiert als: Jackson*

Jäger, Wolfgang, Der Präsident, in: Jäger, Wolfgang/Wolfgang Welz, (Hrsg.) Das amerikanische Regierungssystem, München 1995, S. 136, *zitiert als: Jäger*

Jäger, Wolfgang, Welz, Wolfgang, Das amerikanische Regierungssystem, München 1995, *zitiert als: Jäger/Welz*

Jarass, Hans D., Kontrolle der Verwaltung durch das Parlament in den USA, in: Die Verwaltung, 1/1976, S. 94, *zitiert als: Jarass*

Jones, Charles O., A New President, A Different Congress, a Maturing Agenda, in: Salamon, Lester M./ Michael S. Lund, (Hrsg.), The Reagan Presidency and the Governing of America, Port Washington 1984, S. 1, *zitiert als: Jones*

Joyce, Philip G., An Analysis of the Factors Affecting the Employment Tenure of Federal Political Executives, in: Administration & Society, vol. 22, No 1 (Mai) 1990, S. 127, *zitiert als: Joyce*

Kearney, Richard C., Steven W. Hays, The Politics of Selection: Spoils, Merit, and Representative Bureaucracy, in: Rosenbloom, David H. (Hrsg.), Public Personnel Policy: The Politics of Civil Service, Port Washington 1985, S. 60, *zitiert als: Kearney/Hays, The Politics of Selection*

Kettl, Donald F., Privatization: Implications for the Public Work Force, in: Ban, Carolyn/Norma M. Riccucci, Public Personnel Management, New York 1991, S. 254, *zitiert als: Kettl, Privatization*

Kettl, Donald F., Building Lasting Reform: Enduring Questions, Missing Answers, in: Kettl, Donald F./ John J. DiIulio Jr., Inside the Reinvention Machine, Appraising Governmental Reform, Washington D. C. 1995, S. 9, *zitiert als: Kettl, Building Lasting Reform*

Kettl, Donald F., DiIulio, John J. (Hrsg.), Inside the Reinvention Machine, Appraising Governmental Reform, The Brookings Institution, Washington D.C. 1995

Kettl, Donald F., Ingraham, Patricia W., Sanders, Ronald P., Horner, Constance, Civil Service Reform, Building a Government That Works, The Brookings Institution, Washington D.C., 1996, *zitiert als: Kettl/Ingraham/Sanders/Horner*

King, James B., The Government of the Future: A Personnel Perspective, in: The Public Manager, Sommer 1997, S. 21, *zitiert als: King*

King, James C., Riddlesperger, James W., Presidential Management and Staffing: An Early Assessment of the Clinton Presidency, in: Presidential Studies Quarterly 26:2 (Frühjahr) 1996, S. 496, *zitiert als: King/Riddlesperger*

Koenig, Louis, Administrative Chief, zuerst abgedruckt in: Koenig, Louis, The Chief Executive, 1964, S. 174-181, nachgedruckt in: Donald, Aida DiPace (Hrsg.), John F. Kennedy and the New Frontier, New York 1966, S. 17, *zitiert als: Koenig*

König, Klaus, Zwei Paradigmen des Verwaltungsstudiums – Vereinigte Staaten von Amerika und Kontinentaleuropa, Unveröffentlichtes Manuskript (2000), *zitiert als: König*

Krutz, Glen S., Fleisher, Richard, Bond, Jon R., From Abe Fortas to Zoe Baird: Why Some Presidential Nominations fail in the Senate, in: American Political Science Review, Dezember 1998, S. 871, *zitiert als: Krutz/Fleisher/Bond*

Lachance, Janice R., Bringing the Goal Posts Toward the Center, in: The Public Manager, Frühjahr 1998, S. 17, *zitiert als: Lachance, Goal Posts*

Lachance, Janice R., Preparing Executives for the New Millenium, in: The Public Manager, Herbst 1998, S. 3, *zitiert als: Lachance, Preparing Executives*

Lachance, Janice R., Dear Colleagues, in: Newsletter SES Winter 2000, S. 1, *zitiert: Lachance, Colleagues*

Lee, Robert D., Public Personnel Systems, 3. Auflage, Gaithersburg/ Maryland 1993, *zitiert als: Lee*

Lepsius, M. Rainer, Modernisierungspolitik als Institutionenbildung: Kriterien institutioneller Differenzierung, in: Interessen, Ideen und Institutionen, Opladen, 1990, S. 53, *zitiert als: Lepsius*

Levine, Charles H., The Federal Government in the Year 2000 : Administrative Legacies of the Reagan Years, in: PAR, Mai/Juni 1986, vol. 46, No. 3, S. 195 ff, *zitiert als: Levine, Administrative Legacies*

Levine, Charles H. (Hrsg.), The Unfinished Agenda for Civil Service Reform, Implications of the Grace Commission Report, The Brookings Institution, Washington D.C. 1985, *zitiert als: Levine, Unfinished Agenda*

Lewis, Gregory B., How Much is an MPA Worth? Public Administration Education and Federal Career Success, in: International Journal of Public Administration, 1987, 9(4), S. 397, *zitiert als: Lewis*

Light, Paul C., When Worlds Collide: The Political-Career Nexus, in: Mackenzie, G. Calvin ,The In-and-Outers, Presidential Appointees and Transient Government in Washington, Baltimore 1987, S. 156, *zitiert als: Light, When Worlds Collide*

Light, Paul C., Thickening Government, Federal Hierarchy and the Diffusion of Accountability, Washington D. C. 1995, *zitiert als: Light, Thickening Government*

Light, Paul C., Thomas, Virginia L., The Merit and Reputation of an Administration: Presidential Appointees on the Appointments Process, Washington D. C., April 2000, *zitiert als: Light/Thomas*

Lorentzen, Paul, A Time for Action, in: The Bureaucrat, Herbst 1984, S. 5 – 11, *zitiert als: Lorentzen*

Loverd, Richard D., Pavlak, Thomas J., Analysing the Historical Development of the American Civil Service, in: Rabin, Jack/Vocino, Thomas/Hildreth, W. Bartley/Miller,Gerald J., Handbook of Public Personnel Administration, Public Administration and Public Policy 58, New York, Basel, Hongkong 1995, S. 1 – 19, *zitiert als: Loverd/Pavlak*

Lynn, Lawrence E. Jr., The Reagan Administration and the Renitent Bureaucracy, in: Salamon, Lester M./Michael S. Lund, The Reagan Presidency And The Governing Of America, Washington D. C. 1984, S. 339, *zitiert als: Lynn, Reagan Administration*

Lynn, Lawrence E. Jr., Public Management As Art, Science, and Profession, New Jersey 1996, *zitiert als: Lynn, Public Management*

Mackenzie, G. Calvin, The Paradox of Presidential Personnel Management, in: Heclo, Hugh (Hrsg.), The Illusion of Presidential Government, Boulder/Colorado 1981, S. 113 ff, *zitiert als: Mackenzie, Paradox*

Mackenzie, G. Calvin, The Politics of Presidential Appointments, New York, 1981, *zitiert als: Mackenzie, Politics of Presidential Appointments*

Mackenzie, G. Calvin (Hrsg.), The In-and-Outers, Presidential Appointees and Transient Government in Washington, Baltimore 1987

Mackenzie, G. Calvin, Background Paper: The Presidential Appointment Process: Historical Development, Contemporary Operations, Current Issues, in: Twentieth Century Fund, Obstacle Course, The Report of the Twentieth Century Fund Task Force on the Presidential Appointment Process, New York 1996, S. 37, *zitiert als: Mackenzie, Presidential Appointment Process*

Macy, John W., Adams, Bruce, Walter, J. Jackson, America's Unelected Government - Appointing the President's Team, Washington D. C. 1983, *zitiert als: Macy/Adams/Walter*

Malek, Frederic V., Washington's Hidden Tragedy, New York 1978, *zitiert als: Malek, Hidden Tragedy*

Malek, Frederic V., Managing Government: Key Nixon Initiatives, in: The Public Manager, Frühjahr 1996, S. 25, *zitiert als: Malek, Key Nixon Initiatives*

Mani, Bonnie G., Challenges and Opportunities for Women to Advance in the Federal Civil Service: Veterans's Preference and Promotions, PAR, November/Dezember 1999, vol. 59, Nr. 6, S. 523, *zitiert als: Mani*

Maranto, Robert, Does Familiarity Breed Acceptance? Trends in Career-Noncareer Relations in the Reagan Administration, in: Administration and Society 23, 2 (August), 1991, S. 247, *zitiert als: Maranto, Familiarity*

Maranto, Robert, The Administrative Strategies of Republican Presidents from Eisenhower to Reagan, in: Presidential Studies Quarterly, vol. 23, 1993, S. 683, *zitiert als: Maranto, Administrative Strategies*

Maranto, Robert, Schultz, David, A Short History of the United States Civil Service, Lanham, New York, London 1991, *zitiert als: Maranto/Schultz*

Marshall, Gary S., Whither (or Wither) OPM?, in: PAR, Mai/Juni 1998, vol. 58, No. 3, S. 280, *zitiert als: Marshall*

Marzotto, Toni, Ban, Carolyn, Goldenberg, Edie N., The Senior Executive Service and Political Control of the Bureaucracy, in: Rosenbloom, David H. (Hrsg.), Public Personnel Policy: The Politics of Civil Service, Associate Faculty Press Inc. 1985, Port Washington N.Y. London NYC, S. 111 ff, *zitiert als: Marzotto/Ban/Goldenberg*

McClenaghan, William A., Magruder's American Government, Boston 1967, *zitiert als: McClenaghan*

Michaels, Judith E., The President's Call : Executive Leadership from FDR to George Bush, Pittsburgh 1997, *zitiert als: Michaels*

Milward, H. Brinton, Implications of Contracting Out: New Roles for the Hollow State, in: Ingraham, Patricia W./Barbara Romzek and Associates, New Paradigms for Government, San Francisco 1995, S. 41, *zitiert als: Milward*

Moe, Ronald C., The 'Reinventing Government' Exercise: Misinterpreting the Problem, Misjudging the Consequences, PAR 54 (März/April) 1994, S. 111, *zitiert als: Moe*

Morstein Marx, Fritz, Sachverstand und Leitung in der amerikanischen Verwaltung und Wirtschaft, in: Archiv des Öffentlichen Rechts, Band 87 (1962), S. 129, *zitiert als: Morstein Marx, Sachverstand und Leitung*

Morstein Marx, Fritz, Amerikanische Verwaltung, Berlin 1963, *zitiert als: Morstein Marx, Amerikanische Verwaltung*

Mosher, Frederick C., Democracy and the Public Service, New York 1968, 2. Auflage New York 1982, *zitiert als: Mosher, Democracy, 1. Auflage/2. Auflage*

Mosher, Frederick C., (Hrsg.), Basic Documents of American Administration 1776 – 1950, Holmes & Meier Publ.Inc, New York London 1976, *zitiert als: Mosher, Basic Documents*

Mosher, Frederick C. (Hrsg.), Basic Literature of American Public Administration 1787 – 1950, New York 1981

Naff, Katherine C., van Rijn, Paul, The Next Generation: Why Are They Leaving?, in: The Bureaucrat, Sommer 1990, S. 39, *zitiert als: Naff/van Rijn*

Nathan, Richard P., The Plot that failed; Nixon and the Administrative Presidency, New York 1975, *zitiert als: Nathan*

National Academy of Public Administration, Leadership in Jeopardy, The Fraying of the Presidential Appointments System, The Final Report of the Presidential Appointee Project, Washington D. C. 1985, *zitiert als: NAPA, Leadership*

National Academy of Public Administration, Entry-Level Hiring and Development for the 21st Century: Professional and Administrative Positions, Washington D. C. 1999, *zitiert als: NAPA, Entry-Level Hiring*

National Association of Schools of Public Affairs and Administration, Report of the NASPAA, Task Force on Revitalizing the Public Service, by Thompson, F.J., and others, 1991, in Auszügen abgedruckt in: Van Wart, Montgomery/Cayer, N. Joseph/Cook, Steve, Handbook of Training and Development for the Public Sector, A Comprehensive Resource, San Franscisco 1993, S. 292, *zitiert als: NASPAA*

National Association of Schools of Public Affairs and Administration, What Does Accreditation Mean?, recherchiert: http://www.naspaa.org/accred.htm, *zitiert als: NASPAA, Accreditation*

National Association of Schools of Public Affairs and Administration, Survey of Enrollment and Degrees, recherchiert unter http://www.naspaa.org/sur98 3.html und http://naspaa.org/sur98_4.htm, *zitiert als: NASPAA, Enrollment and Degrees*

National Performance Review, From Red Tape to Results: Creating a Government that Works Better and Costs Less, Washington D. C. September 1993, *zitiert als: NPR, From Red Tape to Results*

Newcomer, Kathryn E. Johnson, Gail, Naccarato, Tom, Collie, Sam, Successful Recruitment and Retention: The PMIP, in: The Bureaucrat, Frühjahr 1990, S. 35, *zitiert als: Newcomer/Johnson/Naccarato/Collie*

Newland, Chester, A Mid-Term Appraisal - The Reagan Presidency: Limited Government and Political Administration, in: PAR 43, 1 (Jan/Febr. 1983), S. 1, *zitiert als: Newland, Reagan Presidency*

Newland, Chester, Executive Office Policy Apparatus: Enforcing the Reagan Agenda, in: Salamon, Lester M./Michael S. Lund (Hrsg.), The Reagan Presidency and the Governing of America, Washington D. C. 1985, S. 139, *zitiert als: Newland, Reagan Agenda*

Newman, Constance Berry, Statement Director, Office of Personnel Management, Hearing Before the Subcommittee on the Civil Service Of The Committee on Post Office and Civil Service On H.R. 5322 am 25. September 1990, S. 2 f, *zitiert als: Newman, Statement*

Newman, Constance Berry, Good Government needs Good People, in: The Bureaucrat, Sommer 1991, S. 6 – 10, *zitiert als: Newman, Good Government*

Oechsler, Walter, Vergleichende Analyse der Dienstrechtsreform in der Bundesrepublik Deutschland und der Civil Service Reform in den USA, in: Verwaltungs-Archiv 1982, S. 196, *zitiert als: Oechsler*

Pfiffner, James P., Political Public Administration, in: PAR, März/April 1985, S. 352-356, *zitiert als: Pfiffner, Political Public Administration*

Pfiffner, James P., Political Appointees and Career Executives: The Democracy-Bureaucracy Nexus in the Third Century, in: PAR, Jan./Feb. 1987, S. 57-65, *zitiert als: Pfiffner, Democracy-Bureaucracy Nexus*

Pfiffner, James P., Nine Enemies and One Ingrate: Political Appointments During Presidential Transitions, in: Mackenzie, G. Calvin, The In-and-Outers, Presidential Appointees and Transient Government in Washington, Baltimore 1987, S. 60, *zitiert als: Pfiffner, Nine Enemies and One Ingrate*

Pfiffner, James P., Strangers in a Strange Land: Orienting New Presidential Appointees, in: Mackenzie, G. Calvin (Hrsg.), The-In-and-Outers, Presidential Appointees and Transient Government in Washington, Baltimore 1987, S. 142, *zitiert als: Pfiffner, Orienting New Presidential Appointees*

Pfiffner, James P., Introduction: The Presidency in Transition, in: Pfiffner, James P./R. Gordon Hoxie (Hrsg.), The Presidency in Transition, New York, 1989, *zitiert als: Pfiffner, Presidency in Transition*

Pfiffner, James P., Establishing the Bush Presidency, in: PAR 50, 1, (Jan./Febr. 1990), S. 64, *zitiert als: Pfiffner, Bush Presidency*

Pfiffner, James P., Can the President Manage the Government? Should He?, in: Pfiffner, James P. (Hrsg), The Managerial Presidency, Pacific Grove/Calif., 1991, S. 1, *zitiert als: Pfiffner, Can the President Manage the Government?*

Pfiffner, James P., The President's Chief of Staff: Lessons Learned, in: Presidential Studies Quarterly 23 (Winter 1993), S. 77, *zitiert als: Pfiffner, Chief of Staff*

Pfiffner, James P., The National Performance Review in Perspective, in: International Journal of Public Administration and Theory, vol, 20, Nr. 1, Januar 1997, S. 41, 56 f, *zitiert als: Pfiffner, National Performance Review*

Pfiffner, James P., The Strategic Presidency: Hitting the Ground Running, Lawrence/Kansas, 2. Auflage 1996, *zitiert als: Pfiffner, Strategic Presidency*

Pietzcker, Jost, Reform des Öffentlichen Dienstrechts in den USA, in: Die Verwaltung, Band 13, zweiter Halbband (1980), S. 157, *zitiert als: Pietzcker*

Preston, Edward, Improving the SES, in: The Bureaucrat, Winter 1984-85, S. 48 – 51, *zitiert als: Preston*

Pugh, Darrell L., Professionalism in Public Administration: Problems, Perspectives and the Role of ASPA, in: PAR, Jan./Feb. 1989, S. 1-8, *zitiert als: Pugh*

Rabin, Jack, The Profession of Public Administration, in: The Bureaucrat, Winter 1981-82, S. 10 – 12, *zitiert als: Rabin*

Rabin, Jack, Vocino, Thomas, Hildreth, W. Bartley, Miller, Gerald J., Handbook of Public Personnel Administration, Public Administration and Public Policy, New York, Basel, Hongkong 1995

Ragsdale, Lynn, Vital Statistics on the Presidency, Washington to Clinton, Washington D. C. 1996, *zitiert als: Ragsdale*

Rector, Robert, Sanera, Michael, Steering the Elephant, New York 1987, Richardson, James D. (Hrsg.), United States. Presidents. A compilation of the Messages and Papers of the Presidents of the United States 1789 – 1897, Volume 2 Washington D.C. 1898

Riddlesperger, James W., King, James D., Presidential Appointments to the Cabinet, Executive Office, and White House Staff, in: Presidential Studies Quarterly 16 (Herbst 1986), S. 691, *zitiert als: Riddlesperger/King*

Riordan, William L., Plunkitt of Tammany Hall, New York 1963, *zitiert als: Riordan*

Roeder, Phillip W., Whitaker, Gordon, Education for the Public Service: Policy Analysis and Administration in the MPA Core Curriculum, in: Administration & Society, Band 24, Nr. 4, Februar 1993, S. 512, *zitiert als: Roeder/Whitaker*

Romzek, Barbara S., Where the Buck Stops, Accountability in Reformed Public Organizations, in: Ingraham, Patricia W./James R. Thompson/Ronald P. Sanders (Hrsg.), Transforming Government: Lessons from the Reinvention Laboratories, San Francisco 1998, S. 193, *zitiert als: Romzek*

Rosenbloom, David H., Federal Service and the Constitution, Ithaca, N.Y. 1971, *zitiert als: Rosenbloom*

Ross, Joyce D., Development in recruitment and selection, in: Hays, Steven W./Richard C. Kearney, Public Personnel Administration, Problems and Prospects, 2. Auflage, Englewood Cliffs, New Jersey 1990, S. 75, *zitiert als: Ross*

Scharpf, Fritz, Die politischen Kosten des Rechtsstaats, Tübingen 1970, *zitiert als: Scharpf*

Schott, Richard L. Hamilton, Dagmar S., People, Positions, and Power, The Political Appointments of Lyndon Johnson, Chicago 1983, *zitiert als: Schott/Hamilton*

Schüren, Peter, Die Abschaffung der Altersgrenzen im öffentlichen Dienst in den USA, in: Zeitschrift für Beamtenrecht 1983, S. 223, *zitiert als: Schüren*

Schultz, David A., Maranto, Robert, The Politics of Civil Service Reform Washington D. C. 1998, *zitiert als: Schultz/Maranto*

Senior Executives Association, Phased Retirement, in: Action, vol. 20, April 2000 Nr. 4, S. 5, *Zitiert als: SEA, Phased Retirement*

Shafritz, Jay M., Riccucci, Norma M., Rosenbloom, David H., Hyde, Albert C., Personnel Management in Government: Politics and Process, 4. Auflage, New York 1992, *zitiert als: Shafritz/Riccucci/Rosenbloom/Hyde*

Shalala, Donna E., Are Large Public Organizations Manageable?, in: PAR Juli/ August 1998, vol. 58, No. 4, S. 284, *zitiert als: Shalala*

Shogan, Robert, The Confirmation Wars: How Politicians, Interest Groups, and the Press Shape the Presidential Appointment Process, in: Twentieth Century Fund, Obstacle Course, The Report of the Twentieth Century Fund Task Force on the Presidential Appointment Process, New York 1996, S. 87, *zitiert als: Shogan*

Silverman, Kim Miranda, Simone, Learning to Lead...Uncle Sam Style, in: The Public Manager, Frühjahr 1997, S. 55, *zitiert als: Silverman/Miranda*

Stahl, O. Glenn, McGurrin, James J., Professionalizing the Career Service, in: The Bureaucrat, Frühjahr 1986, S. 9 – 15, *zitiert als: Stahl/McGurrin*

Steffani, Winfried, Der Kongreß, in: Jäger, Wolfgang/Wolfgang Welz (Hrsg.), Das Regierungssystem der USA, München 1995, *zitiert als: Steffani*

Steinberg, Rudolf, Politik und Verwaltungsorganisation, Zur Reform der Regierungs- und Verwaltungsorganisation unter besonderer Berücksichtigung der obersten Bundesbehörden in den Vereinigten Staaten von Amerika, Baden-Baden 1979, *zitiert als: Steinberg*

Stillman II, Richard J., Basic Documents on American Public Administration since 1950, New York 1982, *zitiert als: Stillman*

Sullivan, Harold J., Privatization of Public Services: A Growing Threat to Contitutional Rights in: PAR, 47 (November/Dezember) 1987, S. 461, *zitiert als: Sullivan*

Sundquist, James L., Jimmy Carter as Public Administrator: An Appraisal at Mid-Term, in: PAR, Jan./Feb. 1979, S. 3-11, *zitiert als: Sundquist*

de Tocqueville, Alexis, Über die Demokratie in Amerika, München 1976, *zitiert als: de Tocqueville*

Twentieth Century Fund, The Government's Managers, Report of the Twentieth Century Task Force on the Senior Executive Service, New York 1987

Twentieth Century Fund, Obstacle Course, The Report of the Twentieth Century Fund Task Force on the Presidential Appointment Process, New York 1996, *zitiert als: Twentieth Century Fund, Obstacle Course*

U.S. Census Bureau, Statistical Abstract of the United States: 1998, No. 560. Federal Civilian Employment and Annual Payroll, by Branch: 1970-1997, *zitiert als: U. S. Census Bureau*

U.S. Civil Service Commission (U.S. CSC), Biography of an Ideal: A History of the Federal Civil Service, Washington D.C. 1958/1974, *zitiert als: CSC, Biography*

U.S. Civil Service Commission (U.S. CSC), Your Executive Team, A Guide for the Noncareer Executive Appointee, Washington D.C. 1976, *zitiert als: CSC, Executive Team*

U.S. Department of Justice, U.S. Government Structure, Washington D. C. 1987, *zitiert als: DOJ*

U.S. Department of Veterans Affairs, Federal Benefits for Veterans and Dependents, Washington D.C. 1999, *zitiert als: VA*

U.S. General Accounting Office, Senior Executive Service: Reasons Why Career Members Left in Fiscal Year 1985, Washington D.C. 1987 (GAO/GGD-87-106FS), *zitiert als: GAO, SES, Reasons Why Career Members Left*

U.S. General Accounting Office, Federal Employees: Trends in Career and Noncareer Employee Appointments in the Executive Branch, Washington D.C. 1987, *zitiert als: GAO, Trends*

U.S. General Accounting Office, Senior Executive Service, Reasons the Candidate Development Program Has Not Produced More SES Appointees

(GAO/GGD-88-47), Washington D.C., April 1988, *zitiert als: GAO, SES, Candidate Development Program*

U.S. General Accounting Office, Federal Employees, Supplemental Information on Appointees Converted to Career Positions, Washington D.C., März 1989, *zitiert als: GAO, Information on Appointees*

U.S. General Accounting Office, Senior Executive Service, Opinions About the Federal Work Environment, (GAO/GGD-92-63), Washington D.C., Mai 1992, *zitiert als: GAO, SES; Opinions*

U.S. General Accounting Office, Personnel Practices, Propriety Of Career Appointments Granted Former Political Appointees (GAO/GGD-95-51), Washington D.C., Februar 1992, *zitiert als: GAO, Career Appointments 1992*

U.S. General Accounting Office, Political Appointees: 10-Year Staffing Trends At 30 Federal Agencies (1981-1991), Washington D.C., April 1993 (B-252323), *zitiert als: GAO, Political Appointees*

U.S. General Accounting Office, Federal Employment: How Government Jobs Are Viewed On Some College Campuses (GAO-GGD-94-181), Washington D.C. 1994, *zitiert als: GAO, College Campuses*

U.S. General Accounting Office, Federal Hiring, Testing for Entry-Level Administrative Positions Falls Short of Expectations (GAO/GGD-94-103), Washington D.C., März 1994, *zitiert als: GAO, Testing*

U.S. General Accounting Office, Political Appointees: Turnover Rates in Executive Schedule Positions Requiring Senate Confirmation (B-249785), Washington D.C., April 1994, *zitiert als: GAO, Turnover Rates*

U.S. General Accounting Office, Personnel Practices, Career Appointments of Legislative, White House, and Political Appointees (GAO/GGD-96-2), Washington D.C., Oktober 1995, S. 1, *zitiert als: GAO, Career Appointments 1995*

U.S. General Accounting Office, Transforming the Civil Service, Building The Workforce Of The Future Results Of A GAO-Sponsored Symposium, Washington D.C., Dezember 1995, *zitiert als: GAO, Transforming the Civil Service*

U.S. General Accounting Office, Veterans' Preference: Data on Employment of Veterans, Report to the Chairman, Committee on Veterans' Affairs, House of Representatives, Washington D.C., Februar 1996, *zitiert als: GAO, Veterans' Preference*

U.S. General Accounting Office, The Excepted Service, A Research Profile (GAO/GGD-97-72), Washington D. C., Mai 1997, *zitiert als: GAO, The Excepted Service*

U.S. General Accounting Office, Senior Executive Service, Retirement Trends Underscore the Importance of Succession Planning, Washington D.C.,

Mai 2000, GAO/GGD-00-113BR, *zitiert als: GAO, SES Retirement Trends*

U.S. Government, Committee on Government Reform and Oversight, United States House of Representatives, Policy and Supporting Positions , Washington D.C., November 1996. *zitiert als: U.S. Government, Committee on Government Reform and Oversight*

U.S. Merit Systems Protection Board, In Search Of Merit, Hiring Entry-Level Federal Employees, Washington D.C., September 1987, *zitiert als: MSPB, Hiring*

U.S. Merit Systems Protection Board, The Senior Executive Service: Views of the Former Federal Executives, Washington D.C., Oktober 1989, *zitiert als: MSPB, SES Views*

U.S. Merit Systems Protection Board, Senior Executive Service Pay Setting And Reassignments: Expectations VS. Reality, Washington D.C. 1990, *zitiert als: MSPB, SES Pay*

U.S. Merit Systems Protection Board, The Rule of Three in Federal Hiring: Boon or Bane?, Washington D.C., Dezember 1990, *zitiert als: Rule of Three*

U.S. Merit Systems Protection Board, An Introduction to the MSPB, Washington D.C., September 1997, *zitiert als: MSPB, Introduction*

U.S. Merit Systems Protection Board, The Changing Federal Workplace: Employee Perspectives, Washington D.C., März 1998, *zitiert als: MSPB, Employee Perspectives*

U.S. Merit Systems Protection Board, Civil Service Evaluation, The Evolving Role of the U.S. Office of Personnel Management, Washington D.C., Juli 1998, *zitiert als: MSPB, Evaluation*

U.S. Merit Systems Protection Board, The Role of Delegated Examining Units: Hiring New Employees in a Decentralized Civil ServiceWashington D.C., August 1999, *zitiert als: MSPB, Delegated Examining Units*

U.S. Merit Systems Protection Board, Restoring Merit to Federal Hiring: Why Two Special Hiring Programs Should Be Ended, Washington D.C., Januar 2000, *zitiert als: MSPB, Restoring Merit*

U.S. Merit Systems Protection Board, Competing for Federal Jobs, Job Experiences of New Hires, Washington D.C., *zitiert als: MSPB, Competing*

U. S. Merit Systems Protection Board, Office of Policy and Evaluation, SF 171: Not Gone, Not Forgotten, in: Issues of Merit, May 1998, S. 4, *zitiert als: MSPB, SF 171*

U.S. Merit Systems Protection Board, Office of Policy and Evaluation, Merit-Based Hiring Still Lagging, in: Issues of Merit, April 2000, S. 2, *zitiert als: MSPB, Merit-Based Hiring*

U.S. Merit Systems Protection Board, Office of Policy and Evaluation, Employee Advancement: Hiring Method Makes a Difference, in: Issues of Merit, April 2000, S. 4 f, *zitiert als: MSPB, Employee Advancement*

U.S. Office of Personnel Management, Status of the Senior Executive Service, Washington D.C. 1991 (GAO/GGD 86.14), *zitiert als: OPM, SES Status*

U.S. Office of Personnel Management, Reduction in Force, Washington D.C., August 1994, *zitiert als: OPM, Reduction in Force*

U.S. Office of Personnel Management, FERS, Federal Employees Retirement System (An Overview of Your Benefits), Washington D.C., Oktober 1997, *zitiert als: OPM, FERS*

U.S. Office of Personnel Management, Retirement Facts 1, Civil Service Retirement System, Washington D.C., Oktober 1997, *zitiert als: OPM, CSRS*

U.S. Office of Personnel Management, Civil Service Employment And Veterans, Washington D.C, Januar 1998, *zitiert als: OPM, Veterans*

U.S. Office of Personnel Management, Addressing and Resolving Poor Performance, A Guide for Supervisors, Washington D.C., Januar 1998, *zitiert als: OPM, Poor Performance*

U.S. Office of Personnel Management, An Assessment of Recertification in the Senior Executive Service, September 1998, im Internet veröffentlicht – http://www.opm.gov/ses/recert/ExSum.htm mit weiteren Angaben, *zitiert als: OPM, Recertification*

U.S. Office of Personnel Management, 1999 Presidential Management Internship Intern Program Application, General Information, Philadelphia, September 1998, *zitiert als: OPM, PMIP*

U.S. Office of Personnel Management, The Fact Book 1998 Edition, Federal Civilian Workforce Statistics, Washington D.C., September 1998, *zitiert als: OPM, Fact Book 1998*

U.S. Office of Personnel Management, Features of the Senior Executive Service, Washington D.C., Januar 1999, *zitiert als: OPM, Features*

U.S. Office of Personnel Management, Salary Tables for 1999, Executive Branch of the Government, Washington D.C., März 1999, *zitiert als: OPM, Salary Tables*

U.S. Office of Personnel Management, Guide to Senior Executive Service Qualifications, März 1999, veröffentlicht im Internet, http://www.opm.gov/html/sesguide.htm, *zitiert als: OPM, SES Qualifications*

U.S. Office of Personnel Management, The Fact Book, 1999 Edition, Federal Civilian Workforce Statistics, Washington D.C., September 1999, *zitiert als: OPM, Fact Book*

U.S. Office of Personnel Management, Federal Civilian Workforce Statistics, Employment and Trends As of September 1999, Washington D.C., November 1999, *zitiert als: OPM, Employment and Trends*

U.S. Office of Personnel Management, Candidate Development Programs, Im Internet veröffentlicht, Stand: 28. März 2000, *zitiert als: OPM, CDP*

U.S. Office of Personnel Management/Senior Executives Association, Survey of the Senior Executive Service, Befragung vom August 1999, *zitiert als: OPM/SEA*

U.S. Office of Special Counsel, Political Activity and the Federal Employee, Washington D.C., März 1998, zitiert als: OSC, Political Activity

Van Riper, Paul P., History of The United States Civil Service, Neudruck Westport, Connecticut 1976, - Erstausgabe Evanston/Illinois 1958 -, *zitiert als: van Riper, History*

Van Wart, Montgomery, Cayer, N. Joseph, Cook, Steve, Handbook of Training and Development for the Public Sector, A Comprehensive Resource, San Francisco 1993

Ventriss, Curtis, The Challenge of Public Service: Dilemmas, Prospects, and Options, in: PAR, Mai/Juni 1991, vol. 51, No. 3, S. 275-279, *zitiert als: Ventriss, Challenge*

The Volcker Commission, Leadership for America: Rebuilding the Public Service, The Report of the National Commission on the Public Service and the Task Force Reports to the National Commission on the Public Service, - Paul A. Volcker, Chairman, Washington: 1989 - , Lexington, Mass. - Toronto 1990, *zitiert als: Volcker-Commission*

Walker, Wallace Earl, Reopel, Michael R., Strategies for Governance: Transition and Domestic Policymaking in the Reagan Administration, in: Presidential Studies Quarterly 16 No. 4 (1986), S. 734, *zitiert als: Walker/Reopel*

Walker, Wallace Earl, Presidential Transitions and the Entrepreneurial Presidency: Of Lions, Foxes, and Puppy Dogs, in: Presidential Studies Quarterly, vol. 23, Nr. 1, Winter 1993, S. 57, *zitiert als: Walker, Presidential Transitions*

Warner, W. Lloyd, Van Riper, Paul P. Martin, Norman H. Collins, Orvis F., The American Federal Executive, New Haven 1963, *zitiert als: Warner/van Riper/Martin/Collins*

Waterman, Richard, Presidential Influence and the Administrative State, Knoxville, 1989, *zitiert als: Waterman*

Weber, Günter, Dienstrecht der USA – ein geschichtlicher Überblick, in: Zeitschrift für Beamtenrecht, Heft 3/1989, S. 65, *zitiert als: Weber, Günther*

Weber, Max, Wirtschaft und Gesellschaft, Studienausgabe in zwei Halbbänden, hrsg. von J. Winkelmann, Tübingen 1956, *zitiert als: Weber, Max, WuG, I. Hb. oder II. Hb.*

Weko, Thomas, The Politicizing Presidency, The White House Personnel Office, 1948-1994, Kansas 1995, *zitiert als: Weko*

White, Leonard D., Government Career Service, Chicago 1935, *zitiert als: White, Government Career Service*

White, Leonard D., The Federalists, A Study in Administrative History, New York 1948, *zitiert als: White, The Federalists*

Wilson, James Q., Reinventing Public Administration, The 1994 John Gaus Lecture, in: Political Science & Politics, Dezember 1994, S. 667, *zitiert als: Wilson, James Q., Reinventing Public Administration*

Wilson, Woodrow, The Study of Administration, zuerst in: Political Science Quarterly 1887, S. 197 – 222, nachgedruckt in: Mosher, Frederick, Basic Literature of American Public Administration, 1787 – 1950, New York 1981, S. 66 ff, in deutscher Sprache abgedruckt in: Siedentopf, Heinrich (Hrsg.), Verwaltungswissenschaft, Darmstadt 1976, S. 57, *zitiert als: Wilson, Woodrow*

Wolf, Dona, Revitalizing Federal Training and Development, in: The Bureaucrat, Sommer 1991, S. 19 – 22, *zitiert als: Wolf, Dona*

Wollan, Laurin A., Lawyers in Government – „The Most Serviceable Instrument of Authority“, in: PAR März/April 1978, S. 105, *zitiert als: Wollan*

Zuck, Alfred M., Education of Political Appointees, in: The Bureaucrat, Herbst 1984, S. 15 – 18, *zitiert als: Zuck, Education*

Weitere Quellen:

1. Gespräche mit

Berkenwald, Carl, U.S. Merit Systems Protection Board, Seattle Field Office, Chief Administrative Judge am 21. Mai 1999

Clarke, Chuck, U.S. Environmental Protection Agency, Regional Administrator, Region 10 am 24. Juni 1999

Harvey, Carol A., Office of Personnel Management, SES Services Division, Office of Executive Resources Management, Washington D.C., Acting Chief, am 21. Juni 1999

Kline, Mary Alice, Office of Personnel Management, Service Center Seattle, Director, am 14. Juni 1999

Munro, Andrew D., Small Business Administration, Region Northwest/Arctic, Regional Advocate am 25. Juni 1999

Pearson, Jay, General Services Administration, Region Northwest/Arctic, Regional Administrator, am 16. Juni 1999

Santos, Robert D., U.S. Department of Housing and Urban Development, Region Northwest/Alaska, Secretary's Representative am 24. Juni 1999

2. Unveröffentlichte Unterlagen

Office of Personnel Management, Washington D.C. 1999

Index

FSC
www.fsc.org
MIX
Papier | Fördert
gute Waldnutzung
FSC® C083411

Kolibri 360 GmbH
Ferdinand-Jühlke-Straße 7
99095 Erfurt, Deutschland
produktsicherheit@kolibri360.de

Druck:
CPI Druckdienstleistungen GmbH
im Auftrag der
Kolibri 360 GmbH
Ferdinand-Jühlke-Str. 7
99095 Erfurt